全球气候公约谈判

基础知识与实践指南

王灿 孙若水 谢璨阳 高翔／著

中国环境出版集团·北京

图书在版编目（CIP）数据

全球气候公约谈判：基础知识与实践指南/王灿等著. —北京：中国环境出版集团，2023.6
ISBN 978-7-5111-5523-8

Ⅰ. ①全…　Ⅱ. ①王…　Ⅲ. ①气候变化—国际条约—谈判—世界　Ⅳ. ①D996.9

中国国家版本馆 CIP 数据核字（2023）第 097568 号

出 版 人　武德凯
责任编辑　丁莞歆
封面设计　宋　瑞

出版发行　中国环境出版集团
（100062　北京市东城区广渠门内大街 16 号）
网　　址：http：//www.cesp.com.cn
电子邮箱：bjgl@cesp.com.cn
联系电话：010-67112765（编辑管理部）
010-67147349（第四分社）
发行热线：010-67125803，010-67113405（传真）

印　　刷　玖龙（天津）印刷有限公司
经　　销　各地新华书店
版　　次　2023 年 6 月第 1 版
印　　次　2023 年 6 月第 1 次印刷
开　　本　787×1092　1/16
印　　张　16
字　　数　340 千字
定　　价　99.00 元

序言

气候变化是当今全球治理最重要的议题之一，其成败关乎人类命运。党的十八届五中全会提出，“积极承担国际责任和义务，积极参与应对全球气候变化谈判，主动参与二〇三〇年可持续发展议程。”习近平总书记在党的二十大报告中指出，中国积极引导应对气候变化国际合作，是全球生态文明建设的重要参与者、贡献者、引领者。自 1992 年《联合国气候变化框架公约》（以下简称《公约》）签订以来，全球气候治理已走过了 30 年的曲折历程。在此过程中，中国坚定捍卫国家利益和“共同但有区别的责任”原则，坚定支持发展中国家的合理诉求，坚决维护发展中国家的整体利益，同时积极参与国际多边谈判进程，为《巴黎协定》的一致通过作出了重要贡献，展现了越来越强大的领导力和影响力。

2021 年 11 月，在《公约》第 26 届缔约方大会上，197 个国家一致通过“格拉斯哥气候协议”，完成了《巴黎协定》实施细则谈判，开启了全面实施《巴黎协定》的新阶段。2022 年召开的第 27 届缔约方大会（COP27）进一步就《公约》和《巴黎协定》的落实通过了数十项决议。中国代表团在大会上以建设性的态度积极参与谈判，贡献了中国智慧和中国方案，发挥了负责任大国的作用。

如今的全球气候治理成果来之不易。1992 年，《公约》的通过标志着联合国体系下的全球气候治理正式拉开了序幕。1997 年，《京都议定书》通过并于 2008 年开始第一承诺期，成为《公约》下第一个具有法律约束力的文件，建立了发达国家率先减排的“自上而下”的治理体系。经过漫长的摸索和斗争后，各缔约方于 2015 年通过《巴黎协定》，建立了基于国家自主贡献的“自下而上”的治理格局，开启了新的历史阶段，并于 2021 年就其实施细则达成共识。

30 年来，中国勇于担当，践行大国责任，提出了具有雄心的气候行动目标。2020 年 9 月 22 日，习近平主席在第七十五届联合国大会一般性辩论上宣布，中国“二氧化碳排放力争于 2030 年前达到峰值，努力争取 2060 年前实现碳中和”，为达成《巴黎协定》提出的气候目标注入了巨大信心。在 2015 年提交的国家自主贡献的基础上，中国于 2021 年提交了《中国落实国家自主贡献成效和新目标新举措》和《中国本世纪中叶长期温室气体低排放发展战略》，进一步提出了到 2030 年单位国内生产总值二氧化碳排放将比 2005 年下降 65%以上，非化石能源占一次能源消费比重将达到 25%左右，森林蓄积量将比 2005 年增加 60 亿 m^3，风电、太阳能发电总装机容量将达到 12 亿 kW 以上等多项气候行动目标。此外，中国积极开展绿色“一带一路”建设，宣布不再新建境外煤电项目，展现了负责任的大国担当。

中国扎实推进国内低碳减排工作，积极履行气候承诺，并超额完成承诺的 2020 年目标。在 2009 年的哥本哈根气候大会前夕，中国向世界做出了负责任的承诺：到 2020 年单位国内生产总值二氧化碳排放比 2005 年下降 40%～45%。2018 年，中国碳排放强度比 2005 年下降了 45.8%，2020 年比 2005 年降低了 48.4%，提前、超额完成了向国际社会承诺的 2020 年目标，基本扭转了二氧化碳排放快速增长的局面。近年来，国内应对气候变化的制度体系不断完善，控制温室气体排放工作进展显著，适应能力不断增强，支撑保障体系建设初见成效。同时，中国积极开展气候变化南南合作，帮助其他发展中国家提高应对气候变化的能力。中国依托南南合作援助基金、“一带一路”倡议等平台开展务实的国际合作与援助，深化气候变化地区合作。具有雄心的国际承诺、积极的国内行动和国际合作成为中国在国际气候治理中发挥更大作用的动力和底气。

然而，未来国际气候治理面临着新冠肺炎疫情后社会经济复苏、国际政治格局变动等复杂局面；全球范围内单边主义、保护主义、民粹主义和逆全球化的抬头也为国际气候治理带来巨大挑战。同时，格拉斯哥大会之后，发达国家气候资金承诺的履行、资金机制的完善、适应机制的落实、损失和损害机制的安排、全球盘点等议题也将带来新的谈判任务，国际气候治理将呈现新局面。从中国自身发展来看，深入参与全球气候治理既是保障全球气候安全、促进全球生态文明建设的内在需求，也是加快建立健全绿色低碳循环发展的经济体系、实现高质量发展的重要动力，更是推动构建新型国际关系和人类命运共同体的难得机遇和重要平台。风云际会，勇立潮头，百年未有之大变局为中国进一步深度参与全球气候治理提出了新的挑战，也为培养一批更具专业胜任力和全球领导力的谈判人才团队提出了更高的要求。

本书作者团队中的王灿教授曾经作为政府谈判代表团成员多次参加气候谈判会议，担任技术开发与转让议题的发展中国家协调人、《公约》技术转让专家组成员、技术执行委员会委员、气候技术中心与网络咨询理事会成员，经历了从哥本哈根气候大会到《巴黎协定》达成的全过程，在该领域有深厚的知识积累和丰富的实践经验；高翔研究员自 2009 年起一直作为政府谈判代表团成员参加了历次气候谈判会议，连续多年担任《巴黎协定》透明度议题谈判的主持人，还直接参与中国国家履约报告撰写、其他国家履约报告审评等工作，并担任《京都议定书》遵约委员会委员，同样具有丰富的谈判和履约实践经验。本书吸收、比对了大量的研究和实践材料，梳理了《公约》框架下多边谈判的关键历程、重要议题、主要集团和基本规则，并对重要议题进行了精彩的分析和评述。

相信本书的出版能为广大读者了解国际气候谈判提供参考，也能为中国加强气候谈判能力建设、进一步在国际气候治理中发挥积极作用提供宝贵的素材和支撑。

是为序！

李　高

2022 年 12 月

前　言

自党的十七大以来，党中央对气候变化问题越来越重视，全球气候治理也被提到越来越高的位置。党的十七大报告指出，“加强应对气候变化能力建设，为保护全球气候作出新贡献。”党的十八大报告要求，“坚持共同但有区别的责任原则、公平原则、各自能力原则，同国际社会一道积极应对全球气候变化。”党的十九大报告不仅继续重申“要坚持环境友好，合作应对气候变化，保护好人类赖以生存的地球家园”的目标，更对参与全球气候治理提出了更高的要求——“引导应对气候变化国际合作，成为全球生态文明建设的重要参与者、贡献者、引领者”。党的二十大报告指出，要积极稳妥推进碳达峰碳中和，积极参与应对气候变化全球治理。2020 年 9 月，习近平主席在第七十五届联合国大会一般性辩论上庄严承诺，中国“二氧化碳排放力争于 2030 年前达到峰值，努力争取 2060 年前实现碳中和”。应对气候变化已经成为深入、广泛影响社会经济发展的重要议题，成为制定政策时必须协同考虑的重要因素，成为推动中国产业升级、能源转型、实现高质量发展的重要抓手。全球气候治理与国内气候治理相互影响，共同塑造了中国积极应对气候变化的愿景与行动。气候谈判不是简单的谈判，而是中国应对气候变化行动的重要组成部分，也是平衡好全球治理与国内治理关系的纽带。因此，谈判人员要从中国气候行动的高度理解气候谈判，才能更好地梳理并研判各议题的立场，宏观把握谈判的进展与节奏。

国内发展推动中国气候谈判贡献

社会经济高质量发展推动中国气候谈判贡献。中国经济正在由高速增长阶段转向高质量发展阶段。党的十九大报告提出的“建立健全绿色低碳循环发展的经济体系”为新时代的高质量发展指明了方向。按照高质量发展的要求，需要统筹推进稳增长、促改革、调结构、惠民生、防风险各项工作，切实转变发展方式，推动质量变革、效率变革、动力变革。近 10 年来，中国非化石能源快速发展，能耗强度显著降低，能源消费结构向清洁低碳加速转化，助力中国产业结构进一步优化，新能源产业蓬勃发展，绿色节能建筑跨越式增长，绿色交通体系日益完善，在减缓气候变化议题上向国际社会交出了亮眼的成绩单。同时，为了确保经济发展韧性、保障人民群众生命健康安全，中国积极推进和实施适应气候变化的重大战略，开展重点区域、推进重点领域的适应气候变化行动，强化监测预警和防灾减灾能力，为全球适应气候变化作出了重要贡献。高质量发展与积极开展气候行动相向而行、互为助力，也为中国参与气候谈判增添了充足的“底气”。

总体国家安全观支撑中国气候谈判立场。气候变化对我国经济社会发展的众多领域具有广泛而深远的影响，并对我国政治安全、国土安全、军事安全、经济安全、社会安全、生态安全、资源安全等领域产生了不容忽视的影响。例如，气候变化导致海平面上升，威胁中国沿海大城市及其海域疆界，也会对中国的重大国防和战略性工程及军队建设产生负面影响。气候变化对中国水资源和粮食生产产生潜在的负面影响，增加了疾病传播风险，也增加了极端气候事件发生频率，严重威胁了人民生命财产安全。因此，中国需要积极、深入地参与全球气候治理，同时强调适应与减缓并重。此外，气候变化对能源安全乃至经济安全也产生了巨大挑战，而这一挑战更复杂、更多面。一方面，中国的工业化与城市化进程尚未完成，以煤为主的能源结构会导致减缓气候变化的任务艰巨，因此在弃煤问题上必须务实和审慎；另一方面，我国能源严重受制于人，石油的对外依存度达 70%以上，为了提升能源独立自主能力需要在新能源上快速获得突破。2014 年，习近平总书记在中央国家安全委员会第一次会议上提出要坚持总体国家安全观，并赋予总体国家安全观以 16 个维度的丰富内涵。这使国家安全的视角进一步统摄并加强了我国对应对气候变化意义的理解，让各个领域、各个议题之间不再“各自为战”，从而使我国以更加综合、协调、建设性的姿态参与全球治理。

大国外交理念引领中国气候谈判贡献。气候变化是最能体现人类命运共同体理念、最能体现多边主义和合作共赢价值的议题。哥本哈根气候大会以来，气候变化议题越来越成为国际瞩目的外交和舆论战场。2014 年，我国提出要统筹国内外两个大局，并基于国内外新形势、新任务提出了中国特色的大国外交理念。中国的气候外交始终坚持共建人类命运共同体、共建人与自然生命共同体的理念，在谈判内外都更加重视、主动出击、积极有为。2015 年，习近平主席出席气候变化巴黎大会并发表重要讲话，为达成 2020 年后全球合作应对气候变化的《巴黎协定》作出了历史性贡献。2021 年 9 月，习近平主席出席第七十六届联合国大会一般性辩论时提出，中国将大力支持发展中国家能源绿色低碳发展，不再新建境外煤电项目，展现了中国负责任大国的责任担当。同时，中国也积极为广大发展中国家应对气候变化提供力所能及的支持和帮助。自 2011 年以来，中国累计安排约 12 亿元用于开展应对气候变化的南南合作，与 35 个国家签署 40 份合作文件，通过建设低碳示范区，援助气象卫星、光伏发电系统和照明设备、新能源汽车、环境监测设备、清洁炉灶等应对气候变化的相关物资，帮助有关国家提高了应对气候变化的能力，同时为近 120 个发展中国家培训了约 2 000 名应对气候变化领域的官员和技术人员。用气候变化作为突破口凝聚共识、广交朋友、积极斗争，是新时代大国外交对气候谈判人员提出的新课题和必答题。

生态文明建设促进中国气候谈判贡献。在高质量发展下，生态环境保护越来越受到政府和民间的重视，环境保护工作也取得了傲人的成绩。党的十九大报告指出，坚持人与自然和谐共生，必须树立和践行绿水青山就是金山银山的理念，坚持节约资源和保护环境的基本国策。应对气候变化与控制温室气体和污染物排放有很大的协同性，在很多问题上同根同源。因此，近年来中国加强应对气候变化工作与环境污染治理和生态环境保护工作的统筹融合，进一步把气候变化相关工作内容纳入生态环境保护的工作规划中。中国立足新发展阶段，将碳达峰、碳中和纳入经济社会发展全局，以降碳作为生态文明建设的重点战略方向，推动减污降碳协同增效，促进经济社会发展全面绿色转型。以应对气候变化协同环境治理，不仅是中国对世界的庄严承诺，更是人民对美丽中国、美好生活的向往。

科研能力提升保障中国气候谈判贡献。科技创新在发现、揭示和应对气候变化问题中发挥着基础性作用，是开展谈判的基础技术保障，在推动绿色低碳转型中将发挥关键性作用。中国先后发布应对气候变化相关科技创新专项规划、技术推广清单、绿色产业目录，全面部署应对气候变化科技工作，持续开展应对气候变化基础科学研究，强化智库咨询支撑，加强低碳技术研发应用。中国科研能力的提升逐渐打破了发达国家对气候科学事实和技术方法的垄断，摆脱了在事实层面“被牵着鼻子走”的被动局面，让中国代表团也能主动设置议题，摆事实、讲道理，极大地增强了谈判的主动权。

中国贡献推动全球气候治理

深化气候行动，为全球气候治理注入强大动力。中国一直以来坚定捍卫“共同但有区别的责任”和各自能力原则，与发展中国家一道要求发达国家承担自身减排责任。然而，随着我国经济近 20 年来的高速发展，我国的人均排放量已经赶上正从峰值逐步下降的欧盟的排放水平，历史累计排放量也正在逼近欧盟。如果继续走高能耗、高排放发展的老路，以自身的人口和经济规模，中国成为历史和人均排放大国也只是时间问题。如果中国一直固守 30 年前的立场，届时将面临非常被动的局面，甚至会在谈判中面临所有发达国家和发展中国家的“围剿”。因此，在哥本哈根气候大会之后，中国在观念上积极转变、主动出击，在国际舞台提出了自己的气候雄心。2009 年，中国提出 2020 年单位国内生产总值碳排放较 2005 年下降 40%～45%的目标，并在 2018 年提前、超额完成任务。2014 年，中国承诺力争碳排放在 2030 年前后达到峰值。2015 年，中国进一步更新碳强度承诺，提出 2030 年单位国内生产总值二氧化碳排放较 2005 年下降 60%～65%的目标，力争于 2030 年前实现碳达峰。2020 年，中国更是提出了努力争取在 2060 年前实现碳中和的宏伟目标，并将 2030 年碳强度目标提升到较 2005 年下降 65%以上。世界也在密切关注作为排放大国的中国的行动。中国气候目标的提出因此为世界气候治理提供了巨大的信心，为更多原先的“观望者”提供了确定性，从而激发出更多国家的参与热情，营造了共同行动的大势。联合国秘书长古特雷斯表示，中国不仅为《巴黎协定》的达成发挥了关键作用，还以切实行动作出了表率。

促进机制建设，为全球气候治理提供制度保障。全球治理遵循“没有政府的治理”

（governance without government）模式，这为机制设计提出了极高的要求：如何在尊重各国主权与确保治理力度之间找到平衡。只有充分尊重各国主权，才能最大限度地让各国参与，从而确保包容性；只有确保治理力度，全球治理机制才能有意义，从而确保足够的有效性。在机制参与和设计上，中国也越来越积极主动，为《巴黎协定》的通过作出重要贡献。一方面，中国积极调整思路，接轨国际治理模式，为发展中国家作出了表率，也为“自下而上”模式的实施扫清了障碍。发展中国家出于历史原因，对透明度义务保持怀疑和敏感，认为其有侵犯国家信息主权的嫌疑，因此对透明度框架迟迟不松口。然而从全球治理的有效性来说，如果各国的行动和支持数据不透明，就难以衡量行动进展，也难以为接下来的工作提出建议，国家自主贡献和全球盘点机制的设计也就成了空中楼阁。在这种两难局面下，中国主动改变思路，用建设性的视角看待透明度问题，在此问题上展示出了灵活性，既接受透明度框架，又强调发展中国家的灵活性，并将其实施与能力建设支持挂钩，从而解开了两难的死结。中国也积极做发展中国家的工作，让更多国家接受这一安排，为《巴黎协定》机制的完善作出了重要贡献。另一方面，中国主动提出方案，共建公平合理、合作共赢的全球气候治理体系。中国推动并发起建立了基础四国气候变化部长级会议和气候行动部长级会议等多边磋商机制，积极协调基础四国、立场相近发展中国家、七十七国集团和中国应对气候变化谈判的立场，为维护发展中国家团结、捍卫发展中国家共同利益发挥了重要作用。中国还积极参加二十国集团（G20）、国际民用航空组织、国际海事组织、金砖国家会议等框架下气候议题的磋商谈判，调动发挥多渠道协同效应，推动多边进程持续向前。

坚持“共区”原则，助全球气候治理行稳致远。中国一直坚持《联合国气候变化框架公约》（以下简称《公约》）中的核心原则，包括“共同但有区别的责任”原则（简称“共区”原则）、公平原则、各自能力原则，与发达国家试图边缘化《公约》，甚至抛弃《公约》的做法进行坚决的斗争。在坚持原则的同时，中国也保持了足够的灵活性，以务实的姿态避免阻碍全球气候治理的发展，从另一个角度让“共区”原则历久弥坚。哥本哈根气候大会之后，全球面临各国排放水平、经济发展水平的变化，《京都议定书》模式难以适应新的形势，各国都需要调整自身的发展方式和谈判策略。中国一方面在大会上对空降的“丹麦案文”坚决阻击，守住“共区”原则的底线；另一方面在坎昆会议上认同发达国家/发展中国家、适合本国的减缓目标/承诺的新的划分，打破了被原教旨“共区”原则绑架的谈判僵局。在巴黎大会前夕，中国更是主动提出用“贡献”来统一替代目标和承诺，使《巴黎协定》能够包括所有缔约方并取得突破性进展。纵观谈判历史，中国积极、务实地坚持“共区”原则，既捍卫了发展中国家的立场底线，又根据形势发展让其更好地服务于治理进程。

本书一共分为六章。第一章是对气候变化的科学认识，介绍了气候变化领域的重要概念，气候变化观测、归因和影响的科学事实，帮助读者了解气候谈判的科学背景及应对气候变化的重要性和艰巨性，从而使读者明白为什么各国政府坚持开展全球气候谈判和治理。第二章论述了气候谈判的发展历程，从宏观的视角呈现了 30 年《公约》下谈判的总体脉络，介绍了预备阶段、起始阶段、发展阶段、僵持阶段和深化阶段的重大事件及其背后体现出的从“自上而下”到“自下而上”转轨的大趋势，以帮助读者在接触谈判细节之前对整个进程有整体的把握。第三章介绍了制度安排和流程，包括国际环境条约的基本知识、《公约》下属的机构和组织结构，以及《公约》谈判时的会议流程（不同会议的组织流程和不同文件的使用场合），试图使读者能够身临其境了解谈判的真实模式。第四章是本书的主要章节，系统性地介绍了《公约》谈判的各项议题，具体包括减缓、适应、损失和损害、资金、技术开发与转让、能力建设、透明度、全球盘点、履行和遵约 9 个主要议题，以及性别、地方社区和土著人民、气候赋权行动和海洋 4 个新兴议题。对于每一个议题，本书都详细介绍了其发展历史、治理机制和《巴黎协定》下及之后的焦点内容，以帮助读者熟悉谈判议题“从哪里来”“现在如何”“向何处去”。对于碳市场、损失和损害、透明度等较为专业的议题，本书还介绍了该议题下的重要概念与理论，以帮助读者快速进入相关领域。第五章是对缔约方分类和谈判集团的介绍，梳理了《公约》谈判的各缔约方集团，分析了各集团内的国家特征，并介绍了其主要立场，从而帮助读者了解各集团在气候谈判中的角色，认识谈判背后利益博弈的复杂性。第六章介绍了相关谈判术语，细致梳理了谈判案文中的状语、情态动词、针对行动的实义动词和针对事实的实义动词 4 类用语的翻译、解释和例子，还原了谈判历史上著名的词句争端案例，以帮助读者了解谈判对语言细致性的要求。

本书的撰写得到了生态环境部应对气候变化司的支持。2019 年以来，本书作者带领的团队承担了应对气候变化司委托的“气候谈判能力建设”项目，在研究过程为本书的形成积累了素材。本书作者长期负责清华大学环境学院开设的“环境外交与谈判”课程气候变化专题的授课工作，担任“模拟联合国气候变化大会”（MCCCOP）活动的指导教师，在多年的理论与实践教学中积累了能力建设案例，也为本书的形成提供了重要参考。在成书过程中，许多专家、学者和朋友给予我们大力支持，在此对其表示衷心的感谢。陈敏鹏、蒋佳妮、刘硕、王际杰、王林、张永香、滕飞、蔡闻佳等人对本书内容的设置提出了宝贵的意见，并审读了书中不同部分的文字。当然，书中可能存在的错误和疏忽仍由作者自负。

我们希望本书的出版能够对广大读者认识理解全球气候治理并支持气候谈判有所助益。由于研究水平有限，难免会有一些不够完善之处，敬请读者批评指正。

作　者

2022 年 12 月

目 录

第一章

气候变化的科学认识

人类活动对气候变化产生了显著的影响是科学界的一个基本共识，也是应对气候变化行动的事实基础，然而也有诸多气候怀疑论对此提出了挑战和质疑，气候变化科学的发展也因此在不断补充和更新。本章将简要介绍气候变化科学的重要概念，展示全球气候变化的重要事实、科学认识，介绍气候变化带来的重要影响，以帮助读者对该领域有初步的了解。

一、重要概念

1．气候、气候变化与全球变暖

天气（weather）指短时间内（几分钟到几天）发生的气象现象，如雷雨、冰雹、台风、寒潮、大风等。气候（climate）指长时期内（月、季、年、数年、数十年和数百年以上）天气的平均或统计状况，通常由某一时段内的平均水平（平均值）及波动水平（离差、距平值）表征，主要反映一个地区的冷、暖、干、湿等基本特征。气候变化（climate change）的广义定义为“气候状态的变化，而这种变化可通过其特征均值和/或变率的变化予以判别（如通过统计检验），这种变化还将持续一段时期，通常为几十年或更长时间”[1]。具体来说，气候变化体现为气候平均状态的变化和气候状态不稳定性的增加，如平均气温、平均降水量、最高气温、最低气温、极端天气事件等的变化。《联合国气候变化框架公约》（UNFCCC，以下简称《公约》）采用的是“气候变化”的狭义定义：除在类似时期内所观测的气候的自然变异外，由于直接或间接的人类活动改变了地球大气的组成而造成的气候变化[2]（即不包括由自然变率所导致的部分）。全球变暖（global warming）是气候变化的一种表现形式。除此以外，更频繁的干旱、洪涝、热浪、台风等极端天气及其影响的发生也是气候变化的体现。

2．温室效应与温室气体

导致气候变化最重要的机制是温室效应。地球-大气系统通过接收太阳短波辐射和向外太空辐射长波辐射来维持自身的能量平衡。大气中的温室气体对太阳短波辐射无阻隔作用，却能吸收地面发出的长波辐射，使地表向外散发的大量长波辐射被截留在地气系统中，从而对地球起到保温作用，这一作用被称为温室效应（greenhouse effect），具有这种保温作用的气体被称为温室气体（Greenhouse Gas，GHG），而其中最重要的就是二氧化碳（CO_2）。《公约》第 4 条表明，要将《蒙特利尔议定书》未予管制的温室气体纳入管制[2]。基于此，《京都议定书》及其《多哈修正案》规定，需管控的温室气体包括 CO_2、甲烷（CH_4）、氧化亚氮（N_2O）、氢氟烃（HFCs）、全氟碳化物（PFCs）、六氟化硫（SF_6）和三氟化氮（NF_3）[3,4]。为了衡量温室气体产生的温室效应强度，有必要引入 3 个重要的概念，即辐射强迫（radiative force）、全球变暖潜势（Global Warming Potential，GWP）和全球温变潜势（Global Temperature Potential，GTP）。

3．辐射强迫

如果气候系统处于平衡态，则其吸收的太阳辐射能等于向宇宙辐射的能量。任何可以改变这一平衡的扰动被称为辐射强迫因子。由此得出辐射强迫的定义，即因某种辐射强迫因子的变化而产生的平流层顶净辐射通量的变化，单位为 W/m^2。当它是正值时，该辐射强迫因子使全球升温，反之则使全球降温。工业化以来至今（一般指 1750—2019 年），人为作用的总辐射强迫为 2.72 W/m^2，远远大于自然作用的辐射强迫[1]。温室气体的辐射强迫与其自身的分子特性和其在大气中的浓度相关。在目前大气浓度下，增加单位浓度（nL/L）的温室气体所导致的辐射强迫被称为辐射效率（radiative efficiency），单位为 $W/(m^2 \cdot 10^{-9})$。

4．GWP 和 GTP

GWP 的定义是瞬间释放 1 kg 温室气体在一定时间段内产生的辐射强迫与对应于 1 kg CO_2 所导致的辐射强迫的比值。GTP 的定义是瞬间或持续释放 1 kg 温室气体在一定时间段内所造成的全球地表平均温度的变化与对应于 1 kg CO_2 所造成的温度变化的比值。两者都是衡量某种温室气体产生温室效应相对能力的量度，区别在于前者是以辐射强迫为标准，后者是以温升为标准。在应用中，用 GTP 代替 GWP 核算温室气体排放的总二氧化碳当量（CO_2 equivalent，简写为 CO_2eq）会显著降低 CH_4 在总排放量中所占的比重。

二、观测事实与成因

为评估全球科学界对气候变化问题的认识，世界气象组织（WMO）与联合国环境规划署（UNEP）于 1988 年联合组建了政府间气候变化专门委员会（IPCC）。IPCC 于 2021—2022 年发布的第六次评估报告（AR6）进一步证实了全球气候系统在各方面发生着广泛而剧烈

专栏 1-1　政府间气候变化专门委员会（IPCC）

IPCC 于 1988 年由 WMO 和 UNEP 建立，其目标是提供有关气候变化的科学技术和社会经济认知状况、气候变化原因、潜在影响和应对策略的综合评估，从而为各层级政府提供科学信息，以帮助其制定气候政策。目前，195 个国家成为 IPCC 的成员国，各国政府在 IPCC 全会上制定报告框架、提名作者、评审报告文稿及接受、通过和批准 IPCC 的各项报告。

IPCC 分为三个工作组（working group，WG）和一个专题组（task force），另有技术支持小组（TSU）协助工作组和专题组工作。第一工作组（WGⅠ）的主题是气候变化的自然科学基础，第二工作组（WGⅡ）的主题是气候变化的影响、适应和脆弱性，第三工作组（WGⅢ）的主题是减缓气候变化。国家温室气体清单专题组的主要任务是制定和细化国家温室气体排放和清除的计算及报告方法。除了工作组和专题组，IPCC 还会建立临时或长期的专题组和指导组，如气候变化评估数据支持任务组（TG –Data）。

自 1988 年成立以来，IPCC 分别于 1990 年、1995 年、2001 年、2007 年、2013—2014 年和 2021—2022 年共发布了六次评估报告。除此以外，IPCC 也会发布特别报告（如 2018 年发布的《全球升温 1.5℃特别报告》）、方法学报告（如《1996 年 IPCC 国家温室气体清单指南》）和技术文件。来自各国的数千名科学家自愿以主笔作者、贡献作者和评审作者的身份参加 IPCC 的工作，从而确保其工作的科学性。通过批准 IPCC 报告，各国政府承认其报告中内容的科学性。IPCC 报告也因此成为全球气候谈判的重要科学信息来源，不断推动气候谈判走向深入。

的变化，其中的重要指标包括全球平均表面温度升高、海洋表层温度升高和含氧量降低、全球海平面上升、全球陆地降水量增加、冰川和海冰面积减少。最近 10 年，全球平均表面温度比 1850—1900 年水平升高了 1.09[0.95～1.20]℃，其中陆地平均温升 1.59℃，海洋平均温升 0.88℃。1900 年至今，全球平均海平面上升约 0.2 m，且这一上升速度在不断加快。1901—1971 年，海平面平均上升速度为 1.3 mm/a，1971—2006 年的上升速度为 1.9 mm/a，而 2006 年至今的上升速度已达到 3.7 mm/a。1850 年以后，全球降水量的增加也很可能改变了海洋的盐度。近 10 年北极 9 月的海冰面积较 1979—1988 年水平减少了 40%，北半球春天降雪覆盖面积也显著减少。这些观测指标都证明了人类赖以生存的气候系统正在真实地发生着变化，这一变化已经给地理和生态系统带来了显著改变，而且气候系统近期变化之剧烈在几百年至几千年的范围内都是前所未有的。

IPCC 第六次评估报告进一步表明，人为活动的影响毫无疑问对气候系统产生了影响，包括暖化了大气、海洋和陆地，并导致大气圈、海洋、低温层和生物圈发生广泛而剧烈的变化。这种影响主要来自人类经济活动的温室气体排放，进而增加了大气中的温室气体浓度，加剧了温室效应。2011 年至今，全球大气平均温室气体浓度不断升高，CO_2 体积浓度已达到 410 ppm①，CH_4 体积浓度达到 1 866 ppb②，N_2O 体积浓度达到 332 ppb。2019 年，大气中的 CO_2 浓度比过去 200 万年间的浓度都要高，CH_4 与 N_2O 的浓度则比过去 80 万年间的浓度要高。人为活动导致近 10 年的温度较 1850—1900 年升高约 1.07[0.8～1.3]℃，自然驱动因素导致的温升并不明显，在–0.1～0.1℃范围内。除此以外，该报告还指出人为活动也很有可能是海平面上升、北半球海冰和冰川减退、降水增加等变化的主要驱动因素[1]。

三、气候变化的影响

气候变化会给社会-环境-经济系统带来各方面的冲击，主要包括海平面上升、水资源、农业和粮食供应、人居能源与产业、生态系统、人类健康等方面[5]。

1. 海平面上升

海平面上升会触发一系列社会环境问题。上升的海平面增加了沿海地区面临洪涝和风暴潮灾害的危机。与 2020 年水平相比，海平面平均上升 0.15 m、0.75 m 和 1.4 m 分别会导致受百年一遇沿岸洪水影响的人口增加 20%、200%和 300%。同时，海平面上升还会导致盐水对地表和地下淡水资源的侵入增加，从而导致地下水被污染，加剧沿海湿地和生物多样性丧失、气候难民及迁移人口增加、人口及劳动力丧失（特别是在小岛屿国家和沿海地区）。

2. 水资源

气候变化导致全球温度整体上升，地表水分的蒸发量增加，在降水增多的地区蒸发带来的部分或全部水分损失可能会得到补充，然而在降水不变或减少的地区，可利用的地表水将大大减少，且降水充足地区和降水匮乏地区的降水差距将进一步扩大。除了水量的影响，水资源质量也将受到威胁。水质的恶化主要是因水温升高、溶解氧降低导致水体自净能力退化而造成的。同时，随着干旱与洪涝灾害的增加，污染物进入水体的概率也相应增加，从而进一步加剧水体质量的恶化。

---

① ppm 是 parts per million 的缩写，代表百万分比浓度，即 10^{-6}。
② ppb 是 parts per billion 的缩写，代表十亿分比浓度，即 10^{-9}。

3．农业和粮食供应

气候改变了温度和降水的分布，进而改变了世界粮食产量及其分布，从而影响了粮食供应和安全。这种改变通过五种方式进行，即水资源、CO_2浓度、温度、地表臭氧（ground level ozone）、极端天气。水分供给带来的气候变化脆弱性转变成作物种植和粮食生产的脆弱性，从而造成粮食产量的不确定性，并导致产量下降。CO_2是植物进行光合作用的原料，对植物生长起到促进作用，因此CO_2浓度的上升会加速部分作物的生长。温度升高会使部分作物的产量大幅下降，但是部分寒冷地区也会因此而变得适合耕种。地表臭氧浓度的增加将干扰植物的正常代谢过程。更加频繁的极端天气和自然灾害（热浪、洪水、干旱等）对农作物的损害是巨大的。综合来看，气候变化对全球农业和粮食安全是负面的，使粮食生产变化的区域不平等加剧，气候适应能力弱的国家面临的挑战更大，并将出现更多粮食匮乏造成的气候难民。如果目前的粮食品种与耕作分布不变，那么到 2050 年很多国家将会减产。

4．人居能源与产业

气候变化对社会系统的影响是多方面的。对建筑行业来说，永冻地区融化对建筑和交通设施的影响严重，同时制冷所需要的能源需求增多，供热所消耗的能源需求减少。对金融行业来说，极端天气的增加可能会增加风险评估中保险精算的不确定性，减弱保险业对各种突发事件的保障作用，进而导致保价攀升、投保困难，公平和发展的矛盾将会变得突出。对能源行业来说，水资源、风力资源、云量等自然条件改变会分别对水力发电、风力发电和光伏发电机组的运行状况和分布规划产生影响；同时，减缓措施也要求大幅改革现有能源系统，这也是气候变化给能源行业带来的间接变化。

5．生态系统

总体来看，气候变化改变了生态系统的形态和结构，导致其发生演替。然而由于气候变化的速度快于生态系统演化的速度，现有生态系统会更加脆弱甚至崩溃。对于物种来说，生态系统的改变会使物种丧失本地优势，从而不利于其存续。对陆地生态系统来说，气候变化造成的主要影响有土地退化等。对海洋生态系统来说，气候变化造成的主要影响有涌升流发生区和鱼类聚集区产生变化等，而CO_2浓度上升还会导致海洋酸化。

6．人类健康

气候变化导致的极端天气会直接影响人类健康，如极端热浪导致高温死亡率增加，使心血管和呼吸道疾病的死亡率增高（特别是对于老人与儿童等敏感人群）。同时，生态系统的变化可能会导致热带地区的病原体（病菌、蚊子）向中纬度地区传播，从而增加传染病（疟疾、脑膜炎等）的发生频率。同时，粮食减产带来的饥饿、营养匮乏也会间接危害到人类健康，产生更多的气候难民。

由此可以看出，人类行为确实导致全球气候产生了广泛而剧烈的变化，这些变化也在环境、社会、经济、健康、粮食、能源等多个领域给人类社会带来了负面影响，因此它成为非传统国家的安全问题。不同的影响存在着叠加效应（或抵消效应），影响之间也存在着正负反馈效应，这种影响的综合性和交互性使科学家把握气候变化的影响变得更加困难。气候变化的复杂性、全球性又决定了它不是传统的环境问题，任何国家都无法单独应对，全球合作是唯一可行的方法。应对气候变化的多边谈判和全球治理就是在这一背景下开始的。

—参考文献—

[1] IPCC. Climate Change 2021：The Physical Science Basis. Contribution of Working Group I to the Sixth Assessment Report of the Intergovernmental Panel on Climate Change[R]. Cambridge：IPCC，2021.

[2] UNFCCC. United Nations Framework Convention on Climate Change[R]. Bonn：UNFCCC，1992.

[3] UNFCCC. Decision 1/CP.3. Adoption of the Kyoto Protocol to the United Nations Framework Convention on Climate Change[R]. Bonn：UNFCCC，1997.

[4] UNFCCC. Decision 1/CMP.8. Amendment to the Kyoto Protocol pursuant to its Article 3，paragraph 9（the Doha Amendment）[R]. Bonn：UNFCCC，2012.

[5] IPCC. Climate Change 2022：Impacts，Adaptation，and Vulnerability. Contribution of Working Group II to the Sixth Assessment Report of the Intergovernmental Panel on Climate Change[R]. Cambridge：IPCC，2022.

第二章

气候谈判发展历程

从 1992 年联合国环境与发展会议（又称“地球峰会”）签署《公约》开始，国际气候谈判已经经历了 30 载的历史。30 多年来，气候变化谈判格局几经变迁，气候多边治理遇到过濒临破产的境地，也产出了具有里程碑意义的成果。《公约》下的谈判不是单线程的，而是叠加了《京都议定书》《巴黎协定》的谈判，同时也包括不同议题，因此难以清晰地进行阶段划分。但是从总体来看，气候谈判的历程可以被分为起始阶段、发展阶段、僵持阶段和深化阶段。表 2-1 记录了历次谈判进程的授权及工作组，展示了推动气候谈判不断进展的历次授权信息。图 2-1 展示了气候谈判的阶段与历程。

表 2-1　历次谈判进程的授权及工作组

授权决定	授权名称	时间段	授权任务	谈判轨道
1/CP.1	“柏林授权”（BM）	1995—1997 年	为 2000 年以后的阶段采取适当行动，包括通过一项议定书或另一种法律文书，以加强附件一所列缔约方在第 4 条第 2 款（a）项和（b）项中的承诺	“柏林授权”特设小组（AGBM）
1/CP.4	“布宜诺斯艾利斯行动计划”（BAPA）	1998—2001 年	加强《公约》的执行，为将来《京都议定书》的生效做准备，并维持实现这些目标的政治势头	附属履行机构（SBI）、附属科学和技术咨询机构（SBSTA）
1/CMP.1	—	2005—2012 年	根据《京都议定书》第 3 条第 9 款审议附件一所列缔约方 2012 年以后的进一步承诺	《京都议定书》特设工作组（AWG-KP）
1/CP.13	“巴厘岛行动计划”（BAP）	2007—2012 年	通过目前、2012 年之前和 2012 年以后的长期合作行动，充分、有效和持续地执行《公约》	《公约》长期合作行动特设工作组（AWG-LCA）
1/CP.17	德班加强行动平台（DP）	2011—2015 年	拟订一项《公约》之下对所有缔约方适用的议定书、法律文书或某种有法律约束力的议定结果	德班加强行动平台特设工作组（AWG-DP）
1/CP.21	—	2016—2018 年	为《巴黎协定》的生效及作为《巴黎协定》缔约方会议的《公约》缔约方大会第一届会议的召开做准备	《巴黎协定》特设工作组（APA）

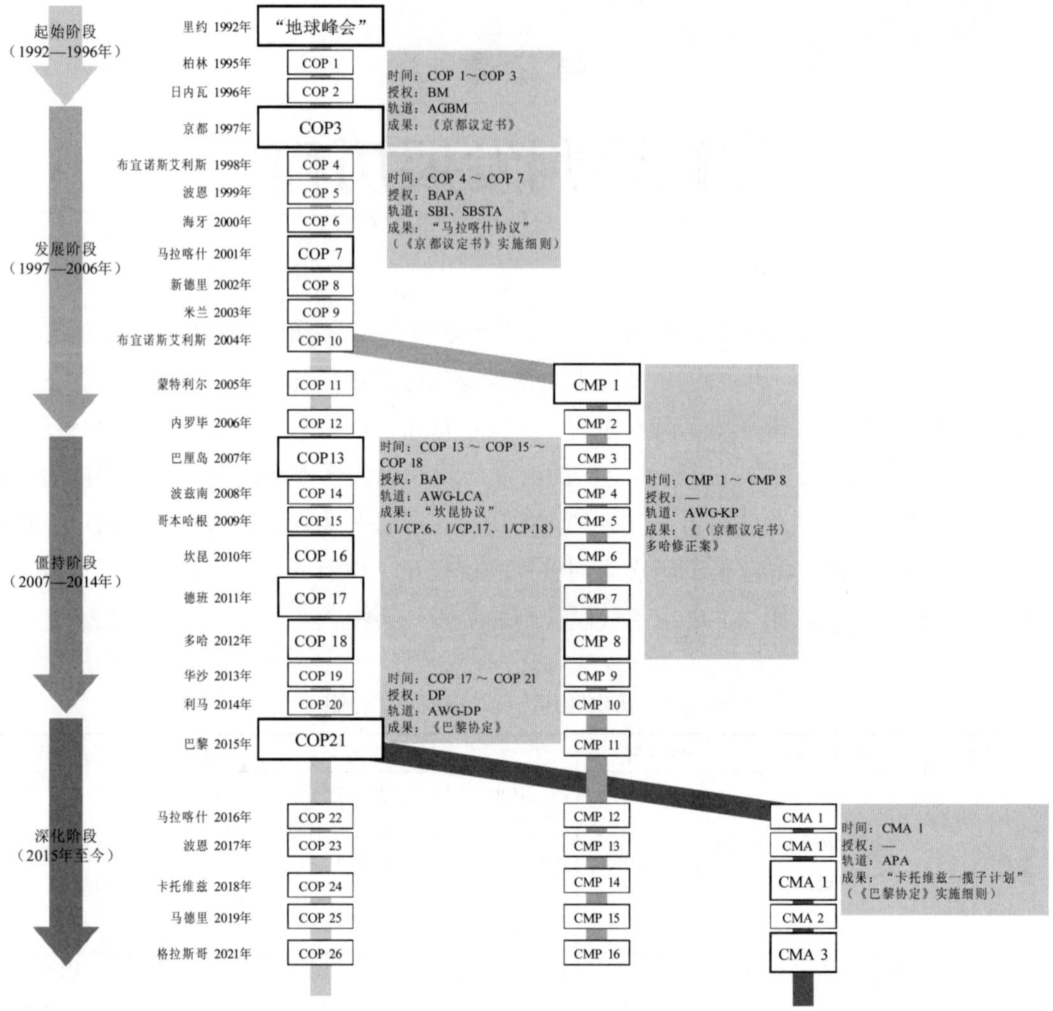

图 2-1　气候谈判阶段与历程

一、预备阶段（1992 年以前）

20 世纪 70 年代，随着科学家们研究的逐渐深入，地球大气系统引起了广泛关注。20 世纪 80 年代末 90 年代初，为了响应越来越多的科学认知，全球举行了一系列以气候变化为重点的政府间会议。1988 年，为了让决策者和公众更好地理解这些科研成果，WMO 和 UNEP 成立了 IPCC。

1990 年，IPCC 发布了第一份评估报告（AR1）。经过数百名顶尖科学家和专家的评议，该报告确定了气候变化的科学依据，得出了一些主要结论：在过去的 100 年中，全球地面平均气温上升了 0.3～0.6℃；人类活动产生的各种排放正在使大气中的温室气体浓度显著增加；温室气体如果照常排放，21 世纪全球平均温度将以每 10 年 0.3℃（误差在 0.2～0.5℃）的平均速率上升，这比过去一万多年所见到的要大得多[1]。这些结论引起了政策制定者和广大公众的广泛关注，也影响了后续《公约》的谈判。

1990 年，WMO、UNEP 等国际组织举办了第二次世界气候大会（WCC-2），有 137 个国家及欧洲共同体参加，并进行了部长级谈判，呼吁建立一个气候变化框架条约。经过艰苦的谈判，最后宣言中虽然没有制定任何国际减排目标，但是它确定的一些原则为以后气候变化公约的建立奠定了基础。这些原则包括气候变化是人类共同关注的原则、公平原则、不同发展水平国家"共同但有区别的责任"（以下简称"共区"原则）、可持续发展和预防原则[2]。当年年底，联合国大会批准了《公约》的谈判，该谈判的平台为《公约》政府间谈判委员会（INC/FCCC）

专栏 2-1 《联合国气候变化框架公约》

生效日期：1994 年 3 月 21 日。

批准状态：197 个缔约方。

最高决策机构：作为缔约方会议的缔约方大会（COP）。

主要目标：将大气中温室气体的浓度稳定在防止气候系统受到危险的人为干扰的水平上。这一水平应当在足以使生态系统能够自然地适应气候变化、确保粮食生产免受威胁，并使经济发展能够可持续地进行的时间范围内实现。

基本原则：公平（equity）原则、"共区"（common but differentiated responsibility，CBDR）原则、各自能力（respective capability，RC）原则。除此以外，《公约》第 3 条还列举了其他原则，如考虑发展中国家（特别是最不发达国家）特殊情况、减缓、成本效益、全面性、可持续发展等。

附件：

- 附件一：41 个发达国家、经济一体化组织和向市场经济过渡的国家。
- 附件二：23 个发达国家和经济一体化组织。

各方承诺：

- 附件一缔约方：积极减缓温室气体排放，使 2000 年人为排放恢复到 1990 年的水平；提供温室气体源的排放和汇的清除的信息。
- 附件二缔约方：提供新的和额外的资金及环境无害技术，以帮助发展中国家履行《公约》所规定的义务；帮助特别易受气候变化不利影响的缔约方支付适应不利影响的费用。
- 各方：编制温室气体清单，制定区域减缓计划，提升适应能力等；发展中国家履约将取决于发达国家资金和技术转让承诺的有效履行，并充分考虑经济和社会发展及消除贫困是发展中国家首要和压倒一切的优先事项。

1991 年 2 月—1992 年 5 月，该谈判委员会进行了 5 次会议，150 个国家的代表参与其中，并最终通过了《公约》的内容。1992 年 6 月，在巴西里约热内卢举行的联合国环境与发展大会上《公约》正式签署。从此，全球多边气候变化治理进程正式开始。

二、起始阶段（1992—1996 年）

气候变化治理采取的是“公约-议定书”模式：由公约确定总体原则和目标，由议定书确定具体任务和机制。因此，这一阶段的任务就是在《公约》下通过谈判产生具有法律约束力的议定书文本。

1994 年，《公约》正式生效。1995 年，在柏林举行的第 1 届《公约》缔约方大会（COP 1）通过了“柏林授权”，要求缔约方就 2000 年以后的行动订立一份议定书，并设立了“柏林授权”特设小组（AGBM）作为该授权的谈判轨道。1996 年的日内瓦大会上，各方在该授权下进行了谈判，并就议定书的文本达成一致。

三、发展阶段（1997—2006 年）

这一阶段的主要内容是通过了具有法律约束力的《京都议定书》，确定了第一承诺期的实施细则及具体实施的过程，同时也开启了《京都议定书》第二承诺期实施细则的谈判。

1997 年，在京都举行的第 3 届《公约》缔约方大会（COP 3）通过了《京都议定书》。《京都议定书》建立了《公约》附件一缔约方“自上而下”的减排责任分担机制，分为若干承诺期：《京都议定书》建立了第一承诺期，即 2008—2012 年；《〈京都议定书〉多哈修正案》建立了第二承诺期，即 2013—2020 年。《京都议定书》要求附件一缔约方在第一承诺期的减排目标为“每年排放总量比 1990 年至少减少 5%”[3]，并把具体的减排任务分配给了附件 B 的各个国家。除此以外，《京都议定书》还进一步提出了资金、技术转让、能力建设的要求，设立了灵活履约机制，规定了土地利用和林业的减排方法学，并确立了遵约机制。1998 年，第 4 届《公约》缔约方大会（COP4）通过了名为“布宜诺斯艾利斯行动计划”（BAPA）的授权，开启了《京都议定书》第一承诺期实施细则的谈判进程，执行该进程的谈判轨道为《公约》下的两个常设附属机构——附属履行机构（SBI）和附属科学和技术咨询机构（SBSTA）。经过三年谈判，第 7 届《公约》缔约方大会（COP7）通过了“马拉喀什协议”，敲定了《京都议定书》实施细则，为其全面实施铺平了道路。

随后的 2002—2004 年谈判是一个过渡时期，一方面呼吁各国尽快批准《京都议定书》以让其尽快生效，另一方面讨论《公约》下国家信息通报、资金机制、研究和系统观测等议题的实施。在这一过程中，美国于 2001 年退出《京都议定书》，使《京都议定书》规定

专栏 2-2 《京都议定书》

生效日期：2005 年 2 月 16 日。第二承诺期在 COP18 上获得通过，2013 年 1 月 1 日开始，2020 年 12 月 31 日结束。

批准状态：192 个缔约方，包括欧共体（今欧盟）；在批准《京都议定书》的缔约方中，加拿大于 2012 年 12 月 15 日正式退出，未计入前述 192 个。

最高决策机构：作为《京都议定书》缔约方会议的《公约》缔约方大会（CMP）。

主要目标：制定限制和减少温室气体排放的量化和具有法律约束力的目标，以推动《公约》。

附件：

- 附件 A：《京都议定书》规定了 6 种温室气体，即 CO_2、CH_4、N_2O、HFCs、PFC 和 SF_6；《〈京都议定书〉多哈修正案》增补了 NF_3。
- 附件 B：《公约》附件一缔约方在《京都议定书》第一承诺期（2008—2012 年）的量化减排或限排承诺；《〈京都议定书〉多哈修正案》修正了第二承诺期（2013—2020 年）的量化减排或限排承诺。

各方承诺：

- 附件 B 缔约方：限制或减少温室气体排放量，表示为占 1990 年排放水平的百分比（第 3 条）；执行国家或区域政策和措施，履行限制和减少温室气体的量化承诺（第 2 条和第 4 条），缔约方可以通过国内措施和灵活机制履行其承诺；发布初次报告，提供履行承诺所需的信息，特别是排放配额的核算（第 7 条）；定期发布报告，说明在实现承诺方面取得的进展（第 3.2 条）；根据 IPCC 批准的方法建立国家排放清单系统（第 5 条）。
- 各缔约方：制定方案，建立国家温室气体排放清单，减缓和促进气候变化的适应，合作支持技术转让、研究和教育，或在国家信息通报（NC）中介绍为应对气候变化而采取的行动（第 10 条）。
- 《公约》附件二缔约方：向发展中国家提供支持，主要是帮助它们制定国家排放清单并鼓励技术转让（第 11 条）。

的生效条件难以满足，一度使《京都议定书》面临破产的危险。此时，欧盟担起了领导者的角色，不仅率先通过了“责任分担协议”，将减排目标分摊到各成员国，为自身的履约打下基础，还在外交上将俄罗斯批准《京都议定书》与其加入世界贸易组织（WTO）挂钩，从而获得俄罗斯的支持，最终促成《京都议定书》在 2005 年正式生效。作为《京都议定书》缔约方会议的《公约》缔约方大会第一届会议（CMP1）开启了一项进程，各方在此进程下就《京都议定书》第二承诺期的目标和实施细则进行谈判，并建立了《京都议定书》特设工作组（AWG-KP）以开展该进程。

与此同时，发达国家不满发展中国家没有任何限期、量化减排责任的“京都模式”，希望能够废除《京都议定书》，并“另起炉灶”订立新的包含所有缔约方减排责任的议定书。于是，气候谈判在这一发展阶段也酝酿着接下来充满僵持与混乱的十年。

四、僵持阶段（2007—2014 年）

这一阶段是全球气候治理的“转轨”时期，旧的秩序刚刚运行即遭到发达国家反对，新的秩序还未建立。一方面，AWG-KP 开展的《京都议定书》第二承诺期实施细则的谈判因被发达国家有意边缘化而举步维艰；另一方面，《公约》设立了新的进程却在哥本哈根气候大会（COP15）上遭遇重大失败。同时，在这一阶段各方诉求的矛盾被充分暴露，各方的立场也发生了较大变化。这些为之后《巴黎协定》的通过打下了基础。

2007 年，在《京都议定书》第一承诺期正式开始实施的前一年，在巴厘岛举办的第 13 届《公约》缔约方大会（COP13）通过了一项名为“巴厘岛行动计划”（BAP）的谈判授权，设立了《公约》长期合作行动特设工作组（AWG-LCA）作为谈判轨道，以开展该授权下的谈判进程。“巴厘岛行动计划”要求缔约方展开谈判，并在 COP15 上通过一份包括目前、2012 年之前和 2012 年之后的长期合作行动文本。这一文本需要包括一个长期减排目标、发达国家继续承担包括量化的国家排放限度的国家减缓承诺/行动，还要包括发展中国家的国家减缓行动[4]。

然而，举世瞩目的 COP 15 遭到了严重失败（详细情况见后文，专栏 4-3），AWG-LCA 因没能按时完成任务而被迫延长其授权。2010 年的坎昆气候大会（COP16）通过了不具有法律约束力的“坎昆协议”（1/CP.16），暂时使 AWG-LCA 的工作有了一个阶段性成果。然而此时关于 2012 年之后的行动机制存在两个平行的谈判轨道——《公约》下的 AWG-LCA 和《京都议定书》下的 AWG-KP。这一“双轨制”的安排反映了各集团就是否破除“二分法”、打破“共区”原则而产生的巨大分歧。2011 年的德班气候大会（COP17）开启了一项新的名为“德班加强行动平台”（DP，以下简称德班平台）的进程，以期能够将之前的两个进程统一并轨到自身之下。德班平台授权缔约方开展谈判，在 2015 年拟订一项《公约》之下对所有缔约方适用的议定书、另一法律文书或某种有法律约束力的议定结果，并于 2020 年开始生效和执行。德班气候大会还设立了德班加强行动平台特设工作组（AWG-DP），作为其谈判轨道。

2012 年的多哈气候大会（COP18）结束了“巴厘岛行动计划”和《京都议定书》第二承诺期的谈判，也结束了 AWG-LCA 和 AWG-KP 的任务，完成了自 2007 年开始的“双轨制”谈判，结束了哥本哈根气候大会开始的混乱局面。多哈气候大会没有通过“巴厘岛行动计划”所期待的具有法律约束力的 2012 年后的行动方案，其通过的《〈京都议定书〉多哈修正案》也因难以获得多数发达国家批准而未能生效①。然而一方面，《〈京都议定书〉多哈修正案》的通过本身保护并提振了各国对多边气候治理的信心；另一方面，“共区”原则这一共识在发展中国家的努力下被继续保留，这也为德班平台制定 2020 年后的气候治理机制奠定了政治共识。此后，各方开始在德班平台下关注 2020 年以后的气候协定，经过 2013—2014 年激烈而务实的谈判，《巴黎协定》的达成已具备了成熟的条件。

五、深化阶段（2015 年至今）

结束了上一个十年的混乱过渡后，全球气候治理的重心在这一阶段正式从《京都议定书》转轨到《巴黎协定》下。这一阶段还在继续，目前已完成的是《巴黎协定》实施细则的谈判，并正在进入正式实施的关口。

2015 年，在巴黎举办的第 21 届《公约》缔约方大会（COP21）上，各方一致通过了具有里程碑意义的《巴黎协定》，开启了气候治理的崭新一页。《巴黎协定》构建了适用于所有缔约方的“国家自主贡献-全球盘点”减排机制，建立了区别于《京都议定书》的“自下而上”的模式，保证了最大的包容性。同时，《巴黎协定》确立了 2020 年以后的集体气候目标共识：在 21 世纪末将全球温升控制在 2℃以内，并努力争取控制在 1.5℃以内[5]。自此，《巴黎协定》接替了《京都议定书》，成为气候治理的主角。巴黎气候大会也成立了《巴黎协定》特设工作组（APA），以作为商定《巴黎协定》实施细则的谈判轨道。

2016 年 11 月，《巴黎协定》正式生效，成为从通过到生效最快的国际环境条约。2016 年年底，作为《巴黎协定》缔约方会议的《公约》缔约方大会第一届会议（CMA 1）召开。与此同时，根据 2015 年通过《巴黎协定》时的《公约》缔约方大会授权，各方在《公约》缔约方大会下建立的《巴黎协定》特设工作组下开展了关于《巴黎协定》实施细则的谈判。2018 年的卡托维兹气候大会（COP24）②通过了除第 6 条以外的所有实施细则。2021 年的格拉斯哥气候大会（COP26）终于通过了第 6 条的实施细则，完善了《巴黎协定》规则手册，自此《巴黎协定》正式进入全面实施阶段。

① 事实上，《〈京都议定书〉多哈修正案》直到 2020 年 12 月 31 日才在第二承诺期的最后一天正式生效。

② 有读者可能发现，2016 年的马拉喀什气候大会、2017 年的波恩气候大会和 2018 年的卡托维兹气候大会都是 CMA1，这是因为各方希望能够具有仪式感地在第一届大会上通过实施细则，因此迟迟不更改会期。

专栏 2-3 《巴黎协定》

生效日期：2016 年 11 月 4 日。

批准状态：193 个缔约方（截至 2022 年 6 月 1 日），美国 2020 年退出后又于 2021 年加入。

最高决策机构：作为《巴黎协定》缔约方会议的《公约》缔约方大会（CMA）。

主要目标：把全球平均气温升幅控制在工业化前水平以上低于 2℃之内，并努力将气温升幅限制在工业化前水平以上 1.5℃之内；提高适应气候变化不利影响的能力，并以不威胁粮食生产的方式增强气候复原力和温室气体低排放发展；使资金流动符合温室气体低排放和气候适应型发展的路径。

涉及议题：减缓、适应、损失和损害、资金、技术开发和转让、能力建设、透明度、全球盘点、履行和遵约。

基本原则：包括公平原则、“共区”原则和各自能力原则，考虑不同国情。

机制设计：《巴黎协定》产生的主要创新之一是引入了国家自主贡献（NDC）机制，并以透明度、全球盘点、促进履行和遵约机制形成闭环。NDC 即以主权方式作出的承诺，由制定本国气候目标的国家自由决定，这些目标必须每五年更新一次，而且新目标总是更高。《巴黎协定》还规定，从 2023 年开始每五年进行一次全球盘点，以评估全球气候行动的进展情况。全球盘点将审查全球集体的进展情况和所采取的努力，包括《巴黎协定》规定的所有关键因素，如减缓、适应、履约和支持手段（资金、技术等）。由此《巴黎协定》完成了机制上的闭环：缔约方提交的 NDC 中包括获得和提供的支持信息，这一信息由透明度机制进行报告和评审；透明度机制与履行和遵约机制共同为全球盘点提供真实的信息，从而保证后者提供更客观的建议；该建议反过来促进缔约方更新其 NDC，以保证整体目标的完成。

习近平主席指出，《巴黎协定》符合全球发展大方向，成果来之不易，应该共同坚守，不能轻言放弃[6]。站在现在回望过去，气候谈判在宏观上呈现了从“自上而下”到“自下而上”转轨的大图景（图 2-2），这是全球气候治理的大趋势。虽然气候谈判多次面临危机和挑战，但是最终各方还是充分发挥了政治智慧，驾驶着气候治理的巨轮航行到了正确的轨道上。在这一过程中（表 2-2），我国作为最大的发展中国家，一方面坚持立场和核心原则不动摇，另一方面积极提升行动力度，承担大国责任，为《巴黎协定》的通过和生效作出了巨大贡献。当然，以上只是气候谈判的大体脉络，其下的具体议题也有各自的发展历程，这些内容见本书第四章“气候谈判主要议题”部分。

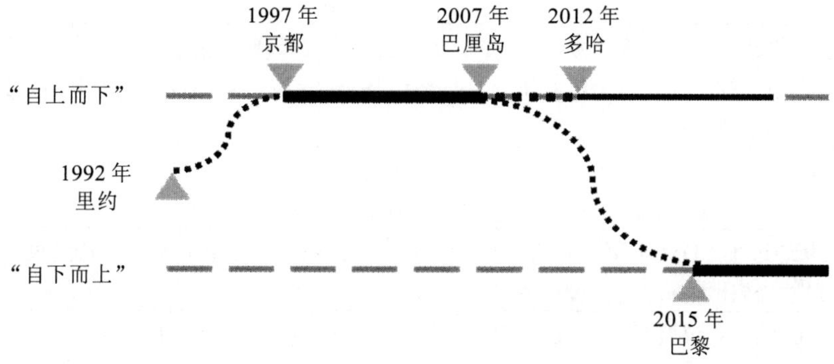

图 2-2　气候谈判发展脉络示意图

表 2-2　气候谈判大事年表

年份	大事记
1990	IPCC 发表了对全球气候政策产生重大影响的第一次评估报告，它成为 1990 年年底开始在联合国大会下就《公约》进行谈判的主要基础
1991	第二届世界气候大会于 11 月在日内瓦召开，会议成员包括各国部长和科学家。12 月 21 日，联合国大会设立了 INC/FCCC，作为“在大会主持下的单一政府间谈判进程”，并于 1991 年 2 月至 1992 年 5 月举行了五次会议
1992	INC/FCCC 仅用了 15 个月就完成了《公约》文本的定稿；《公约》于 5 月 9 日在联合国大会上通过，并于 6 月在里约热内卢联合国环境与发展会议上开放签署，当时有 154 个国家签署了《公约》
1994	《公约》在第 50 个国家交存批准书 90 天后于 3 月 21 日生效
1995	INC/FCCC 完成了准备执行《公约》的工作。缔约方大会（COP）成为《公约》的最高权力机构，于年初在柏林举行了第一次会议（COP1）。《公约》缔约方一致认为，《公约》第 4 条第 2 款所载的附件一缔约方的承诺不足，因此就其额外承诺启动了“柏林授权”，并设立了柏林授权特设小组来进行谈判。COP1 还决定，附属履行机构（根据《公约》第 10 条设立）和附属科学和技术咨询机构（根据《公约》第 9 条设立）应举行会议
1996	IPCC 于 6 月发布了第二次评估报告。该报告指出，根据现有证据，人类对全球气候的影响明显存在，并对人类社会和经济发展构成了危害，建议采取符合可持续发展、具有成本效益的步骤应对气候风险
1997	COP3 通过了《京都议定书》。该议定书规定，《公约》附件一缔约方需在 2008—2012 年（第一承诺期）确保 6 种温室气体的总排放量比 1990 年水平减少 5%。《京都议定书》还建立了清洁发展机制（CDM，第 12 条），减排项目产生的核证减排量（CER）可以进行交易，以便附件一缔约方通过市场机制进行履约，并协助发展中国家实现可持续发展
1998	COP4 通过了一项两年行动计划，即“布宜诺斯艾利斯行动计划”，以完成《京都议定书》实施细则谈判
1999	COP5 设立了非附件一缔约方国家信息通报专家咨询小组（CGE），以协助非附件一缔约方国家改进信息通报的编写过程
2000	缔约方未能就森林、耕地和植被恢复项目的碳信用、遵约、减缓和适应的资金支持等问题达成共识，因此 COP6 谈判延续至第二年

年份	大事记
2001	COP7 通过了“马拉喀什协议”，在主要问题上达成共识，包括三个灵活履约机制、碳汇信用核算方法学等，并在资金机制下建立了适应基金（AF）、最不发达国家基金（LDCF）和气候变化特别基金（SCCF）
2002	COP8 通过了《关于气候变化与可持续发展的德里部长宣言》“关于教育、培训和公众认识的新德里工作方案”（第 6 条），还呼吁发达国家向发展中国家转让技术
2003	COP9 通过了 CDM 下造林和再造林活动的决定，还就利用适应基金支持发展中国家的努力并通过技术转让加强能力建设达成了协议
2004	COP10 的主要议题是适应气候变化，其成果之一是通过了“关于适应和应对措施的布宜诺斯艾利斯工作方案”
2005	《京都议定书》于 2 月 16 日生效。作为《京都议定书》缔约方会议的《公约》缔约方大会第一届会议（CMP1）于 11—12 月在蒙特利尔与 COP11 同时举行。各方取得的一项重要突破是决定就长期战略合作行动展开对话，并建立了《京都议定书》特设工作组，以开启第二承诺期的谈判。此外，COP11 制订了一项支持发展中国家适应气候变化的五年期工作计划（“内罗毕工作计划”）
2006	CMP 就适应基金程序和改进 CDM 项目达成了协议
2007	COP13 达成了一项为期两年的路线图——“巴厘岛行动计划”，并且设立了《公约》之下的长期合作行动特设工作组，以对长期合作行动的共同愿景、减缓、适应、技术开发和转让及资金等问题开展谈判。“巴厘岛行动计划”中，“发达国家”和“发展中国家”的表述首次取代了“附件一缔约方”和“非附件一缔约方”。“巴厘岛行动计划”开启的谈判进程本应于 2009 年结束，但最终结束于 2012 年
2008	这一年，COP14 对最不发达国家基金经营提出了指导意见，CMP 在将森林保护纳入减缓努力的机制方面取得了进展。全球环境基金（GEF）建立了一个关于技术转让的战略方案（《波兹南战略计划》），为技术转让提供了实施平台
2009	COP15/CMP5 原计划就《京都议定书》第二承诺期和《公约》下另一个具有法律约束力的协议达成共识，然而这两个谈判议题下都没有达成有意义的结果。该会议进程的透明度和程序性出现了问题，阻碍了谈判进程。最终大会“注意到”（但未通过）由主要经济大国和区域集团代表撰写、无法律约束力的《哥本哈根协议》。值得注意的是，在这份协议中发达国家承诺到 2020 年每年为发展中国家调动 1 000 亿美元以支持其应对气候变化。该协议依据 IPCC 第四次评估报告，首次提出将全球温升限制在 2℃以下的目标，并首次提及 1.5℃长期目标
2010	COP16 达成了“坎昆协议”，但发达国家未承诺《京都议定书》第二承诺期减排目标，亦未落实气候资金细节。缔约方只在技术转让、森林保护和提高减排行动透明度等技术性问题上达成有限共识。此外，正式设立了绿色气候基金（GCF）、适应委员会（AC）和气候技术中心等机构
2011	COP17 设立了德班平台及特设工作组，以期在 2015 年前达成一份包含所有缔约方的具有法律约束力的文件
2012	COP18 有两个主要成果：一是通过了《京都议定书》第二承诺期，二是结束了始于 2007 年的“巴厘岛行动计划”谈判。然而《京都议定书》第二承诺期的通过在多哈谈判结束之前引发了争议。俄罗斯、白俄罗斯和乌克兰对限制第一承诺期排放配额盈余结转表示强烈不满。CMP 决定在《〈京都议定书〉多哈修正案》正式生效前各方可对其予以临时适用
2013	COP19 进一步澄清了撰写 2015 年谈判文本草案的方式，并请缔约方作出及通报由本国确定的行动承诺（后被称为 NDC）。此外，本届大会建立了“气候变化影响相关损失和损害华沙国际机制”（WIM），并正式形成了长期气候资金的决定

年份	大事记
2014	COP20 通过了“利马气候行动倡议”，其中特别在附件中载有未来《巴黎协定》的草案，指出应平衡考虑六个问题——减缓、适应、资金、技术开发和转让、能力建设、行动和支持的透明度。大会还制定了“利马性别问题工作方案”
2015	COP21 在《公约》下通过了新的气候协定——《巴黎协定》，缔约方确定了长期目标，即把全球平均气温升幅控制在工业化前水平以上低于 2℃之内，并努力将气温升幅限制在工业化前水平以上 1.5℃之内，并重申了《公约》的公平原则、“共区”原则和各自能力原则。《巴黎协定》提出了几项创新制度安排，如缔约方采用 NDC 的方式开展气候行动，每五年更新一次，并保持雄心力度不倒退；每五年进行一次的全球盘点，旨在全面评估减缓和适应的行动，以及资金、技术、能力建设等方面的进展。本届大会设立了《巴黎协定》特设工作组
2016	《巴黎协定》于 11 月 4 日生效。作为《巴黎协定》缔约方会议的《公约》缔约方大会要求完成《巴黎协定》下的工作方案，并最迟在 2018 年 COP24/CMA1 第三期会议审议和通过。本届大会还明确了适应基金应服务于《巴黎协定》、巴黎能力建设委员会（PCCB）的职权范围等内容，并且启动了明确发达国家根据《巴黎协定》第 9 条第 5 款每两年通报资金信息的进程
2017	COP23 通过了“斐济的实施势头”，敦促各方继续为完成《巴黎协定》下的工作方案作出努力。缔约方决定，将于 2018 年 1 月 1 日启动塔拉诺阿对话
2018	缔约方顺利完成了《巴黎协定》实施细则（除第 6 条及其余部分内容）的谈判
2019	COP25 未能完成《巴黎协定》第 6 条实施细则的谈判。大会主席在提高 1.5℃目标地位上分散过多精力，然而这一努力并未获得广泛支持。会议建立了圣地亚哥网络以完善 WIM
2021	COP26 因疫情推迟一年举行。缔约方在格拉斯哥完成了《巴黎协定》全部实施细则的谈判，同时就全球适应目标（GGA）达成了初步共识，设立了“格拉斯哥-沙姆沙伊赫工作方案”。大会还要求各国加紧努力，逐步减少未加装碳减排设施的煤电，取消低效的化石燃料补贴，但没有具体说明相应的时间表

－参考文献－

[1] IPCC. FAR Climate Change：Scientific Assessment of Climate Change[R]. Cambridge：IPCC，1990.

[2] WMO. Ministerial Declaration of the Second World Climate Conference[R]. Geneva：WMO，1990.

[3] UNFCCC. 第 1/CP.3 号决定：通过《联合国气候变化框架公约》京都议定书[R]. 波恩：UNFCCC，1997.

[4] UNFCCC. 第 1/CP.13 号决定：巴厘岛行动计划[R]. 波恩：UNFCCC，2007.

[5] UNFCCC. 第 1/CP.21 号决定：通过《巴黎协定》[R]. 波恩：UNFCCC，2015.

[6] 习近平. 共担时代责任，共促全球发展——国家主席习近平在世界经济论坛 2017 年年会开幕式上的主旨演讲[EB/OL]. http：//www.gov.cn/xinwen/2020-12/15/content_5569594.htm.

第三章

制度安排和流程

一、国际环境条约简介

国际环境问题具有广泛性和复杂性的特点，在其谈判和治理中很难像其他治理议题那样一步到位。因此，国际环境条约一般采取“公约-议定书”模式[1]，即缔约方先就某一议题签订框架公约，确立治理目标、框架和领域；再在公约下签订具有法律效力的议定书以解决具体问题和建立具体机制①。采取此类模式的国际环境条约包括解决臭氧层空洞问题的《保护臭氧层维也纳公约》及《蒙特利尔议定书》、解决生物多样性问题的《联合国生物多样性公约》及《卡塔赫纳生物安全议定书》、解决气候变化问题的《联合国气候变化框架公约》及《京都议定书》和《巴黎协定》。

国际环境条约要经历谈判前、谈判中和谈判后三个阶段（图 3-1）。在谈判前阶段，各国政府或政府间组织开始着手解决跨国界或全球环境问题，第一步就是决定是否需要采取行动，以及联合行动是否可行。该阶段的非正式或正式协商可在国家、区域或国际各级进行。在这一阶段，科学分析是关键组成部分，因为它将为各国政府的决策提供事实层面的依据。政府间组织可能会要求成立一个科学机构来调查特定问题，如 1988 年 WMO 和 UNEP 成立 IPCC，以就气候变化日益严重的威胁提供独立的科学分析。IPCC 在其 1990 年的第一份评估报告中提出的结果为《公约》的谈判提供了科学依据。当各方明确了科学事实、确认了政治意愿以后，谈判便可以开始了。一般来说，联合国或 UNEP 会设立政府间谈判委员会作为谈判的平台，同时设立准备委员会来管理程序和经费问题。《公约》的谈判平台就是 INC/FCCC，而《京都议定书》和《巴黎协定》作为《公约》下的政治文件，其谈判平台就是《公约》缔约方大会。

---

① 除了“公约-议定书”模式，还有“公约-附件（修正案）”模式，该模式的具体问题和机制体现在附件和修正案中。采取该模式的典型条约有《关于持久性有机污染物的斯德哥尔摩公约》《控制危险废物越境转移及其处置的巴塞尔公约》。

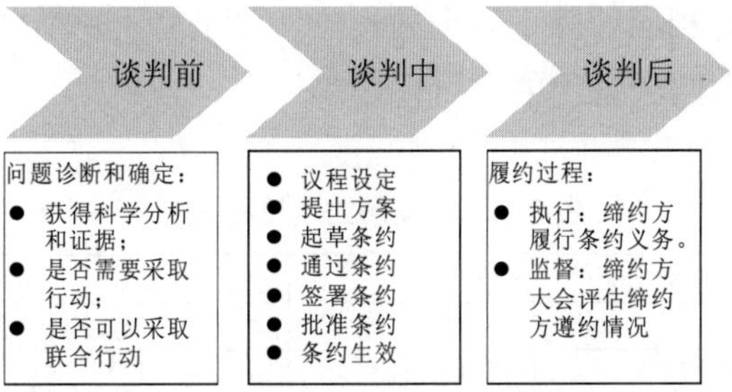

图 3-1　国际环境条约谈判普遍程序

谈判中阶段的具体流程和技术细节将在本章“制度安排”部分展开，这里先介绍国际环境条约如何才能算作被“谈成”，即分别介绍条约的通过、签署、批准（接受、核准、加入）和生效。

通过（adoption）：谈判结束后，如果各个国家的谈判代表对最终案文没有异议，或者支持的代表数量达到了规则所规定的比例，那么该条约就被大会通过。通过即表明该条约获得了谈判代表的认可。

签署（signature）：当国际环境条约被通过一段时间后，秘书处会将该条约开放供各个国家政府代表签署，签署即表明该国政府愿意接受条约义务。

批准（ratification）：在一国政府代表签署条约之后，该国政府将有时间在内部考虑其在协议上的正式立场，而批准过程中应确保国家代表在谈判协议时没有越权。一国通过提交批准书作为批准的程序，表明该国政府正式宣布同意受条约的约束。签署和批准被认为是缔结条约最严谨、最正式的方式，特别是在签署和批准并用的情况下，一方面以最清晰的方式表达了国家愿意接受条约约束的缔约意思，另一方面又满足了国内立法程序的要求，同时也可以使各国在签署条约后仍留有机会深思熟虑，最后再决定是否加入条约。事实证明，签署和批准并不是冗余和重复的程序，如美国就签署了《京都议定书》，然而布什政府以温室气体减排会损害美国经济和发展中国家也应该承担义务为由拒绝批准。

生效（entry into force）：条约会规定一个生效的阈值，当批准该条约的缔约方数量达到这一阈值后，该条约就自动生效，各缔约方正式受该条约约束，如《巴黎协定》规定其将在至少 55 个《公约》缔约方（其温室气体排放量至少占全球总排放量的 55%）交存批准、接受、核准或加入文书之日后第 30 天起生效。

除了签署和批准，缔约方还有其他方式表达对条约的同意，具体方式有接受、核准和加入三种。其中，**接受**（acceptance）和**核准**（approval）与批准有相同的法律效力，只是依据不同国家宪法规定的不同而选择不同的程序表达，如中国政府向联合国秘书长交存的就是《〈京都议定书〉多哈修正案》的接受书，而非批准书；**加入**（accession）是指一国在条约的批准程序时间期限过后选择同意接受其约束的过程。

除此以外，条约还有相应的修正和退约程序，这里就不再赘述。表 3-1 梳理了气候变化领域具有法律约束力的四个条约的“日程表”。

表 3-1　气候条约“日程表”

<table>
<tr><th></th><th>《联合国气候变化框架公约》</th><th>《京都议定书》</th><th>《〈京都议定书〉多哈修正案》</th><th>《巴黎协定》</th></tr>
<tr><td>通过</td><td>1992 年 5 月</td><td>1997 年 12 月</td><td>2012 年 12 月</td><td>2015 年 12 月</td></tr>
<tr><td>中国签署</td><td>1992 年 6 月</td><td>1998 年 5 月</td><td rowspan="2">2014 年 6 月</td><td>2016 年 4 月</td></tr>
<tr><td>中国批准</td><td>1992 年 11 月</td><td>2002 年 8 月</td><td>2016 年 9 月</td></tr>
<tr><td>生效</td><td>1994 年 3 月</td><td>2005 年 2 月</td><td>2020 年 12 月</td><td>2016 年 11 月</td></tr>
</table>

注：由于《〈京都议定书〉多哈修正案》并非一个新的条约，因此并不存在签署和批准过程，而是要求缔约方接受该修正案。中国政府于 2014 年 6 月向联合国交存了接受书。

谈判后就进入了条约的履约过程，它包括各个缔约方按照条约义务进行**执行**（implementation）的过程，以及缔约方大会对执行情况的**监督**（supervision）过程或程序。前者在条约所设立的各附属机构和执行机构下进行，后者一般通过条约建立的遵约机制进行。执行和监督构成了正向的反馈作用，帮助缔约方大会发现条约存在的漏洞和不足并识别新的议题；当各方认为有必要对原条约进行修正或者需要订立新的条约时，就开启了再谈判的过程。全球环境治理便在这一轮轮的谈判中不断发展和深化。

二、制度安排

《公约》、《京都议定书》和《巴黎协定》都规定了制度安排，如设立缔约方大会、主席团、附属机构、秘书处和其他机构。《公约》设立了缔约方大会（COP），《京都议定书》和《巴黎协定》各自设立了作为缔约方会议的《公约》缔约方大会（分别为 CMP 和 CMA）。COP 和 CMP、CMA 每年都会举行一次（2021 年因新冠肺炎疫情停办了一年），且是在同一时间、相同地点一起举办。例如，通常所说的 2015 年巴黎气候大会就是第 21 届《公约》缔约方大会（COP 21），暨第 11 届作为《京都议定书》缔约方会议的《公约》缔约方大会（CMP 11）；2018 年卡托维兹气候大会除了是 COP 24 和 CMP 14 外，还是第一届作为《巴黎协定》缔约方会议的《公约》缔约方大会（CMA 1）。

《公约》、《巴黎协定》及之前的《京都议定书》的制度安排按照其功能可以分为决策机构、谈判轨道、执行机构和协调机构四种类型（图 3-2）。其中，决策机构是最高权力机关，以一致同意为原则通过决定，从而指导各执行机构的运作；谈判轨道是谈判最主要的平台，各缔约方在该平台上就议题进行商谈和博弈，形成最终的案文供缔约方大会通过；执行机构是负责具体执行各个议题任务的专门机构，它由缔约方大会授权建立，并且对缔约方大会负责；协调机构指秘书处，负责安排会议、协助缔约方交流信息、支持谈判，并与其他多边机构（如全球环境基金）深入合作进行协调。

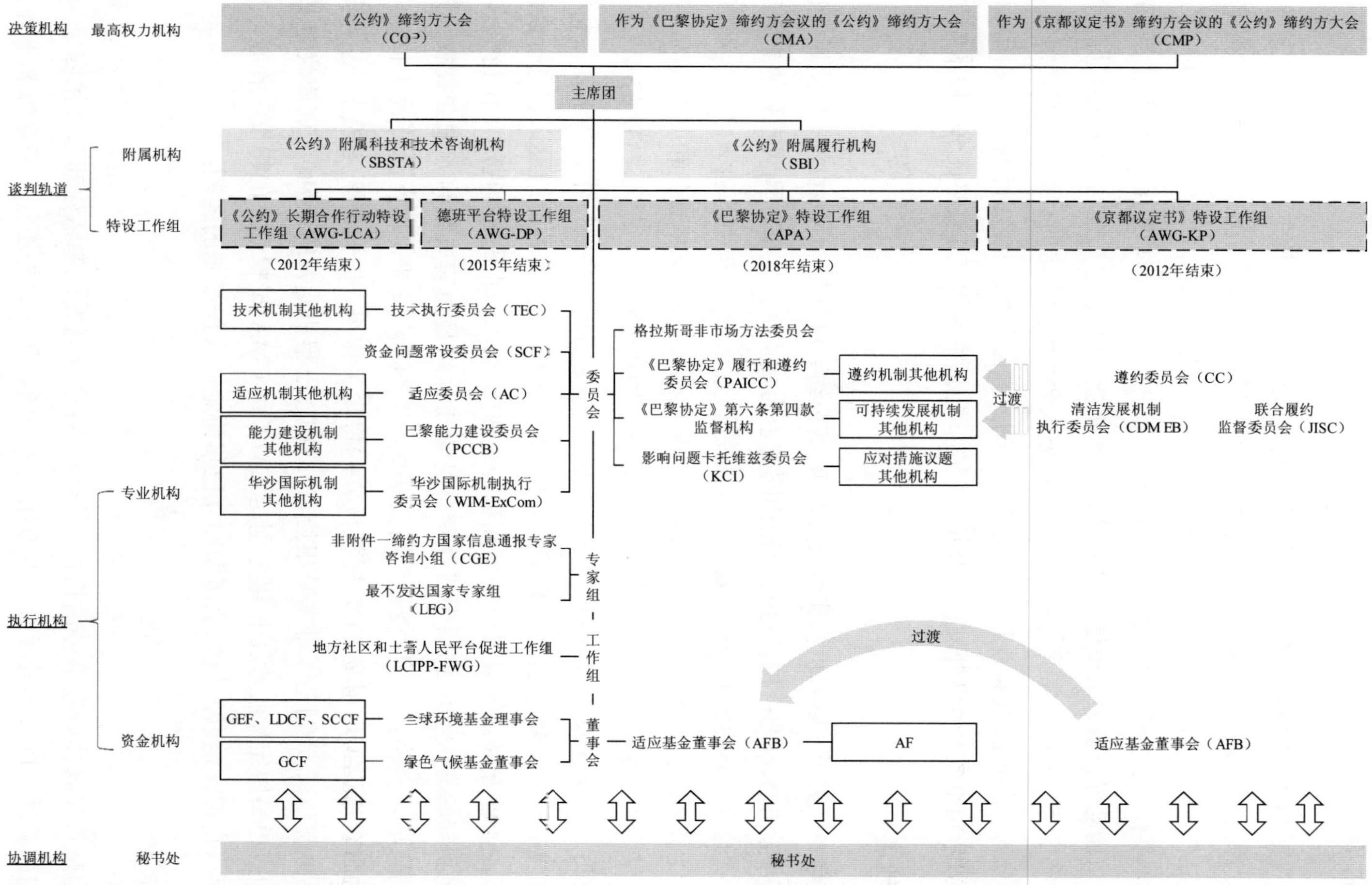

注：适应机制、能力建设机制、遵约机制并非《公约》中的专有名词，在图中用来指代相应议题的治理机制。执行机构的左侧部分为《公约》下的机构，中间为《巴黎协定》下的机构，右侧为《京都议定书》下的机构。执行机构部分的委员会、专家组、工作组、董事会之间是并列关系，并不存在上下级或管辖关系。

图 3-2 《公约》治理框架

1．决策机构

决策机构包括COP、CMA和CMP，三者分别是《公约》、《巴黎协定》和《京都议定书》的决策机构①。缔约方大会是最高机构和最高决策机关，它是一个常设机构，主要负责审查《公约》、《京都议定书》和《巴黎协定》的执行情况，并作出必要的决定，以促进其有效执行。这些最高机构每年举行一次会议，审查缔约方的承诺，促进信息交流和协调应对气候变化及其影响的措施，寻求调动资金资源的渠道，并行使必要的职能，以实现《公约》的最终目标。缔约方大会由主席主持，主席通常是环境部长或缔约方大会东道国指定的官员（有时是缔约方大会高级别部分的国家元首/政府首脑）。主席团由缔约方大会主席、七名副主席、两名附属机构主席和一名报告员组成，负责处理程序和组织问题，包括审查代表的资格证书等技术问题。

2．谈判轨道

谈判轨道包括两大类：附属机构和特设工作组。《公约》设有两个附属机构——附属履行机构、附属科学和技术咨询机构，这两个机构同时也为《京都议定书》和《巴黎协定》服务。它们作为缔约方大会的咨询机构，每年举行两次会议（一次在年中单独举行，一次在年底与缔约方大会同时举行）。附属履行机构处理并协助COP/CMP/CMA评估和审查公约、议定书和协定的有效执行情况。附属科学和技术咨询机构就科学和技术问题向COP/CMP/CMA提供咨询，包括气候变化及其影响的科学知识现状、确定创新和高效技术、科学计划和研究与发展、发展中国家的能力建设。附属机构履行职能的过程就是各缔约方代表进行谈判和博弈的过程，而各方谈判的成果就是附属机构达成的共识，即下文所说的“结论”，这一成果被提交到缔约方大会汇总后形成决定。特设工作组是为完成缔约方大会授权而设立的短期谈判轨道。其中，“柏林授权”特设小组、《公约》长期合作行动特设工作组和德班加强行动平台特设工作组是COP授权设立的特设工作组，他们分别完成了《京都议定书》、“坎昆协议”（原计划是《哥本哈根协议》）和《巴黎协定》的谈判；《京都议定书》特设工作组和《巴黎协定》特设工作组分别是CMP和CMA授权设立的特设工作组，他们分别完成了《京都议定书》第二承诺期和《巴黎协定》实施细则的谈判。

3．执行机构

执行机构是管理具体议题事务的机构，即后文各个议题的机制结构部分（第四章）。按照执行机构的功能可以分为委员会、专家组和工作组三种，此外还包括资金机制下各基金的董事会（表3-2）。

① 理论上CMP应该随着《京都议定书》的结束而在2020年结束，不过由于《京都议定书》下还有一些后续议题延续至今，因此实际上CMP还是保留了下来。

专栏 3-1　缔约方大会和谈判轨道整理汇总

缔约方会议:

- COP: Conference of the Parties（of UNFCCC),《公约》缔约方大会。
- CMP: Conference of the Parties serving as the meeting of the Parties to the Kyoto Protocol，作为《京都议定书》缔约方会议的《公约》缔约方大会。
- CMA: Conference of the Parties serving as the meeting of the Parties to the Paris Agreement，作为《巴黎协定》缔约方会议的《公约》缔约方大会。

谈判轨道:

- SBSTA: Subsidiary Body for Scientific and Technological Advice，《公约》附属科学和技术咨询机构。
- SBI: Subsidiary Body for Implementation，《公约》附属履行机构。
- APA: Ad hoc Working Group of Paris Agreement，《巴黎协定》特设工作组（2018年已结束)。
- AWG-KP: Ad hoc Working Group of Kyoto Protocol，《京都议定书》特设工作组（2012 年已结束)。
- AWG-LCA: Ad hoc Working Group of Long-term Climate Action，《公约》长期合作行动特设工作组（2012 年已结束)。
- AWG-DP: Ad hoc Working Group of Durban Platform，德班加强行动平台特设工作组（2015 年已结束)。

表 3-2 《公约》框架下的机构设置及其职能（截至 2022 年）

机构	中文	职能
COP、CMA 共有的附属机构		
Subsidiary Body for Scientific and Technological Advice（SBSTA）	《公约》附属科学和技术咨询机构	向 COP 和 CMA 提供有关它们所特有或共同拥有的科学问题和技术的建议
Subsidiary Body for Implementation（SBI）	《公约》附属履行机构	就加强《公约》和《巴黎协定》的有效执行向 COP 和 CMA 提出建议
COP 设立的专业机构		
Technology Executive Committee（TEC）	技术执行委员会	寻求实施有意义和有效行动的框架，以加强技术转让或获取
Standing Committee on Financing（SCF）	资金问题常设委员会	协助履行《公约》资金机制方面的职能，包括改进气候变化资金的一致性和协调性，实现资金机制的合理化，调集资金并向发展中国家缔约方提供支持的测量、报告和核查

机构	中文	职能
Adaptation Committee（AC）	适应委员会	在《公约》之下以一致的方式促进实施加强的适应行动
Executive Committee of the Warsaw International Mechanism on Loss and Damage（WIM-ExCom）	华沙国际机制执行委员会	以全面、综合和一致的方式推动执行处理与气候变化不利影响相关的损失和损害的方针
Paris Committee on Capacity-Building（PCCB）	巴黎能力建设委员会	解决发展中国家缔约方在实施能力建设和进一步加强能力建设努力方面的差距和需要的问题，包括能力建设活动的一致性和协调性
Consultative Group of Experts on National Communications of non-Annex I Parties（CGE）	非附件一缔约方国家信息通报专家咨询小组	协助非附件一缔约方和《巴黎协定》发展中国家缔约方编写国家信息通报
Least Developed Countries Expert Group（LEG）	最不发达国家专家组	向最不发达国家提供关于制定和实施适应计划等方面的建议
LCIPP Facilitative Working Group（LCIPP-FWG）	地方社区和土著人民平台促进工作组	进一步推动 LCIPP 投入运作并促进其职能的履行，包括从知识、气候变化政策和行动、参与的能力三个方面开展
CMA 设立的专业机构		
Supervisory Body（SB）	监督机构	监督可持续发展机制（SDM）按照其程序规则运行
Glasgow Committee on Non-market Approaches	格拉斯哥非市场方法委员会	启动非市场方法工作方案，政府和私营部门参与其中，并将成果上传到非市场方法网络平台中分享
the committee to facilitate implementation and promote compliance	促进履行和遵约委员会	负责保证遵守承诺，并支持难以履行《巴黎协定》规定的义务的缔约方
Katowice Committee of Experts on the Impacts of the Implementation of Response Measures（KCI）	实施应对措施的影响问题卡托维兹专家委员会（简称影响问题卡托维兹委员会）	支持实施应对措施的影响问题论坛的工作
CMP 设立的专业机构		
Clean Development Mechanism Executive Board（CDM EB）	CDM 执行委员会	监督 CDM 的平稳运行，并提供项目申请规则、基线设定方法学、减排量核算方法学等一系列技术文件
Joint Implementation Supervisory Committee（JISC）	联合履约监督委员会	监督 JI 的平稳运行，并持有发达国家各减排量账户
Compliance Committee（CC）	遵约委员会	负责保证遵守承诺，并支持难以履行《京都议定书》规定的义务的缔约方
资金机制下的执行机构		
GEF Council	全球环境基金理事会	管理全球环境基金，并监督最不发达国家基金和气候变化特别基金的供资
GCF Board	绿色气候基金董事会	管理绿色气候基金，确保基金对缔约方会议负责并在缔约方会议指导下运作，使用专题供资窗口支持在发展中国家缔约方开展的项目、方案、政策和其他活动
AF Board（AFB）	适应基金董事会	管理适应基金，为发展中国家缔约方的具体适应项目和方案提供资金

《公约》下的执行机构包括适应委员会（AC）、技术执行委员会（TEC）、资金问题常设委员会（SCF）、巴黎能力建设委员会（PCCB）、气候变化影响相关损失和损害华沙国际机制（WIM，以下简称华沙国际机制）执行委员会（WIM-EC）、专家咨询小组（CGE）、最不发达国家专家组（LEG）、地方社区和土著人民平台促进工作组（LCIPP-FWG）。《巴黎协定》下的执行机构包括格拉斯哥非市场方法委员会、促进履行和遵约委员会、监督机构（SB）和影响问题卡托维兹委员会（KCI），相关机制其他机构详见本书第四章。资金机制的执行机构包括《公约》下的全球绿色基金（GEF）理事会、绿色气候基金（GCF）董事会及《巴黎协定》下的适应基金（AF）董事会①。《京都议定书》下的执行机构包括清洁发展机制（CDM）执行委员会（CDM EB）、联合履约监督委员会（JISC）和遵约委员会（CC）。

4．协调机构

协调机构指的是《公约》秘书处，它的角色类似于整个管理体系的“后勤”，不负责具体的决策和执行，但是为各个决策、执行机构提供技术支撑和机构间的协调支持。2018 年，《公约》秘书处进行了机构改革，分为执行、实施和方案三个部门，每个部门又分为若干个分支机构（图 3-3）。实施部门和方案部门针对不同的议题和功能提供支持，并在缔约方的参与下实现职能目标，产出相关综合报告和交流成果。执行部门将报告和成果反馈给缔约方，并促进缔约方参与下一轮实施部门和方案部门的活动。图 3-4 列出了秘书处的工作流程[2]。

图 3-3 秘书处机构设置

① 《巴黎协定》下的执行机构大多沿袭自《京都议定书》下原先的执行机构，如促进履行和遵约委员会沿袭自《京都议定书》遵约委员会，监督机构沿袭自 CDM 执行委员会和联合履约监督委员会，适应基金董事会更是直接从《京都议定书》过渡到《巴黎协定》之下。

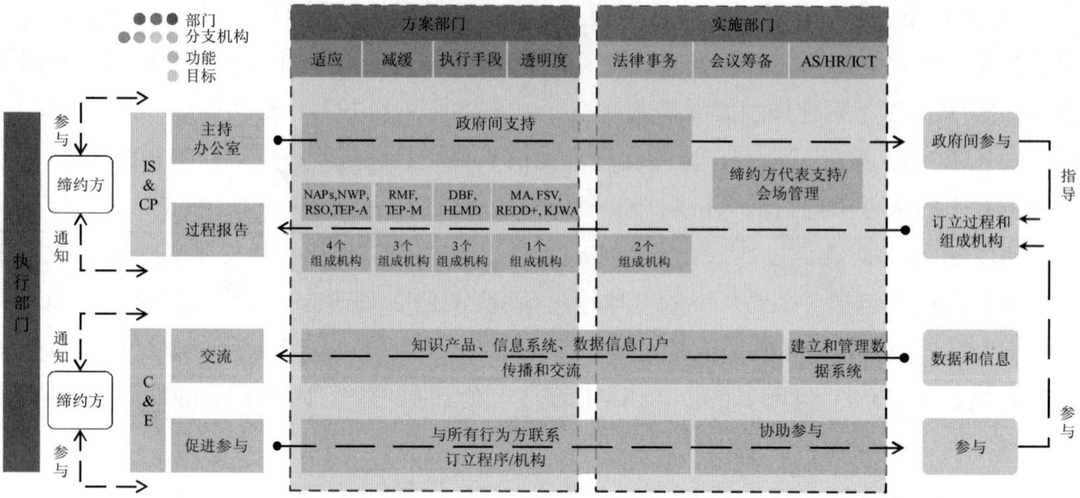

注：IS&CP-政府间支持和集体进展分支；C&E-交流与参与分支；NAP-国家适应计划；NWP-“内罗毕工作计划”；RSO-研究和系统观测；TEP-A-适应技术审查进程；RMF-实施应对措施的影响问题论坛；TEP-M-减缓技术审查进程；DBF-德班能力建设论坛；HLMD-气候资金问题两年期高级别部长级对话；MA-多边评估；FSV-促进性信息分享；REDD+-减少因毁林和森林退化而导致的温室气体排放；KJMA-科罗尼维亚农业联合工作。

图 3-4　秘书处工作流程

专栏 3-2　公约下“设立”“建立”的都是些什么？

进程（process）：狭义上是由缔约方大会授权开启、为了达成一份新的具有法律约束力的文件或者确定其实施细则的谈判过程。表 2-1 列举出的所有谈判授权及轨道都是谈判进程内的安排。

框架（framework）：指某一议题下将要开展行动的领域，即“做什么”。目前公约和协定内有官方名称的框架包括坎昆适应框架、技术框架、技术转让框架、能力建设框架、非市场方法框架、华沙 REDD+框架、强化透明度框架。

机制（mechanism）：指某一议题下将要开展行动的方式，即“怎么做”。一般来说，缔约方会先确定该议题的框架，之后再在该框架中建立行动的机制。目前，公约和协定内有官方名称的机制包括资金机制、技术机制、华沙国际机制、灵活机制、可持续发展机制。

委员会（committee）：指为了完成一定的任务或履行特定职能而设立的专门组织，具有执行和决策功能。一般来说，委员会是一个议题机制的核心机构，建立一个委员会需要确定其组成、模式和程序。其中，组成是指委员会成员的构成及产生方式，模式是指该委员会开展工作的形式（如举行论坛、编制报告等），程序是指委员会开展工作和议事的规则流程。有些委员会有特殊的职能，如专家委员会、执行委员会、监督委员会等。

专家组（expert group）：指由专家构成的为某一议题提供专业知识咨询的机构。专家组的效力要弱于委员会，如 2001 年建立了技术转让专家小组，这一机构之后在 2010 年被技术执行委员会代替，后者也成为技术机制的核心。

工作组（working group）：其范围更加宽泛，一般任何一个被授权履行某项职能的组织都可以成为工作组。目前《公约》下只有地方社区和土著人民平台促进工作组，其职能是推动该平台进一步投入运作并促进其职能的履行。广义上的工作组也包括特设工作组，不过由于特设工作组具有很高的授权，是一种谈判轨道，因此不将其包括在内。

工作方案/工作计划（work program/workplan）：二者经常被混用，因其内涵相似，都是指一段时间内为了完成某个具体目标的一系列工作事项。建立一个工作计划需要确定其预期结果、工作范围、模式、时间框架等。其中，有的工作计划的时间框架是长期的（如“内罗毕工作计划”），大部分工作计划是短期的（如两年期的“格拉斯哥-沙姆沙伊赫工作方案”），也有一些工作方案是滚动的，即每一年会更新后几年的工作计划（如损失和损害的“五年期滚动工作计划”）。工作方案的执行主体可以是委员会（此时该工作方案就是机制下的一个内容），也可以是附属机构（此时该工作方案往往就是临时性的），因此工作方案本身并不足以构成一个机制。

论坛（forum）：指使缔约方能以互动方式分享信息、经验、案例研究、最佳做法和观点的平台，是一个执行水平较低、功能较为初级的组织。目前，《公约》下有实施应对措施的影响问题论坛和德班能力建设论坛。

对话（dialogue）：是一个就某个话题进行有组织发言并交流的平台，它较论坛更加非正式、随意和灵活，往往不具有具体的执行能力。目前，《公约》下有气候赋权行动问题对话和气候资金问题两年期高级别部长级对话。

倡议（initiative）：指为了达成某个目标或解决某个问题而采取的行动或计划。这个用法较为宽泛，一般强调目标而弱化具体的行动和采取行动的机制。目前《公约》下有“利马适应知识倡议”和全球环境基金负责实施的“透明度能力建设倡议”。

平台（platform）：该词的使用更加随意和宽泛，大致可以分为三类。第一类指谈判轨道，具体指德班平台；第二类指推动某一议题执行的松散组织，主要以举办研讨会交流的形式工作[①]，目前《公约》下有地方社区和土著人民平台；第三类指上传、共享、管理信息的网络空间，此类平台在公约和协定下有很多，如管理合作方法下各方可转让的减缓成果（ITMO）的集中核算和报告平台、记录非市场方法成果的非市场方法网络平台、记录气候行动的非国家行为方气候行动（NAZCA）门户网站平台[②]、记录 REDD+项目信息的 REDD+网络平台等。

网络（network）：指与某个议题相关的多个机构形成的松散共同体。网络具有很强的

① 因此广义上讲，上文提到的两个论坛也是平台。

② https://climateaction.unfccc.int/。

包容性，其中的机构可以包括政府部门、政府间组织、国际组织、区域组织和部门组织、伙伴关系和倡议，以及研究、学术、金融、非政府、私营部门和供应部门组织、伙伴关系和倡议等。“网络+中心”是构成一个机制的典型模式：中心根据职权范围接收和评估需要处理的任务，并与网络中各机构进行联络；网络中的机构开展实质性工作，回复中心的请求。目前，《公约》下有气候技术中心与网络和圣地亚哥网络。

伙伴关系（partnership）：特指由多个非缔约方行为主体（non-Party stakeholders），如城市、企业、投资者、个人等在共同目标下组成的松散集合，该集合内没有制度安排和责任划分，因此不构成严格意义上的组织。目前《公约》下有“马拉喀什全球气候行动伙伴关系”。

三、谈判过程：会议类型

缔约方大会和附属机构会组织不同层次的会议来完成谈判，包括全体会议接触组、非正式磋商小组、非正式非正式磋商、部长级磋商（表 3-3）。谈判的整体逻辑是，议题“自上而下”逐层下发，结论“自下而上”逐层汇总，具体按照如下步骤展开。

表 3-3　气候谈判各会议类型

中文名称	英文名称
全体会议	Plenary
接触组	Contact group
非正式磋商小组	Informal consultation group
非正式非正式磋商	Informal informal consultation
部长级磋商	Ministerial consultation

首先是全体会议通过议程。秘书处在获得缔约方大会主席或附属机构主席同意后，在大会前六周起草并分发临时议程草案，该议程草案必须在讨论开始前得到缔约方大会或附属机构的核准。任何国家都可以提出未来希望被讨论的议程并加入其中。在正式召开的全体大会上，如果有 2/3 的缔约方出席全会并且一致同意该议程，那么此次大会的议程便通过。虽然通过议程的环节也允许观察员参与，但是他们没有决策权。

其次是接触组和非正式磋商小组的谈判环节。附属机构和特设工作组作为谈判轨道，按照议程的要求将待谈判的议题划分为若干个接触组和非正式磋商小组，并指定接触组的联合主席和非正式磋商小组的联合协调员。每个接触组或非正式磋商小组根据如图 3-5 所示的“文件流”的流程开展谈判，力争消除草案中的所有括号和多余选项。在这个过程中，如果联合主席或联合协调员认为谈判陷入僵局或者效率低下，那么可以开启非正式非正式磋商，此时代表们可以自由结成小组发言交流，不需遵守举牌-应答的规则。

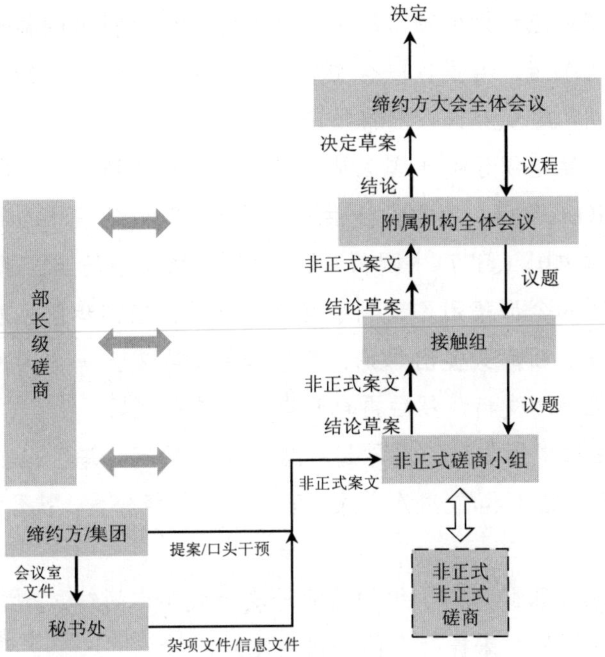

图 3-5　气候谈判流程：会议流与文件流

最后是部长级磋商的最终谈判环节。当接触组或非正式磋商小组谈判结束后，最终的案文交给部长级磋商，该会议一般是各国相关部长级领导参加的闭门会议，可以是正式的，也可以是非正式的。部长在谈判代表形成的结果的基础上进行最后冲刺，形成一份最终的结果。与其他接触组或非正式磋商小组的结论逐层上交并整合，最终由缔约方大会全体会议表决通过，成为此次大会的决定。

除了接触组和非正式磋商小组，缔约方大会还可以成立不限成员名额起草小组，缔约方大会主席也可以组成一个“主席之友”小组，就谈判中的复杂问题提出建议。图 3-5 展示了会议类型“链条”最长的一种谈判模式，实际上缔约方大会可以直接设立接触组，甚至直接设立非正式磋商小组，其程序具有很高的灵活度。

专栏 3-3　案例：附属履行机构第 36 届会议的国家适应计划议题谈判

2012 年 5 月 14—25 日，德国波恩举行的附属履行机构第三十六届会议讨论了国家适应计划（NAP）这一议程。在该议程下，讨论了以下项目：①使最不发达国家缔约方能够根据其在制订和实施国家适应计划方面的经验，制订和执行国家适应计划的过程；②最不发达国家缔约方和其他发展中国家缔约方采用为支持国家适应计划而制定的模式和准则。

作为参考，下面简要讨论国家适应计划的谈判过程。

第一步：将国家适应计划的项目列入其在全体会议上批准的临时议程。附属履行机构主席组成了非正式小组，并提议联合主席（一名来自附件一缔约方，一名来自非附件一缔约方）负责协调和组织会议，起草结论。

第二步：联合主席组织了关于国家适应计划的非正式协商。一般来说，第一次会议对非政府组织（NGO）开放，为它们提供一个机会，让它们提出自己的观点、想法和关切。七十七国集团和中国（G77+中国）、最不发达国家、小岛屿国家联盟（AOSIS）、欧盟、环境完整性集团和伞形集团等谈判小组提供意见。在初步意见表达之后，联合主席在规定的时间段内以书面形式提出意见、想法和关切事项。一个国家发言一般会首先表达对自己所属集团立场的支持，然后再声明自身的特别立场。

第三步：联合主席根据收到的意见起草结论和/或决定，并组织非正式和/或非正式非正式磋商，以最终确定结论和/或决定草案。案文草案一经分发，就开始了激烈的讨论（逐字或逐行）。

第四步：接触组/非正式磋商小组的最后一次会议非常简短，就结论和/或决定草案达成一致意见，联合主席将结果提交全体会议决定。

在这一过程中，每个谈判集团在必要时举行会议，就集团的立场达成一致。由于谈判遵循“互谅互让”（give and take）的方式，一些立场可能在任何阶段被放弃。

四、谈判过程：文件类型

1．会期前文件（pre-sessional document）

会期前文件主要包括集团的提案、秘书处的提案和报告。

提案是缔约方政府的官方文件，由缔约方递交给秘书处。提案可以由缔约方（如中国政府）提交，也可以由集团（如 G77+中国）共同提交，其内容为针对整体形势或某一议程/条款的集团立场。提案可以由秘书处进行整理、汇编，形成杂项文件或信息文件。杂项文件和信息文件都是联合国官方文件：前者是对各集团提案的汇编，目的是降低秘书处收集、整理提案的工作强度；后者在这一基础上按照议题内容进行进一步划分和整合，并交给各集团在谈判中使用。其中，杂项文件分为技术文件（technical paper）和综合报告（synthesis report）两类。形成技术文件时，秘书处可以对提案进行归类，但是形成综合报告文件时，秘书处只能原样保留各提案内容并增加自己的分析。

2. 会期中文件（in-session document）

这里以《巴黎协定》特设工作组关于某个议题的非正式磋商小组会议为例介绍会期中的文件流。在会期中，如果代表希望针对某条款提出新的提案或表达新的关切，则可以通过提案、发言（intervention）向秘书处提出并使所有缔约方知晓。目前，使用会议室文件（CRP）的场合较少。

当会议正式进入流程，非正式磋商小组的联合协调员将根据各集团和秘书处的提案整理形成非正式案文，供各方代表就此文件进行谈判和磋商。非正式案文是非官方文件，由各方代表的提案和发言整理、汇总而成，各缔约方的不同意见以括号（brackets）和选项（options）的形式体现在其中。理想情况下，代表就所有内容达成共识，并消除非正式案文中所有的括号和选项。非正式磋商小组会议结束后，联合协调员将磋商结果整理成关于该议题的结论草案，并将其提交给接触组进行讨论。接触组收集各个非正式磋商小组会议形成的结论草案，并整理为接触组的非正式案文，再要求各集团进一步就其中未谈妥的议题进行磋商。接触组会议谈妥后，将谈判成果整理为接触组的结论草案递交给附属机构全会。附属机构全会对各接触组的结论草案进行整理，形成附属机构的结论；需要缔约方大会形成决定的事项则被进一步递交给缔约方大会全会。这一步的草案文件也被称为有限文件。需要特别指出的是，并非所有议题都经过“附属机构-接触组-非正式磋商小组”三级结构磋商，可能只有接触组或只有非正式磋商小组，因此就减少了一次决定草案呈递的环节。同时，非正式案文包括 informal note 和 non-paper 两种，两者之间并没有严格的区别。

3. 会期后文件（post-session document）

会期后文件主要指各种类型的报告，根据其功能主要分为程序性报告和履行性报告。程序性报告是指对会期的进程、内容、成果进行汇总并展示，以方便后续会议开展的报告，由缔约方大会和附属机构的报告员通过秘书处进行发布，并没有严格的范围界定。典型的程序性报告包括总结报告（summary report）等。履行性报告是指秘书处或各个执行机构就缔约方的履约情况编纂的报告，如适应委员会编纂的适应性报告、遵约委员会编纂的遵约报告、透明度专家组发布的透明度报告和秘书处发布的技术文件（technical paper）等。这些报告并不在谈判的进程中，但是会作为下一次谈判的输入材料供缔约方参考和审查。

专栏 3-4　谈判中重要的过程文件类型

杂项文件（MISC）：会期前文件的一种。缔约方的提案会在网上公布，如果秘书处获得汇编的授权，则将提案汇编后通过杂项文件的形式分发，其中包括谈判代表团的观点和意见。杂项文件是一种官方文件，但是其格式不会经过正式的编辑，也不会有正式的联合国抬头，也不会被翻译为六种官方语言。

信息文件（INF）：会期前文件的一种。一般来说，这种文件由秘书处收集各缔约方的提案，并将其按照议题进行重组和汇总后形成。此类文件只有一种语言，不会被翻译为六种官方语言。

会议室文件（CRP）：会期中文件的一种。可以是缔约方在该会期的新提案，也可以是会期内的新成果。会议室文件只能在相关会期进行期间使用。

非正式案文（informal note/non-paper）：会期中文件的一种。其功能是在会期中促进谈判进展的推进。

有限文件（L.）：会期中文件的一种。可以是会议的报告草案，也可以是供缔约方大会和附属机构采用和通过的案文。一般来说，有限文件会被翻译为六种官方语言的版本。

表 3-4 梳理了各种文件类别及其序列号。表 3-5 梳理了《公约》文件名称及功能定位。

表 3-4　气候谈判各文件类型

中文名称	英文名称
提案	submission
口头意见/发言	（oral）intervention
杂项文件	miscellaneous document
信息文件	information document
非正式案文	informal note/non-paper
结论	conclusion
决定	decision
XX 草案	draft（-XX）

表 3-5 《公约》文件名称及功能定位

文件名称	文件功能
Decision y/CP.x	第 x 届 COP 第 y 号决定
Decision y/CMP.x	第 x 届 CMP 第 y 号决定
Decision y/CMA.x	第 x 届 CMA 第 y 号决定
FCCC/CP/x	COP 筹备文件、临时或当前议程
FCCC/KP/CMP/x	CMP 筹备文件、临时或当前议程
FCCC/KP/AWG/x	AWG-KP 筹备文件、临时或当前议程
FCCC/SBI/x	SBI 筹备文件、临时或当前议程
FCCC/SBSTA/x	SBSTA 筹备文件、临时或当前议程
FCCC/SB/x	两个附属机构（SBI 和 SBSTA）筹备文件、临时或当前议程
FCCC/APA/x	APA 筹备文件、临时或当前议程
GCF/x	绿色气候基金筹备文件
/ARR/x	发达国家温室气体清单的专家审评报告（始于 2005 年）
/TRR.x/x	发达国家两年期报告技术审查报告
/WEB/IRI/x	发达国家温室气体清单/文件的单独审查报告（仅在网上公布，始于 2004 年）
/ASR/x	发达国家温室气体清单年度状况报告
/WEB/SAI/x	温室气体清单汇总和评估报告/文件（仅在网上公布）
/COM/x	国家信息通报
/DPR/x	可证明的进展报告
/IDR.X	关于国家信息通报的专家审评报告
CDM EB-x	CDM 执行委员会报告
SMSN/IGO/x	政府间组织提交的文件
SMSN/NGO/x	非政府组织提交的文件
/TP/x	技术文件
/Add.x	添加到先前提交的文件中的文本（附录）
/Amend.x	对案文的修正
/Corr.x	对案文的校正
/CRP.x	会议室文件
/INF.x	信息文件：包含一般信息的系列文件
/L.x	有限文件：有限分发的报告草稿或文本
/MISC.X	杂项文件：缔约方和观察员的观点、与会者名单
/Rev.x	取代先前发布的文本的修订
non-paper	促进谈判的内部非官方文件

专栏 3-5　谈判中重要的成果文件内容

专栏 3-5 所列的是文件类型，即该文件在联合国文件系统中所属的类别，而不是文件的内容。从文件内容的角度来看，成果文件包括结论、决定和决议三种。谈判轨道（附属机构和特设工作组）形成的结果称为“结论”（conclusion）或“建议”（advice），这些结论将被呈递给缔约方大会进行审议和整合。缔约方大会（COP、CMP 和 CMA）将结论、建议及缔约方讨论成果整合后形成的文件称为“决定”（decision），是此次缔约方大会最重要的成果。同时，大会还会通过一项“决议”（resolution），它仅仅是一个感谢东道国筹备会议的形式文件。

大会的决定也是政治性共识文件，按照文件是否具有法律约束力可以分为两类。第一类是具有法律效力的独立共识文件。目前，这类文件只有《公约》、《京都议定书》和《巴黎协定》三个，而《京都议定书》和《巴黎协定》分别是第 1/CP. 3 号决定和第 1/CP. 21 号决定的附件。第二类是不具有法律效力的独立共识文件，也被称为“封面决定”（cover decision）或“总体决定”（overarching decision）。其中，作为缔约方大会第一条决定出现的往往是每次大会成果的纲领性文件，如 COP 16 通过的“坎昆协议”、COP 15 未通过的《哥本哈根协议》和 COP 7 通过的《马拉喀什部长宣言》等。除此以外，有一些大会决定没有官方命名，但是为方便起见有约定俗成的名称，如“多哈气候通关”“华沙结果”“卡托维兹一揽子计划”等。下表按照文件的内容梳理了缔约方大会各政治性共识文件的名称。

《公约》政治文件的命名

英文	中文	例子
第一类：具有法律效力的独立共识文件		
Convention	公约	《联合国气候变化框架公约》（*United Nations Framework Convention on Climate Change*）
Protocol	议定书	《京都议定书》（*Kyoto Protocol*）
Agreement	协定	《巴黎协定》（*Paris Agreement*）
第二类：不具有法律效力的独立共识文件		
Accord	协议	《哥本哈根协议》（*Copenhagen Accord*）
		“马拉喀什协议”（*Marrakesh Accords*）
Agreements		“坎昆协议”（*The Cancun Agreements*）
Pact		“格拉斯哥气候协议”（*Glasgow Climate Pact*）
Declaration	宣言	《马拉喀什部长宣言》（*The Marrakesh Ministerial Declaration*）
		《关于气候变化与可持续发展的德里部长宣言》（*Delhi Ministerial Declaration on Climate Change and Sustainable Development*）
Mandate	授权	“柏林授权”（*The Berlin Mandate*）
Time for Action	行动时刻	“智利-马德里行动时刻”（*Chile Madrid Time for Action*）
Plan of Action/ Action Plan	行动计划	“布宜诺斯艾利斯行动计划”（*The Buenos Aires Plan of Action*）
		“巴厘岛行动计划”（*Bali Action Plan*）
Call	呼吁	“利马气候行动倡议”（*Lima Call for Climate Action*）
Momentum	势头	“斐济的实施势头”（*Fiji momentum for implementation*）
Platform	平台	德班平台（*Durban Platform for Enhanced Action*）
Gateway	通关	“多哈气候通关”（*Doha Climate Gateway*）
Outcomes	结果	“华沙结果”（*Warsaw Outcomes*）
Package	一揽子计划	“卡托维兹一揽子计划”（*Katowice Climate Package*）

专栏 3-6　会议与文件的正式性

会议和文件具有正式和非正式两种：正式的会议需要遵守写明的规则和流程，同时其进展情况会被记录到此次大会的报告中；非正式的会议则以效率为优先目标，没有写明的规则和流程，也不会被记录，代表只需遵守谈判默认的基本礼仪和规范。同样地，正式文件会被大会留存来记录谈判的进展，而非正式文件更像是谈判过程的草稿，仅仅起到了工具的作用。需要特别注意的一点是，在早年开会时非正式磋商是真的非正式会议，之后随着谈判的需要，设立了真正的非正式非正式磋商，而非正式磋商就变为了正式会议。

场合与文件的正式性

	场合	文件
正式	缔约方大会/会议全会 附属机构会议全会 特设工作组会议 接触组 非正式磋商小组	杂项文件（MISC） 信息文件（INF） 会议室文件（CRP） 有限文件（L.）
非正式	“主席之友”小组 非正式非正式磋商	非正式案文

注：非正式磋商原本是非正式会议。

—参考文献—

[1]　张小平. 论框架公约——以国际环境条约为例[J]. 外交评论（外交学院学报），2007（4）：90-99.

[2]　UNFCCC. Governing bodies & process management body[EB/OL].（2023-04-01）[2023-04-02]. https：//unfccc.int/process-and-meetings/what-are-governing-process-management-subsidiary-constituted-and-concluded-bodies.

第四章

气候谈判主要议题

2015 年的第 21 届《公约》缔约方大会（COP21）奠定了 2020 年后全球气候治理的政治基础。第 1/CP.21 号决定（“巴黎决定”）的第二部分确立了国家自主贡献（NDC）的制度设计，第三部分确立了全球气候治理的议题内容：减缓、适应、损失和损害、资金、技术开发和转让、能力建设、行动和支持的透明度（以下简称透明度）、全球盘点、促进履行和遵约（以下简称遵约）。《巴黎协定》作为“巴黎决定”的附件在各条中具体列明了各项议题的行动内容。图 4-1 展示了《巴黎协定》下各项气候议题的内容及其在案文中的结构。本章将分别介绍各项议题的背景、历史演变、机制结构及《巴黎协定》下的谈判动向。除此以外，一些《巴黎协定》之外的新兴议题也会被简要提及。需要注意的是，这些议题并非在巴黎气候大会上凭空出现，而是对各国 20 余年谈判议题继承和发展的结果。

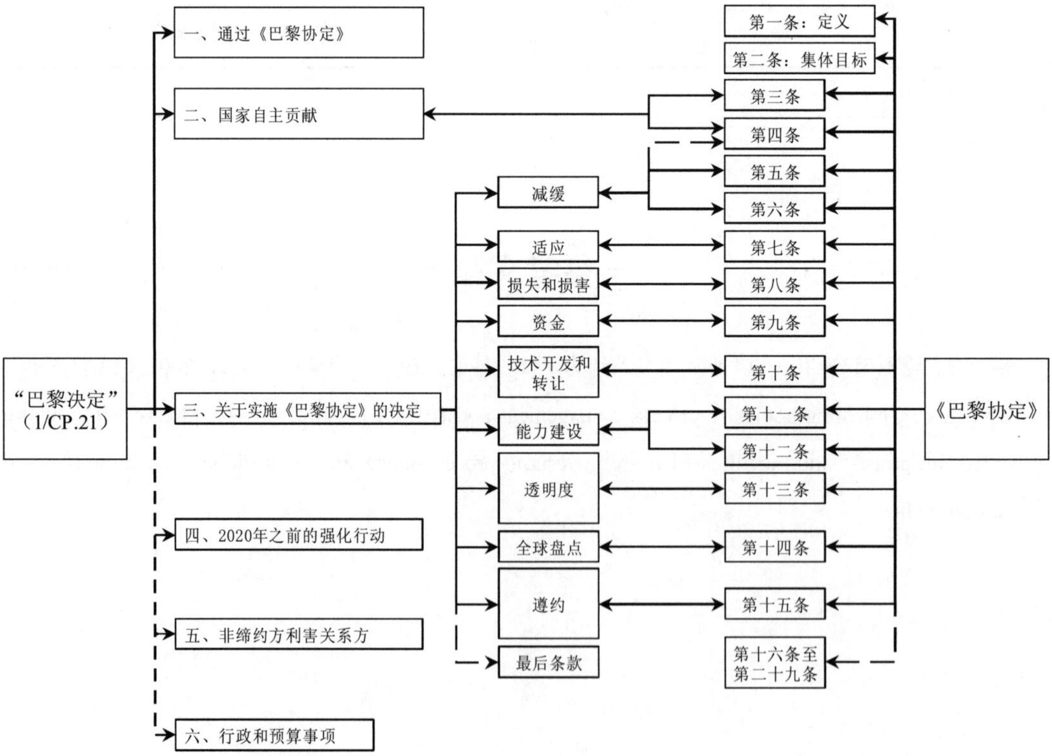

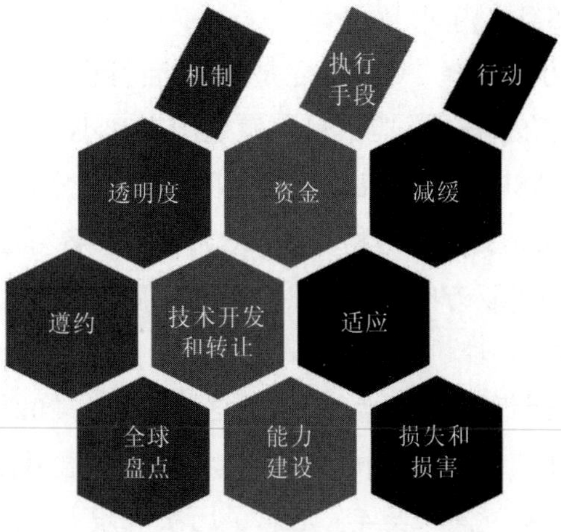

图 4-1 《巴黎协定》议题分布结构

一、减缓

由于全球平均温度与大气中温室气体浓度之间存在直接关系，解决气候变化问题的关键在于减少释放到大气中的温室气体排放量，并通过增加汇（如增加森林覆盖面积）来降低大气中的 CO_2 浓度。减少排放和增加汇的努力被称为“减缓”（mitigation）。虽然现在《公约》提出了减缓与适应并重，但由于减缓直接关系到可量化的碳排放且需要全球行动，因此一直是《公约》谈判实质上的核心。

引领减缓议题发展的是气候目标的演进。1992 年，《公约》确立了原则性的总目标：将大气中温室气体的浓度稳定在防止气候系统受到危险的人为干扰的水平上。2007 年，IPCC 发布的第四次评估报告（AR4）对这一水平提供了基于科学事实的参考[1]，间接作出了回应①。2009 年的《哥本哈根协议》虽然并未获得一致通过，但是它第一次提出了 2℃愿景和 1.5℃愿景的表述[2]。2010 年的“坎昆协议”再次强调了这一点并获得通过，从此 2℃愿景和 1.5℃愿景正式成为政治共识[3]。值得注意的是，此时两愿景都以科学知识的形式出现，更多表示缔约方的态度但并不直接是政治目标。2011 年德班气候大会的决定中均提及现有减缓行动和两愿景之间的差距且语气逐渐强化，于是两愿景从科学认识逐渐转变为主观的政策目标。2015 年的《巴黎协定》正式把 2℃和 1.5℃确立为具有法律约束力的气候目标：“把全球平均气温升幅控制在工业化前水平以上低于 2℃之内，并努力将气温升幅限

① IPCC AR4 提供了以下结论：全球平均温度高出工业化前时期约 1.5℃至 2.5℃将对包括许多生物多样性热点在内的独特和受到威胁的系统构成显著的风险。气候敏感性可能是在 2℃至 4.5℃的范围内，最佳估值约为 3℃，并且很不可能低于 1.5℃（气候敏感性是指在大气中 CO_2 浓度当量加倍之后全球平均地表温度年平均值的平衡变化）。

制在工业化前水平以上 1.5℃之内。”[4]

在这一过程中，缔约方就选择 2℃目标还是 1.5℃目标也发生了激烈的角力。气候目标之争其实也被认为是发展权之争。欧盟、最不发达国家和小岛屿国家力推更加激进的 1.5℃目标，而以基础四国（BASIC）为代表的发展中国家正在经历快速工业化和城镇化转型，处于排放快速增长阶段，因此支持相对稳妥的 2℃目标。在各方的博弈和妥协下，《巴黎协定》用一种平衡的表述兼顾了双方的关切。然而，这种调和的方法并未从根本上形成共识，两个气候目标之争还在继续，并且逐渐呈现出只说 1.5℃、不提 2℃的趋势。2018 年，IPCC 发布的《全球升温 1.5℃特别报告》也进一步加强了这一趋势①。2021 年“格拉斯哥气候协议”在再次强调两个目标的同时，“决心”（resolve）继续努力将温升限制在 1.5℃[5]，这也体现了 1.5℃目标正逐渐成为主要声音。表 4-1 汇总了历次气候大会决定对于 2℃和 1.5℃气候目标的表述，表 4-2 对比了其中相似内容的表述变化，从其遣词和表述中可以一窥气候目标发展的脉络和立场的演变。

表 4-1　历次气候大会决定中气候目标的表述

年份	气候目标的表述
2009	• 认识到科学意见认为全球温升幅度应在 2℃以下； • 一致认为，正如 IPCC AR4 的材料所示，科学认识要求大幅度削减全球排放量，使全球温升幅度维持在 2℃以下； • 参照科学所提出的各种不同事项，包括联系 1.5℃温升幅度，考虑加强长期目标
2010	• 进一步认识到……科学认识要求大幅度削减全球温室气体排放量，以通过减少全球温室气体排放量使与工业化前水平相比的全球平均气温上升幅度维持在 2℃以下……；认识到……必须考虑以最佳可得科学知识为基础，包括有关全球平均升温 1.5℃的知识，加强长期全球目标
2012	• 决定缔约方将紧急开展工作……使与工业化前水平相比的全球平均气温上升幅度维持在 2℃以下
2015	• 把全球平均气温升幅控制在工业化前水平以上低于 2℃之内，并努力将气温升幅限制在工业化前水平以上 1.5℃之内，同时认识到这将大大减少气候变化的风险和影响
2018	• 表示赞赏和感谢 IPCC 与科学界响应缔约方大会的邀请，提供《全球升温 1.5℃特别报告》，该报告反映了现有的最佳科学
2021	• 重申将全球平均气温上升幅度控制在远低于工业化前水平 2℃的长期全球目标，并努力将气温上升幅度限制在工业化前水平 1.5℃以上，同时认识到这将大大减少气候变化的风险和影响； • 认识到气温上升 1.5℃时气候变化的影响将大大低于 2℃，并决心努力将温升限制在 1.5℃

① IPCC 发布的《全球升温 1.5℃特别报告》的核心观点为 1.5℃情景与 2℃情景的区域气候特征存在确凿的差异。这些差异包括大多数陆地和海洋地区的平均温度上升（高信度），大多数居住地区的极热事件增加（高信度）、有些地区的强降水增加（中等信度），以及有些地区的干旱和降水不足的概率上升（中等信度）。

表 4-2　历次气候大会决定中气候目标的表述：相似内容的表述变化

<table>
<tr><th>年份</th><th>表述</th><th>气候目标内容</th></tr>
<tr><td>2011</td><td>严重关切地注意到</td><td rowspan="6">两方面之间存在很大的差距：一是缔约方就 2020 年之前全球温室气体年排放量所作减缓允诺的总和效果；二是把全球平均温升控制在明显低于工业化前水平的 2℃之内，并为将温升限制在工业化前水平的 1.5℃而努力所需的总和排放路径</td></tr>
<tr><td>2012</td><td>严重关切地注意到</td></tr>
<tr><td>2013</td><td>强调</td></tr>
<tr><td>2014</td><td>严重关切地注意到</td></tr>
<tr><td>2015</td><td>严重关切地强调，迫切需要解决</td></tr>
<tr><td>2019</td><td>再次严重关切地强调，迫切需要解决</td></tr>
</table>

专栏 4-1　为什么 2℃和 1.5℃差距这么大？

“碳预算”（carbon budget）是指在给定全球温升限制、同时考虑其他人为气候因素的影响下，全球人为 CO_2 累积净排放量的最大值[6]。简单来说，碳预算就是“一共能排多少碳”，包括已经排放的历史碳预算和未来还能排放的剩余碳预算两部分。2℃目标和 1.5℃目标最直接的差距就是全球剩余碳预算。1850—2019 年，全球一共人为排放了 2 400 Gt CO_2，2019 年相较 1850 年平均温度上升 1.07℃。根据 IPCC 第六次评估报告（AR6），2℃目标下全球剩余碳预算为 1 150 Gt，1.5℃目标下全球剩余碳预算仅为 400 Gt（67%信度，以 2020 年为起始年）[6]，由此可见两个目标相差的 0.5℃产生了两倍的剩余碳预算差距。IPCC《全球升温 1.5℃特别报告》指出，到 21 世纪末温升 2℃会比温升 1.5℃带来额外的影响，包括更高的海平面、更高的海洋温度、更低的海洋溶解氧量等，并且因此带来更大的气候风险及所需的适应需求[7]。

目前，中国每年大约排放 10 Gt CO_2。对于中国来说，2℃目标下的剩余碳预算为 160 ~ 350 Gt，而 1.5℃目标下的剩余碳预算仅为 90 ~ 240 Gt[8]（以 2011 年为起始年）①。气候目标的微小差异造成我国排放约束的巨大不同。正因此，2℃和 1.5℃两个数字会引发国家之间激烈的斗争。

《巴黎协定》第 4 条至第 6 条都是关于减缓议题的，其内容与结构见图 4-2。在该协议 2.1.1 条提出温升目标之后，4.1 条提出了相应的排放目标：尽快达到温室气体排放的全球峰值、在 21 世纪下半叶实现温室气体源的人为排放与汇的清除之间的平衡。为了完成这

① 在《巴黎协定》下各个国家并不存在硬性的碳预算分配，这里中国的剩余碳预算是气候研究者根据总碳预算和若干公平性假设计算得到的，仅供参考，并不代表中国的任何排放限制或气候责任。

一目标，可以从三个角度开展行动——减少排放（包括在第 4 条中）、增加清除（第 5 条）和利用市场机制（第 6 条），其中减少排放包括减缓行动和减缓目标两个部分。以上便构成了《巴黎协定》减缓议题的框架。减缓行动（特别是“应对措施的不利影响”）、减缓目标（在《巴黎协定》中即 NDC）、增加清除（在《巴黎协定》中即“森林”）和市场机制的相关内容将分别在后文中展开详细介绍。

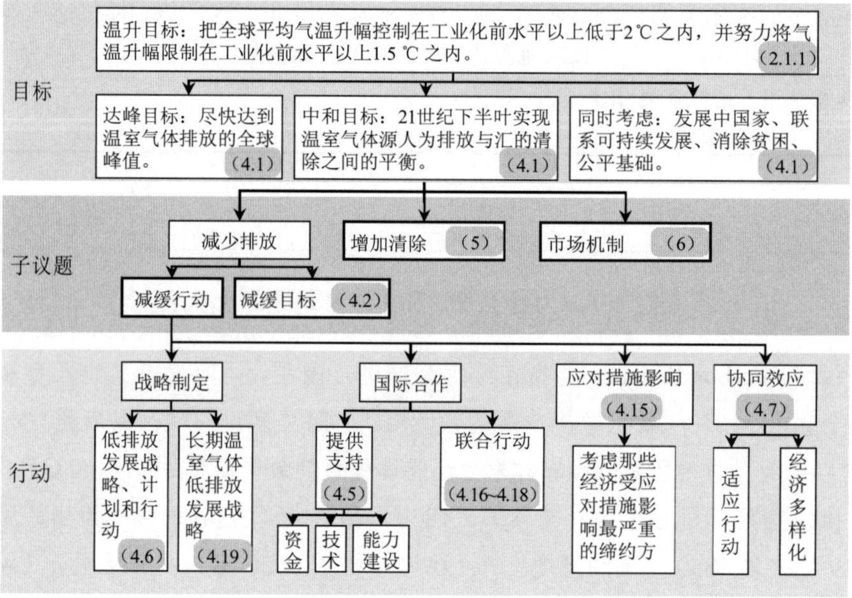

注：减缓目标包括在《巴黎协定》第 4 条的 NDC 议题中，其内容与结构见图 4-5。增加清除即《巴黎协定》中的第 5 条，其内容与结构见图 4-7；市场机制即《巴黎协定》中的第 6 条，其内容与结构见图 4-9。

图 4-2 《巴黎协定》减缓议题整体结构和减缓行动内容与结构

专栏 4-2 NDC 与减排目标

《巴黎协定》的第 4 条是其最核心的内容之一，各国对该条归属于哪一议题也产生了不同的解读。第 1 款提出了全球尽快达峰、21 世纪中叶实现净零排放的目标，这属于减缓的范畴，因此发达国家等集团认为该条属于减缓议题下的减缓目标；第 2 款和第 3 款则提出了 NDC 的机制设计，因此以中国为代表的发展中国家认为该条属于 NDC 议题，而减缓目标只是 NDC 下的内容之一。本章为了方便起见，主要介绍第 4 条“减缓目标”的部分，但是读者需注意第 4 条对应的是 NDC 议题，而 NDC 的内涵不仅仅是减缓。

（一）减缓行动

减缓行动发源于《公约》第 4 条，现在议题的内涵由“坎昆协议”中适合本国的减缓行动（NAMA）演变而来，指缔约方为了完成减缓而采取或计划采取的一系列措施。《巴黎协定》下的减缓行动分为两类：战略制定与国际合作。

战略制定的范围很宽泛，可以是宏观的政策制定，也可以是微观的具体项目，还可以是与减缓相关的规划（如中国提出的“非化石能源占一次能源消费比重将达到 25%左右，森林蓄积量将比 2005 年增加 60 亿 m^3，风电、太阳能发电总装机容量将达到 12 亿 kW 以上”）。除了在 NDC 中进行介绍（图 4-3），《巴黎协定》还通过两种形式来具体实施战略制定一类的减缓行动：最不发达国家与小岛屿发展中国家（SIDS）编制和通报反映它们特殊情况的关于温室气体低排放发展的战略、计划和行动（4.6），以及所有缔约方应当努力拟定并通报长期温室气体低排放发展战略（4.19）。

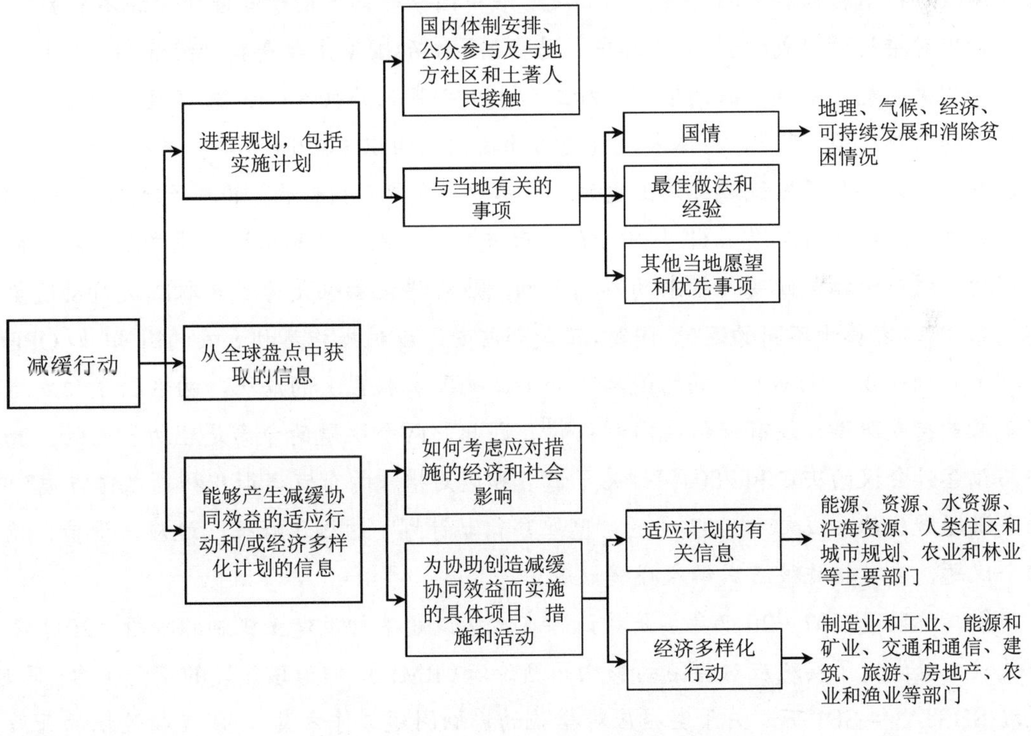

图 4-3　NDC 中减缓行动部分的信息

国际合作主要是指向发展中国家缔约方提供资金、技术、能力建设方面的支持（4.5，注意此处并没有提及援助的主体是发达国家），分别对应《巴黎协定》第 9 条、第 10 条和第 11 条。4.16～4.18 提及了联合行动，但是这些条款其实并非严格意义上的国际合作，而仅仅是形式上认可欧盟可以作为整体行动的标准表述，并无特别意义。

专栏 4-3　应对措施影响议题

《巴黎协定》4.15 条单独提到了“应考虑那些经济受应对措施影响最严重的缔约方”，即“应对措施的不利影响”（adverse impact of response measures）议题（以下简称应对措施影响议题）。该议题发展较为缓慢，地位不甚突出，前景也不明朗，在这里用较短的篇幅简要介绍其发展历史和机制结构。

应对措施影响议题的第一阶段（1992—2006 年）是在适应议题框架下进行的。《公约》第 4 条第 8 款指出：“各缔约方应充分考虑按照本公约需要采取哪些行动，包括与提供资金、保险和技术转让有关的行动，以满足发展中国家缔约方由于气候变化的不利影响和/或执行应对措施所造成的影响。”其中，易受该影响的国家主要是指“经济高度依赖矿物燃料和相关的能源密集产品的生产、加工和出口所带来的收入，和/或高度依赖这种燃料和产品的消费的国家”[9]，具体来说就是石油输出国组织（OPEC）等产油国。由此可见，该议题一开始是与适应议题并列出现的，一起被罩在“不利影响”的帽子下面，并在《京都议定书》谈判期间获得了 G77+中国的一致支持。然而，这两个议题原本就是存在内在冲突的：适应是指气候变化带来的不利影响，应对措施影响是为了采取减缓行动遭受的不利影响，二者属于不同的范畴；同时，正是那些受到应对措施不利影响的国家（如 OPEC）加剧了受到气候变化不利影响的国家（如小岛屿国家联盟）的危机，两者除了向发达国家索求支持或赔偿，没有任何共同利益[10]。因此，两个议题的分离是理所当然的。2001 年马拉喀什会议的决定和 2004 年“关于适应和应对措施的布宜诺斯艾利斯工作方案”中，两个议题就已独立成文。2007 年的“巴厘岛行动计划”通过了减缓、适应、资金、技术四个议题，应对措施被正式纳入减缓议题中。

第二阶段（2007—2017 年）是该议题在减缓议题下初步建立机制的阶段。2011 年德班气候大会设立了实施应对措施的影响问题论坛（RMF），作为该议题的研讨平台；同时，通过 SBSTA 和 SBI 下“关于实施应对措施的影响问题工作方案”，以支持论坛的开展。论坛的主要功能还是分享信息、经验、案例研究、最佳做法和意见，是一种力度较弱的组织。2015 年巴黎气候大会对论坛的功能进行了改进，以侧重提供具体实例、案例研究和做法，并设立了特设技术专家组（TEG）以处理技术问题。

第三阶段（2018 年至今）开始的标志是影响问题卡托维兹委员会的设立。该委员会的职能虽然仅围绕论坛展开，但这标志着该议题的谈判初步机制化，不排除将来会建立应对措施影响机制的可能。应对措施影响议题的发展历史见下图。该议题最开始的意图是 OPEC 国家希望建立因低碳转型而遭受损失的补偿机制，在其演变过程中这一特点被不断弱化。如今该议题平衡地讨论应对措施的积极和消极影响，而工作的重点已从索要赔偿转移到避免消极影响、最大化积极影响的方法分享。

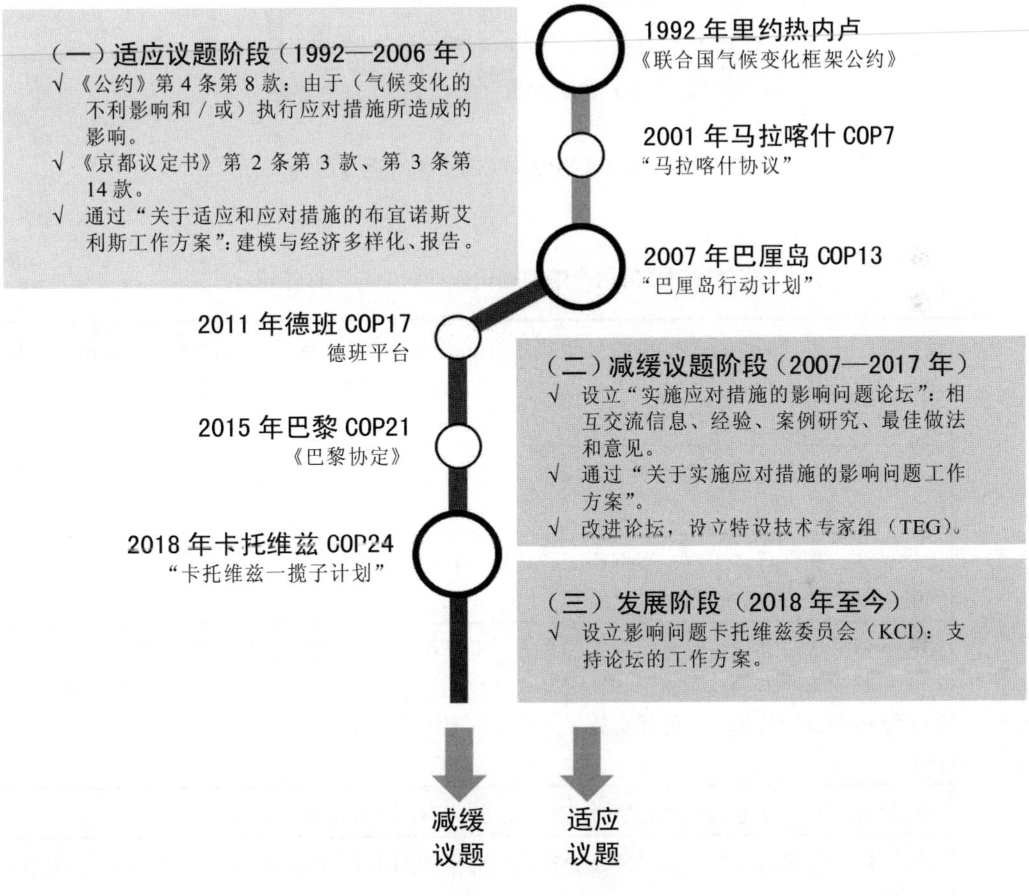

应对措施影响议题的发展历史

目前，应对措施影响议题的核心机构是影响问题卡托维兹委员会，它接受 TEG 的技术指导，支持实施应对措施的影响问题论坛的召开，并将收集到的论坛的讨论成果提交给《公约》附属机构审议。其机制结构如下图所示：

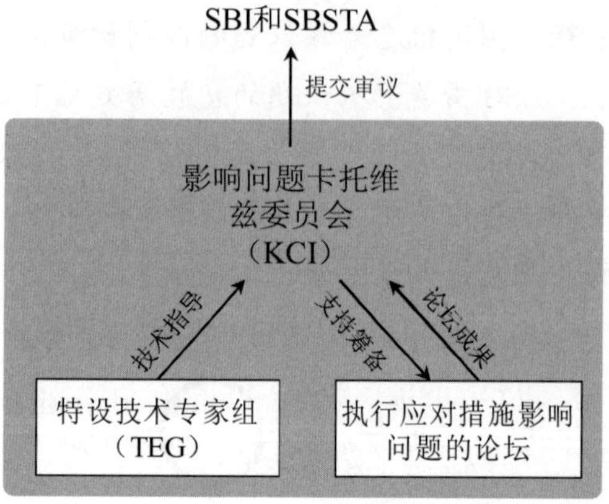

应对措施影响议题相关机制机构（运行逻辑）

实施应对措施的影响问题论坛的职能与工作领域

职能	提供论坛：提供一个论坛使缔约方能以互动方式分享信息、经验、案例研究、最佳做法和观点，并便利就实施应对措施的影响进行评估和分析，包括使用和开发建模工具和方法学，以期作为建议提出具体行动
	提交结果：将论坛的成果作为建议提交附属机构审议，以期酌情作为建议将这些行动提交COP、CMA、CMP
	提供做法：提供具体实例、案例研究和做法，以加强缔约方，特别是发展中国家缔约方处理实施应对措施的影响的能力
	加强合作：通过加强缔约方、利害关系方、外部组织、专家和机构之间的合作，加强受减缓行动影响的缔约方的能力和了解，以及扶持缔约方之间交流信息、经验和最佳做法来提高它们对这些影响的抗御力，处理实施《公约》、《京都议定书》和《巴黎协定》下的应对措施的影响
	响应配合：响应并考虑到《巴黎协定》下设的各不同进程的相关成果
	促进行动：促进旨在最大限度地减少实施应对措施的不利影响和最大限度地利用此种措施的有利影响的行动
工作领域	经济多样化和转型
	劳动力的公正转型及创造体面工作和高质量就业机会
	评估和分析实施应对措施的影响
	促进开发用以评估实施应对措施的影响的工具和方法学

> 应对措施影响议题的式微既有其自身的原因，也有谈判大趋势带来的原因。从大气候上讲，气候谈判因其“寻求最大公约数”的特征，大多数议题难以有具体、切实的行动，而只能停留在各方都可以接受的信息交流、促进合作等模式上，这一点在技术转让、损失和损害等议题上尤为明显。应对措施影响议题自身存在逻辑上的不一致。在《公约》刚签署时，各国的减排前景并不明朗，科学认知也不明确，因此 OPEC 等石油输出国将自己定义为主要受减排措施影响的国家，进而要求关注并解决其经济发展可能遭受的损失是可以理解的。然而石油输出国毕竟在《公约》缔约方中只占少数，且随着学术界和 IPCC 对气候变化的研究越发确定化石燃料燃烧是引起全球气候变化的重要原因，石油输出国因应对气候变化受到的潜在损失与石油消费造成气候变化进而导致小岛屿国家遭受的损失形成了一组矛盾。而在科学和舆论的助推下，小岛屿国家一方占据了矛盾斗争的上风，从而导致应对措施影响议题被一定程度边缘化。除此以外，随着减缓与可持续发展理念相结合，减缓与发展的逻辑就不再是对立的，人们的思路从“怎么应对减缓行动带来的局部损失”转到“如何通过可持续发展创造减缓的收益”，政策制定关注的重点也从“怎么弥补损失”转到“怎样避免损失”。一个与此相印证的现象是，德班气候大会后缔约方决定中就没有再出现“社会和经济发展以及消除贫困是发展中国家缔约方的首要和压倒一切的优先事项”的表述，巴黎气候大会上该表述转变为“气候变化行动、应对和影响与平等获得可持续发展和消除贫困有着内在的关系”。

（二）减缓目标：NDC

1. 历史演变

尽管气候谈判有诸多议题，在谈判中各方也都在强调议题平衡，但是在 30 多年的历史中，减缓议题构成了《公约》下谈判历史的主干。减缓议题讨论的是未来各国分别应该减少多少温室气体排放，因此该议题就是一个分担责任的过程。温室气体排放直接与经济发展挂钩，因此这也是气候谈判最重要、各方博弈最激烈的领域。减缓目标的设置有两种模式——“自上而下”模式和“自下而上”模式。“自上而下”模式指《公约》先规定一个未来排放总量，然后按某一规则把这些总量分配给各个国家；“自下而上”模式指各个国家提出自己的排放目标，《公约》将其汇总得到全球的预期排放总量。各缔约方在《公约》下分别围绕这两种模式展开过谈判，其发展脉络如图 4-4 所示，以下将分别介绍其历程。由于很多进程的商定和实施是同时进行的，因此各个阶段的划分会存在重叠[11]。

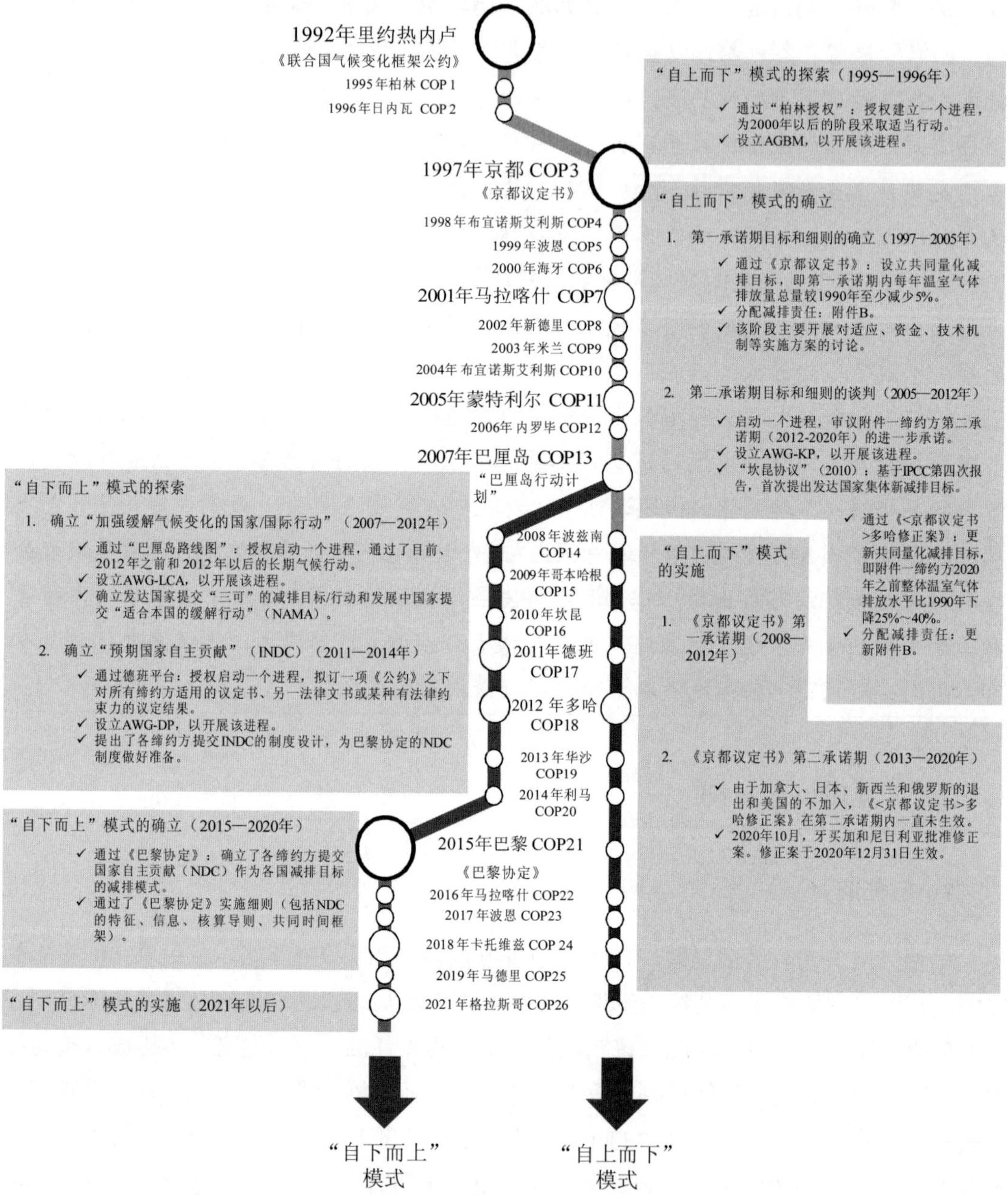

图 4-4 减缓议题发展历史

（1）“自上而下”模式

1995 年，COP 1 通过了“柏林授权”，决定开启一个进程为 2000 年后的减排采取行动，并通过一项议定书或其他法律文书。同时，大会设立了“柏林授权”特设小组（AGBM）以开展这一进程。在此进程中，1997 年通过了《京都议定书》，标志着“自上而下”模式正式确立。

《京都议定书》规定了两个承诺期：2008—2012 年和 2013—2020 年。第一承诺期的减排目标为“附件一缔约方每年温室气体排放总量比 1990 年至少减少 5%”[12]，且这一排放总量按照附件 B 被分配给各附件一缔约方。2001 年的马拉喀什气候大会基本通过了《京都议定书》的一系列实施细则，并在 2005 年蒙特利尔召开的第一届作为《京都议定书》缔约方会议的缔约方大会（CMP 1）上通过。除了通过第一承诺期的实施细则，这届会议的重点是确定第二承诺期的排放目标及其分配方式。为此，CMP 1 启动了一项进程以审议附件一缔约方第二承诺期的减排承诺，并设立《京都议定书》特设工作组（AWG-KP）以开展该进程。2012 年，该进程通过了《〈京都议定书〉多哈修正案》，确立了附件一缔约方“第二承诺期内温室气体排放量相比 1990 年的水平总计减少 18%”的总体目标[13]，并通过修正后的附件 B 向各相关缔约方分配。

第一承诺期内美国并未批准该条约，其他缔约方的履约情况也不尽如人意。17 个国家未能兑现减排承诺[14]，预期目标并未实现，温室气体排放量不减反增，2011 年的温室气体排放量较基准年增长了约 11%。到第二承诺期时，加拿大、新西兰、俄罗斯、日本相继退出，《〈京都议定书〉多哈修正案》并未达到 144 个国家批准的要求，因此一直未生效。2020 年，随着牙买加和尼日利亚的批准，该修正案于第二承诺期的最后一天（2020 年 12 月 31 日）生效。

（2）“自下而上”模式

“自下而上”模式的出现来源于发达国家对“自上而下”模式的不满。随着中国、印度等新兴发展中国家的快速发展，其碳排放量逐渐增加且不在强制约束减排之列，发达国家认为国际减排机制需要随着环境的改变而调整。美国明确表示不会参加任何没有对发展中国家（主要是中国）提出要求的减排方案。发达国家试图将发展中国家纳入《京都议定书》第二承诺期的减排义务中，甚至放弃第二承诺期而建立普遍的新减排机制；发展中国家则坚持《公约》的“共区”原则，从历史责任的角度认为发达国家有义务率先采取行动，坚持第二承诺期内自身不应承担减排责任。为了打破僵局，2007 年的巴厘岛气候大会开启了“自下而上”模式的讨论。

第一阶段（2007—2014 年）：2007 年的“巴厘岛行动计划”授权启动一个全面进程来通过目前、2012 年之前和 2012 年以后的长期合作行动[15]。巴厘岛气候大会同时也设立了长期合作行动特设工作组（AWG-LCA）以开展这一进程。其实 AWG-LCA 并未明确要采取“自下而上”模式，而是试图在 2009 年哥本哈根气候大会上另起炉灶，建立一个《京都议定书》之外的包括发展中国家的减排机制。“巴厘岛行动计划”原定于 2009 年结束谈判，然而哥本哈根气候大会的波折①将其授权陆续延长到了 2012 年。2010 年，在哥本哈根气候大会之后的坎昆会议上，各方达成了初步的妥协：发达国家提交适合本国的减缓承诺或行动，其中包括全经济范围量化减排目标（QEERTs），发展中国家提交适合本国的减缓行动。承诺（commitment）较为严格，指的是未来具体的排放量减少计划，如“2030 年温室气体排放相比 1990 年水平减少至少 55%”；行动（action）则更加宽松，包括所有与减缓相关的政策安排、战略规划、项目方案等，如“2020 年新售车辆全部为电动车”“2020 年国内一次能源中可再生能源占比超过 86%”等。这种制度安排用“自下而上”的方式解决了发展中国家的参与问题，为下一个时期做好了准备。2012 年“巴厘岛行动计划”谈判结束，这种“自下而上”的机制安排得以确定并保留。

为了使这种“自下而上”的机制能够进一步将发展中国家的行动纳入其中，2011 年的德班气候大会授权了德班平台，以启动一个进程“拟订一项《公约》之下对所有缔约方适用的议定书、另一法律文书或某种有法律约束力的议定结果”②。[16]同年，大会设立了德班平台特设工作组（AWG-DP）以开展该进程。2014 年，在中国的协调下，利马气候大会将承诺和行动统一称为“贡献”，并第一次提出了“预期国家自主贡献”（Intended Nationally Determined Contribution，INDC）③，将其作为发达国家和发展中国家都适用的减排目标。这一安排直接成为《巴黎协定》中的 NDC。

第二阶段（2015—2020 年）：“自下而上”模式的确立阶段。2015 年，AWG-DP 圆满完成了其授权，缔约方大会通过了具有法律约束力的《巴黎协定》，“自下而上”模式正式确立。在 COP 21 上，缔约方决定设立《巴黎协定》特设工作组（APA）以完善《巴黎协定》的实施细则。2018 年的卡托维兹气候大会和 2021 年的格拉斯哥气候大会完成了全部实施细则，《巴黎协定》的各项机制将在此之后逐步开始实施。

第三阶段（2021 年以后）：“自下而上”模式的实施阶段。

---

① 2009 年哥本哈根气候大会上，发达国家试图强行通过一个只由少数国家起草的“丹麦案文”，而这一行为招致发展中国家的一致反对；后期一些发达国家和发展中国家领导人参与起草的《哥本哈根协议》最终并未获得通过，哥本哈根气候大会也因此失败。在这之后，以欧盟为首的发达国家意识到强推“自上而下”的模式不会成功，因此开始了“自下而上”模式的探索。

② 2007—2012 年，AWG-LCA 开展的进程与上文提到的 AWG-KP 开展的进程同时进行，因此这一阶段的谈判也称为双轨制。2011 年德班气候大会之后，《公约》下的谈判同时存在 CMP 1 授权的 AWG-KP、“巴厘岛行动计划”授权的 AWG-LCA 和德班平台授权的 AWG-DP 三个特设工作组。2012 年，多哈气候大会结束了前两个谈判轨道的进程。

③ 2015 年之前 INDC 被翻译为“国家自主贡献意向”。

专栏 4-4　如果 2009 年哥本哈根气候大会的“丹麦案文”获得通过

在 2009 年哥本哈根气候大会（COP 15）上，主席国丹麦试图强行通过“丹麦案文”（Danish text）以完成“巴厘岛路线图”的授权。如果当时发展中国家未对这一案文进行坚决抵制，“丹麦案文”将被通过成为具有法律约束力的《哥本哈根协定》（*Copenhagen Agreement*），当前气候谈判的格局将发生巨大变化。

“丹麦案文”对发达国家和发展中国家减排目标的安排如下[17]:

- 发达国家适合本国的减缓承诺与行动：发达国家缔约方支持到 2050 年使其温室气体排放总量比 1990 年减少 80%或更多。
- 发展中国家适合本国的减缓行动：发展中国家的减排行动可在 2020 年总体上偏离“一切照旧”（BAU）情景[Y%]，并在[20XX]年之前达到集体排放峰值，之后下降。

“丹麦案文”试图建立一种“自上而下+自下而上”模式，即发达国家/发展中国家整体分别“自上而下”地受到量化减缓目标的约束，但是每个国家个体“自下而上”地设立自己的目标。而发达国家和发展中国家之间的区别仅剩下形式上的“减缓目标”与“减缓行动”的差别，因此这种安排实质上淡化了“共区”原则。在这种模式下，“哥本哈根模式”就成为“京都模式”在时间上的延续和在范围上向发展中国家的延伸[18]。下图展示了这一情况下国际气候谈判可能的发展路径，可以帮助读者反过来理解为何从巴厘岛到巴黎之间（2007—2015 年）气候谈判格局格外复杂。

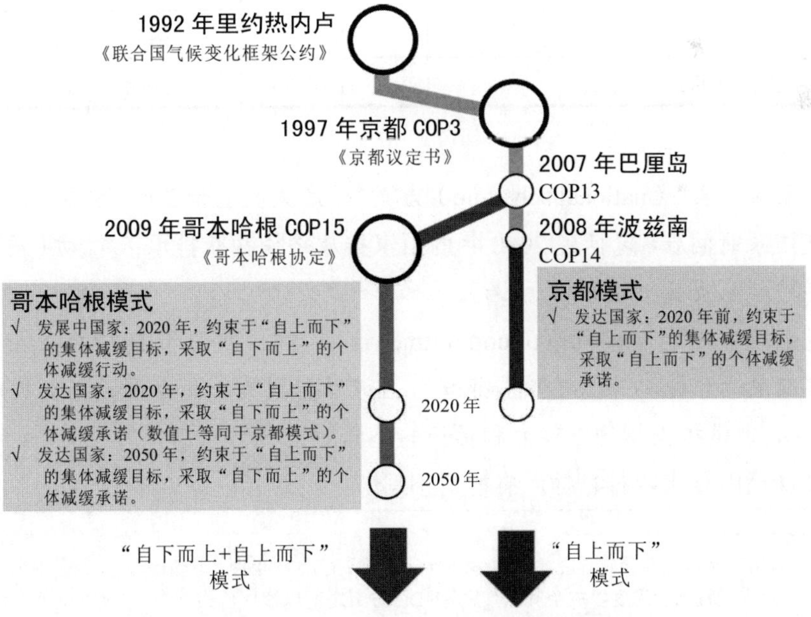

“丹麦案文”通过情景下的减缓目标发展路径

专栏 4-5 设定减排目标的其他方案设计

2015 年，NDC 方案最终成为新的包括减排目标在内的国别目标设定机制。然而，NDC 并非凭空提出，它也是吸纳了缔约方和学者提出的各种方案的结果。下表归纳了减缓目标方案的设计模式及其机制，并列举了其中曾经影响力较大的几个减排目标方案设计[19]。读者可以思考：NDC 分别吸取了它们的哪些元素？与它们又有什么不同？为什么它们没有成为最终的方案？

既有的和设想的减缓目标方案设计模式及其机制①

模 式	参与主体	行动范围	行动力度
《公约》	强制	自愿	自愿
《京都议定书》	部分强制	强制	强制
“巴厘岛行动计划”	强制	部分强制	部分强制
“坎昆协议”	强制	部分强制	自愿
《巴黎协定》/NDC 方案	强制	部分强制	自愿
“国家时间表”方案	强制	部分强制	部分强制
“光谱式承诺”方案	强制	强制	自愿
“气候俱乐部”方案	自愿	强制	强制
“机遇共享”方案	强制	强制	部分强制
“责任共担”方案	强制	强制	强制

- “国家时间表”（national schedule）方案②：澳大利亚于 2009 年提出，其内容是各国自主提交国家时间表，包括到 2050 年的国家排放路径和减排承诺/行动（发达国家提交承诺，发展中国家提交行动和/或承诺）。
- “光谱式承诺”（spectrum of commitment）方案③：欧盟于 2012 年提出，其内容是各国都需提交具有法律约束力的减排承诺，且该承诺具有一定共同点（如都覆盖所有温室气体种类），但是根据缔约方能力和责任的不同而呈现出光谱式的不同（如有些缔约方要提供全经济范围量化减排目标，有的则不用）。

① 从该表中可以看出减排目标的设定存在参与主体、行动范围、行动力度的“三角困境”，为了兼顾参与的广泛性和力度的有效性，必然会牺牲某一维度以成全其他维度。NDC 方案之所以被评价为全面、平衡的，也反映在它尽量兼顾了“三角”的每个方面，达成了整体最优。

② FCCC/CP/2009/5。

③ https://unfccc.int/files/documentation/submissions_from_parties/adp/application/pdf/adp_eu_workstream1_17102012.pdf。

- “责任共担”（burden-sharing）方案：巴西于1997年提出，其原理与“自上而下”的京都方案相同，只不过在新背景下将分配对象扩大到所有缔约方。减排量就是责任，而责任与各国排放所导致的温升后果相关，因此采取“多排多减”的原则。
- “机遇共享”（opportunity-sharing）方案：主张减排是一种机遇而非责任或负担，因此从激励缔约方的视角提出。其要求所有缔约方参与所有领域的减排，并且在此约束下为减排行动建立激励机制，从而使各方逐步发现减排带来的机遇进而逐步提升力度。
- “气候俱乐部”（climate club）方案：要求建立两个目标制定轨道，一个是《公约》下发达国家自己提出的具有强制性的减排目标；另一个是气候俱乐部下各国自愿提出的减排目标。气候俱乐部为减排目标设定门槛，达到门槛的国家成为会员并享受排外的（exclusive）经济利益和便利（可以是贸易、技术合作、低碳转型等方面），以此作为激励，从而逐渐吸引更多的国家加入，最终达到所有缔约方都设立减排目标的结果。然而，这一方案从正面来看是提供激励的俱乐部，从反面来看是设置障碍的壁垒，在一定程度上违背了公平原则。近几年，这一方案被重新提起，并逐步以欧盟的“碳边境调节机制”（CBAM）、“钢铝俱乐部”等形式成为《公约》外的减排合作机制。

2.《巴黎协定》下的NDC

减缓目标是NDC的一部分，《巴黎协定》第3条规定了NDC涉及的范围，包括减缓（第4条①）、适应（第7条）、资金（第9条）、技术（第10条）、能力建设（第11条）和透明度（第13条）。以下仅介绍作为NDC中减缓目标的内容。

第4条第2款正式引入了NDC的制度安排：“各缔约方应编制、通报并保持它计划实现的连续NDC。缔约方应采取国内减缓措施，以实现这种贡献的目标。”第9款决定NDC每五年提交一次，以此来实现《巴黎协定》所规定的连续性。

第4条第3款提出了NDC的三个原则：各缔约方的连续NDC将比当前的NDC有所进步（“不后退原则”），并反映其尽可能大的力度（“最大力度原则”），同时“体现共同但有区别的责任和各自能力，考虑不同国情”。“不后退原则”是从减排目标自身提出的，要求各国下一次提交/这一次更新的NDC减排承诺力度不能比目前的NDC弱。“最大力度原则”是从国内视角提出的，要求减排责任应该反映该国减排的最大能力和意愿，这主要是一种政治上的宣示。“体现共同但有区别的责任和各自能力，考虑不同国情”是从国际视

① 有的缔约方和学者认为，第4条不仅是减缓，也包含了NDC的所有要素。严格地说，此处指NDC中关于减缓的部分。

角提出的，要求各国之间的减排目标在比较时能够体现以上特点。这一原则是最敏感的，因为它直接体现了《巴黎协定》是落实《公约》还是背弃《公约》，间接涉及国际减缓目标分配的公平性，而关于公平性的争论也一直贯穿于谈判历史中。该原则没有明确提目前排放、历史排放、排放趋势和人均排放等具体指标，而是把它们一起融入了“各自国情”这个宽泛的表述中，可以视为各国妥协的产物。

专栏 4-6　案例：不后退原则下的实质后退

摩尔多瓦更新的第一次 NDC 将 2030 年相对 1990 年水平无条件减排目标从 64%～67%提高至 70%，有条件减排目标从 78%提高至 88%。看似这一目标提升了，但其同时也调高了 1990 年减排基准年的排放数据，将其从 3 750 万 t 调高至 4 340 万 t。如此一来，2030 年的无条件 NDC（减排 70%）约为 1 302 万 t，反而大于更新前的 1 238 万 t。实现新目标后的排放水平反而更高，减排力度不但没有提升，反而有所倒退[20]。

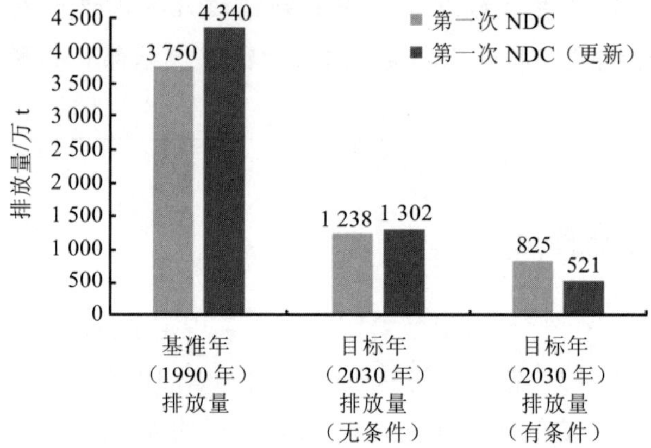

摩尔多瓦更新 NDC 导致无条件减排力度倒退

专栏 4-7　减缓责任分配的公平性

公平一直是《公约》谈判关注的问题。气候变化谈判领域中公平性的重要体现是“共区”原则。然而，发达国家与发展中国家之间应该如何区别？这个具体问题一直未曾达成过共识，却是减排责任分配的关键。减缓目标分配的公平性问题在学术界一直存在争鸣，主要可以概括为以下几个标准。

- 历史责任标准：该标准以历史累计排放量为依据，认为历史累计排放量大的国家对目前气候变化的贡献大，因此应该承担更多责任。

- 现实责任标准：该标准以目前排放量为依据，认为只有现在的高排放国家进行深度减排才能够最立竿见影地产生效果。

- 排放趋势标准：该标准以排放增长速率为指标，认为排放增长最快最大的国家即使没有占据太多的份额，实际上也正在创造历史。为了预防这种路径依赖下的增长，按照预防原则，有必要提早对“后发者”进行控制。

- 人均排放标准：该标准秉持“人人生而平等”的理念，以目前的人均排放量为依据，认为每个个体都应当享有均等的排放权，因此责任的分配应该在人均的意义上才公平。但是由于各国的发展水平不同，根据“环境库兹涅茨曲线”理论，发达国家在排放达到峰值后逐渐下降，因此可能与尚未发展起来的国家处于同样的排放水平，而人均排放标准无法区分这两类国家的责任差异。

- 人均历史责任标准：该标准有动态人口算法、静态人口算法和“人年”算法，分别对应三种指标，即在某一时间段人均碳排放量的累加和（t CO_2/人）、历史上逐年碳排放量的累加和与该国当前人口数之比（t CO_2/人）、各国累积的碳排放总量除以累积人数的每人每年碳排放量［t CO_2/（人·a）］。这三种指标之间有差异，但是都综合反映了历史责任与人均排放两个维度[21]。

- 国家能力标准：该标准主要以 GDP 等为指标，但更多指在经济、技术、能力等方面进行减排的能力。该标准背后的理念是“能者多劳”，体现了分配正义的要求。

对于公平的不同标准将会显著影响减排责任的划分。下表汇总了中国、美国、欧盟①和印度四个缔约方在上述标准下的各个指标。各国的立场自然是希望选取使自己承担减排责任小的标准，所以中国和印度会强调人均历史责任和人均排放，欧美则会强调现实责任和排放趋势。

不同分配标准下中、美、印、欧的指标

标准	指标	单位	缔约方			
			中国	美国	欧盟	印度
历史责任标准（1901—2020 年）	历史累积化石燃料 CO_2 排放量	Gt	236	417	241	54
现实责任标准	2019 年温室气体排放量	Gt	12	6	3	3
排放趋势标准	2014—2019 年排放平均年增长率	%	1.0	−1.0	−0.9	3.4
人均排放标准	人均排放量	t CO_2/人	7.32	15.97	6.58	1.92
人均历史责任标准（1901—2020 年）	人均排放累加和	t CO_2/人	192	2 150	645	56
	累积排放量与当前人口之比	t CO_2/人	165	1 240	541	39
	平均每人每年排放量	t CO_2/（人·a）	2	18	6	1
国家能力标准	2021 年 GDP	万亿美元	17.7	23.0	17.1	3.2

注：历史化石能源燃烧 CO_2 排放量来自 Global Carbon Project，历史人口数据来自 Gapminder（v6），2020 年温室气体排放量来自 CAIT（不包括土地利用、土地利用变化和林业排放），GDP 来自世界银行。

① 按 2020 年后 27 个成员国计算。

第 4 条第 4 款提出了具体的减排目标形式：发达国家应提出全经济范围绝对量减排，发展中国家不做硬性要求但应逐渐转变到全经济范围绝对量减排。这一表述的实质和“坎昆协议”中“发达国家提出减缓承诺，发展中国家提出减缓承诺或行动”是一个意思，不过在表述上增加了对发展中国家义务应然性的引导，其实就已经变成了发展中国家未来也要提交减缓承诺。1/CP.21 决定的第 28 项要求 APA 制定减缓目标的指南和核算排放量的方法学，二者都在 2018 年卡托维兹气候大会上得以完成（4/CMA.1）。

第 4 条第 8 款至第 11 款制定了 NDC 的运作机制。各国根据统一的核算方法学和编制指南向《公约》秘书处提交 NDC（该文件保存在秘书处的公共登记册上）；全球盘点用各国的 NDC 作为输入，得出目前的减缓目标与 2℃/1.5℃气候目标的差距，并将此结论反馈给各个国家作为制定/更新下一次减缓目标的参考。各国每五年提交新一版 NDC，但是在这期间可以随时对目前版本进行更新，该更新必须显示出进步。2031 年起各国将使用统一的时间框架（第 6/CMA.1 号决定）。

专栏 4-8 目前各国提交 NDC 的减缓力度

截至 2021 年 11 月，《巴黎协定》193 个缔约方中，共有 166 个缔约方提交了 NDC（欧盟 27 国提交同一份 NDC），74 个缔约方提交了长期温室气体低排放发展战略。根据目前的 NDC 减缓目标，2030 年的排放比 2010 年还要增长 13.7%，远远达不到 IPCC 第六次评估报告所得出的较 2010 年降低 45%的要求。同时，提交的长期温室气体低排放发展战略也无法满足 2050 年前后实现全球净零排放的要求。因此，当前各国 NDC 的减缓力度是远远不够的[22]。

NDC 和长期战略力度盘点

	2010 年（实际）/ Gt CO_2eq	2030 年（预计）/ Gt CO_2eq	变化水平/%
所有缔约方	47.3	53.8	+13.7
提交 NDC 缔约方	38.1	40.4	+5.9
提交长期战略缔约方	31.3	29.7	–5.2

2021 年达成的“格拉斯哥气候协议”可能会开启 2030 年集体减缓目标的谈判轨道。首先，该协议认识到实现 1.5℃目标需要在 2030 年将排放相较于 2010 年降低 45%（1/CMA.3 第 22 段），并且请各缔约方提高 2030 年的 NDC 目标，以与之一致（1/CMA.3 第 29 段）。其次，该协议决定建立一个工作方案，以一种与全球盘点互补的方式提升 2020—2030 年的减缓雄心（1/CMA.3 第 27 段）。最后，该协议决定每年召集一次部长级会议以讨论 2030 年前的减缓目标（1/CMA.3 第 31 段）。这一系列内容标志着 2030 年的集体减缓目标将成为未来短期内较为重要的谈判议题，以提升各国的减缓目标并加强目标的落实。

第 4 条第 13 款提出了核算温室气体的方法学要求：①透明性，即有充足且清晰的文件，使所有人都能够了解排放量是如何核算的，并能够使其确信该核算满足科学的要求；②准确性，即在当前判断的能力内尽一切努力消除清单估计值的偏差，使核算出的排放量既不过高也不过低估计实际情况；③完备性，即所有相关类别的源和汇及所有相关气体的估计值均得到报告；④可比性，即核算出的排放量以一种可使其与其他国家的结果进行比较的方式进行报告；⑤一致性，即不同清单年份、气体类别和部门排放的估计值应满足估计值之间的差距，其反映的是排放量的真实差别；⑥环境完整性；⑦避免双重核算。其中，前 5 项都是《2006 年 IPCC 国家温室气体清单指南》里提到的，后 2 项主要是为了第 6 条的市场机制而加设的，其具体含义将在后文介绍。

图 4-5 展示了《巴黎协定》第 4 条中 NDC 议题的内容与结构。

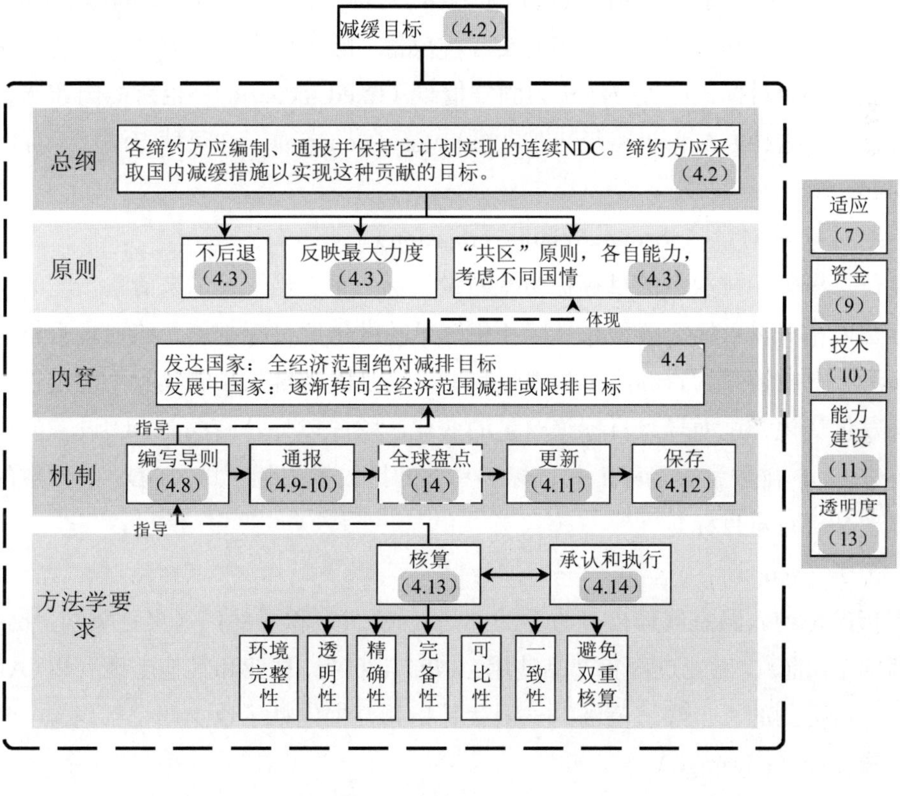

图 4-5 《巴黎协定》第四条中 NDC 议题内容与结构

3. 减缓目标制定指南

各国减缓目标的表达形式五花八门，但是其本质就是在什么时候、排放多少温室气体。其中，排放“总量”(cap) 是后文市场机制议题关心的重要问题。2018 年 CMA1 通过的指南要求 NDC 提供详细信息。以下对其进行简要介绍，以便读者读懂各国的减缓目标[23,24]。

（1）时间框架（time frame）

时间框架包括两个内容：一是本次 NDC 的时限，可以理解为减缓目标的“执行期”。大多数国家第一次 NDC 的时限都是 2021—2030 年，而 2030 年也称为本次 NDC 的目标年（target year）。第二个内容是目标本身的计算范围，分为一年期目标和多年期目标两种，前者提供的目标是某一年的排放量（只看 2030 年是否实现目标，不看之前的年份），后者提供的目标是多年排放的总量（要看 2021—2030 年的排放总量）。

（2）参考点（reference point）

参考点一般有两类——参考年（reference year）和基准年（base year），它们分别对应两种参考方法——基线情景（baseline scenario）和基准年情景（base year scenario）。前者比较的是目标年 NDC 情景下的排放量和无 NDC 目标下的排放量，后者比较的是 NDC 情景下目标年的排放量和历史上某一年的实际排放量。除了以上两种方法，有的国家选择直接设立排放量作为目标，这种方法称为固定情景（fixed scenario）；也有的国家选择用排放路径作为目标，这种方法称为路径情景（trajectory scenario），这两种方法就不存在参考点的问题了。

（3）绝对量/相对量（absolute/relative emission）

能够计算出确切排放量的目标称为绝对量目标，而需要依赖未来情景预测等不确定参数的目标称为相对量目标。碳预算目标和相对于基准年的目标都属于绝对量目标，而相对于未来参考年基线情景的目标属于相对量目标，这是因为排放预测具有不确定性，很有可能在将来发生变化，进而导致目标绝对量的变化。除此以外，有的 NDC 设置的是人均排放量、单位 GDP 排放量等目标，其目标年具体的排放量依赖人口、GDP 等参数的预测，这种目标也是相对量目标。

（4）范围（scope）

范围指的是纳入温室气体核算边界的部门（sector）和子部门（又称类别，category）。部门包括四个：能源，工业过程和产品使用（IPPU），农业、林业和其他土地利用（AFOLU），废弃物。之前提到的“全经济范围”一词就是指其范围包括了以上四个部门。

（5）覆盖面（coverage）

覆盖面指的是纳入核算的温室气体类别，一般包括《〈京都议定书〉多哈修正案》附件 A 列出的七种气体：CO_2、CH_4、N_2O、HFCs、PFCs、SF_6 和 NF_3。

表 4-3 挑选了几个具有代表性的减缓承诺，并按照编制指南的分类方法标注了其类别以帮助读者更好地理解上文的介绍。然而，减缓目标的形式是多样的，其本质还是如开篇所说是为了给出一个“总量”，把握住这一点对于理解减缓目标是非常重要的。

表 4-3 NDC 减缓目标的属性与类别

减缓目标	时间框架	参考点	参考方法	绝对量/相对量	范围	覆盖面
澳大利亚：（以 2030 年温室气体排放量比 2005 年降低 26%～28%作为碳预算设置目标）时间框架内总碳预算为 4 764 Mt CO_2eq	多年期	无	固定情景	绝对量	未确定	未确定
阿富汗：2030 年温室气体排放量比“一切照常”情景减少 13.6%，条件是外部提供支持	单年期	参考年	基线情景	相对量	能源、自然资源管理、农业、废弃物、采矿业	CO_2、CH_4、N_2O
贝宁：能源、农业和废弃物部门温室气体的累计排放量比基线情景减少约 48.75 Mt CO_2eq，即在 2021—2030 年期间减少 20.15%左右	多年期	参考年	基线情景	相对量	能源、农业、废弃物	CO_2、CH_4、N_2O、HFCs
日本：减缓目标是 2030 财年温室气体排放量较 2013 财年减少 46%，相当于减少排放 760 Mt CO_2eq	单年期	基准年	基准年情景	绝对量	全经济范围	全覆盖
美国：减缓目标是 2030 年全经济范围内温室气体净排放量相比 2005 年减少 50%～52%	单年期	基准年	基准年情景	绝对量	全经济范围	全覆盖
欧盟：减缓目标是 2030 年全经济范围内温室气体净排放量相比 1990 年至少减少 55%	单年期	基准年	基准年情景	绝对量	全经济范围	全覆盖
印度：到 2030 年，单位 GDP 排放量将比 2005 年下降 33%～55%	单年期	基准年	基准年情景	相对量	未明确	未明确
巴西：到 2025 年，温室气体净排放量相比 2005 年减少 37%；到 2030 年，相比 2005 年减少 55%	单年期	基准年	基准年情景	绝对量	全经济范围	CO_2、CH_4、N_2O，SF_6、PFCs、HFCs
中国：到 2030 年，单位 GDP CO_2 排放量将比 2005 年下降 65%以上	单年期	基准年	基准年情景	相对量	未明确	CO_2
中国：CO_2 排放力争于 2030 年前达到峰值	单年期	无	路径情景	绝对量	未明确	CO_2

注：阿富汗的部门范围并未严格按照 IPCC 指南进行；Mt 代表百万吨。

（三）增加清除

1. 相关概念

除了减少温室气体排放，增加温室气体清除也是达成气候目标的重要方法。清除（removal）是指从大气中去除 CO_2 等温室气体，并将其持久储存在地质、陆地或海洋或产品中的过程，也可以称为封存（sequestration）或汇（sink）。目前清除的对象一般指 CO_2，CO_2 被储存所在的介质称为库（reservoir）或池（pool），封存的量被称为碳储量（stock）。

大气中的 CO_2 可以作为碳在陆地生态系统的植被和土壤中积累，从而降低大气中 CO_2 的积累速度；相反地，植被和土壤等碳库的破坏会将积累的碳释放到大气中，成为温室气体排放的源头。在各个自然碳库中，森林起到了重要的角色。2015—2020 年，森林砍伐率估计为每年 1 000 万 hm^2，毁林直接和间接造成的排放占总排放的 11%，而制止毁林和森林退化可以每年减少 50 亿 t 的温室气体排放。同时，森林的保护也产生了巨大的社会经济协同效应。森林为农村贫困人口提供了生产生活的安全网络，1/5 的人依靠森林维持生计和创收[25]。

土地利用、土地利用变化和林业（LULUCF）是重要的排放部门，包括林地、农地、草地、湿地、聚集地和其他土地利用及其变化。其中，森林的吸收能力最强、涉及发展中国家利益最多，因此被单独摘出来成为主要的议题。森林碳汇又可以从两个方面展开，一个是增加森林碳库的储量（如造林、再造林、养护和增强森林碳储量、森林可持续管理），另一个是减少森林碳库的损失。《公约》谈判针对后者单独设立了“减少因毁林和森林退化而导致的温室气体排放”（REDD）机制，以此来鼓励发展中国家减少毁林和森林退化活动。REDD 随后又不断进一步扩展至 REDD+和 REDD++，它们之间的关系可以参考图 4-6 和图 4-7 的划分①。表 4-4 梳理了增加清除议题下的诸多核心概念的内涵。

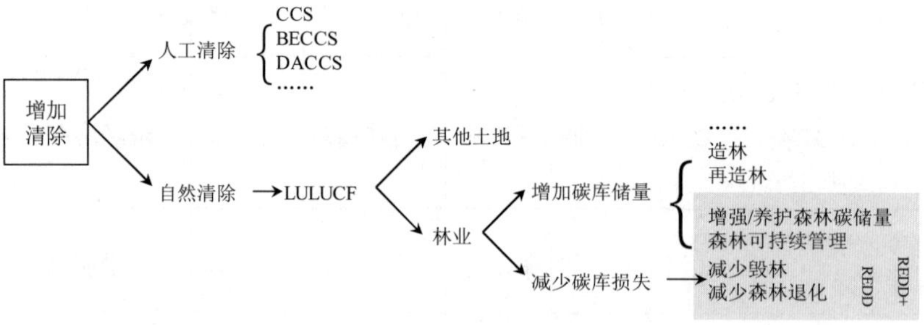

图 4-6　增加清除议题的内容结构

① REDD+指减少发展中国家因毁林和森林退化而导致的排放量加上森林可持续管理及保护和加强森林碳储量；REDD++指减少发展中国家因毁林和森林退化而导致的排放量加上森林可持续管理、保护和加强森林碳储量及执行和支持替代政策方法，如关于综合和可持续森林管理的联合减缓和适应方法。本书为了与目前《公约》的表述相一致，统一用 REDD+进行表述。

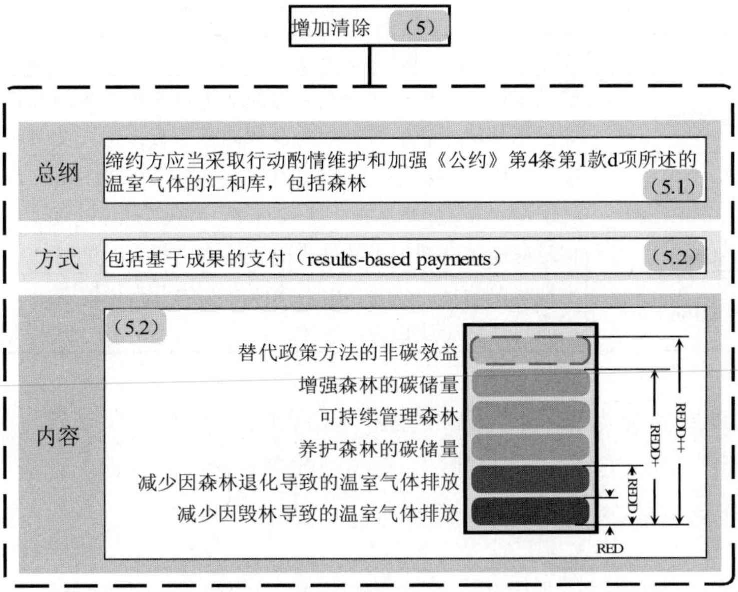

图 4-7　《巴黎协定》第 5 条内容与结构

表 4-4　REDD+议题相关概念和缩写

名称	定义
基本概念	
清除（removal）	从大气中去除 CO_2 等温室气体，并将其持久储存在地质、陆地或海洋或产品中的过程
封存（sequestration）	在碳库中储存碳的过程
汇（sink）	从大气中清除温室气体、气溶胶或温室气体前体的任何过程、活动或机制
库（reservoir）	地球系统内存储温室气体或其前体的一个或多个组成部分
池（pool）	
碳储量（stock）	碳库中碳的数量
温室气体清单核算部门	
土地利用（land use）	应用于一块土地的安排、活动和投入的总和。它可以指土地利用的管理（如放牧、木材开采、保护和城市居住），也可以指土地利用的类型（包括林地、农田、草地、湿地、定居点和其他土地）
土地利用变化（land use change）	从一种土地利用类型到另一种土地利用类型的变化
AFOLU（Agriculture，Forestry and Other Land Use）	农业、林业和其他土地利用
LULUCF（Land Use，Land Use Change and Forestry）	土地利用、土地利用变化和林业

名称	定义
活动过程	
造林（afforestation）	通过栽种、播种和（或）人为的增进自然种子源的方式，将至少有 50 年处于无林状态的地带转变为森林地带的直接由人类引起的活动
再造林（reforestation）	在曾经有林但被改为无林的地带，通过栽种、播种和（或）人为的增进自然种子源的方式，将这种无林地带改变为森林地带的直接由人类引起的活动
毁林（deforestation）	将森林地带转变为无林地带的直接由人类引起的活动
退化（degradation）	土地状况的负面趋势，由直接或间接的人为过程引起，表现为以下至少一项的长期减少或损失：生物生产力、生态完整性或对人类的价值

《2006 年 IPCC 国家温室气体清单指南》将 LULUCF 和农业合并成为 AFOLU。但是由于农业部门主要产生非 CO_2 温室气体排放，植被吸收量较少，与其他土地类型的作用机制不同，因此一般不将它放在增加清除议题下一起讨论。

专栏 4-9　LULUCF 的排放如何核算？

LULUCF 部门的排放机制和能源、工业等部门不同。IPCC 核算指南里将 AFOLU 部门分为林地、农地、草地、湿地、聚集地、其他土地、采伐的木材产品 7 个库，各自的方法学非常复杂，但是其核心就是“排放量等于碳储量的变化值”。下图用了一个简化的例子展示，其中的重量均以 CO_2 为标准物。大框代表某一固定区域林地的碳库边界，小框代表采伐的木材产品的碳库边界。

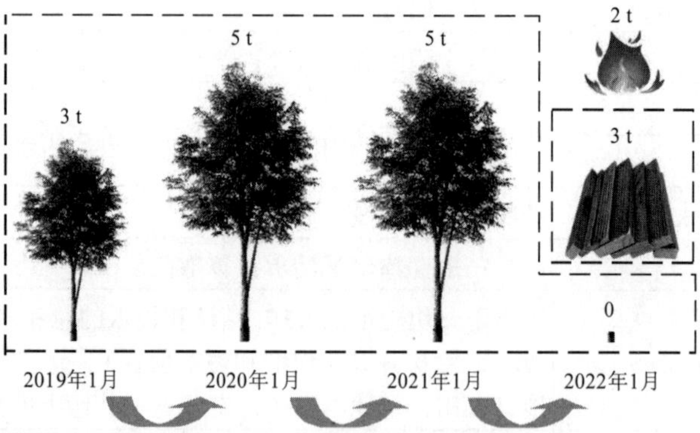

	2019年	2020年	2021年
LULUCF-林地	-2 t	0	5 t
LULUCF-木材产品	0	0	-3 t
LULUCF-总计	-2 t	0	2 t

LULUCF 温室气体排放方法与边界（基于过程的案例）

假设 2019 年 1 月该片林地含有 3 t 碳储量，2020 年 1 月因树木生长含有 5 t 碳储量，那就可以视为该片林地吸收了 2 t 碳，LULUCF 的排放为–2 t。此时的树木已经过了成熟龄阶段，因此不再继续生长，于是 2021 年 1 月碳储量依旧为 5 t，那么 2020 年 LULUCF 的排放量为 0。2021 年 1 月，该片林地的树木被全部砍伐，其中 3 t 作为建筑木材，2 t 作为生物质燃烧。那么，此时林地碳库的碳储量为 0，采伐的木材产品碳库碳储量为 3 t，LULUCF 碳库的总储量为 3 t，因此总排放量为 2 t。可以发现，燃烧的 2 t 碳被计入 LULUCF 部门中而非能源部门，这也就解释了能源部门中生物质燃料可以视为零排放能源。不过需要注意的是，生物质燃烧的 CO_2 排放被纳入 LULUCF，但是 CH_4、N_2O 等非 CO_2 温室气体还是被纳入了能源部门[26]。

2. 历史演变

REDD+的谈判经历了预备阶段（1997—2004 年）、初始阶段（2005—2012 年）和发展阶段（2013 年至今），图 4-8 梳理了其发展历史。《公约》原则上将“保护和增强温室气体

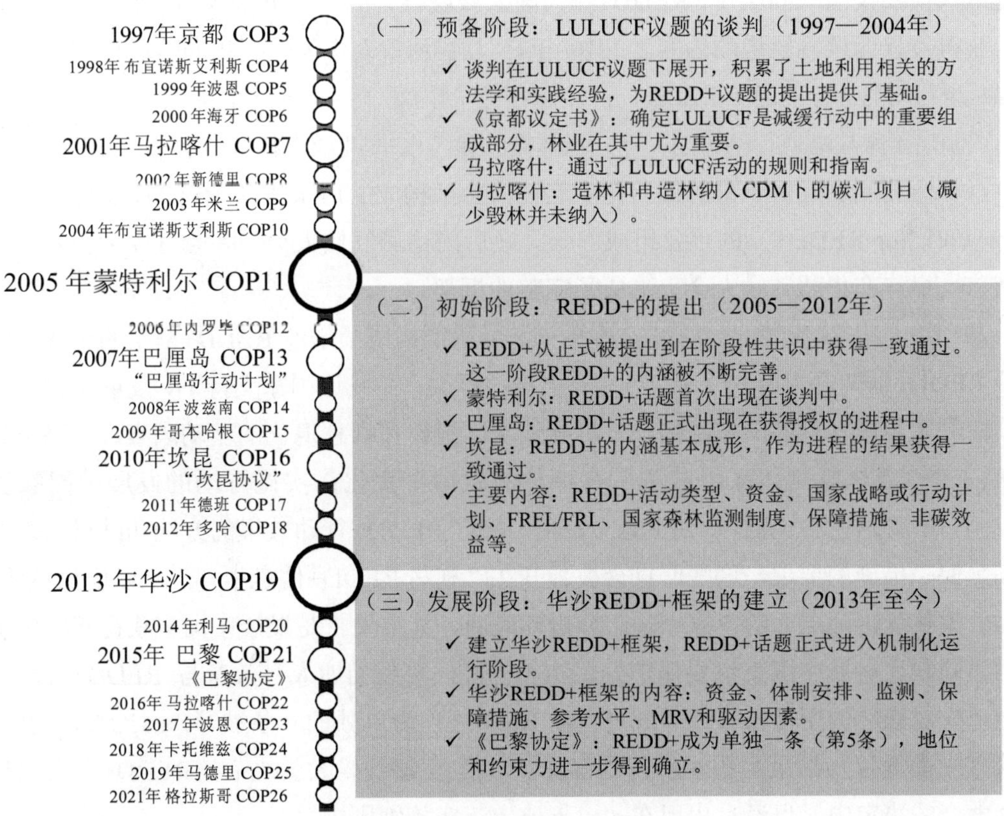

图 4-8 增加清除议题发展历史

库和汇”也作为重要的减缓方式，这奠定了后续所有谈判的基础。预备阶段主要是针对LULUCF议题展开的，并孕育了REDD+话题的诞生。1997年《京都议定书》第2.1款（b）项（二）明确指出附件一缔约方应“保护和加强《蒙特利尔议定书》未予管制的温室气体的汇和库……促进可持续森林管理的做法、造林和再造林”，将LULUCF方面的行动纳入国际气候治理中；同时，在第3.3款中明确了LULUCF活动仅包括造林、再造林和毁林，在第3.4款中对LULUCF活动的核算方法学建设如何保证透明、可核实和经过专家审评作出了安排。2001年的马拉喀什气候大会基本完成了《京都议定书》的实施细则谈判，并且形成了“与京都议定书所述的LULUCF活动有关的定义、方式、规则和指南”（第11/CP.7号决定），将造林和再造林项目纳入市场机制下的合格的林业碳汇项目（然而防止毁林项目因为其技术方法学的复杂性和不确定性及泄漏等方面的问题，各方没有达成一致意见）。

2005年5月，巴布亚新几内亚和哥斯达黎加两国政府联合向《公约》秘书处提交了关于将“减少发展中国家毁林排放：激励机制”问题纳入谈判议程的提案，该提案得到了玻利维亚、中非共和国、智利及部分毁林严重的发展中国家的支持。缔约方大会成立了专门负责起草“启动减少毁林排放谈判议程”的联络组。同年，蒙特利尔气候大会正式将REDD+议题纳入谈判议程。2007年，REDD+作为国家减缓行动的一部分纳入“巴厘岛行动计划”，成为获得授权的谈判轨道的内容。2010年，“坎昆协议”作为该授权的阶段性成果，在其加强减缓行动的部分明确了REDD+五种活动类型的内涵（并一直延续到《巴黎协定》），并且提出了制定国家战略或行动计划、建立森林排放参考水平和/或森林参考水平（FREL/FRL）、国家森林监测制度及保障措施的内容，这些内容都构成了后来华沙REDD+框架（Warsaw Framework for REDD+）的重要组成部分。之后的德班气候大会和多哈气候大会补充了部分细节，最终在华沙气候大会上形成了完整的框架。

2013年，华沙气候大会通过的第9～15号决定构成了华沙REDD+框架的组成部分。华沙REDD+框架的内容列于表4-5中。根据该框架，在发达国家支持下，发展中国家可根据国情制定实施行动的国家战略，分析导致本国毁林和森林退化的驱动因素，并提出相应对策；建立森林监测体系，监测所有森林的碳储量变化；实施行动的发展中国家要向《公约》秘书处提交实施行动的FREL/FRL、核算REDD+行动效果的方法和结果，以及是否满足保障措施的要求，这些信息会被公开在“利马REDD+信息中心”上以增加透明度，行动效果接受国际层面的专家评估、分析和磋商，其结果将是发展中国家获得相应资金的依据。同时，发展中国家也要保护好生物多样性，尊重当地人有效参与REDD+行动，保障当地人对森林的用益权等[27]。2015年，REDD+作为单独的一条被写入《巴黎协定》，其在谈判中的地位与约束力进一步得到确立[28]。在巴黎气候大会之后，REDD+没有出现在后续大会的决定中，也没有出现在《巴黎协定》实施细则中。

表 4-5　华沙 REDD+框架的要素及内容

决定	框架要素	内容
9/CP.19	资金	重申发达国家资金可来自多种来源，以及绿色气候基金在其中的主要作用；发展中国家需要对行动进行衡量、报告和核实（MRV）；设立“利马 REDD+信息中心”，确保基于成果的支付的透明度
10/CP.19	体制安排	设立国家实体或联络点，以及确定其工作职能
11/CP.19	监测	制定国家森林监测制度及相关要求
12/CP.19	保障措施	发展中国家需提交遵约所需保障措施的报告，提交的方式及保障措施要求需符合规定
13/CP.19	参考水平	评估发展中国家提交 FREL/FRL 的指南和程序
14/CP.19	MRV	REDD+的衡量、报告和核实机制下提交技术附件的要素
15/CP.19	驱动因素	认识到需要应对和减少毁林及森林退化的驱动因素

3. 机制结构

REDD+议题的实施落在 REDD+华沙框架之下。每个参与缔约方在国内设立国家指定实体或联络点，负责与《公约》秘书处及各机构进行联络。《公约》内外的资金机制为 REDD+活动的实施提供资金支持，并鼓励各种来源的资金进入，其中《公约》内最主要的资金机制主体是绿色气候基金。

各缔约方参与 REDD+活动也需要保证数据的透明、一致、完整和准确，这就与《公约》下的透明度机制保持了一致。REDD+活动的衡量、报告和核查（Measurement，Reporting and Verification，MRV）分为两步：①对拟议 FREL 进行技术评估；②在两年期更新报告的技术附件中提交 FREL/FRL 的结果和实际结果。这些结果将交由国际磋商和分析之下的技术专家小组进行单独的技术分析。为了从实施 REDD+活动的成果中获得资金，发展中国家缔约方应具备以下条件以确保透明度：提交了国家战略或行动计划，评估了 FREL/FRL，具备国家森林监测系统、处理和遵守保障（safeguards）的信息系统和基于成果提供的资金支持 MRV 系统。

《公约》秘书处设立了 REDD+网络平台①以汇总该议题谈判文件、各方提案、峰会活动等信息，平台下设立了利马 REDD+信息中心②用以发布 REDD+活动的结果信息及相应的基于成果提供的资金支持。

REDD+机制中还有两个重要的概念。一是 FREL/FRL，指一个参考期内在无措施情形

① https://redd.unfccc.int/。

② https://redd.unfccc.int/info-hub.html。

下森林部门的排放，以 t CO_2eq/a 表示。参考水平是评估各国实施 REDD+活动绩效的基准，作用类似于可持续发展机制（Sustainable Development Mechanism，SDM）里项目基线，同时还需要与该国的温室气体清单保持一致。二是坎昆保障（Cancun safeguards）。“坎昆协议”中提出了一系列实施 REDD+活动需要满足的必要条件，称为“保障”[3]，具体包括以下内容：①使行动成为国家森林方案和相关国际公约及协定目标，或与之保持一致的补充条件；②透明且有效的国家森林治理结构，同时考虑到国家立法和主权；③尊重土著人民和地方社区成员的知识和权利，为此应考虑到相关的国际义务、国情和法律，并注意到联合国大会已通过《联合国土著人民权利宣言》；④相关的利害关系方充分和切实参与 REDD+活动，特别是土著人民和地方社区；⑤行动与养护天然森林和符合生物多样性保护要求，鼓励保护和保持天然森林及其生态系统的功效，并增加其他方面的社会和环境收益；⑥处理发生逆转风险的行动；⑦减少排放转移的行动。

总体来看，REDD+机制为减少林业部门的温室气体排放搭建了较为完整的管理和资金框架，从而为发展中国家保护森林提供了经济激励。然而，目前的 REDD+机制面临资金保障相当不充足的问题。目前，所有参与国一共产生了 80 亿 t CO_2eq 的减排成果，然而其中收到资金支持的只有不到 4 亿 t，占比不到 5%①。资金机制的不到位将挫伤发展中国家参与森林保护的意愿。从更深层次的机制来看，以国家为参与主体的 REDD+机制和以项目作为参与主体的碳市场（即下文中介绍的 SDM）中的造林和再造林项目的激励机制存在重叠，且两者的基线（参考水平）设定标准并不相同，因此两者存在一定程度上方法学不兼容的问题。发展中国家保护森林的成果在不同机制下可以被不重、不漏地计算，并据此得到确定的经济补偿，这既是林业减排可持续的要求，也是 REDD+机制需要完善的方向。

4.《巴黎协定》下的 REDD+

《巴黎协定》的第 5 条构建了 REDD+的全部内容，其结构展示于图 4-7 中。该条共包括 2 款。第 1 款阐明了其总目标：维护和加强《公约》第 4 条第 1 款 d 项所述的温室气体的汇和库，包括森林。第 2 款首先说明了采取行动的主要方式是“基于成果的支付”，即发展中国家保护森林的成果得到测量、报告和核查之后，根据成果的多少从相应的资金机制中获得的经济奖励②；之后列举了具体的行动内容，也就是 REDD+的内涵。值得注意的是，第 5 条在传统的 REDD+内涵的基础上增加了一项“执行和支持替代政策方法，如关于综合和可持续森林管理的联合减缓和适应方法，同时重申酌情

① 由利马 REDD+信息中心的披露数据得到，https://redd.unfccc.int/info-hub.html。

② 与此相对的概念是“基于投入的支付”（input-based payment），它是指根据假定产生减排量或增加清除量的行动支付的款项。基于投入的支付方案通常被应用于政策和措施，因为其成果无法直接测量或测量成本过高。

奖励与这些方法相关的非碳效益的重要性”。这一内容力图将森林保护对生物多样性的保护、对当地适应能力的维护等效益纳入机制框架，从而提高 REDD+项目的投资吸引力，同时与《生物多样性公约》等其他治理平台对接。在《巴黎协定》之后，REDD+议题目前尚未出现在后续会议的决定中。

农业并非 REDD+话题中的内容，但是由于农业与森林都与土地利用有关，往往同时在 LULUCF 的大框架中被提及。

专栏 4-10　农业话题的内容与机构

2017 年波恩气候大会（COP 23）决定设立科罗尼维亚农业联合工作（Koronivia joint work on agriculture），以此作为农业话题的讨论平台。联合工作由 SBI 和 SBSTA 通过谈判研讨会和专家会议的形式联合开展，工作的重点包括以下 5 个方面：

- 评估农业领域适应、适应的协同效益和抗御力的方式方法；
- 改善草场和耕地的土壤碳、土壤健康和土壤肥力及综合系统，包括水资源管理；
- 改善养分利用和粪肥管理，逐步建设可持续和有抗御力的农业系统；
- 改善牲畜管理系统；
- 农业部门气候变化的社会经济和粮食安全。

二、减缓：市场机制

（一）碳市场简介

将市场机制引入国际气候制度实践是《京都议定书》的一大创新，它的理论根源可以追溯到科斯提出的产权理论，即通过产权的确定使资源得到合理的配置，避免无主公共物品的“公地悲剧”。减排成果可以市场化交易，这背后的根本原因在于各缔约方的边际减排成本存在差别，市场机制的设计与实施有助于优化减排资源的配置，从而推动全球以最低的成本完成减排目标[29,30]。

碳市场的主体是多样的。碳市场上流通的商品都是减排量（emission reduction）。减排量是一个相对量，需要明确它是实际排放量“相对于什么的减少”，也就是基准线是什么。根据选取基准线方法的不同，可以将碳市场分为两类：基于排放配额（allowance）的碳市场（以下简称配额市场）和基于信用（credit）的碳市场（以下简称信用市场）[31]。

专栏 4-11　两种碳市场的原理说明

下图以企业碳市场为例展示了两种碳市场的原理及其协同的方法。假设企业 A 和企业 B 分别被分配了 50 t 和 100 t 的排放配额，超出配额的排放量将会面临高企的罚款。现在两个企业的实际排放量为 100 t 和 60 t，那么企业 A 超排了 50 t，而企业 B 还有 40 t 的盈余配额，于是企业 A 可以向企业 B 购买这 40 t 盈余配额供自己履约，这一机制称为交易机制（trading mechanism）。同时，另一家企业开展了一个低碳项目，该项目实际排放 50 t。而如果按 BAU 等基准情景测算，提供相同的服务需要排放 60 t，那么就可以认为该低碳项目产生了 10 t 的碳减排量。这 10 t 额外的减排量若经核证、审批等程序后获签碳信用指标，也可由企业 A 购买以完成履约要求，这一机制称为抵消机制（offset mechanism）。一般来说，为了避免企业依赖抵消机制而降低自身的减排意愿，规则会对碳信用的使用比例设置上限，如碳信用抵消量不超过实际排放量（本例中为 100 t）的一定比例，或者不超过应缴配额量（本例中为 50 t）的一定比例。

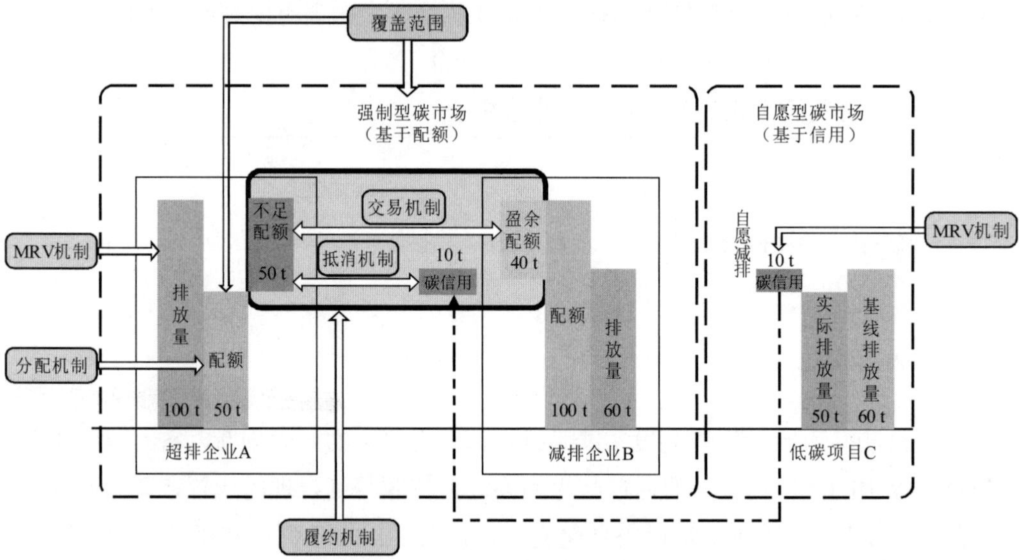

碳市场运行原理示意图

除此以外，以下概念对于理解市场机制非常重要。

环境完整性（environmental integrity）：一项国际合作，如果参与它产生的排放不高于不参与它产生的排放，那么就称这项国际合作确保了环境完整性。直接影响环境完整性的因素包括排放单位的质量及排放单位核算过程的稳健性[32]。

双重核算（double counting）：当一个排放单位被算入多个减排目标的实现里，即被多次计算时，就发生了双重核算。它包括三种形式：①双重发放（double issuance），当一个单位的减排量被发放给多个排放单位时就发生了双重发放；②双重认领（double claiming），当一个发放了减排量的排放单位被多个减排行动认领，从而计算进入多个减排目标的实现过程时，就发生了双重认领（这种双重核算是最难以识别、最模糊的）；③双重使用（double use），当一个被认领了的排放单位被当成多个单位来实现减排目标，即被多次计算使用时，就发生了双重使用。

额外性（additionality）：这是专门针对信用市场而言的。原则上，如果一个减排项目没有市场机制激励就不会发生，那么该项目产生的减排量就是额外的。然而该定义过于抽象，无法进行实际指导。实际上，如果一个项目与基线（baseline）情景存在排放上的差异，就认为这个项目是具有额外性的，而排放的差值就是额外的减排量[33]。因此“基线”的定义对额外性概念至关重要。

《巴黎协定》第 6 条构建了市场机制话题的全部内容，图 4-9 梳理了其结构。第 1 款提出了市场机制的总纲：“缔约方选择自愿合作执行它们的 NDC，以能够提高它们减缓和适应行动的力度，并促进可持续发展和环境完整性”。在这一总纲下，第 2 款、第 4 款和第 8 款分别建立了三个机制类型：合作方法（cooperative approach）、可持续发展机制（SDM）和非市场方法框架（Framework of Non-market Approaches）。其中，非市场方法框架是为了回应玻利维亚等国的需求而被纳入第 6 条，其内涵和功能模糊，实施方式目前还未知。

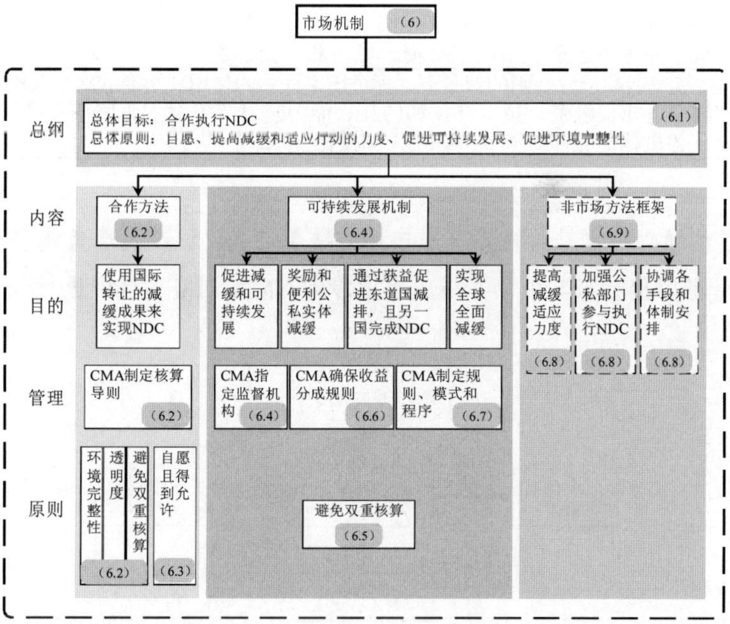

图 4-9 《巴黎协定》第 6 条内容与结构

专栏 4-12　第 6 条第 8 款：非市场方法框架

《巴黎协定》第六条除了合作方法和可持续方法机制，还有一个要素就是第八款“非市场方法”（NMA）。格拉斯哥气候大会通过了 NMA 的相关内容及其框架的任务，其要点摘录于下表[34]。NMA 本身的定位就非常模糊，它既排除了所有涉及减缓成果交换的市场机制的合作，同时也为了避免重复工作而不包括资金、技术、能力建设等方面的支持合作，同时自身也并未提出其他实在的内涵。从目前的结果来看，NMA 以支持和促进协同两种形式开展，其具体内容还有待工作方案未来的完善细化。

NMA 及其框架的相关内容

	内容
内涵	• 自愿的合作行动，该行为不基于市场方法、不涉及交易或交换行为； • 综合性、创新性和变革性行动，具有实现更高缓解和适应目标的巨大潜力； • 支持东道国实现 NDC、帮助实现《巴黎协定》长期温升目标的行动
目的	• 促进缓解和适应目标； • 促进公共和私营部门及民间社会组织参与 NDC 的实现； • 为多种工具和相关机构安排的协调提供机会
行动领域	• 酌情开展缓解、适应、融资、技术开发和转让及能力建设； • 对可持续发展和消除贫穷的贡献
要求	• 自愿参与； • 涉及一个以上的参与方； • 不涉及任何缓解结果的转移； • 促进公道国实现 NDC、帮助实现《巴黎协定》长期温升目标的行动； • 尊重、促进和考虑各方人权，健康权，土著人民、当地社区、移民、儿童、残疾人和弱势群体的权利，发展权，性别平等，妇女权利和代际公平； • 尽量减少并尽可能避免负面的环境、经济和社会影响
框架任务	• 在可持续发展和消除贫困的背景下，促进国家评估的使用和协调 NMA 以执行缔约方 NDC； • 在缓解、适应、融资、技术开发和转让、能力建设等方面加强联系并产生协同效应，同时考虑到各机构的授权，避免与其他机构的工作重复

NMA 目前的核心机构是格拉斯哥非市场方法委员会。该委员会负责启动 NMA 工作方案，政府和私营部门也参与其中，并将成果上传到 NMA 网络平台中进行分享，如下图。

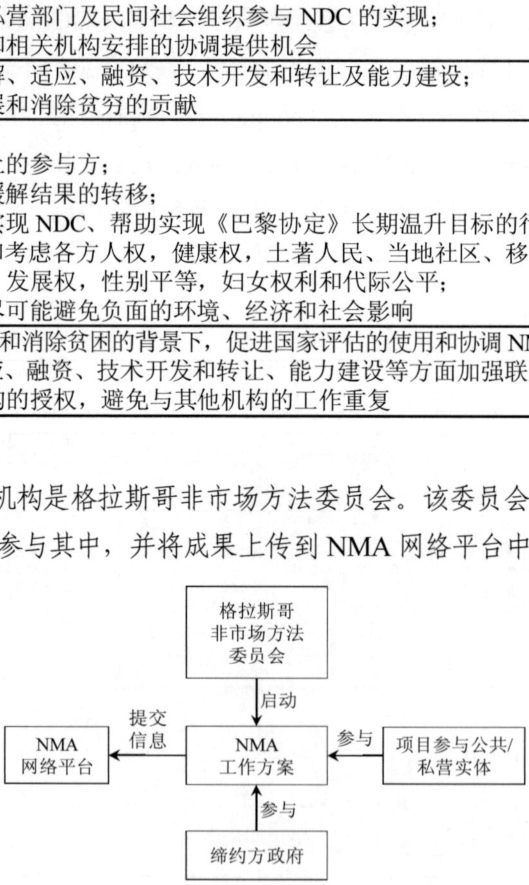

NMA 机制结构

（二）历史演变

碳市场话题的谈判也可以分为三个阶段：准备阶段（1992—1996 年）、《京都议定书》阶段（1997—2014 年）和《巴黎协定》阶段（2015 年至今）。图 4-10 梳理了市场机制议题的发展脉络。

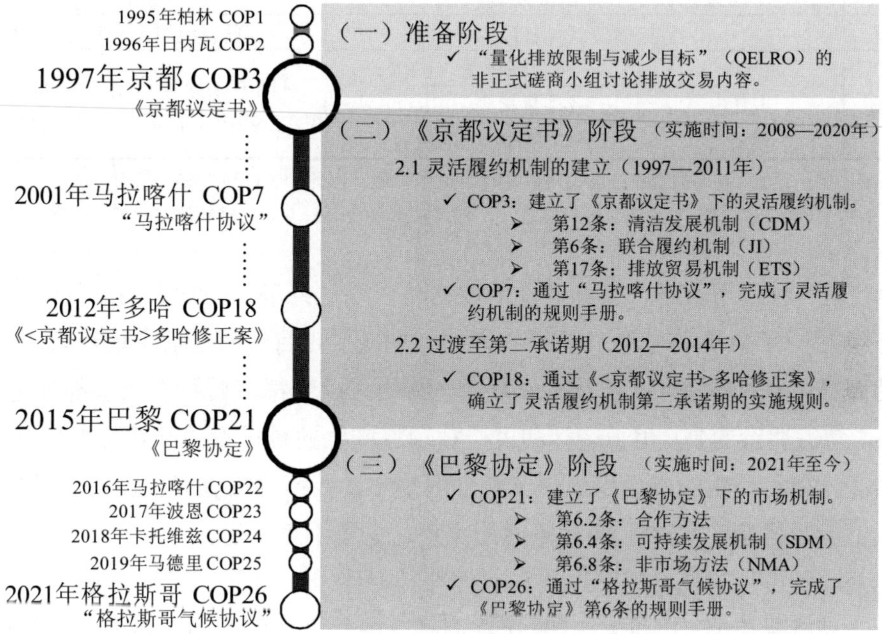

图 4-10　市场机制议题发展历史

在准备阶段，缔约方还没有提出碳市场的概念。《公约》第 3 条第 4 款提到"同时考虑到应对气候变化的政策和措施应当讲求成本效益，确保以尽可能最低的费用获得全球效益"，这为市场机制提供了原则上的支持。

《京都议定书》阶段开始的标志是《京都议定书》灵活履约三机制的提出。在《京都议定书》谈判进程中，市场机制一开始是在一个名为"量化排放限制与减少目标"（qualified emission limitation and reduction objectives，QELRO）的非正式磋商小组内进行的。这一小组承担着《京都议定书》最有争议的"量化排放源的减少与汇的增加"议题的谈判。美国以排放交易为承诺量化减排义务的交换条件，但这一制度安排经 QELRO 小组转到大会全体委员会时遭到 G77+中国的强烈反对，因为发展中国家普遍认为这一机制将导致发展中国家需要承担实质减排，违背了发达国家率先减排的原则。欧盟因为也想通过强制性减排目标实现自身社会经济转型，因此在一开始对市场机制也抱有抵触心理。不过最后各方抱着确保美国参与的目的保留了市场机制的安排。《京都议定书》最终确立了三个灵活履约机制，分别是第 12 条建立的清洁发展机制（Clean Development Mechanism，CDM）、第 6 条建立的联合履约机制（Joint Implementation，JI）和第 17 条建立的排放交易机制（Emission Trade System，ETS）。该议题涉及不同机制下碳减排量的术语，汇总在表 4-6 中。

表 4-6　不同机制下的碳减排单位

	《京都议定书》灵活履约机制		《巴黎协定》市场机制
配额市场	配额单位（AAU）		可转让的减缓成果（ITMO）
信用市场	CDM	核证的减排量（CER）	第 6 条第 4 款减排量（A6.4ER） 可转让的减缓成果（ITMO）②
	JI	减排量单位（ERU）	
	清除①	清除量单位（RMU）	

注：①《巴黎协定》第 6.2 条下的合作方法也可以在项目级别开展，因此 ITMO 可以参与信用市场。
②清除不是《京都议定书》的灵活履约机制之一，但《京都议定书》专门为排放清除设计了核算方法。

CDM 是一种信用市场，参与主体的双方是以发达经济体为代表的附件一缔约方和非附件一缔约方。CDM 允许非附件一缔约方的合规减排项目经核证后申请获取碳信用指标，即核证的减排量（CER），并可出售给附件一缔约方以支撑其履行在《京都议定书》下的减排义务。值得注意的是，由于造林和再造林项目产生的减排量并不具备永久性，5/CMP.1 对这一类减排项目产生的碳信用做出了单独的规定，并衍生出临时核证的减排量（tCER）和长期核证的减排量（lCER）两种不同的类型，这里不再详述。

JI 也是一种信用市场，只不过参与双方都是附件一缔约方。JI 下，低碳项目产生的减排量被称为减排量单位（EUR），EUR 可在附件一缔约方之间交易并用来履行其减排义务。CDM 和 JI 都对不同类型项目的排放基准线制定了方法学。

ETS 是一种配额市场机制，其参与方也是具有排放总量限制的附件 B 缔约方，ETS 中的配额称为配额单位（AAU）。各个国家的排放总量根据《京都议定书》“自上而下”的量化减排目标设定。例如，第一承诺期内德国的温室气体减排承诺为 1990 年排放水平（1 273 Mt）的 92%，那么德国在 2005—2008 年每年的排放总量就是 1 172 Mt。每个国家再把排放总量继续分到各个行业、企业，从而构建国内的排放交易体系。

2003 年蒙特利尔举行的 CMP 1 通过了以上三个市场机制的实施细则。2008 年，《京都议定书》第一承诺期开始实施，同时三个灵活履约机制也正式启动。随着第一承诺期临近 2012 年到期，各方围绕《京都议定书》第二承诺期是否保留、如何进行开展了艰难的谈判，而市场机制如何过渡也成为谈判的重点。

由于部分缔约方在第一承诺期之后还存在大量剩余的排放单位，这部分排放单位如何结转进入第二承诺期成为谈判的难点。对配额市场来说，第二承诺期各国减排目标提高，各国分配的排放总量降低，因此第二承诺期内的 AAU 要比第一承诺期“质量更高”，两者不满足一致性；对信用市场来说，随着各国采取减排行动，减排项目的基线排放量也应降低，因此第二承诺期内的 CER 和 EUR 要比第一承诺期更加严格，两者也不满足一致性。于是，第一承诺期剩余的排放单位不应该结转至第二承诺期内（至少不应该全部结转），否则将导致碳市场中排放单位泛滥、碳价下跌的后果。然而，俄罗斯、保加利亚等国由于在第一承诺期后存有大量富余的 AAU（谈判中又称“热空气”），日本、澳大利亚等国也有大量剩余的 CER，这些国家都不甘心将其浪费掉，谈判几乎陷入死局。

专栏 4-13　“热空气”

“热空气”（hot air）在气候谈判中特指经济转型国家（EIT）在《京都议定书》第一承诺期后的 AAU 盈余。苏联解体后，前社会主义国家经历了普遍的经济和工业衰退，这也导致了 EIT 在 1990 年后温室气体排放的大幅降低，并因此在 ETS 机制下获得了大量 AAU 盈余，即“热空气”。下图展示了俄罗斯和 12 个 EIT（EIT-12，不包括哈萨克斯坦的附件一 EIT）1990—2020 年温室气体排放情况和两个承诺期的 AAU①。EIT 一共产生了 113 亿 t 的“热空气”，其中俄罗斯产生了 65 亿 t。

欧盟等集团拒绝将第一承诺期的 AAU 盈余结转至第二承诺期供缔约方履约使用或出售。除了前文所说的两个承诺期减排目标不同导致的不一致，欧盟还认为这些“热空气”本身不是减排努力的产物，而只是经济衰退带来的后果，因此不具有额外性，放任“热空气”进入市场会扰乱市场秩序，打击各国采取真正减排行动的意愿。俄罗斯则认为 AAU 是国家的资产，取消“热空气”的结转和出售是对国家资产的侵犯。因此，“热空气”结转与出售资格成为多哈气候大会最大的争议之一。

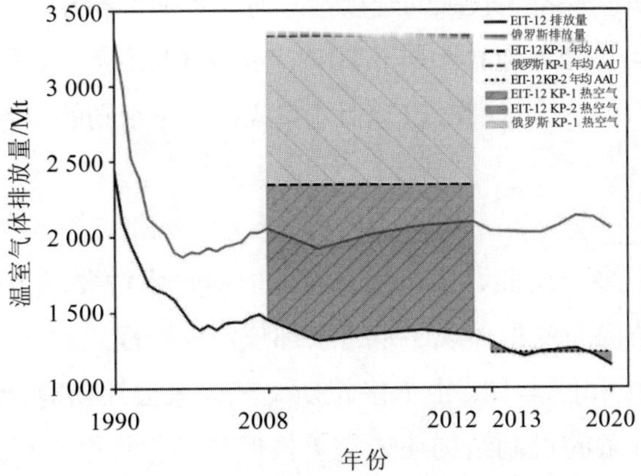

EIT-12 和俄罗斯的“热空气”

最终，《多哈修正案》对各方做出了尽量平衡的安排。第二承诺期规定，在第二承诺期承

① 整理自 https://di.unfccc.int/flex_cad2。

担量化减排或排放限额目标的缔约方应当在国家登记簿中单独建立"前期盈余储备账户"，记录第一承诺期盈余的各种排放单位。一方面，对于第二承诺期不再承担量化减排义务的缔约方（俄罗斯、日本、加拿大、新西兰），《多哈修正案》禁止了其盈余排放单位的结转；另一方面，对于第二承诺期继续承担量化减排责任的缔约方，盈余的 ERU 和 CER 可以结转到第二承诺期，但各自最多只能占该缔约方第一承诺期配额总量的 2.5%，而盈余的 AAU 可以全部结转。表 4-7 梳理了《多哈修正案》对于《京都议定书》下的市场机制的过渡方案。不过由于该修正案一直未生效，CDM 和 JI 陷入低潮，这个艰难谈成的复杂方案并未产生太多实际意义。

表 4-7 灵活履约机制的排放单位在第二承诺期的过渡方案

	AAU		CER 和 EUR	
	结转	出售	结转	出售
不再承担责任的缔约方	—	不可出售	—	不可出售
继续承担责任的缔约方	可全部结转	可部分出售，不能超过买方第一承诺期配额总量的 2%	可部分结转，不能超过自己第一承诺期配额总量的 2.5%	可部分出售，不能超过买方第一承诺期配额总量的 2%

《巴黎协定》阶段的核心是其第 6 条第 2 款和第 4 款。2010 年坎昆气候大会的 AWG-LCA 就提出了市场机制应该满足的条件：自愿参与、扩大减排范围、确保环境完整性、实现净减排量、帮助完成部分减排目标等。各方自 2011 年德班气候大会开始围绕"各种方法的框架"和"新市场机制"两项市场机制议题展开磋商，经过四年焦灼的谈判，这两个市场机制正式在《巴黎协定》第 6 条中提出，分别成为第 6.2 条"合作方法"和第 6.4 条机制（以下简称 SDM 机制）。后者与 CDM 机制保持了较强的延续性，而前者则为各方开展市场合作提供了更多选择。《巴黎协定》第 6 条实施细则原计划于 2018 年 CMA 1 谈完，然而由于各方分歧巨大，各方在 2021 年格拉斯哥气候大会（CMA 3）上才完成该实施细则的谈判[35-37]。

（三）机制结构

由于市场机制涉及多个层面、多个主体，同时对技术性要求很高，因此其机制结构非常复杂。市场机制的结构演变也体现了从《京都议定书》模式到《巴黎协定》模式的过渡，具体内容可参考图 4-11 和图 4-12。由于格拉斯哥气候大会还留有一些未决的内容，因此目前《巴黎协定》下第 6 条的机制结构还未完善，但是其整体框架已经成型。市场机制的结构可以分为国际层面、国内层面、项目执行实体层面和项目层面，而国际层面可分为核心的监督决策机构、负责具体实施的执行机构、记录和追踪运行信息的登记机构，以及相交叉的其他机制。机构之间履行程序的术语列在表 4-8 中。

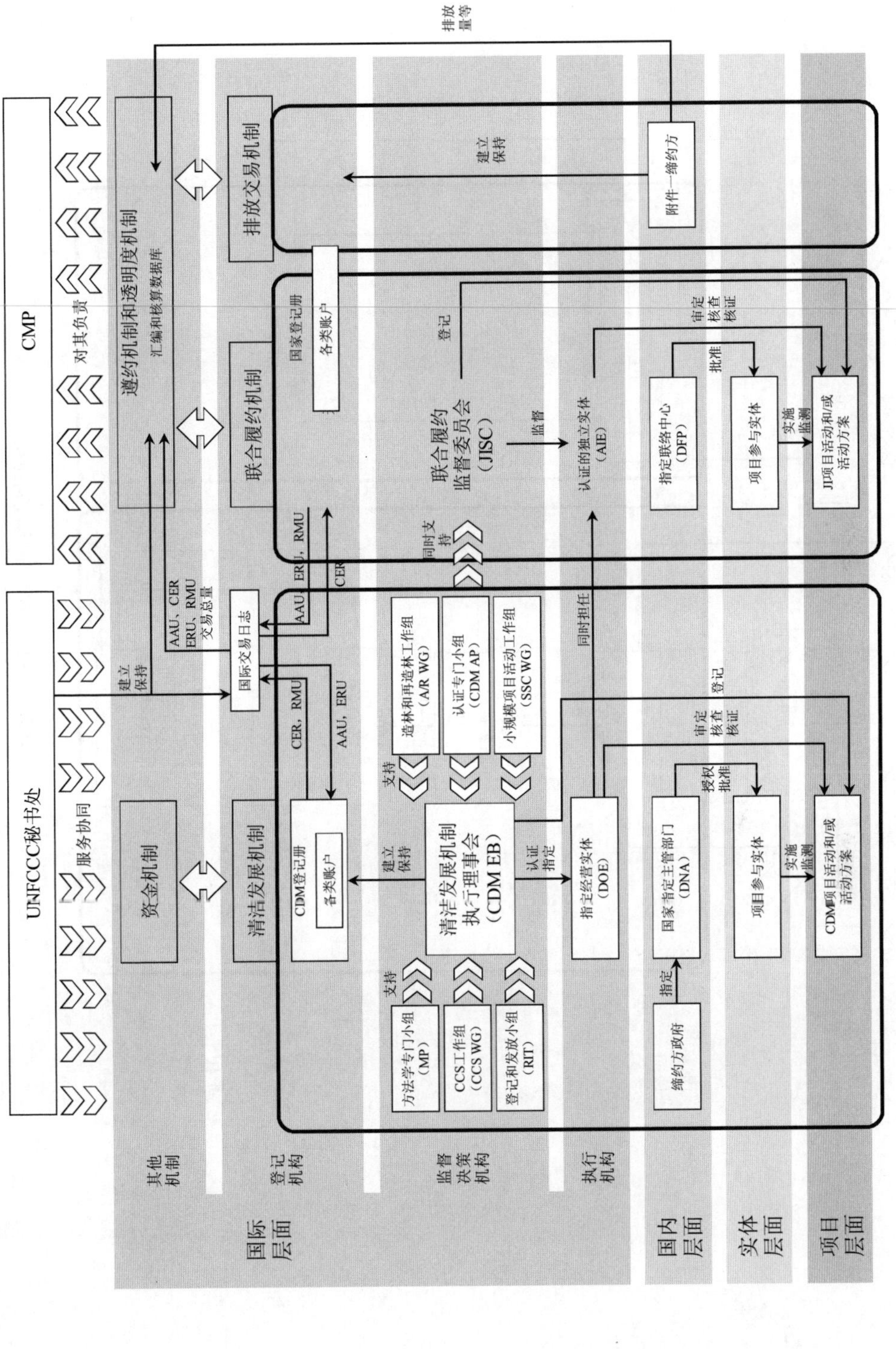

图 4-11　《京都议定书》市场机制结构

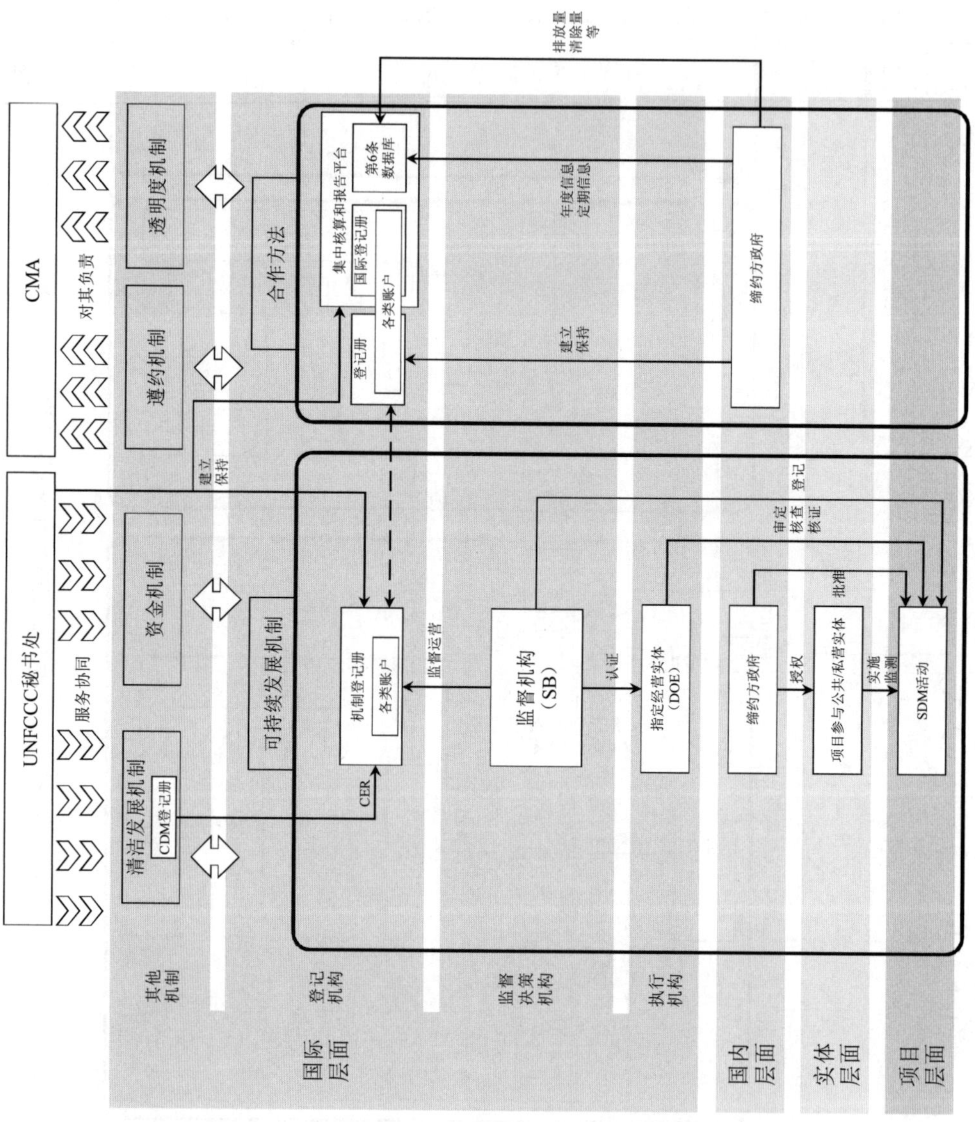

图 4-12 《巴黎协定》市场机制结构

表 4-8　CDM 操作过程术语[38]

术语	定义
认证（accreditation）	理事会正式承认一个实体具有按照 CDM 规则和要求履行其审定和（或）核查/核证职能的机构能力的过程
指定（designation）	一实体经认证后，理事会正式授权该实体履行审定和（或）核查/核证职能的过程
授权（authorization）	国家指定主管部门（DNA）书面授权某实体参与 CDM 项目的过程
批准（approval）	国家指定主管部门书面批准某实体自愿参与 CDM 项目的过程，包括东道国确认该项目可以协助实现可持续发展的过程
审定（validation）	指定经营实体（DOE）根据项目设计文件和/或活动方案设计文件，按照 CDM 规则和要求对 CDM 项目进行独立评估的过程
登记（registration）	指定经营实体审定了某一个拟议的 CDM 项目后（如适用），理事会正式接受其为 CDM 项目的过程
监测（monitoring）	• 对于非造林和再造林的项目：CDM 项目收集和归档用于确定基线、测量项目边界内温室气体人为源排放量和泄漏量（如可行）所需的所有数据。 • 对于造林和再造林的项目：CDM 项目收集和归档用于估算或测量汇的人为温室气体净清除量所需的所有数据
核查/核实（verification）	• 对于非造林和再造林的项目：指定经营实体对已登记、经监测的 CDM 项目产生的温室气体减排量进行定期独立评估和事后确定的过程。 • 对于造林和再造林的项目：指定经营实体对经监测的 CDM 项目实现人为温室气体汇的净清除量进行定期独立评估和事后确定的过程
核证（certification）	• 对于非造林和再造林的项目：指定经营实体的书面保证，即在规定的时间段内 CDM 项目实现了经核查的温室气体减排量。 • 对于造林和再造林的项目：指定经营实体的书面保证，即 CDM 项目自开始以来达到了经核查的人为温室气体汇的净清除量

* 表中的“CDM 项目”是“CDM 项目活动和活动方案”的简写。

1.《京都议定书》ETS 的结构

ETS 由于不涉及具体的项目实施和管理而较为简单。附件一缔约方建立并保持一个国家登记册，其中不仅记录缔约方参与 JI 的交易信息，同时也记录各附件一缔约方配额盈余的信息。作为遵约机制和透明度机制的重要基础设施，秘书处建立并保持一个汇编和核算数据库，该数据库记录各缔约方获得的 AAU 数量、温室气体排放量，并记录每年缔约方 AAU、CER、ERU 和 RMU 的交易数量，从而利于遵约机制评估缔约方是否履行其减排义务。

2.《京都议定书》CDM 的结构

CDM 的核心机构是执行委员会，它在六个附属的专门小组、小组和工作组的支持下监督 CDM 的平稳运行，并提供项目申请规则、基线设定方法学、减排量核算方法学等一系列技术文件。执行委员会将考核并认证某一第三方实体（企业、国际组织等）为指定经营实体（DOE），DOE 负责对 CDM 项目进行事前审定和事后核查，以确保该项目能够实现且确实实现了计划的减排量。当一个项目通过 DOE 的审定，它就可以在执行委员会处进行登记；当一个项目通过指定经营权限（DOA）的核查，它就可以获得 DOE 的书面核证。一个 CDM 项目有一个或多个参与实体（往往为企业），参与实体在实施项目活动之前需要获得国家指定主管部门（DNA，在我国为生态环境部应对气候变化司）的授权批准。执行委员会建立并运营 CDM 登记册，登记册下设置了各缔约方的相关账户以记录、追踪缔约方参与 CDM 的交易信息。其中，收益分成账户专门用来持有和转让收益分成中支付行政开支和帮助支付适应费用的部分 CER，它的收益成为适应基金的主要来源，也成为市场机制和适应机制联动的方式。

专栏 4-14　收益分成

收益分成是对市场机制产生的碳信用征收的税费。在《京都议定书》的市场机制下，CER 交易的收益分成被分为两部分，一部分用作 CDM 执行委员会的行政开支，另一部分充入适应基金以支持最易受影响的发展中国家的适应活动。这两部分收益分成的方式也不相同：用于行政开支的部分是对发放的 CER 直接征税，低于 15 000 t 的部分为 0.1 美元/t，超出 15 000 t 的部分为 0.2 美元/t，买家支付这一部分费用；用于适应行动的部分则是采用间接的方法，即 CDM 执行委员会发放的 CER 中的 2%被划拨进入收益分成账户，这一账户由世界银行受托管理，通过出售 CER 将其转化为资金收益。2012 年，《〈京都议定书〉多哈修正案》将收益分成的范围扩展到 AAU、RMU 和 ERU 的交易中[39]。

3.《京都议定书》JI 的结构

JI 的整体框架与 CDM 几乎完全一致，其核心机构是联合履约监督委员会。由于 JI 和 CDM 项目的基线设定原理几乎相同，因此为了避免重复劳动，CDM 下的认证专门小组（CDM AP）同时也承担了 JI 下的认证支持工作。同样地，CDM 下的 DOE 也承担了 JI 下相同的认证工作，只不过联合履约监督委员会保有否决 DOA 认证结果的权利。联合履约监督委员会为附件一缔约方建立并保持国家登记册，其下设立的各个账户用来记录并追踪缔约方参与 JI 的交易信息。其中，前期盈余储备账户是 2012 年多哈气候大会后新设立的，负责第一承诺期内的 ERU 向第二承诺期结转的事宜。《公约》秘书处建立并保持了国际交易日志（ITL），起到了记录 CDM 登记册和国家登记册之间不同 ERU 交易信息的作用。

4.《巴黎协定》合作方法的结构

各国参与合作方法需要履行的程序有报告、审评、记录和跟踪。报告包括三部分：初始报告、年度信息和常规信息。初始报告是在缔约方授权第一份“可转让的减缓成果”（Internationally Transferred Mitigation Outcomes，ITMO）之前，或者在 NDC 执行期与下一份两年期透明度报告（BTR）一起提交，主要是介绍该国对参与合作方法的准备情况；年度信息是报告一年内该国授权、转让、使用、获取、持有、注销 ITMO 的情况；常规信息是一个阶段性的汇总和更新，作为双年期透明度报告的附件提交。审评工作将由第 6 条特设技术专家组（TEG）完成，内容为参加方提交的初始报告和常规信息，形式为书面材料审评或集中审评，目的是向参加方提出建议以改进报告与指南和其他相关决定间的一致性（包括处理常规信息和年度信息中的量化信息不一致的问题）。为了有效记录合作方法的活动，各缔约方可以选择自己建立（国家）登记册并开设账户，或者在秘书处建立的国际登记册下开设账户以跟踪交易的数据，其中国际登记册应与 SDM 的机制登记册相通。为了提升合作方法的透明度，秘书处设立第 6 条数据库（Article 6 Database），通过独特的识别符识别 ITMO，从而记录各方的相应调整、排放余额及 ITMO 交易情况，查明信息间不一致的情况并通知参与方。秘书处还建立并维护一个集中核算和报告平台（centralized accounting and reporting platform），公布各方提交的报告，并提取其中关于合作方法和 ITMO 的非保密信息。国际登记册和第 6 条数据库都是该平台的组成元素。

5.《巴黎协定》SDM 的结构

SDM 基本继承了 CDM 的结构，其核心监督职能由新设立的监督机构所承担，交易信息职能由机制登记册（mechanism registry）所承担。监督机构的职能包括确定运行机制所需的要求和程序、认证 DOE、通过各种方式支持机制实施工作，以及向 CMA 提交报告。其中，监督机构具有制定和（或）批准 SDM 项目标准化基线的职能。秘书处在监督机构的监督下建立并维护运营机制登记册，其下设置了各缔约方和公私实体的相关账户，以记录、追踪缔约方参与 SDM 的交易信息，登记册管理人负责 A6.4ER 的发放。尤其是原来的 CDM 登记册中的 CER 可有条件地转入机制登记册中，并用来落实首次 NDC 目标。在活动执行层面上，东道国缔约方需对参与活动的公私实体（活动参与方）提供授权，并对活动提供批准。除此以外，经监督机构认证的 DOE 还需要对活动进行审定，审定通过的活动才可在监督机构登记。活动参与方须对活动实现的减排量进行监测，DOE 对监测结果进行核实和核证后方可向监督机构提出发放 A6.4ER 的申请。表 4-9 列出了减排单位的操作术语。

表 4-9 减排单位的操作术语①

术语	定义
发放（issue）	• CDM 机制：CER 的发放。在理事会的指示下，CDM 登记册管理人向登记册的暂存账户中下发某一 CDM 项目规定数量的 CER、lCER 或 tCER 的过程，以便随后按照规则和要求进一步分配至项目参与方的账户。 • JI 机制：ERU 的发放。在附件一缔约方的指示下，国家登记册将其中某一账户内指定的 AAU 或 RMU 转出并转换成 ERU 的过程
转出（remove from）	见“发放”
转换（convert into）	见“发放”
持有（hold）	缔约方对可用来履约的 ERU、CER、AAU 和 RMU 保持所有权的过程
转让（transfer）	在缔约方指示下，将 ERU、CER、AAU 和 RMU 在不同国家登记册或同一国家登记册的账户之间转移的过程
获取（acquire）	缔约方接受被转让到自己国家登记册中账户的 ERU、CER、AAU 和 RMU 的过程
注销（cancel）	缔约方将与《京都议定书》第 3 条第 3 款（LULUCF）和第 4 款（AFOLU 等碳贮存）相关的 ERU、CER、AAU 和 RMU 转入其国家登记册中的注销账户的过程，使之不能再用于履行《京都议定书》之下的减排承诺
留存（retire）	上一承诺期结束履约后，若缔约方还剩余部分 ERU、CER、AAU 和 RMU 未使用且不满足结转条件，就将它们转让到留存账户的过程，使之不能再用于履行《京都议定书》下一个承诺期的减排承诺
替换（replace）	缔约方将过期失效的 tCER 或 lCER 注销，并将 ERU、CER、AAU、RMU 或新 tCER/lCER 转入替换账户中进行替代的过程
结转（carry-over）	满足一定条件下，缔约方将上一承诺期未使用、未注销、未留存的 AAU、CER 或 EUR 延续到下一个承诺期中的过程（RMU 不可被结转）
授权（authorize）	东道国缔约方向监督机构提交一份声明，同意该项活动发放的 A6.4ER 用于实现 NDC 和（或）第 2/CMA.3 号决定中定义的其他国际减缓目的

（四）合作方法（6.2 条）

《巴黎协定》第 6 条第 2 款提出了合作方法的机制。合作方法的目的是缔约方使用 ITMO 帮助完成 NDC。合作方法以多种形式开展，其中可能包括一个覆盖各国 NDC 的 ETS。第 2 款和第 3 款分别提出了合作方法需要满足的要求：环境完整性、透明度、避免双重核算、自愿且得到参加的缔约方的允许。以下将解读 CMA 3 通过的合作方法指南的内容[40]。

1. ITMO

合作方法是一个市场，ITMO 就是这个市场中的商品，因此是合作方法最重要的元素。

① 上述市场机制均涉及大量对减排量单位（AAU、ERU、CER、tCER、lCER、RMU）的操作。这一部分内容过于细节和微观，且不影响读者把握整体机制运行的逻辑，因此不再赘述。有兴趣的读者可以参考第 2/CMP.1、3/CMP.1、5/CMP.1、6/CMP.1、9/CMP.1、11/CMP.1 号决定的相关内容。

CMA 3 通过的合作方法指南对 ITMO 提出了一系列要求，见表 4-10。

表 4-10　2/CMA.3 通过的 ITMO 的相关要求

	ITMO 的要求
特点	真实的、经核准的、额外的
定义	国际转让的排放减少或清除，包括通过适应行动和/或经济多样化计划/行动带来的减缓协同效益
单位	t CO_2eq，或非温室气体单位
时间框架	2021 年后
来源示例	• 合作方法中用来实现国家 NDC 的减排指标； • SDM 中授权的减排成果
用途示例	• 实现国家 NDC 的减排指标； • 实现其他机制（如 CORSIA）下非国家 NDC 的国际减排成果

如前文所述，ITMO 的本质是各方产生的减排成果。缔约方通过采取减缓行动产生了减排效益，或者通过适应行动和经济多样化计划/行动产生了减排协同效益，这些效益具体可以表现为排放减少、排放清除或其他形式。前两者可以统一通过 t CO_2eq 度量，而其他形式的效益可以通过非温室气体单位来度量，如可再生能源增加的减排效益就可以通过装机量（MW）来进行度量。发达国家希望能够通过一定的折算方法，将其他形式的减缓效益也统一用 t CO_2eq 度量，但是多数发展中国家坚持允许不同形式的 ITMO，最终发展中国家的立场被规则手册采用。ITMO 设计的逻辑框架如图 4-13 所示。

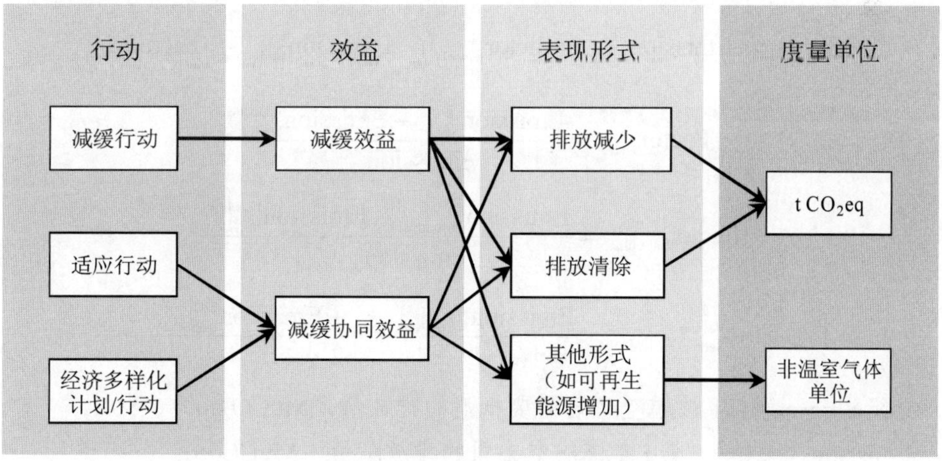

图 4-13　ITMOs 设计的逻辑框架

ITMO 的来源包括合作方法中用来实现国家 NDC 的排放配额，以及 SDM 中授权的减排成果等（下一节提到的 A6.4ERs）。ITMO 最重要的来源就是 NDC 的排放指标，这也是设计合作方法的初衷。ITMO 可以被买方用于实现自己国家的 NDC，或者实现其他国际减缓目的（如 CORSIA）。

专栏 4-15 《公约》外的减排机制

- 国际航空业碳抵消与削减机制

国际航空业碳抵消与削减机制（CORSIA）是国际民用航空组织（ICAO）建立的用于减少国际航空业温室气体排放的机制。CORSIA 计划的实施分为试验阶段（2021—2023 年）、第一阶段（2024—2026 年）和第二阶段（2027—2035 年），参与国家范围不断扩大。参与 CORSIA 的主体是各个航空公司，每个主体的排放量核算范围是该公司所有起点和终点都是 CORSIA 参与国的航班的排放量[41]。

CORSIA 是一个特殊的基于抵消机制的信用市场，它在每年结束之后核算并分摊给各个航空公司以一定的该年需要抵消的排放量，各航空公司再通过各种减排项目（如使用 CORSIA 合格燃料、CDM 项目等）获得碳信用对此进行抵消。CORSIA 机制给每个航空公司规定的需要抵消量的方法是“自下而上”的，它由两部分组成：一部分是它本年的排放总量乘以航空业的增长因子，另一部分是它本年的排放总量乘以该公司的个体增长因子，两部分加权相加得到总量[42]。本质上来说，抵消量体现的是实际排放量和历史基准量之间的差值，只不过这个差值经过了加权调整，其计算公式如下：

$$\mathrm{Offset}^{i}=\alpha\cdot\mathrm{Emission}^{i}_{\mathrm{Individual}}\cdot\mathrm{actor}^{i}_{\mathrm{Sector}}+\beta\cdot\mathrm{Emission}^{i}_{\mathrm{Individual}}\cdot\mathrm{Factor}^{i}_{\mathrm{Individual}}$$

其中：

$$\mathrm{Factor}^{i}_{\mathrm{Sector}}=\frac{\mathrm{Emission}^{i}_{\mathrm{Sector}}-\mathrm{Emission}^{\mathrm{baseline}}_{\mathrm{Sector}}}{\mathrm{Emission}^{i}_{\mathrm{Sector}}}$$

$$\mathrm{Factor}^{i}_{\mathrm{Individual}}=\frac{\mathrm{Emission}^{i}_{\mathrm{Individual}}-\mathrm{Emission}^{\mathrm{baseline}}_{\mathrm{Individual}}}{\mathrm{Emission}^{i}_{\mathrm{Individual}}}$$

$$\mathrm{Emission}^{\mathrm{baseline}}_{\mathrm{Sector/Individual}}=\frac{\mathrm{Emission}^{2019}_{\mathrm{Sector/Individual}}+\mathrm{Emission}^{2020}_{\mathrm{Sector/Individual}}}{2}$$

式中：Offset^{i}——第 i 年该航空公司需要抵消的排放量，Mt CO_2eq；

$\mathrm{Emission}^{i}_{\mathrm{Individual}}$——第 i 年该航空公司的排放总量，Mt CO_2eq；

$\mathrm{Emission}^{i}_{\mathrm{Sector}}$——第 i 年行业的排放总量，Mt CO_2eq；

$\mathrm{Factor}^{i}_{\mathrm{Sector}}$——第 i 年行业增长因子；

$\mathrm{Factor}^{i}_{\mathrm{Individual}}$——第 i 年该航空公司的个体增长因子；

$Emission_{Sector/Individual}^{baseline}$——行业/个体的基线排放量，为2019年和2020年均值；

α, β——行业权重和个体权重，$\alpha+\beta=100\%$，2029年前$\alpha=100\%$，2032年前$\alpha\leqslant 80\%$，2035年前$\alpha\leqslant 30\%$，2036年后$\alpha=0$。

- 船舶能效设计指数体系

船舶能效设计指数（EEDI）体系是国际海事组织（IMO）建立的用于减少国际海运温室气体排放的机制。该机制是基于行政命令的能效管理机制（而非市场机制）。该机制要求从2013年1月1日开始，新造船舶所达到的EEDI不得超过既定基准值；之后，从2015年、2020年和2025年开始该限值分三个阶段折减，折减率分别为10%、20%和30%（部分船型有例外）。IMO的议程中曾经讨论过建立基于市场的减排机制，然而由于各方分歧较大被搁置[43]。

2．相应调整

相应调整（corresponding adjustment）是合作方法里非常重要的规则，它一方面保护了NDC气候目标的透明、精确、完整、可比和一致，另一方面确保了市场机制的环境完整性，其宗旨就是确保一个减排指标（ITMO）不能既算入转让国的NDC，又算入使用国的NDC。相应调整的主要对象是缔约方的温室气体排放清单，即在实际的温室气体排放上扣除使用的ITMO数量，或者加上首次转让出的ITMO数量，以实现排放平衡①。对于非"t CO_2eq"计量的指标，相应调整的对象就是该指标对应的清单。对于单年期NDC目标，合作方法指南规定了平均法和历年法两种相应调整的方法。

专栏4-16　合作方法单年期NDC目标相应调整规则说明[44]

假设A国的NDC减缓目标为单年期目标：2030年温室气体排放不超过2 270 Mt CO_2eq。2021—2030年A国实际排放量和ITMO使用量分别列于下表。

2021—2030年A国实际排放量与ITMO使用量　　单位：Mt CO_2eq

	2021年	2022年	2023年	2024年	2025年	2026年	2027年	2028年	2029年	2030年
实际排放量	1 350	1 818	2 077	2 337	2 805	2 909	2 909	2 789	2 700	2 547
ITMO使用量	313	520	521	518	469	508	441	386	362	275

① 值得注意的是，《巴黎协定》里转让的排放是调整在各国的排放清单上，而《京都议定书》里转让的排放是调整在配额总量上。举例来说，A国转让出了1 t的排放量，《京都议定书》下体现为被分配的配额减少了1 t，《巴黎协定》下体现为自身的排放量增加了1 t。

方法一：历年法。该方法是为 NDC 执行期规定符合执行和实现 NDC 的指示性多年期排放轨迹、多轨迹或预算，并对 NDC 执行期内每年首次转让和使用的 ITMO 总量适用年度进行相应调整。本例中的操作过程如下（以指示性多年期排放轨迹为例）：首先，根据 2030 年单年期目标规定 2021—2030 年符合执行和实现 NDC 的指示性多年期排放轨迹，结果见下表（具体方法留待后续各届会议进行设计，表中数据仅为示意）；其次，根据每年首次转让和使用的 ITMO 对每年的实际排放量进行相应调整；最后，比较 NDC 指示性多年期排放轨迹每年的目标和调整后的实际排放量，判断每年是否履约。

2021—2030 年 A 国相应调整与履约核算 单位：Mt CO_2eq

	2021 年	2022 年	2023 年	2024 年	2025 年	2026 年	2027 年	2028 年	2029 年	2030 年
指示性多年期排放轨迹	1 350	1 442	1 534	1 626	1 718	1 810	1 902	1 994	2 086	2 270
历年法调整后排放	1 037	1 298	1 556	1 819	2 336	2 401	2 468	2 403	2 338	2 272
平均法调整后排放	919	1 387	1 646	1 906	2 374	2 478	2 478	2 358	2 269	2 116
历年法是否履约	是	是	否	否	否	否	否	否	否	否
平均法是否履约	—	—	—	—	—	—	—	—	—	是

方法二：平均法。该方法用以计算整个 NDC 执行期中首次转让和使用的 ITMO 年平均数量，具体是用 ITMO 的累计数量除以 NDC 执行期覆盖的年数，得到 ITMO 平均数量，并在每年对适用的 ITMO 平均数量进行相应调整。本例中的操作过程如下：首先，计算 2021—2030 年平均每年 ITMO 使用量（431 Mt CO_2eq）；其次，根据平均使用的 ITMO 数量对每年的实际排放进行调整；最后，比较 NDC 年份（2030 年）的目标和调整后的实际排放，判断当年是否履约。

原理可参考下图。从结果来看，使用历年法时，除了前两年实现了履约，其他年份都没能达到履约要求；使用平均法时，2030 年 A 国调整后的排放量为 2 116 Mt CO_2，达到了 NDC 的目标。因此，不同方法的选择也将影响各国的履约情况。

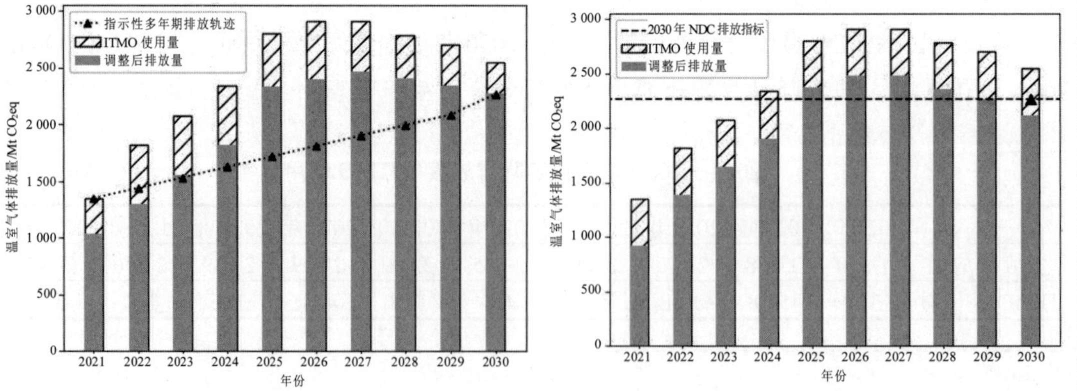

（a）历年法 （b）平均法

单年期目标相应调整示意图

多年期 NDC 减缓目标的调整就简单很多，只需在多年期实际总排放量中扣除购买使用的 ITMO 总量，就得到了调整后的总排放量。用调整后的总排放量与多年期目标（碳预算）进行比较就可以判断该国是否完成了 NDC 减缓目标。

专栏 4-17　何为 NDC 范围外的 ITMO？[45,46]

下图展示了某国单一年的排放清单，并假设该国的 NDC 减缓目标只覆盖了能源部门。NDC 范围内的 ITMO 很容易理解，就是能源部门的目标排放和实际排放之差，即 10 亿 t。对于 NDC 范围以外的部门（以 LULUCF 为例），由于该部门没有总量目标，因此无法产生作为配额的 ITMO，因此其只能产生作为信用的 ITMO。假设有一个 LULUCF 的减排项目参加了 SDM，它的实际排放量比基线排放量少 0.02 亿 t，这就是 NDC 范围外的 ITMO。

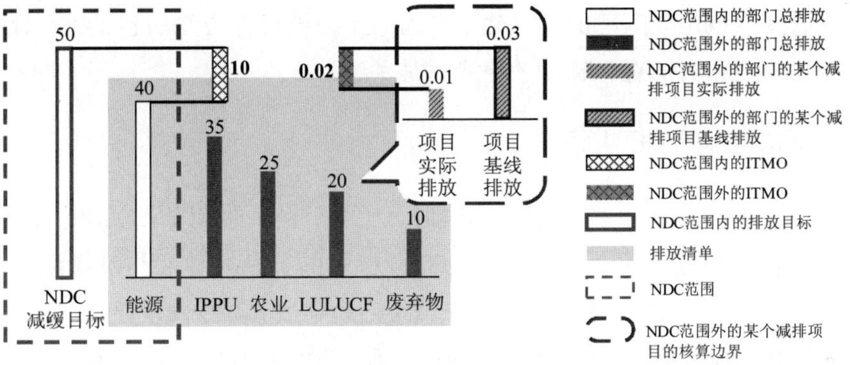

NDC 范围内和范围外的 ITMO 示意图（单位：亿 t CO_2eq）

2/CMA.3 第 13、14 段已经确定，无论是 NDC 范围内还是范围外的 ITMO 都要进行相应调整，即 ITMO 首次转让后，NDC 范围内的排放清单都会加上这部分的量。当然，如果该国的能源部门也有某个减排项目参与了 SDM 并产生了减排量，那这部分就属于 NDC 范围内的 ITMO（不过不是以配额形式而是以信用形式）。这样的 ITMO 自然也可以参与合作方法，相应调整的规则也相同，图中未特意标出。

目前的合作方法指南基本解决了合作方法的实施细则问题，但是还有若干遗留问题需要往后的 CMA 各届会议进行探讨。除了报告、审评和基础设施完善这三个技术问题，缔约方还将就以下三个问题进行讨论[47]。

一是最不发达国家和小岛屿发展中国家的特殊情况。适用于这些国家的灵活性需要在合作方法开始实施之前确定，其中包括报告的时间框架、报告格式简化、获取国际登记册的免费权限、对国家安排的支持、项目周期设计、项目周期花费（如登记费和收益分成）、项目安排“快速通道”等。

二是相应调整的进一步说明。相应调整是确保环境完整性的关键步骤，现有合作方法指南只是规定了其原则性内容，而为了切实避免双重核算问题，其实施细节还需完善。待完善内容的核心是单年期和多年期 NDC，包括指示性多年期排放轨迹、多轨迹和预算三种核算方法的关系，如何选择使用哪一种核算方法，相应调整与收益分成（SOP）和全球排放总体减缓（OMGE）的关联，选择相应调整核算方式时如何避免雄心的倒退/如何促进雄心，ITMO 发放方和使用方之间的时间间隔如何影响报告。

三是排放避免（emission avoidance）是否符合 ITMO 定义、是否可以参与合作方法。目前 ITMO 的范围只包括排放减少和排放清除，未包括排放避免。有缔约方认为排放避免（如阻止人为毁林）是比排放减少和排放清除更重要的减缓形式，因此有必要被包括在合作方法下。其他缔约方则认为，目前《公约》和 IPCC 下都没有排放避免的定义，排放避免也不在排放减少或排放清除的定义之下，因此不应被合作方法所包括。相比阻止人为毁林，关注森林养护和增加森林碳库才更应该被关注。

（五）SDM 机制（6.4 条）

《巴黎协定》第 6 条第 4 款要求 SDM 能够达到 4 个方面的效果：①促进减缓温室气体排放，同时促进可持续发展；②促进缔约方授权下的公私实体参与减缓温室气体排放；③促进东道国缔约方降低排放水平，以便从减缓活动导致的减排中受益，这也可以被另一缔约方用来履行其 NDC；④实现全球总体减排。第 5 款特别强调了该机制的原则：避免双重核算，即一份减排量不能既算入买方的 NDC 又算入卖方的 NDC。在管理上，第 4 款授权 CMA 指定一个监督机构，以监督该机制的运行。这个监督机构类似于 CDM 下执行委员会的定位；第 6 款提出了收益分成方案，即部分收益用于行政开支，部分收益用于支持最不发达国家的适应行动。下文将解读 CMA 3 通过的 SDM 规则、模式和程序的重要内容[48]。

1. 活动基线制定原则

基线排放水平是确保 SDM 活动具有额外性的关键要素，它可以应东道国缔约方的要求由监督机构制定，也可以由东道国缔约方制定并经监督机构批准。表 4-11 对比了 CDM 和 SDM 规则、模式和程序里对于基线排放的内容。总体来说，SDM 对基线的要求更严格、更保守。首先，从对额外性的定义来看，CDM 仅从原则上要求项目排放低于正常情况，而 SDM 则提出了更多约束，即该项目本身是没有足够经济激励的，是在国家政策法规和法律要求之外的，且要保守考虑碳锁定效应，因此是真正“额外的”。其次，从基准线要求来看，CDM 主要的要求是核算稳健性，而 SDM 在此基础上更强调有效性，即促进雄心、避免泄漏、保守计算、低于“一切照旧”（BAU）情景。最后，从制定方法来看，SDM沿袭了CDM的三种视角，但是整体更加严格。

表4-11　CDM和SDM中基准线制定的内容对比（CMP 1和CMA 3）

<table>
<tr><th></th><th>CDM</th><th>SDM</th></tr>
<tr><td>额外性内涵</td><td>减排活动导致温室气体人为源排放量低于不开展所登记的该活动情况下会出现的水平</td><td>减排活动在没有该机制的激励下不会发生，且
• 考虑到所有相关国家政策和法规；
• 代表所有法律法规要求的减排量以外的减排量；
• 采取保守方法避免高碳锁定效应水平</td></tr>
<tr><td>要求</td><td>• 提高一致性、透明度和可预测性；
• 真实性、可计量；
• 考虑到相关国家和/或部门的政策和情况，如部门改革行动、当地燃料供应情况、动力部门扩展计划和项目部门的经济形势确定</td><td>• 鼓励长期减排雄心；
• 鼓励广泛参与；
• 真实性；
• 透明性；
• 保守性；
• 可信；
• 低于BAU情景；
• 避免泄漏；
• 促进缔约方之间减缓收益的公平分享；
• 符合NDC、长期低碳发展战略、《巴黎协定》长期目标</td></tr>
<tr><td rowspan="6">方法</td><td colspan="2">基于现实/历史的方法（基于平均水平的方法）</td></tr>
<tr><td>基线设定为相关的现有实际排放量或历史排放量</td><td>基线设定需要向下调整，以满足额外性要求</td></tr>
<tr><td colspan="2">基于标杆的方法（基于标杆水平的方法）</td></tr>
<tr><td>过去五年在类似社会、经济、环境和技术状况下开展的其绩效在同一类别位居前20%的类似项目活动的平均排放量</td><td>基线至少设定为在类似的社会、经济、环境和技术环境下，在规定范围内提供类似产出和服务的最佳可比活动的平均排放水平</td></tr>
<tr><td colspan="2">基于表现的方法（基于最佳技术水平的方法）</td></tr>
<tr><td>基线设定为在考虑到投资障碍的情况下，一种代表有经济吸引力的行动方针的技术所产生的排放量</td><td>基线设定为应用最佳可行技术的行动方针时所产生的排放水平，且该技术是经济可行和环境友好的</td></tr>
</table>

基线制定方法有三种视角：基于平均水平、基于标杆水平和基于最佳技术水平[①]。以可再生能源发电并网CDM项目为例，基线具体指“度电碳排放强度”[kgCO_2/（kW·h）]。平均水平就是指当年全国所有经济可行的机组的平均供电排放强度，即并网发电的组合边际CO_2排放因子。标杆水平就是指当年全国所有经济可行的机组中绩效前20%的机组的平均供电碳排放[②]。最佳技术水平就是指在经济可行的情况下，最为环境友好的技术组合所

① 第3/CMA.3号决定里将这三种方法命名为基于现实/历史的、基于标杆的和基于表现的。

② CDM给出的是前20%的比例，SDM只是笼统地描述为“相似环境下最佳表现的可比活动”。

产生的排放因子，即经济可行下的最低排放因子。从定义不难看出，平均水平高于标杆水平高于最佳技术水平。SDM 分别对这三种制定方法增加了约束：对于平均水平，需要适当下调现存的实际值以满足基线要求；对于标杆水平，其只是一个“至少”的情况，因此也有可能在实际规则中进一步收紧；对于最佳技术水平，CDM 只要求使用的基准技术是经济可行的，而 SDM 则更进一步要求该基准技术也是环境友好的，也就是说 SDM 将不再对已成熟的低碳项目提供激励。

除了方法选择的视角，基线设定还有一个维度需要考虑，那就是发展的情景：是 BAU 情景，还是 NDC 情景？举例来说，如果 A 国 2030 年的平均供电排放强度为 0.7 kg CO_2/（kW·h），而根据其 NDC 目标应该已经下降至 0.5 kg CO_2/（kW·h），那应该选用哪一个作为平均水平方法下的基线水平呢？额外性应该是相对于实然的还是相对于应然的[①]？在 CMA 3 的案文中，支持各方的表述都存在。例如，第 33 段“机制方法学应……符合各自 NDC，如适当时应符合长期低碳发展战略、《巴黎协定》长期目标”指出应该考虑 NDC 情景，第 38 段对额外性的定义也指出要与第 33 段保持一致；然而基线制定的三种视角里都回避了 NDC 的使用。因此，从目前各方妥协得到的案文来看，NDC 情景和 BAU 情景都可以从中找到依据，两者的争论将延续到 SDM 下各个具体项目方法学制定的过程中。

图 4-14 展示了基线设定中三种方法视角和两种情景对应的结果。从目前的结论来看，基线是需要反映 NDC 情景的：虽然基线设定的三种方法本身并未提及 NDC 情景，但是明确提出基线要比现实更加严格，且要求未来各届会议应讨论如何让基线能够反映 NDC 情景。

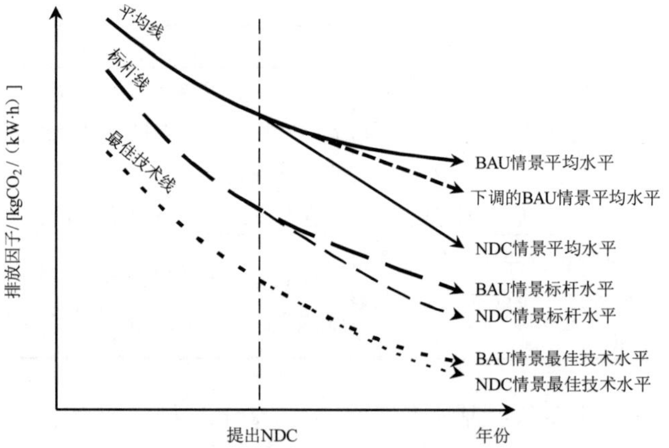

图 4-14　可能作为基线排放情景的几种参考情景（以可再生能源发电并网项目为例）

基线设定的争论也反映出《巴黎协定》下市场机制的一个发展趋势，即配额市场和信用市场的统一。《京都议定书》时期两者具有显著区别的根本原因在于发展中国家没有总量目标，因此基线设定采取 BAU 情景，且只能停留在项目层面。然而，《巴黎协定》下各

① 对于标杆水平和最佳技术水平也分别存在两种情景，不过此时两种情景下的数值相差不大。

国都将设定自己的减排指标，且该目标的覆盖范围将逐渐扩大。如果有朝一日所有国家的所有部门都被纳入各自NDC中，那么配额市场和信用市场都将以统一的NDC情景为基线，只是前者为基于总量的宏观形式，后者为基于项目的微观形式。信用市场产生减排量转移就仅成了配额市场减排量转移的一种方式，但二者的数值将是相等的。

2. CDM向SDM过渡的问题

CDM和SDM方法学并不一致，那原来的CDM项目能否作为SDM项目继续进行呢？原来的减排量CER能否用来履约NDC目标呢？对于第一个问题，第3/CMA.3号决定允许现有CDM项目可以有条件地过渡为SDM项目。从规则上看，项目管理需遵守SDM的规则、模式和程序，包括相应调整的规定；从方法上看，这一入计期（crediting period）结束前或2025年12月31日前（以较早者为准）可仍使用原来的方法学，在此之后需使用SDM项目的方法学（但是在新方法学下原项目不一定还能继续被认证为低碳项目）。对于第二个问题，SDM有条件地允许2013年之后的CER用于第一次NDC的履约，且东道国缔约方不需要进行相应调整。用于履约时，CER需要被注册为“2021年前减排”，且tCER和lCER不可用于履约。

图4-15展示了历年CDM项目数量和减排量的变化情况①，其中2013年之后的项目数量和发放减排量分别只占总量的9%和8%，因此这一安排基本上将发展中国家剩余的CER“一笔勾销”。作为妥协，CDM的东道国可以不用对CER的使用采取相应调整，也不需要按照SDM的要求上缴收益分成。对于中国来说，能够用来履行第一次NDC的2013年后的CER只有13 Mt CO_2eq，而不能用来履约的2013年前的CER有583 Mt CO_2eq。因此，这一安排从效果上看对我国影响较大。

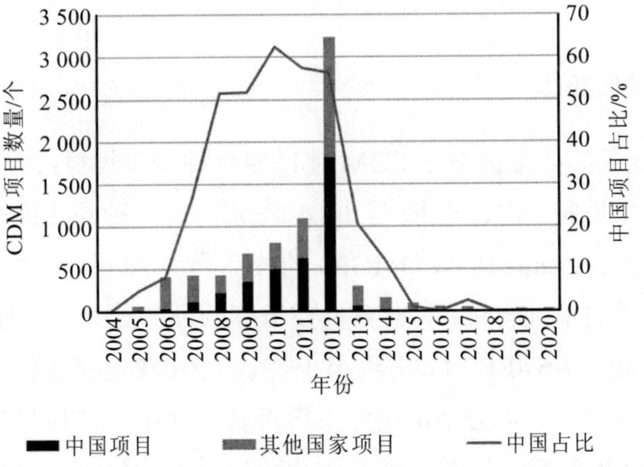

（a）项目数量及占比

① 整理自 https://cdm.unfccc.int/Projects/projsearch.html。

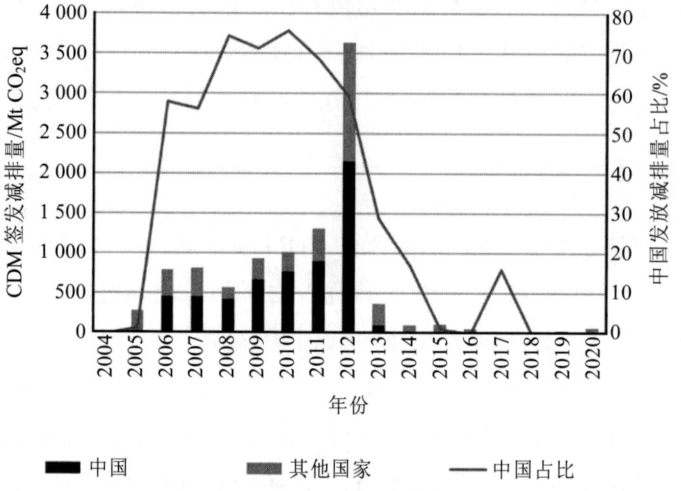

（b）发放减排量及占比

图 4-15　CDM 历年项目数量和减排量变化情况

3. 收益分成

SDM 项目将通过三种渠道支持最易受影响的发展中国家的适应行动：①按发放 A6.4ER 数量的 5%提取；②与 SDM 活动的规模或 A6.4ER 发放数量相关的货币捐赠（数额由监督机构来确定）；③项目可自负盈亏后来自剩余资金的定期贡献（数额由 CMA 未来决定）。除此以外，用于行政开支的收益分成应设定在一定的货币化金额水平上，将在未来由 CMA 决定具体比率。

4. 全球排放的全面减缓

《巴黎协定》第 6 条第 4 款区分了 SDM 项目的两种减排收益：一种是东道国产生的、可以被另一缔约方用来履行 NDC 的收益［6.4（c)］，另一种是实现全球排放的全面减缓（overall mitigation in global emissions，OMGE）的收益［6.4（d)］。在这一指导原则下，SDM 不能仅仅实现全球减排的单纯转移，其自身也要贡献额外的减排。规则手册采取的方法是，机制登记册管理员在发放 A6.4ER 时，需将至少 2%的 A6.4ER 强制转入机制登记册下的全面减缓注销账户予以注销，该部分 A6.4ER 不得再转让或用于任何目的，且东道国需相应调整全部发放的 A6.4ER 的量；同时，缔约方也可以自愿注销部分 A6.4ER 来进一步实现全面减缓（图 4-16）。

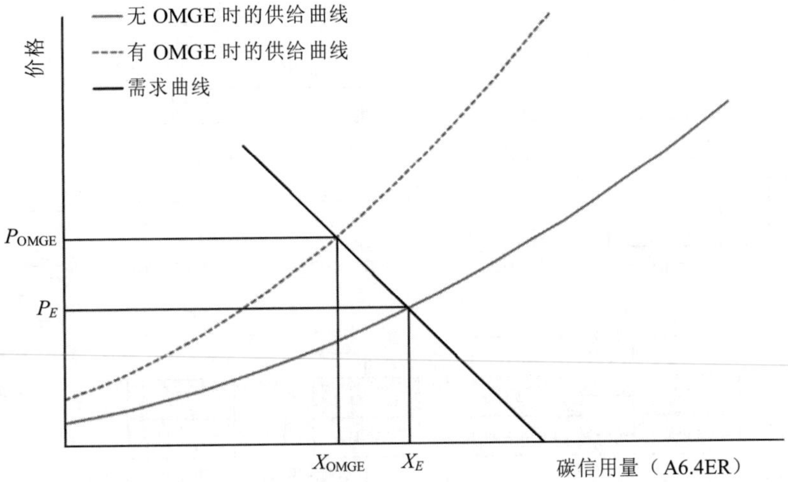

注：OMGE 减少了市场上 A6.4ER 的供给，供给曲线左移，从而导致 A6.4ER 交易量降低、价格升高。如果需求弹性很小（需求曲线更“陡峭”），那 OMGE 对交易量的影响将降低，对价格的影响将增加，这将给项目方开展 SDM 活动以更强的经济激励，从而有助于 SDM 机制的发展[49]。

图 4-16　全球排放全面减缓的效果

图 4-17 显示了 SDM 的可能运行模式。由于诸多技术细节还未确定，因此仅作参考。假设东道国开发的 SDM 项目产生了 100 t CO_2eq 减排量，机制登记册管理人发放了 100 t A6.4ER，其中 5%（5 t）初次转入适应基金账户，至少 2%（2 t）初次转入全面减缓注销账户，剩余 93 t 初次转入东道国的账户。在这一过程中，东道国需要对转入适应基金和全面减缓账户的 7 t 进行相应调整①，同时为发放的 100 t A6.4ER 支付 10 美元收益分成用于行政开支（这里假设延续 CDM 下的规则，行政收益分成为 0.1 美元/t 发放量）。假设此时碳价为 50 美元/t，购入国购买 93 t A6.4ER 需支付 4 650 美元，东道国收到 4 650 美元②。交易过后，东道国须在排放清单上相应调整增加 93 t，而购入国减去 93 t。同时，管理适应基金账户的主体可以出售账户中的 5 t A6.4ER，并将获得的 250 美元收益充入适应基金，用于援助特别容易受到气候变化有害影响的发展中国家并向其支付适应费用。

未来 CMA 各届会议将就收益分成、全球排放的全面减缓、CDM 向 SDM 的过渡、参与方报告制度、机制登记册及其与合作方法下基础设施的链接等问题的实施过程进行商议，并就排放避免与增强保护活动的定义及其是否可以被纳入 SDM 进行讨论[50]。

① 如果 A6.4ER 未被授权用于实现 NDC 或其他国际减缓目的，则转入全面减缓账户的 2 t 不需要相应调整。
② 这一过程未来还有其他方式补充收益分成，目前规则待定。

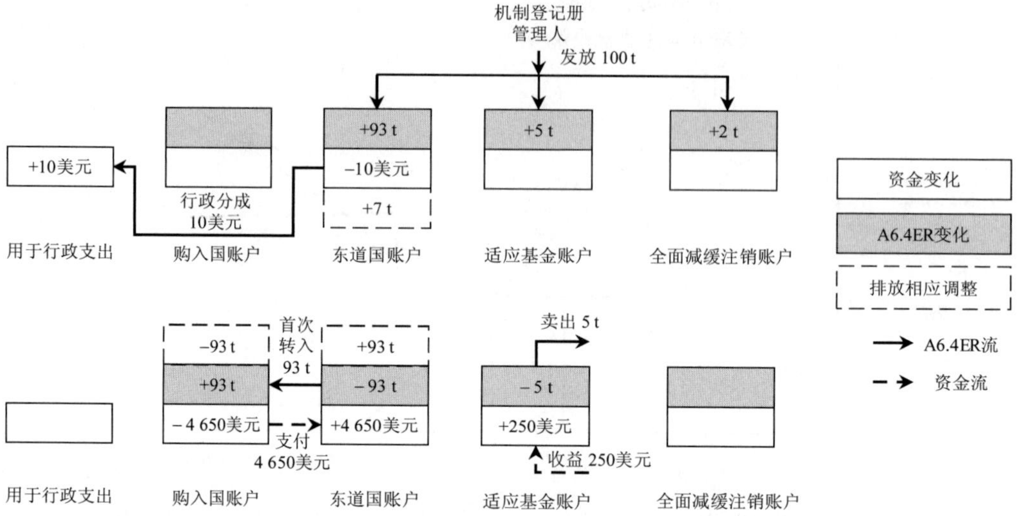

图 4-17　SDM 可能的运行模式示意图

三、适应

（一）历史演进

适应议题的谈判总体上可以分为初始阶段（1992—2000 年）、发展阶段（2001—2009 年）和深化阶段（2010 年至今），该议题逐渐成为气候谈判中与减缓相并列的一个支柱议题[51]（图 4-18）。

在第一个阶段适应并不是国际谈判中的单独议题，只是作为资金、技术转让等其他议题的分支出现。《公约》中有多次笼统地提到适应，不过只有第四条第八款逐渐发展为后续谈判适应议题的内容，该条款要求“各缔约方应充分考虑按照本公约需要采取哪些行动……以满足发展中国家缔约方由于气候变化的不利影响和/或执行应对措施所造成的影响”。该条目几乎原封不动地被《京都议定书》第 2 条第 3 款和第 3 条第 14 款所吸收，并成为该阶段适应议题的内容。这一阶段的一个重要特点在于气候变化的不利影响（即现在适应议题的内容，如极端天气带来的损失等）是与减缓行动的不利影响（如减少化石能源消费对产油国的经济影响等）并列出现的。这两种不利影响完全不在一个框架下，而遭受这两种不利影响的国家也差距巨大（前者是最不发达国家和小岛屿国家联盟，后者是石油输出国等），而议题的杂糅导致谈判进展非常缓慢。

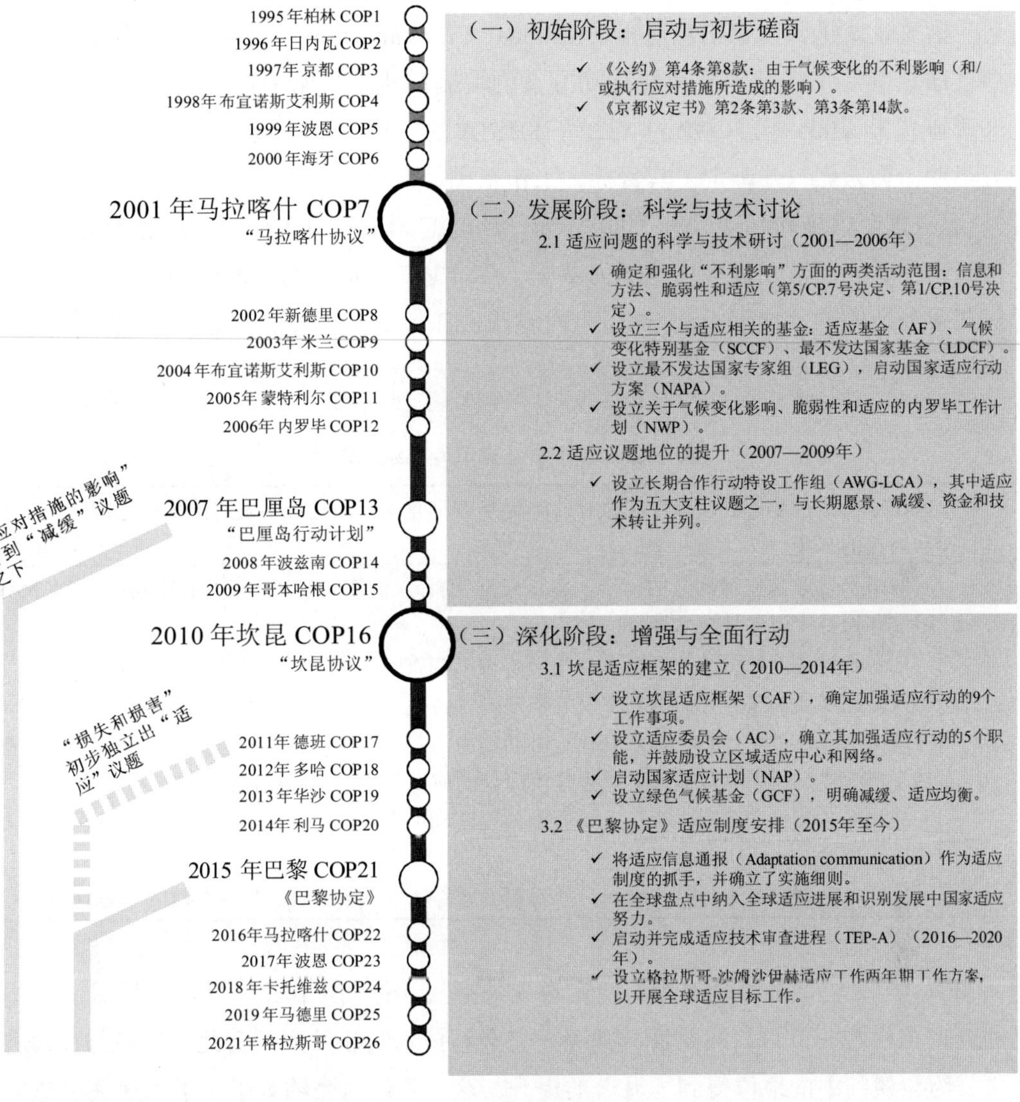

图 4-18　适应议题发展历史

第二个阶段以 2001 年 COP 7 上通过的“马拉喀什协议”为开端。这一阶段谈判的焦点主要在适应的科学和技术问题上，同时也包括一些具体的行动。第 5/CP.7 号决定明确了应对“气候变化的不利效应”的 14 个工作方向，分为信息和方法、脆弱和适应性两大类，初步框定了适应议题的范围；COP 10 对这些工作方向制定了执行方案。同时，COP 7 还设立了一系列与适应相关的基金，包括《京都议定书》下的适应基金（AF）和《公约》下的气候变化特别基金（SCCF）、最不发达国家基金（LDCF），为适应下的行动提供了资金保障。在机制上，设立了最不发达国家专家组（LEG）并启动了国家适应行动方案（National

Adaptation Program of Action，NAPA），支持最不发达通报国家脆弱性和适应需要性信息，且适应措施正式纳入国家信息通报（National Communications，NC）。最不发达国家专家组通过研讨会等形式就国家适应行动方案的编制和执行战略为最不发达国家提供咨询意见（表 4-12）。2005 年，COP 11 通过了 SBSTA 的一项关于气候变化的影响、脆弱性和适应五年期工作方案，并确定了其目标、工作范围、模式等。该工作方案负责“影响和脆弱性”“适应规划措施和行动”两方面的知识和信息工作，并在 COP 12 上更名为“关于气候变化的影响、脆弱性和适应问题的内罗毕工作计划”，简称“内罗毕工作计划”（NWP），并逐渐成为适应的“知识中心”。以“内罗毕工作计划”为核心的适应知识共享机制形成了雏形。

表 4-12　最不发达国家专家组职能范围

目的	就国家适应行动计划的拟订和执行战略提出咨询意见，满足最不发达国家在适应工作上最紧急和直接的需要
任务	• 应最不发达国家缔约方的请求，就国家适应行动方案（NAPA）和国家适应计划（NAP）的编制和项目申请提供技术指导； • 应最不发达国家缔约方的请求，作为咨询机构就国家适应行动方案的拟订和执行战略，向最不发达国家提供服务，其形式主要为举办研讨会； • 就国家适应行动计划的拟订和执行方面的能力建设需求提出咨询意见，并在考虑到全球环境基金能力建设计划和其他相关能力建设计划的前提下酌情提出建议； • 在拟订和执行国家适应行动计划方面提供便利的交流信息，促进区域一级的协同关系及与其他多边环境公约的协同关系； • 在可持续发展国家战略范围内，就将国家适应计划纳入常规发展规划提出咨询意见

2007 年，“巴厘岛行动计划”决定设立长期气候行动工作组，适应议题成为该进程下面的五大支柱之一，与共同愿景、减缓、资金和技术转让并列。自此，适应与减缓并重，在《公约》谈判中的地位得到了显著的提升。这一阶段《公约》组织了大量关于适应的科学、技术和方法的研讨会，但是针对发展中国家适应行动中的障碍和解决方案的专门谈判很少。发展中国家要求在适应谈判上形成突破，同时在谈判中坚持和强调历史责任，要求发达国家支持其适应行动并承担全部的适应成本。这一努力在 2011 年的坎昆会议上形成了阶段性成果。

第三个阶段以 2011 年坎昆适应框架（Cancun Adaptation Framework，CAF）的设立为起点，标志着进入增强适应行动的阶段。“坎昆协议”就适应的主要工作方向达成了共识，即通过国际合作降低发展中国家的脆弱性，提高其抵御力，具体方法为“发达国家……为发展中国家缔约方提供长期、逐步增加、可预测、新的和额外的资金、技术和能力建设，在地方、国家、分区域和区域各级、不同经济社会部门和生态系统内部及相互之间开展迫切需要的短期、中期和长期适应行动、计划、方案和项目”，体现了发达国家在适应上具有提供支持的义务。在机制上，建立了适应委员会并鼓励建立区域适应中心和网络，形成了履行坎昆适应框架的核心机制（表 4-13）；同时，启动了国家适应计划（National Adaptation Plan，NAP），完善了适应议题的国家规划与行动机制。之后的谈判落在了德班平台下，重点则是 2020 年后如何增强适应行动，以为 2015 年《巴黎协定》下全面行动的适应框架的达成做准备。

表 4-13 适应委员会职能

职能	向缔约方提供技术支持和指导，尊重国家驱动的方针，以期促进酌情实施私营活动，包括坎昆适应框架和国家适应计划下的内容
	加强、巩固和促进在地方、国家、区域和国际各级共享信息、知识、经验和良好做法，同时酌情考虑传统知识和做法
	促进与国家、区域和国际组织、中心及网络的协同，加强接触，以推动实施适应行动，特别是对于发展中国家缔约方
	借鉴适应方面的良好做法，提供信息、提出建议，供缔约方大会在对激励执行适应行动的手段及其他能扶持具有气候抗御力的发展和减少脆弱性的途径提供指导意见时考虑，包括资金、技术和能力建设，酌情包括针对《公约》资金机制经营实体
	审议缔约方通报的关于监测和审查适应行动、提供或获得的支持、可能的需要和差距及其他相关信息，包括在《公约》之下通报的信息，以酌情建议可能需要采取的进一步行动

《巴黎协定》为 2020 年后全球气候治理作出了框架性安排，搭建了 2020 年后全球适应制度安排的基本框架。该框架由“各国增强行动-适应信息通报-适应集体行动的全球盘点”三个要素构成。其中，适应信息通报（Adaptation Communication）是《巴黎协定》下鼓励各方交流适应进展的新工具，有助于提高各方对适应具体行动进展的关注①。适应信息通报的内容包括发展中国家缔约方的履约和支持需要，以及发达国家缔约方（及提供支持的其他缔约方）提供支持的情况，这加强了适应信息通报促进全球适应行动的效果[52]。

COP 21 启动了一项五年期的适应技术审查进程（TEP-A）。该进程由附属机构组织，由适应委员会领导，旨在识别对加强韧性、降低脆弱性以促进适应行动的理解和实施，临时性地构成了适应议题下的增强行动机制。2020 年该进程结束，目前尚未有其他机制延续这一职能。

为了实现《巴黎协定》提出的全球适应目标（GGA），接下来需要进一步明确评价适

① 其实，适应信息通报只是各方在无法达成实质性进展的情况下形式上通过的一项成果，其效力极其有限。

应目标、行动、支持等的方法学，以便更好地对全球适应进行量化并实现平衡适应与减缓的目的。在发展中国家的努力下，COP 26 设立了两年期的“格拉斯哥-沙姆沙伊赫工作方案”，迈出了全球适应目标的第一步。该工作方案的主要职能是加强对全球适应目标评估进展所需要的方法、指标、数据和测量标准、需求和支持的理解，加强对诸多要素的共同认识，促进建立国家层面的适应行动监测和评估系统等。如果这一工作方案能够产生积极的成果，它将为适应的评价机制建立基础[53,54]。

适应的概念在近 30 年的谈判中被不断明晰（表 4-14）。开始时，“气候变化的不利影响”和“应对措施的不利影响”一起构成了杂糅的适应议题，后者直到 2007 年巴厘岛大会才转移到减缓议题下；《巴黎协定》下损失和损害正式成为独立议题，于是剩余部分成为现在适应议题的内涵。适应议题在谈判历程中也不断深化，从议题确定到科学与技术讨论再到加强行动层层递进。未来的重点将是建立合理的评估体系，从而形成完整的“知识—行动—评估”适应机制，以加强适应行动的落实。

表 4-14 适应议题历届会期成果

会期/时间	与适应议题相关内容
《公约》，1992 年	第 3 条第 2 款要求“发达国家缔约方应率先对付气候变化及其不利影响”；第 4 条第 4 款要求附件二缔约方和其他发达国家帮助最易受气候变化不利影响的发展中国家支付适应不利影响的费用；第 4 条第 8 款要求各缔约方“满足发展中国家缔约方由于气候变化的不利因素和/或执行应对措施所造成的影响”
COP 1，1995 年	在资金机制安排中规定了用在适应方面的资金政策、计划优先顺序和注意事项
COP 3，1997 年	《京都议定书》第 2 条第 3 款、第 3 条第 14 款要求附件一缔约方最大限度地减少不利影响，包括气候变化的不利影响、对国际贸易的影响和其他缔约方的社会、经济与环境影响
COP 7，2001 年	“马拉喀什协议”明确了应对“气候变化的不利效应”的两大行动方向：信息和方法、脆弱性与适应，并列举了 14 项具体工作内容；建立《京都议定书》下的适应基金、《公约》下的气候变化特别基金和最不发达国家基金；设立最不发达国家专家组，启动国家适应行动方案并通过其编制指南
COP 8，2002 年	将适应措施纳入国家信息通报中
COP10，2004 年	“关于适应和应对措施的布宜诺斯艾利斯工作方案”明确了执行 COP 7 应对“气候变化的不利效应”的途径
COP11，2005 年	设立了附属科技咨询机构气候变化的影响、脆弱性和适应五年期工作方案，后改名为“内罗毕工作计划”
COP 13，2007 年	“巴厘岛行动计划”设立长期气候行动工作组，适应议题成为该进程下的五根支柱之一，并提出了长期进程下的初步框架：国际合作、风险管理和减少风险、减灾、通过经济多样化增强抗御能力、加强协同；应对措施带来的不利影响转移到减缓议题下

会期/时间	与适应议题相关内容
COP15，2009 年	《哥本哈根协议》强调需要制定一项包含国际支持的全面的适应方案
COP16，2010 年	“坎昆协议”提出适应与减缓并重的原则；建立坎昆适应框架，明确 7 项主要工作方向及 2 项关于损失和损害的工作方向；启动国家适应计划，确定中期和长期的适应需要，并针对这些需要制定和实施战略和方案；设立适应委员会并明确其 5 项职能
COP 17，2011 年	确定了适应委员会的模式和组成；通过了国家适应计划编制指南
COP 21，2015 年	《巴黎协定》确立了全球适应目标，并将适应目标与温升目标挂钩；提出了适应行动的框架性工作范围，即交流信息、加强体制安排、加强知识、协助发展中国家确定适应方法、提高有效性和持久性；启动适应信息通报；将适应纳入全球盘点；启动适应技术审查进程，并将其作为 2020 年前适应议题的强化行动
COP 24，2018 年	确定了国家信息通报的内容、国家信息通报公共登记册适应技术审查进程；确定了《巴黎协定》下适应工作的体制安排，适应委员会和最不发达国家专家组为主要组织；决定适应基金由《京都议定书》下转为《巴黎协定》下，资金主要来自协定的 SDM 收益分成
COP 26，2021 年	建立两年期的“格拉斯哥-沙姆沙伊赫工作方案”，讨论与实现全球适应目标相关的概念、进展衡量方法与指标、行动与支持增强手段等问题

专栏 4-18　适应相关概念[55]

适应（adaptation）：在人类系统中，适应是指为缓和危害或利用有利机会而对实际或预期的气候变化及其影响进行调整的过程。在自然系统中，适应是指针对实际气候变化及其影响进行调整的过程，而人类干预可能有助于调整预期气候变化及其影响。

适应不当（maladaptation）：在现在或将来，可能导致气候相关的消极后果的风险增加的行为，包括温室气体排放增加、气候变化脆弱性增加或福利减少。

风险（risk）：对人类或生态系统造成不利后果的可能性（涉及多种与此类系统相关的价值观和目标）。风险可能来自气候变化的潜在影响及人类对气候变化的反应。相关的不利后果包括对生命、生计、健康和福祉、经济、社会与文化的资产和投资、基础设施、服务（包括生态系统服务）、生态系统和物种方面的不利后果。风险的概念可以从气候变化影响和应对两个角度理解：从气候变化影响的角度来看，风险源于气候危害与受影响的人类或生态系统对危害的暴露和脆弱性之间的动态相互作用，危害、暴露和脆弱性在发生的程度和可能性方面都可能存在不确定性，并且由于社会经济变化和人类决策，它们可能随时间和空间而变化。从气候变化应对的角度来看，风险源于此类应对措施未能实现预期目标的可能性，或与其他社会目标（如可持续发展目标等）的潜在权衡或负面影响，如风险可能来自气候政策的实施、有效性或结果、气候相关投资、技术开发或采用及系统过渡的不确定性。

危害（hazard）：自然或人为的物理事件或趋势发生的可能性，这些事件或趋势会导致生命损失、伤害或其他健康影响，以及财产、基础设施、生计、服务提供、生态系统与环境资源受损和损失。

影响（impact）：已发生了的气候风险对自然和人类系统的后果。影响也可称为后果（consequence）或结果（outcome），可以是不利的，也可以是有益的。

复原力（resilience）：相互关联的社会、经济和生态系统为应对危险事件、趋势或干扰，以维持其基本功能、特性和结构的方式进行响应或重组的能力。

脆弱性（vulnerability）：指受到不利影响的倾向，包括各种概念和要素，如对伤害的敏感性/易感性及应对、适应能力的缺乏。

暴露（exposure）：可能受到不利影响的人、生计、物种或生态系统、环境功能、服务和资源、基础设施及环境中的经济、社会或文化资产。

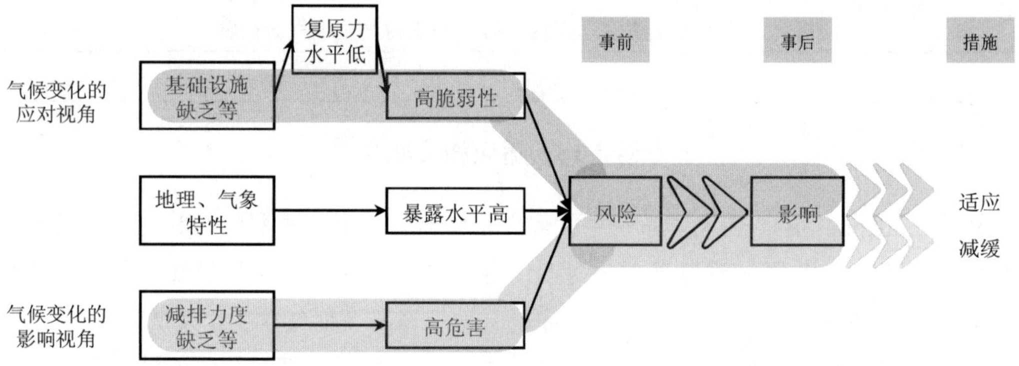

适应相关概念关系

（二）机制结构

目前，《公约》下适应的管理由多个机构共同运行，且依旧处于完善的阶段。总体来看，适应议题以适应委员会和最不发达国家专家组为核心咨询机构，向外延伸出知识共享机制、国家规划与行动机制、加强行动机制和适应评估机制，而这四个机制（在理论上）分别对应国内适应行动的四个阶段，从而形成国际机制和国内施行的配合。区域气候适应中心和网络（CAN）虽然并未明确设立，但是也在整个体系中发挥着协同作用。适应相关机制结构及运作逻辑如图 4-19 所示。

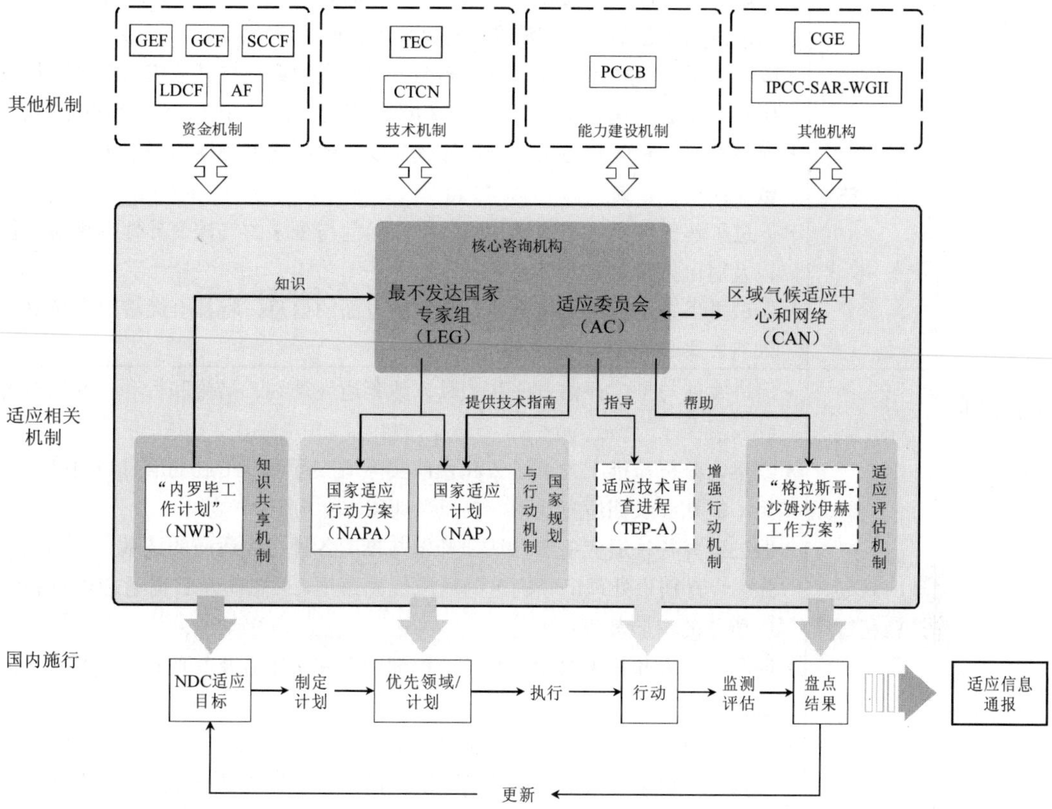

注：适应技术审查进程在 2020 年结束，目前尚无替代和深化的机制。“格拉斯哥-沙姆沙伊赫工作方案”只是初步具备适应评估的特点，其是否能够发展为成熟的适应评估机制还有待观察。

图 4-19　适应相关机制结构及运作逻辑

知识共享机制的平台是“内罗毕工作计划”，其主要职能是提供关于影响和脆弱性、适应规划措施和行动两方面的知识，具体工作范围列于表 4-15。“内罗毕工作计划”是整个体系的知识平台，特别是要帮助缔约方评估脆弱性及气候变化不利影响的可能损害，为缔约方设定更积极的适应 NDC 提供知识支撑。适应委员会为“内罗毕工作计划”的工作开展提供建议，“内罗毕工作计划”的成果反馈给适应委员会，帮助其获得完成职能所需要的知识。

表 4-15　“内罗毕工作计划”的职能范围

目的	协助所有缔约方，特别是发展中国家，包括最不发达国家和小岛屿发展中国家，更好地了解和评估影响、脆弱性和适应，就实际的适应行动和措施作出知情的决定，以便在考虑到当前和未来气候变化及变异性的前提下，在合理、科学、技术和社会经济基础上应对气候变化

工作范围	影响和脆弱性	• 促进发展与推广有关影响和脆弱性评估的方法及工具，如快速评估和从下到上的办法，包括这类方法在可持续发展方面的应用； • 改进关于目前和历史气候及其影响方面的观测数据与其他相关信息的收集、管理、交流、获取和使用，并推动改进观测，包括对气候变异性的监测； • 促进发展、获取和使用关于预计气候变化的气候可变性和极端事件的信息及数据； • 促进了解气候变化的影响和脆弱性、当前与未来的气候变异性和极端事件，以及对可持续发展的影响； • 促进提供关于气候变化所涉社会经济方面的信息，将社会经济信息更好地纳入有关影响和脆弱性评估
	适应规划、措施和行动	• 促进发展与推广评估方法和工具，改善适应规划、措施和行动，并结合可持续发展； • 收集、分析与推广关于过去和目前实际适应行动及措施的信息，包括适应项目、短期和长期适应战略，以及当地和本土知识； • 促进研究各种适应备选办法，开发与推广各种有关适应的技术、专门知识和做法，特别是处理已经确定的适应优先事项，并借鉴从目前适应项目和战略中所获的经验教训； • 便利缔约方和相关组织、企业、民间社会和决策者及其他利害关系方之间的交流与合作； • 促进了解、发展与推广有关措施、方法和工具，包括旨在提高经济恢复能力和减少对脆弱经济部门依赖的经济多样化，尤其是用于《公约》第 4 条第 8 款所列的有关国家类别

国家规制与行动机制由国家适应行动方案和国家适应计划两部分组成，具体内容列于表 4-16 中。最不发达国家专家组和适应委员会在了解适应知识和国家情况后，帮助发展中国家识别优先适应领域，为国家制定具体的（与 NDC 相一致的）适应计划和行动方案提供支持。在技术支持上，最不发达国家专家组提供国家适应行动方案和国家适应计划的编制技术指南，并且为最不发达国家编制相关文件提供支持，而适应委员会为不是最不发达国家的发展中国家编制国家适应计划提供支持。在资金支持上，全球环境基金作为资金实体，通过最不发达国家基金支持最不发达国家编制国家适应行动方案和国家适应计划，通过气候变化特别基金支持其他发展中国家编制国家适应计划。

表 4-16　国家适应行动方案、国家适应计划、适应信息通报比较

	国家适应行动方案	国家适应计划	适应信息通报
启动时间/届会	2001 年，COP 7	2010 年，COP 16	2015 年，COP 21

	国家适应行动方案	国家适应计划	适应信息通报
目标	通报与最不发达国家紧急和当前的适应需要相关信息的简化及直接渠道	• 通过建设适应能力和抵御能力，减少易受气候变化影响的程度； • 将适应气候变化酌情纳入所有相关部门和各个级别的新的和现有的政策、方案及活动，尤其是发展规划进程及战略	• 增加适应的可见度和级别，保持适应和减缓的平衡； • 增强发展中国家的适应行动及支持； • 为全球盘点提供信息； • 增强对适应需求和行动的学习与理解
主要内容	适应计划的框架、关键的适应需要、挑选优先活动的标准、优先活动清单	中期和长期适应需要并针对这些需要制定和实施的战略及方案	国情；影响、风险和脆弱性；国家适应优先领域、战略、政策、计划、目标和行动；发展中国家缔约方的履约和支持需要及向这些缔约方提供支持的情况；实施适应行动和计划的情况；适应行动和/或经济多样化计划，包括能够产生减缓协同效益的上述行动和计划；适应行动如何为其他国际框架和公约做贡献；性别平等的适应行动和传统知识
对象	最不发达国家	以最不发达国家为主，也包括其他发展中国家	所有缔约方
提交/更新形式	NAPA 文件	NAP 文件	可自主选择 NAP、NDC、NC、透明度报告提交（不同指南），由公共登记簿留存。
周期	提交一次	提交一次	灵活，不阻碍全球盘点
技术支持机构	LEG	LEG（最不发达国家）、AC（其他发展中国家）	—
资金支持机构	LDCF	LDCF、SCCF	GEF

增强行动机制是在《巴黎协定》之后通过适应技术审查进程建立起来，其目的是更好地完成协定的“增强 2020 年前适应行动”目标。适应技术审查进程具有四项职能：促进经验交流、促进适应合作、识别优先行动和识别强化机会。这些信息通过技术专家会议、技术报告和决策者报告的形式披露给缔约方，帮助其更高效地执行适应计划。

适应评估机制在 COP 26 之后有了雏形。两年期的“格拉斯哥-沙姆沙伊赫工作方案”是为了确保完全、持续地完成《巴黎协定》中“全球适应目标”而设立的，其重要职能包括加强对全球适应目标的方法学、指标、数据、评估过程的理解；增进对适应进展的审评；促进建立稳健的且国别精确的适应行动监测和评价体系等。这些职能如果可以完成，那么适应的审评机制将被初步建立。相应地，国家的适应行动也可以被统一监测、盘点、评估，进而通过将适应差距反馈给该国可以帮助其更新适应的 NDC，从而实现“目标—计划—行动—结果—新目标”的闭环。适应委员会参与协助工作组的部分工作。

当然，以上只是适应议题理想的机制结构和运作逻辑，与现实有不少差距。一方面，各机构分工不明确，职能存在较多重叠，因此并不能一一对应国内施行的各步骤。例如，“内罗毕工作计划”也提供适应规划、行动方面的知识，在一定程度上起到了适应技术审查进程的职能；“格拉斯哥-沙姆沙伊赫工作方案”也促进 NDC 的设定，覆盖了部分“内罗毕工作计划”的职能等。另一方面，《巴黎协定》的最重要成果——适应信息通报在这一体系中处于尴尬的位置。《巴黎协定》规定，适应信息通报是“国家驱动”和“灵活”的，不能给发展中国家带来任何“额外的负担”，不能作为“缔约方行动比较的基础”，且不参与审评。理论上，适应信息通报的内容覆盖了 NDC、计划、行动、盘点结果所有信息，起到了全面汇总国家适应“信息库”的角色。然而，正是由于其内涵过于笼统宽泛，而提交的形式、模板、周期也尚无定则，因此其在后续实施中的作用和地位略显模糊。

（三）《巴黎协定》后适应的焦点问题

《巴黎协定》第 7 条专门处理适应问题（图 4-20），共 14 款，可以从目标、共识、行动、机制 4 个方面来把握。第 1 款提出了适应的总目标：提高适应能力、加强复原力和减少气候变化脆弱性的全球适应目标，以促进可持续发展，并确保在第 2 条所述气温目标方面采取充分的适应对策。第 2～6 款分别提出了一些共识性原则。第 7 款和第 9 款是最为核心的内容，提出了缔约方在加强国际合作和开展国内行动两方面的具体任务。其中，开展国内行动部分提到了适应信息通报，而第 10～12 款则是就该通报的内容、要求、渠道、周期、管理方面作出了说明。第 14 款要求适应信息也应纳入全球盘点机制中。除此以外，第 8 款和第 14 款分别规定了联合国相关组织和发达国家缔约方提供支持的范围。

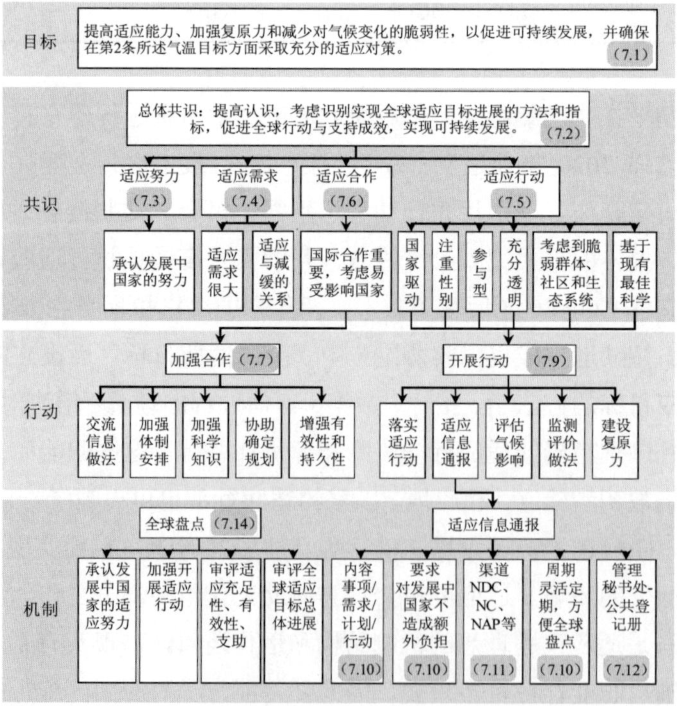

图 4-20 《巴黎协定》第 7 条内容与结构

接下来的工作包括两个层面，一是继续完善《巴黎协定》下机制的导则、模式等细节问题，二是确定第 1/CP.21 号决定下全球适应目标的相关方法学问题。第一个任务相对次要，主要是技术上的设计，目前也已基本完成。CMA 1 分别确定了公共登记册的模式、程序及适应信息通报的内容①，2022—2025 年将根据缔约方提交的适应信息通报总结使用经验并进行补充。第二个任务更加具有实质性，包括重要的全球适应目标的设定。目前适应议题的当务之急是完善评估第 1/CP.21 号决定第 41 款、第 42 款和第 45 款的 6 个问题的方法学（CMA 1 提出了前 5 个，CMA 2 提出了第 6 个）[56]。

表 4-17 梳理了各方对这 6 个问题的立场及其目前的进展情况。对于问题①，CMA 1 已经确定适应委员会和最不发达国家专家组将继续保留为《巴黎协定》服务，且《公约》下的既有机构将继续执行任务。其他问题目前尚无结论性共识，还有待适应委员会完成其工作流程后发布报告供缔约方讨论。

表 4-17　目前适应议题主要问题进展及各方立场

	各方立场		目前进展
	发达国家	发展中国家	
①加强与适应有关的体制安排工作一致性的方法	• 伞形集团（UG）要求《公约》下机构不再参与《巴黎协定》的后续工作，特别是专家咨询组，以脱离《公约》下附件一缔约方（发达国家）与非附件一缔约方（发展中国家）的区分 • 欧盟（EU）要求增加与“内罗毕工作计划”伙伴组织的合作	G77+中国要求纳入《公约》下现有相关机构，特别是专家咨询组在适应领域的培训工作，从而延续《公约》下相关机构的适应成效	AC 和 LEG 应为《巴黎协定》服务，现有机构继续服务该协定
②承认发展中国家缔约方开展的适应工作的模式	• UG 反对 NDC 作为全球盘点综合报告中适应相关资料的来源，认为 NDC 只能作为减缓的材料来源	• G77+中国要求纳入 NDC、适应信息通报、国家适应计划、透明度下相关报告，以及 IPCC 和其他科学机构报告，并将其作为适应信息源，输入给全球盘点	待 CMA 4 审议 AC 的报告并作出决定
③评估适应需要的方法，以协助发展中国家而不给它们带来不当负担	• EU 和 UG 要求由“内罗毕工作计划”伙伴组织搜集现有与适应需求分析相关的方法学，并给出建议	• 非洲气候变化谈判小组（AGN）、小岛屿国家联盟（AOSIS）和拉美独立协会（AILAC）要求由 AC 和 LEG 完成搜集现有关于适应需求分析的方法学方面的信息，并开发新的方法学，报告给 SBSTA 通过	待 CMA 4 审议 AC 的报告并作出决定

① FCCC/PA/CMA/2018/3/Add.1。

	各方立场		目前进展
	发达国家	发展中国家	
④采取必要步骤为发展中国家开展适应工作提供动员支持的便利方法	• UG和EU认为项目经费使用领域是依据项目申请者意愿和实际情况进行审批的，不能预先分配适应和减缓的资助比例	• G77+中国要求在资金支持比例上考虑使减排与适应保持相对平衡，认为目前 GCF、GEF 对适应项目的支持力度较弱	待 CMA 4 审议 AC 的报告并作出决定
⑤审评适应和支持的充分性与有效性的方法	• UG 认为适应是依据不同国情和能力开展的行动，因此支持活动只限于对单独国家的支持，不需要开发全球性统一标准跟踪与评估适应支持的充足性 • EU 要求开发统一标准和方法学，以加强对适应行动的监测与评估，从而提高适应行动的有效性	• AGN 表示根据《协定》第 7 条第 1 款提及的全球适应目标，以及第 14 条第 1 款提及的整合适应整体进展，要求各方努力完成授权，对如何设定适应基线和目标、缺少监测适应进展的统一参数等发展中国家亟须解决的技术难点提供支持	待 CMA 4 审议 AC 的报告并作出决定
⑥审查在实现全球适应目标方面取得的总体进展的办法	• EU 和环境完整性集团（EIG）支持定性的全球适应目标，重视国际合作和经验分享 • UG 不建议设立集体性的全球适应目标，反对 GGA 的量化分解，反对为 GGA 提供资金支持	• AGN 表示要明确减排、适应和支持（资金目标）的数量，重视其实施过程中的监测评估 • AILAC 支持建立 GGA，但不支持其量化，强调其是一个全球提升恢复力、减少脆弱性的理想愿景	设立“格拉斯哥-沙姆沙伊赫工作方案”（COP 26）

其中，问题⑥所提及的全球适应目标是未来谈判的重点。《巴黎协定》构建的全球适应目标在是否量化问题上保持了政治上的模糊性，仅明确它包括了“提高适应能力、加强恢复力、减少气候变化脆弱性”三方面的内容。一方面，全球适应目标的达成有利于回应发展中国家的关切，确保落实减缓与适应并重的原则；另一方面，由于适应议题的综合性，确实很难在技术上像减缓那样制定量化的全球目标。该议题想要取得突破，既要构建度量、落实与分解适应目标的方法学，又要构建适应目标的监测与评估体系，并确定履行适应目标所需要的资金支持制度。“格拉斯哥-沙姆沙伊赫工作方案”在这条道路上迈出了第一步，但是未来全球适应目标的达成依旧会面临很大的不确定性，过程也将非常曲折。

从更宏观的视角来看，适应议题的核心内容就是目标和公平性问题。适应目标规定了总体任务量（以及衡量这些任务的方法学），公平性问题则指导任务应如何完成，具体来说就是适应资源如何筹措和分配。从分配端来看，气候变化的影响是具有高度空间异质性的，它对不同地区、国家和物种的影响是不同的。“脆弱者更脆弱”的现象在环境脆弱型国家和发展中国家适应气候变化的进程中尤为突出。因此，以适应资金为代表的适应资源应该重点分配到最易受气候影响的小岛屿国家和最不发达国家，各方就这一点已基本达成共识。

目前的焦点在于适应资源筹措的公平，即适应责任分配的公平。一种观点认为，适应责任分配的实质就是“减缓责任的二次分配”。适应的需求来自减缓行动的不足，以及减缓责任未被履行。因此，减缓是减排责任的初次分配；在减排责任被分配之后，依旧会有气候变化带来的风险及其应对成本，那这一部分成本的分配就是减排的二次分配，即适应责任的分配。已经形成的气候变化不利后果主要是由发达国家的历史排放引起的，而气候变化后果的受害者主要是适应能力较弱的发展中国家（尤其是最不发达国家和小岛屿国家）。因此，发达国家负有无法推卸的历史责任，应向发展中国家提供资金、技术和能力建设活动的支持。但是在现实中，采取适应行动的主体首先直接承担了适应的成本支出，因此适应领域需要国际社会综合考量减排责任初次分配后依然存在的不公平现象，弥合发达国家理应支付的成本和发展中国家实际支付的/将要支付的成本之间的差距，使之符合公平原则。未来谈判中立场的交锋也将以不同形式体现各方对适应支持及其分配问题的关切。

四、损失和损害

（一）定义和内涵

人类应对气候变化不利影响的行为可以分为三个层面：避免、尽量减少和应对。避免（avert）不利影响对应减缓行动，指通过减少温室气体排放避免气候灾害的发生。尽量减少（minimize）不利影响对应适应行动，指通过提高人类社会韧性、降低脆弱性使气候灾害不会对人类和生态系统造成危害。

一般而言，损失和损害是针对“适应极限”（limits to adaptation）产生的，它是指可观测的气候影响与可预测的气候风险带来的危害。图 4-21 展示了损失和损害相关概念的框架，可以看出，适应极限分为柔性和刚性两类。柔性极限是指适应技术虽可行但因未被采用而产生的影响，可能的原因包括信息不完全、资源不充分或适应行动不满足成本-效益原则。刚性极限是指因不存在适应技术而产生的不可避免的影响。损失和损害一般源于刚性极限，可进一步分为可修复的损害（damage）和不可修复的损失（loss）[55]。

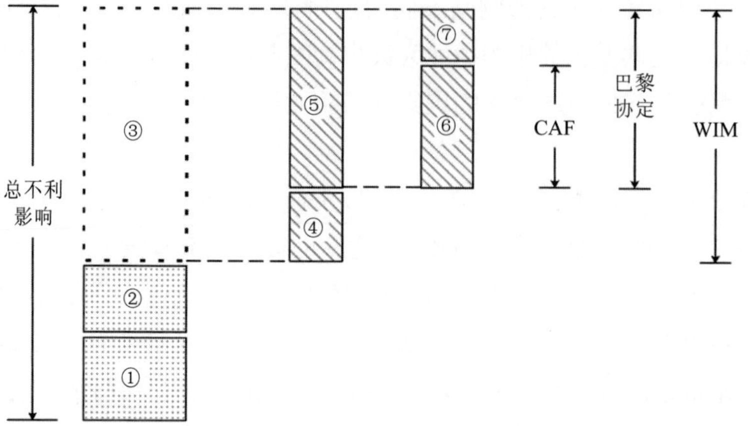

CAF：坎昆适应框架；WIM:华沙国际机制。
①减缓行动：避免的不利影响。
②适应行动：现有措施能尽量减少的不利影响。
③应对行动：需要应对的（剩余）不利影响。
④柔性极限：可避免但未避免的不利影响。
⑤刚性极限：不可避免的不利影响。
⑥损害：可修复的不利影响
⑦损失：不可修复的不利影响。

图 4-21　损失和损害的内涵分析框架

值得注意的是，《公约》下的华沙国际机制、坎昆适应框架和《巴黎协定》第 8 条中损失和损害的内涵并不相同（表 4-18）。坎昆适应框架覆盖的范围最窄，只包括损害；《巴黎协定》第 8 条在此基础上增加了“不可逆转和永久性”的损失；华沙国际机制则进一步包括了柔性极限，即可以通过加强适应行动来避免的部分[57]。目前在学术层面和谈判层面仍然缺少一个关于损失和损害的公认定义，但各方都承认损失和损害不是一个孤立的概念，而是与减缓和适应不足相关的后果。因此，解决损失和损害问题的根本还是增强减缓和适应行动，谈判的重心也应落在加强应对能力上而非事后赔偿。

表 4-18　国际机构对损失和损害的定义

来源	定义
IPCC[55]	观测到的不利影响和预测到的风险，可以是经济的，也可以是非经济的
《公约》[58]	包括且在有些情况下涉及适应所能够减少的损失和损害
SBI[59]	气候变化对人类和自然产生负面影响的实际的或潜在的体现
UNHCR[60]	气候变化实际已导致的不利影响，或将来仍可避免或减轻的损失和损害
UNEP[61]	无法通过或未通过减缓措施来避免和适应措施所管理的与气候相关的不利后果

损失和损害是各国都面临的问题，发展中国家尤为严重，但对其缺少足够的管理能力和技术。发达国家历史排放对此具有不可推卸的责任。因此，损失和损害问题应努力寻求技术突破和能力培训，特别是早期预警机制的建立，以切实帮助发展中国家增强应对能力。

专栏 4-19 缓发事件、非经济损失和额外的损失和损害

缓发事件（slow onset events，SOE）：指与温度上升、荒漠化、生物多样性损失、土地和森林退化、冰川退缩及其相关影响、海洋酸化、海平面上升及盐化有关的风险和影响。

非经济损失（non-economic losses，NEL）：指不可通过财务量化且无法在市场上交易的一大类损失。它可以影响个体（如生命、健康和活动）、社会（如领土、文化遗产、土著或本地知识、社会或文化身份）和环境（如生物多样性的生态系统功能损失）。

额外的（residual）**损失和损害**：指通过减缓和适应也无法避免的损失和损害，即狭义的损失和损害。"额外的"可以体现为适应能力（技术、管理、资金、知识等）的不足，也可以体现为适应措施因不满足成本/效益条件而未被实施的情况。

专栏 4-20 无害原则与国家责任原则

无害原则（no-harm rule）：笼统来说，就是一个国家不能够损害另一个国家。这一原则是习惯国际法（customary international law）下的一个重要原则，并且在《联合国人类环境宣言》第二十一条原则中得到了完整的表述："依照联合国宪章和国际法原则，各国具有按照其环境政策开发其资源的主权权利，同时亦负有责任：确保在它管辖或控制范围内的活动不致对其他国家的环境或其本国管辖范围以外地区的环境造成损害。"

国家责任原则（law on State responsibility）：一旦确定违约行为，违约国必须停止该行为，并对所造成的损害（包括"任何物质或精神损害"）作出"充分赔偿"。充分赔偿"应以恢复原状、赔偿和抵偿的形式，采取单独或组合的努力"。《联合国人类环境宣言》第二十二条原则涉及国家责任原则的内涵，即"各国应互相合作，进一步发展关于一国管辖或控制范围以内的活动对其管辖范围以外地区所引起的污染及其他环境损害的受害人的责任与赔偿问题的国际法"。

（二）历史演进

损失和损害议题的发展可以分为初始阶段（1991—2012 年）、发展阶段（2013—2014 年）和深化阶段（2015 年至今），见图 4-22 和表 4-19。

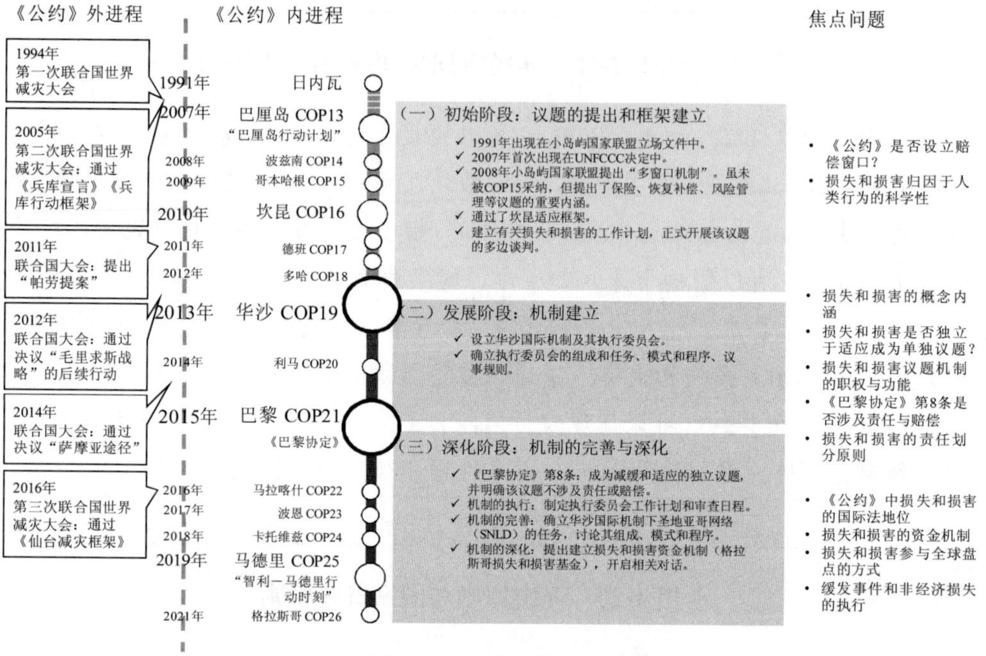

图 4-22　损失和损害议题的发展历史

表 4-19　损失和损害历届会期成果

会期/时间	与气候变化损失和损害议题相关内容
COP 13，2007	"巴厘岛行动计划"要求各缔约方考虑风险管理和风险减少策略，包括如保险之类的风险分担与转移机制，尤其要考虑特别脆弱的发展中国家应对气候变化损失与损害的方法与策略
COP 14，2008 COP 15，2009	小岛屿国家联盟首次提出要建立应对气候变化损失与损害问题的"多窗口机制"，但该提案并未被 2008 年 COP 14 和 2009 年 COP 15 之相关气候决议所吸收、整合
COP 16，2010	• "坎昆协议"决定建立坎昆适应框架，其中包括减少灾害风险战略、预警系统、风险评估和管理、风险分担和转移机制、气候变化所致流离失所、迁徙和计划搬迁等子议题。 • "坎昆协议"要求建立一项由 SBI 负责实施且与气候变化损失和损害议题相关的两年工作计划，并同意邀请各缔约方就工作计划应当包括的内容提交自己的主张诉求。自此，气候变化损失和损害问题便正式成为 SBI 和 COP 的正式议程内容
COP 17，2011	关注重点开始从支持和监测工作计划的开展实施扩展至确认建立有关气候变化损失与损害新机制的制度需求
COP 18，2012	• 重申国际社会将于 COP 19 建立一项损失和损害新机制。 • 确认了《公约》在促进气候变化损失与损害问题解决时应当承担的三项重要角色：增加知识和理解；增进对话、协调、整合及配合；增强行动和支持，包括资金、技术及能力建设

会期/时间	与气候变化损失和损害议题相关内容
COP 19，2013	建立华沙国际机制，并确定其三项主要任务：增进对风险管理办法的知识、加强各方对话、加强行动和支持。根据协议规定，华沙国际机制的主要目标是在坎昆适应框架项下解决气候变化损失与损害问题，为此其设立了对《公约》缔约方大会负责并负有向 SBSTA 以及 SBI 作年度报告义务的独立执行委员会
COP 20，2014	华沙国际机制执行委员会核准了第一个两年期工作计划及其九项优先行动领域
COP 21，2015	• 达成《巴黎协定》第 8 条及其相关规定，明确不涉及赔偿和责任。 • 华沙国际机制执行委员会下设立斐济风险转移信息交换所和流离失所问题工作组
COP 22，2016	• 第一个两年期工作计划执行结束。 • COP 对执行委员会第一次审查
COP 23，2017	华沙国际机制执行委员会核准了“五年期滚动工作计划”及其五个战略流程
COP 24，2018	开始执行“五年期滚动工作计划”
COP 25，2019	• 决定建立圣地亚哥网络。 • COP 对执行委员会进行第二次审查，之后每五年进行一次（下一次为 2024 年）
COP 26，2021	• 确定圣地亚哥网络职能，决定开始设计其管理架构。 • 未能设立格拉斯哥损失和损害基金，成立“格拉斯哥对话”，以进一步讨论损失和损害的资金机制方案

1．初始阶段（1991—2012 年）

1991 年，小岛屿国家联盟在 INC/FCCC 第二工作组第四届会议上提出设立一个保险机制用于解决和补偿小岛屿国家遭受的气候变化不利影响[62]，但是最终并未被吸纳进《公约》中。一直到 2006 年，《公约》的决定中也未出现“损失和损害”的表述，只有“保险”被看成应对不利影响的工具之一并取得了一定进展。2005 年，孟加拉国代表最不发达国家提出了对气候变化导致损害的赔偿要求，但是由于没有任何证据能够支撑排放与赔偿的关联，因此这种随意强加他国赔偿的做法无法得到缔约方大会的通过。2006 年，SBSTA 第 25 届会议形成结论同意进一步执行关于气候风险和影响的五年期工作方案，将气候风险影响在整体议程中推进了一步。2007 年通过的“巴厘岛行动计划”第一次有了“损失和损害”的表述，并决定将该议题纳入适应行动的任务中，各方提出了包括“多窗口机制”“风险管理框架”“适应行动框架”等实施方案（表 4-20）。

2010 年 COP 16 坎昆会议通过了坎昆适应框架，并在其中加入了关于风险管理、转移和分担方面的表述。同时，坎昆会议决定设立一个旨在考虑损失和损害方法的两年期工作方案，包括三个轨道——风险评估、研究解决办法和确认《公约》的角色，以此正式在国际气候变化制度构建过程中展开应对损失和损害的多边谈判。对于是否在《公约》下建立应对损失和损害的国际机制，发达国家和发展中国家展开了激烈的斗争。

表 4-20 各方提出“巴厘岛行动计划”损失和损害条款的实施方案①

参与方	提议	组成部分	内容
小岛屿国家联盟	多窗口机制	保险	应对与气候相关的快速极端天气事件造成的损失和损害（如飓风等）
		恢复或补偿	解决渐进的累积的不利影响（如海平面上升等）造成的损失和损害（如土地损失和珊瑚白化）
		风险管理	促进预防行动，在各级使用风险评估和风险管理工具和战略
慕尼黑气候保险倡议	风险管理框架	预防	低风险气候灾害预防
		保险	中风险的微观和宏观保险系统
			高风险的气候保险基金
欧盟	适应行动框架	将适应行动纳入国家和部门规划	
		促进实施适应行动所需的知识、信息和能力	
		采纳风险管理方法	
		加强适应技术	
		为特别易受影响的发展中国家提供充足和可预见的资金支持	
		促进相关组织的合作	
		监测评估适应行动	

这一时期进展缓慢的原因是多方面的。一方面，气候变化影响与人类活动的科学归因还不明确，研究结果无法回答哪些损失和损害是人为排放所导致的、在多大程度上所导致的，因此缺少讨论损失和损害赔偿的科学依据。另一方面，在《京都议定书》“自上而下”的机制和发达国家/发展中国家“严格二分”的格局下，广大发展中国家也愿意更加强调发达国家加大减排力度[63]。随着 IPCC 报告提供并展示了充足的科学依据，同时发达国家为了尽快结束“巴厘岛路线图”做出的部分让步而产生了政治契机，损失和损害议题在 2012 年多哈气候大会后开始快速发展。

2. 发展阶段（2013—2014 年）

发展阶段以华沙国际机制的建立为标志，损失和损害议题从此有了明确的领域和实施机制。2013 年，华沙气候大会建立了关于损失和损害问题的华沙国际机制，从此损失和损害议题有了独立的治理机制，其职能包括增进对风险管理办法的知识、加强各方对

① FCCC/AWGLCA/2008/CRP.7。

话、加强行动和支持三个方面（表 4-21）。华沙国际机制不是惩罚性、对抗性的赔偿机制，也不是处理损失和损害的补偿机制，而是基于国际合作加强适应和预防能力的促进性机制[64]。

表 4-21　华沙国际机制的职能与工作内容

职能类别	任务	方法
增进对风险管理办法的知识	增进对处理与气候变化不利影响（包括缓发事件影响）相关的损失和损害的全面风险管理办法的认识和了解	• 采取行动解决在对处理与气候变化不利影响相关的损失和损害方针的了解与专门知识方面的差距，包括在第 3/CP.18 号决定第 7（a）段所述各方面； • 收集、分享、管理和使用相关数据与信息，包括按性别分列的数据； • 提供概述，说明在采取各种办法处理损失和损害的方针方面的最佳做法、挑战、所获经验与教训
加强各方对话	加强相关利害关系方之间的对话、协调、统一和协同	• 领导、协调并酌情监督评估和执行《公约》下处理与气候变化不利影响相关的极端事件与缓发事件引起的气候变化影响相关损失和损害的方针； • 促进所有相关利害关系方，《公约》之外各机构、机关、进程和倡议之间的对话、协调、统一和协同，以期促进所有级别相关工作和活动的合作与协调
加强行动和支持	加强行动和支持，包括资金、技术和能力建设方面的行动和支持，以处理与气候变化不利影响相关的损失和损害，使各国能够按照第 3/CP.18 号决定第 6 段采取行动	• 为处理与气候变化影响，包括极端事件和缓发事件影响相关的损失和损害方针提供技术支持与指导； • 提供信息和提出建议，供缔约方大会在提供有关减少损失和损害风险的指导意见及必要时在处理损失和损害问题时考虑，酌情包括向《公约》资金机制经营实体提供信息和提出建议； • 便利调动和确保专门知识、加强支持（包括资金、技术和能力建设支持），以加强现有方针，必要时便利拟定和执行额外的方针，处理与气候变化影响相关的损失和损害，包括极端气候事件和缓发事件的影响
其他辅助职能	补充并酌情借鉴《公约》下各级现有机构和专家组及《公约》外各级相关组织与专家机构的工作	• 便利支持处理损失和损害的行动； • 改善《公约》下现有机构相关工作的协调； • 召集相关专家和利害关系方会议； • 促进编写、汇编、分析、综合和审评有关资料； • 提供技术指导和支持； • 酌情就如何加强《公约》下和《公约》外的参与、行动及协调提出建议，包括就如何调动各级资源和专门知识提出建议

3. 深化阶段（2015 年至今）

深化阶段以损失和损害作为《巴黎协定》第 8 条独立出现为标志，从此该议题和减缓、适应并列。《巴黎协定》第 8 条的目标是“在合作和提供便利的基础上加强理解、行动和支持”，具体的行动领域包括预警、应急准备、风险评估和管理、保险，行动对象包括缓发事件、永久性损失和损害、非经济损失和复原力（表 4-22）。《巴黎协定》锁定了华沙国际机制，在该议题下不建立新的机制，且不涉及任何责任或赔偿，或为任何责任或赔偿提供依据。

表 4-22　坎昆适应框架和《巴黎协定》下的损失和损害内容

	坎昆适应框架	《巴黎协定》
目标	加强适应行动，包括通过国际合作，争取连贯一致地考虑与《公约》下的适应有关的事项	在合作和提供便利的基础上，……在气候变化不利影响所涉损失和损害方面加强理解、行动和支持
工作事项	• 酌情在地方、国家、分区域和区域各级加强与气候变化相关的减少灾害风险战略，酌情顾及《兵库行动框架》； • 预警系统； • 风险评估和管理及风险分担和转移机制，如保险； • 酌情加强对国家、区域和国际各级气候变化所致流离失所、移徙和计划搬迁问题的了解、协调和合作	• 早期预警系统； • 应急准备； • 综合性风险评估和管理； • 风险保险机制，气候风险分担安排和其他保险方案； • 可能涉及不可逆转和永久性损失和损害的事件； • 缓发事件； • 非经济损失； • 社区、生计和生态系统的复原力

在此之后，缔约方陆续完善并实施现有机制。在程序上，COP22 启动了华沙国际机制五年期审查进程，以考察执行委员会工作计划的执行进展及长期期望。该进程已于 2019 年完成了第一次审查。在机构上，2015—2021 年华沙国际机制执行委员会（WIM-ExCom）陆续设立了缓发事件专家组和非经济损失专家组等多个专题专家组，并通过了各自的职权范围。2021 年，COP26 通过了华沙国际机制下圣地亚哥网络（Santiago Network，SN）的职能，并决定在下次届会（COP27）上通过圣地亚哥网络的机构安排，从而完成华沙国际机制全部要素和机构的建立。

除此以外，缔约方也就新的问题展开了谈判，包括损失和损害的资金机制和全球盘点等。2021 年，小岛屿国家要求对损失和损害提供资金支持，而这一资金支持应该额外、独立于发达国家承诺的每年 1 000 亿美元的目标。这一诉求得到了 G77+中国的认可，并且转化为一份建立“格拉斯哥损失和损害基金”（Glasgow Loss and Damage Facility）的提案，在谈判最后阶段被递交给主席但并未纳入最终决定。“格拉斯哥气候协议”只是决定向圣地亚哥网络提供资金以支持技术援助，并设立了为期三年的“格拉斯哥对话”以进一步讨论损失和损害的供资机制。COP27 决定设立损失和损害供资安排，并在其下设立一个基金。

在机构上，COP 25 在华沙国际机制下建立了圣地亚哥网络，以加快有关组织、机构、网络和专家提供的技术援助。COP 26 对圣地亚哥网络的职能进行了确定（表 4-23），并开启了制度建设意见的征集。总的来说，圣地亚哥网络的架构和功能类似一个损失和损害版的（技术机制下的）气候技术中心与网络（CTCN），仅仅起到一个平台的作用；而华沙国际机制也逐渐与技术机制（参见本章第六节）一样，形成了“执行委员会+网络”的结构。同时，2021 年华沙国际机制执行委员会进一步建立了三个工作组（另有两个工作组待建立），为下面提到的五年期滚动工作计划建立了专门的知识基础。

表 4-23　圣地亚哥网络职能与工作内容

层次	职能	
总任务	促进华沙国际机制职能的有效实施（通过促进各组织、机构、网络和专家的技术援助）	
技术援助	促进需求驱动的技术援助，包括相关组织、机构、网络和专家的援助，以实施相关办法，避免、尽量减少和处理特别容易受到气候变化不利影响的发展中国家的损失和损害	具体做法是（协助） • 确定技术援助需求和优先事项，确定其优先次序并进行沟通； • 确定相关技术援助的类型； • 积极将寻求技术援助者与最合适的组织、机构、网络和专家联系起来； • 获得现有的技术援助，包括来自这些组织、机构、网络和专家的援助
知识信息	促进在区域、国家和地方各级发展、提供、传播及获取关于避免、尽量减少与处理损失和损害的知识及信息，包括综合风险管理办法	
议题发现	促进审议与避免、尽量减少和处理损失和损害有关的广泛议题，包括但不限于当前和未来的影响、优先事项及与避免、尽量减少及处理损失和损害有关的行动	
合作协调	促进协作、协调、一致和协同作用，以加速各组织、机构、网络和专家跨实践社区的行动，并使他们向发展中国家提供切实有效的技术援助	
可获得性	促进行动和支持的可获得性（资金、技术和能力建设），尽量减少和处理与气候变化不利影响相关的损失和损害，包括对气候变化影响作出紧急和及时的反应（通过促进对组织、机构、网络和专家的技术援助来完成）	

在行动上，华沙国际机制自 2014 年以来开展了一系列工作。2015—2016 年，其执行委员会履行了第一个两年期工作计划，确立了九个行动领域。2016 年，该执行委员会在两年期工作计划的基础上，制定了“五年期滚动工作计划指示性框架”，即在 2017 年制定一个五年工作计划，并每年对其进行更新。同时，2016 年 COP 22 对华沙国际机制的结构、任务和效力进行了第一次审查，之后从 2019 年起 CMA 每五年将对华沙国际机制的工作进

行一次审查，第二次审查的时间在 2024 年。至此，华沙国际机制的时间表基本得到了确定。在 COP 26 上，小岛屿国家希望能够设立损失和损害基金以作为资金机制的一部分，并补充目前的华沙国际机制，然而这一诉求并未纳入最终决定。小岛屿国家尽管非常失望，但愿意对此做出让步，表示本着折中的精神继续向前推动会议进程。损失和损害是否单独设立资金实体、该实体是否具有赔偿属性将成为未来该议题下的重要焦点。

专栏 4-21　框架外的损失和损害国际治理进程

联合国在 1990—1999 年开展了“国际减灾十年”，于 2000 年又成立了“国际减灾战略”（ISDR），提高了减灾议题在全球治理中的地位。1994—2016 年，联合国召开了三次世界减灾大会，对最不发达国家、内陆国家和小岛屿发展中国家的防灾减灾工作建议优先考虑和安排，以解决这些国家在防灾减灾方面存在的难题。会议的结论都指出，国家负有保护境内人民和财产免遭各种危害影响的首要责任。与此同时，小岛屿国家和最不发达国家由于发展水平和基础设施落后，最易受到自然灾害的影响，在减灾议题中的话语权不断提升。

2011 年联合国峰会上，太平洋岛国帕劳提出了著名的“帕劳提案”。该提案认为温室气体排放所造成的影响属于“跨境损害”，最受其影响的小岛屿国家具有对损害赔偿的追索权。这一提案进一步激起了关于损失和损害责任问题的国际讨论，也影响了《公约》谈判中该议题的进程。之后的几次大会上帕劳进一步提出激进的主张，认为所有国家必须为全球问题接受直接和主要责任，呼吁达成具有法律约束力的协议，并建立损失和损害基金，对气候变化所致小岛屿国家的损失和损害进行赔偿，坚持行使合法的追索权。虽然咨询意见并不具有法律效力，但是帕劳的一系列行动将小岛屿国家与气候相关的损失和损害议题带到了国际治理的视野之中，增加了小岛屿国家在《公约》下对损失和损害议题的主动性。联合国大会也陆续通过了《〈关于进一步执行小岛屿发展中国家可持续发展行动纲领的毛里求斯战略〉的后续行动和执行情况》《小岛屿发展中国家快速行动方式（萨摩亚途径）》等决议，重申了小岛屿发展中国家的气候脆弱性已经构成了严重的生存威胁。

除了气候变化框架，减灾框架也涉及损失和损害内容。迄今为止一共举办了三次联合国减灾大会（1994 年、2005 年、2016 年），后两次分别通过了《兵库行动框架》和《仙台减灾框架》。不过当前的救灾条约侧重于在灾害发生或受威胁时的即时和仅达到最低生存保障程度的人道救助，很少涉及特定主体所遭受之损害的赔偿问题。

（三）机制结构

华沙国际机制建立在坎昆适应框架下，其中包括执行委员会和圣地亚哥网络两个机构。执行委员会的职能为在缔约方大会的指导下指导履行华沙国际机制的三大职能，受缔约方的指导并对其负责，下设斐济风险转移信息交换所等机构，分别对应行动方案的不同工作流程。圣地亚哥网络的总职能是通过促进各组织、机构、网络和专家的技术援助促进华沙国际机制的有效实施，起到资源对接和知识交流的平台作用；具体职能主要包括催化技术援助、促进问题识别、促进交流合作，但并不提供直接的资金和技术援助，只是起到资源对接的效果。圣地亚哥网络的组织架构将在未来届会确定，截至 COP27 尚处于收集缔约方意见的阶段。华沙国际机制的整体架构如图 4-23 所示。

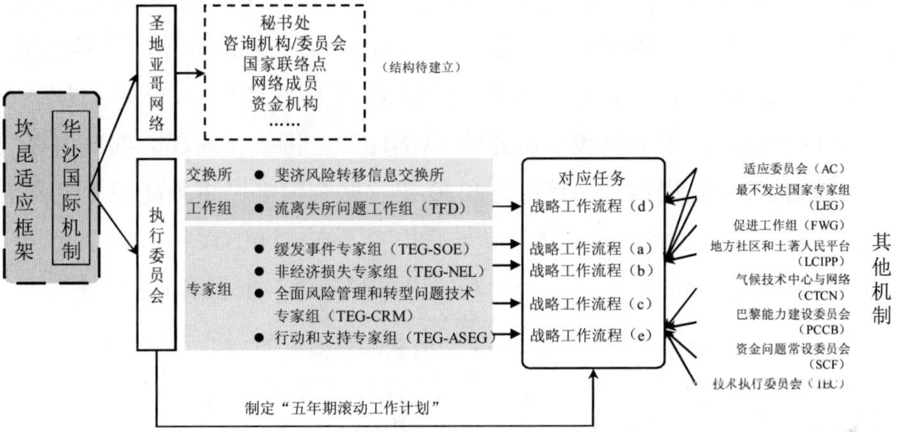

战略工作流程（a）	加强缓发事件方面的合作和便利
战略工作流程（b）	加强非经济损失方面的合作和便利
战略工作流程（c）	加强综合风险管理方法（包括评估、减少、转移和保留）方面的合作和便利，以应对和建立国家、弱势群体和社区对损失和损害的长期复原能力，包括极端和缓发事件，通过：①应急准备，包括预警系统；②采取措施加强恢复和复原，更好地重建/新建；③社会保护工具，包括社会安全网；④转型方法
战略工作流程（d）	加强人员流动方面的合作和便利，包括移徙、流离失所和计划搬迁
战略工作流程（e）	加强行动和支持方面合作和便利，包括资金、技术和能力建设，以应对气候变化不利影响造成的损失和损害

图 4-23　华沙国际机制架构和“五年期滚动工作计划”的五个战略流程

华沙国际机制置于坎昆适应框架之下，且服务于《巴黎协定》第 8 条损失和损害议题。值得注意的是，华沙国际机制、坎昆适应框架和《巴黎协定》损失和损害议题的内涵并不相同。根据图 4-21 的划分，华沙国际机制覆盖范围最广，涉及适应所能够减少的损失和损害，也包括非经济损失等不可修复的损失。《巴黎协定》第 8 条则并未提及采取适应措施可以减少的不利影响。坎昆适应框架则更多强调风险的预警和应对，并未考虑“不可逆转和永久性损失和损害的事件”，而后者在《巴黎协定》第 8 条中被明确提及。

然而，损失和损害治理涉及从事前预防到事后应对的全部过程和知识、协同、资金、法律等各个方面，因此《公约》内外的其他已有机制与华沙国际机制形成了重要的互补（图 4-24）。其中，《公约》内的适应相关机制，包括“内罗毕工作计划”、国家适应计划和国家适应行动方案，通过促进提升韧性和复原力帮助各国从源头尽量减少损失和损害的发生；资金机制下的绿色气候基金通过适应窗口资助了部分涉及损失和损害的项目；技术机制下的气候技术中心与网络也提供涉及损失和损害预警及应对的技术知识，并促进其协同。《公约》外机制以联合国下属机构主导，政府间多/双边机制、非政府组织与私人机构共同参与的形式展开。其中，联合国防灾减灾署（UNDRR）围绕《仙台减灾框架》举办高级别会议等活动，加强各国了解气候风险、管理风险、投资减灾和加强知识及协同的能力。对于“气候难民”的安置和救济问题，目前并无国际层面的责任分摊机制，主要通过双边合作机制解决（如图瓦卢—新西兰的人口迁移双边协议）。联合国人权理事会（UNHRC）和联合国难民事务高级专员公署（UNHCR）围绕《难民公约》为“气候难民”的地位及其安置救济问题提供法律建议。2020 年，联合国难民事务高级专员公署对 Ioane Teitiota 一案的审理明确了因气候威胁而寻求庇护者不被推回的权利。该审理结果不具有法律效力，但是推动了国际法框架下基于权利的“气候难民”安置和救济进程。

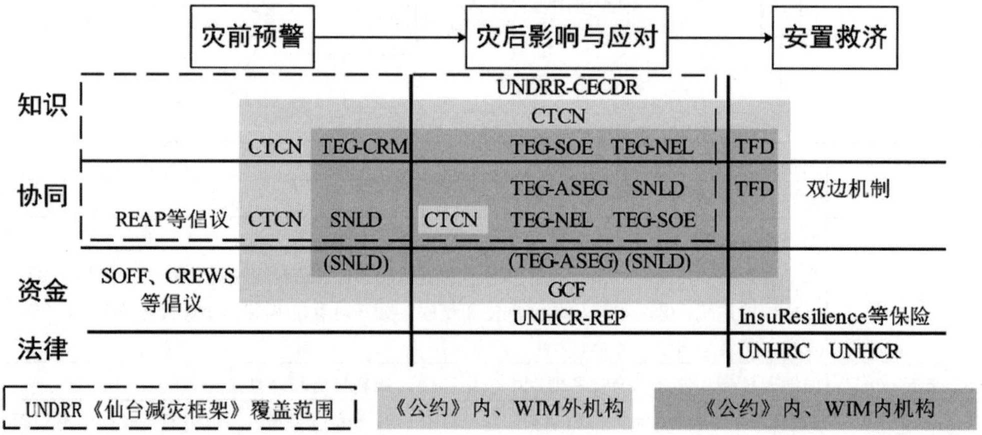

TFD：流离失所问题工作组；TEG-SOE：缓发事件专家组；TEG-NEL：非经济损失专家组；TEG-CRM：全面风险管理和转型问题技术专家组；TEG-ASEG：行动和支持专家组；SNLD：圣地亚哥网络；CTCN：气候技术中心与网络；GCF：绿色气候基金；SOFF：系统性观测融资机制；CREWS：气候风险与预警系统倡议；REAP：风险知情早期行动伙伴关系；UNHCR：联合国难民事务高级专员公署；UNHRC：联合国人权理事会；UNDRR：联合国防灾减灾署；CECDR：气候与灾害韧性英才中心；REP：难民环境保护基金

图 4-24 《公约》内外与损失和损害相关的国际机构/机制及其领域

（四）《巴黎协定》后损失和损害的焦点问题

1. 损失和损害的国际法地位

损失和损害与责任赔偿语义相关，因此本身具有国际法视角下的法律属性。对于损失和损害国际法地位的争论包括两个层面：气候权利是否构成基本人权，以及气候相关权利是否适宜通过国际法保障和追责。目前，在这两个问题上都有一定的实践创新和理论进展，然而其成果都不构成多边赔偿机制的合理性。

气候权利不是传统人权。然而，随着各国推动国内气候立法进程和气候诉讼的实践，气候权利有演变成为“第三代人权”的趋势[65]，一些学者提出了基于人权的损失和损害解决路径[66,67]。自 1986 年第一个气候诉讼案件产生以来，已有大量案件通过诉诸清洁健康环境权、财产权、生命权、自由权、平等保护权向政府间接声索气候变化不利影响的赔偿。2015 年，朱莉安娜诉美国一案开创了原告诉诸气候稳定权的先河，开始了将气候稳定权作为基本人权的尝试。《巴黎协定》要求“缔约方在采取行动应对气候变化时，应当尊重、促进和考虑它们各自对人权等的义务”，也承认了人权在应对气候变化问题上的作用。然而，在现阶段各国国内气候立法进程不一，即使有实践和理论上的法学进展，气候人权在短期内也难以成为国际法共识。

在国际多边治理体系下，责任的追索可能通过两种硬法路径发生：基于国家责任的公法规制和基于跨国环境侵权责任的私法救济。即使在环境权、气候权未达成全球共识的情况下，受害国也可能援引“领土无害使用原则”提出赔偿声索[68]。然而，气候灾害直接行为主体难以归因，且具有行为国与受害国的重合性，因此传统的国际环境诉讼都不可被直接套用[69,70]。考虑到各方对《公约》软法的共识，在《公约》框架下不具有设立损失和损害责任与赔偿制度的基础，也不会以侵入性和惩罚性的方式解决气候移民安置、气候诉讼赔偿的问题。

2. 损失和损害的资金机制

资金问题一直是机制深化过程中的焦点。2021 年，小岛屿国家要求对损失和损害提供额外、独立的资金支持[71]，并得到了 G77+中国的认可，共同提交了格拉斯哥损失和损害基金提案（但未纳入最终决定）。“格拉斯哥气候协议”只决定向圣地亚哥网络提供资金以支持技术援助，同时设立了为期三年的“格拉斯哥对话”以进一步讨论供资机制的安排。供资机制的安排成为损失和损害机制深化的核心变量，如何出资、如何使用也变相体现了应对损失和损害的责任归属。

气候灾害的频发和发展中国家适应能力的普遍不足导致应对损失和损害存在大量资

金缺口。2020 年，全球自然灾害导致的损失约为 2 100 亿美元，其中 1 280 亿美元并未被保险覆盖[72]，应对损失和损害的资金尚不充足。目前《公约》内为应对损失和损害提供资金的只有绿色气候基金，其仅有 8%是专门应对损失和损害的项目[73]。圣地亚哥网络未来为技术援助提供的资金规模目前未知。《公约》外的资金来源有国家资金、国际公共资金、保险和风险转移资金三种。2010—2019 年，与灾害相关的官方开发援助（ODA）仅有 1 330 亿美元，远不足以应对未来的损失和损害[74]。

因此，小岛屿国家希望设立一个损失和损害资金机制，扩大现有损失和损害相关资金规模。目前有三种可能的类型：国际公共资金、创新性资金和保险。国际公共资金的主要来源是多边和双边的国家赠款，其高度依赖发达国家的支持意愿，在现有资金机制遇阻的谈判进程下难以取得质的突破，反而有可能进一步降低发达国家承担自身义务的积极性。创新型资金采取征税的思路，其来源是气候变化外部性活动的税收（类似适应基金），如航空旅客税、燃油税、碳排放税等。然而这存在多重征税等政策设计争议，以及变相向发展中国家转移供资责任的政治争议。保险和风险转移基金也可以为突发的损失和损害提供有效保护，然而发展中国家社区的保险渗透率和投保能力不足，纯商业行为难以有效覆盖目前的需求[75-77]。表 4-24 汇总了目前损失和损害基金可能的类型及相应来源。三种类型各有优劣，因此“多窗口机制”可能成为最终的解决方案：保险资金作为解决突发气候灾害的主要机制，发达国家通过调动资金帮助发展中国家参与保险；创新型基金通过对外部性征税的形式解决缓发的非经济的损失[78]。

表 4-24　损失和损害资金可能类型及相应来源

基金类型	基金来源
国际公共资金	国际气候资金（双边和多边），国际灾害基金（人道主义援助、紧急服务、救援贷款），慈善和团结基金，意外事故贷款
创新型资金	航空旅客税，化石燃料碳税，金融交易税，债务互换、免除或取消，化石燃料补贴，气候诉讼
保险和风险转移资金	小微保险，灾害债券，风险池

不同的基金类型也会产生不同的管理机制设计。基金可以置于华沙国际机制“加强行动和支持”职能中，也可以作为一个新窗口置于《公约》资金机制内的绿色气候基金下。两种方案分别在可行性与效力上存在一定挑战[79]。

损失和损害资金机制的设计问题可以归结为“怎么出”“怎么管”“怎么用”。首先是出资责任的划分如何确保公平性。损失和损害来源于减缓和适应的不足，损失和损害资金的需求根源也是减缓和适应资金的不足，因此出资责任应与减缓和适应资金保持一致，满足“共区”原则和各自能力原则。然而，无论是征税模式的创新型资金，还是小岛屿国家联盟提出的“污染者付费”原则下的公共资金，都有淡化发达国家历史责任、向发展中国家转嫁责任的风险。其次是基金运行的机制如何确保可行性。损失和损害事件和情景复杂多样，既涉及事前的风险管理，也涉及事后的灾害重建，传统的基于项目的管理方式难以处理，需要创新管理机制。最后是基金使用范围如何确保额外性，不与现有机制（特别是适应资金）范围发生重叠。资金使用范围的界定直接取决于损失和损害的内涵，而这在建构模糊的环境下难以达成共识。损失和损害基金的运作模式会反映责任归属，如何使其运作不成为变相的赔偿是未来谈判和制度构建的难点。

3．损失和损害的全球盘点

全球盘点是《巴黎协定》制度设计的重要一环，损失和损害是否参与、如何参与也是各方争执的重点。《巴黎协定》第 14 条只提及全球盘点“考虑减缓、适应及执行手段和支持问题”，而实施细则决定了全球盘点的输入信息，包括“加强与避免、尽量减少和处理与气候变化不利影响相关损失和损害有关问题的理解、行动和支持”。因此，损失和损害会参与全球盘点是确定的，重要的是其参与的定位和技术细节。

损失和损害参与全球盘点的四个焦点问题难以回避[63]。一是“避免、尽量减少和处理损失和损害”的范围是否包括适应不足导致的不利影响？这回到了损失和损害内涵的问题上，但是对于缔约方提供输入信息和确保缔约方之间信息的一致性颇为重要。按照华沙国际机制的范围，损失和损害包括适应不足的部分，然而这一口径会导致全球盘点的输入信息重复。二是全球盘点是否将损失和损害分开？基于学界对于损失和损害的区别、适应局限的概念尚未统一，如果分开盘点将面临技术问题。三是损失和损害盘点的目的是什么？可能的目的包括展示气候变化的不利影响以体现重要性，就损失和损害的内涵达成共识，就评估损失和损害的方法达成共识，切实追踪行动和支持的进展等。盘点的目的不同，重视程度和执行难度也不同，上述选项的力度也会依次增加。四是损失和损害盘点以何种形式展开？透明度框架对于损失和损害的信息通报要求只包括已观察到的和潜在的气候变化影响、有关的活动和体制安排，各国 NDC 中也并未对损失和损害内容有硬性要求。因此，全球盘点较为可行的方式是案例研究。然而案例研究难以达成全球盘点评估“集体进展”的要求，其效力需要缔约方在制度和形式上进一步创新。

4．缓发事件和非经济损失

缓发事件是指与温度上升、荒漠化、生物多样性损失等有关的缓慢、长期、渐进的风险和影响[80]。非经济损失是指不可通过财务量化的无法在市场上交易的个体、社会和环境的损失[81]。COP25 决定请华沙国际机制执行委员会修订两个专家组的职权范围以加强这两个方面的工作，目前，主要领域为加强知识理解、数据收集、影响评估及组织专家论坛讨论解决方案[82]。

缓发事件和非经济损失是小岛屿国家非常强调的话题，其目的是扩大损失和损害的内涵及其机制的职能范围，甚至试图将其纳入“多窗口机制”中的赔偿窗口。如果未来资金机制直接服务于华沙国际机制内各国缓发事件和非经济损失的事后救济，就有可能在事实上变相构成了责任分担甚至是赔偿，从而违背《巴黎协定》第 8 条不涉及赔偿和责任的共识。从技术上看，缓发事件和非经济损失具有时间长期性、机制复杂性和成因综合性的特点，不同评估框架间的差异巨大，评估结果存在高不确定性。因此，目前专家组进行评估指标的建立应服务于各国行动计划的制定和事前预防，而不应成为事后赔偿的货币化依据。

中国也是遭受气候变化不利影响最严重的发展中国家之一。气候变化对中国的影响主要集中在农业、水资源、生态系统、能源需求、交通和人体健康等方面。过去十年，气候灾害带来的中国年经济损失超过 500 亿美元，约占 GDP 的 0.4%[83]。2020 年，中国气象灾害造成的农作物受灾面积达 1 996 万 hm^2，死亡失踪 327 人，直接经济损失为 3 681 亿元。2020 年，受灾面积和死亡失踪人数较 10 年平均值显著下降，直接经济损失略有上升[84]。

中国作为当前最大的温室气体排放国①和遭受气候变化损失和损害最严重国家，这一双重身份导致自身在损失和损害议题立场上存在两难的局面。一方面，如果将损失和损害限制在风险防控的范畴，则会与同为发展中国家的小岛屿国家联盟和最不发达国家形成对立；另一方面，如果将损失和损害延伸至责任赔偿范畴，则可能会同时面临小岛屿国家联盟和发达国家污染者要求中国承担更多责任的诉求，为我国带来不公平的责任并破坏“共区”原则[85]。因此，中国需要采取审慎平衡的立场：一方面，作为发展中大国，应团结发展中国家，支持小岛屿国家的合理诉求，并积极在《公约》框架外为发展中国家寻求资金、技术和能力建设方面的支持，体现人类命运共同体精神；另一方面，谈判应严格在“共区”原则下开展，强调完善执行适应机制的基础性作用，避免损失和损害议题的泛化。

五、资金

资金是气候谈判的核心议题之一，《公约》第 11 条对资金机制做出了原则性安排：确定了一个在赠与或转让基础上提供资金（包括用于技术转让的资金）的机制（第 11.1 条）；规定其主要功能是在缔约方大会的指导下为应对气候变化的行动和项目供资，其管理制度应该透明且能公平和均衡地代表所有缔约方（第 11.2 条）；对缔约方大会及资金机制实体为实施资金机制的安排作出原则性规定（第 11.3 条）；规定缔约方大会应在第一届会议上作出履行上述规定的安排；在其后四年内，缔约方大会应对资金机制进行审评，并采取适当的措施（第 11.4 条）；规定发达国家缔约方还可通过双边、区域性和其他多边渠道提供

① 中国也是温室气体累积排放量第二大国，仅次于美国。

由发展中国家缔约方获取的与履行《公约》有关的资金（第 11.5 条）。

除《公约》第 11 条外，《公约》第 4 条、第 12 条和第 21 条均提及资金问题。《公约》第 4 条规定：附件二所列发达国家和组织缔约方应提供新的和额外的资金，以支付经议定的发展中国家缔约方为履行第 12 条第 1 款规定的义务而产生的全部费用①（第 4.3 条）；还应提供发展中国家缔约方所需要的资金，包括用于技术转让的资金，以支付经议定的为执行本条第 1 款所述并经发展中国家缔约方同第 11 条所述那个或那些国际实体依该条议定的措施的全部新增费用（第 4.3 条）；附件二所列发达国家和组织缔约方还应帮助特别易受气候变化不利影响的发展中国家缔约方支付适应这些不利影响的费用（第 4.4 条）；发展中国家缔约方有效履行《公约》承诺的程度将取决于发达国家有关资金和技术转让承诺的有效履行（第 4.7 条）；各缔约方履行资金等有关承诺时，应充分考虑发展中国家（第 4.8 条），包括最不发达国家的具体需要和特殊情况（第 4.9 条）及其经济容易受到执行应对气候变化的措施所造成的不利影响的缔约方，特别是发展中国家缔约方的情况（第 4.10 条）。

《公约》第 12 条规定，附件二所列每个发达国家和组织缔约方应列入按照第 4 条第 3 款、第 4 款和第 5 款所采取措施的详情（第 12.3 条）。《公约》第 21 条则规定全球环境基金为受托临时运营第 11 条所述资金机制的国际实体。

总体来看，《公约》从以下几方面对气候资金问题作出了基础性规定：①出资义务，明确附件二所列发达国家和组织缔约方须要履行的出资义务；②资金用途，资金应该用于发展中国家减缓、适应等应对气候变化的行动，开展技术转让活动及协助发展中国家履行信息通报义务所需的资金支持；③资金管理，资金机制在缔约方大会的指导下行使职能，临时委托全球环境基金作为资金机制的运营实体；④资金性质，通过《公约》提供的资金应是充足、可预测和可认定的；⑤供资渠道，除了通过《公约》资金机制供资，还可以通过双边、区域性和其他多边渠道供资；⑥资金机制应优先考虑发展中国家，包括最不发达国家的需要。

（一）历史演进

根据图 4-25，《公约》下气候资金问题谈判可分为三个历史阶段。

① 第 12 条为“提供有关履行的信息”，明确了缔约方向缔约方大会进行信息通报的义务。第 12.1 条规定，每个缔约方应向缔约方大会提供国家温室气体排放清单、为履行《公约》而采取或设想的步骤的一般性描述，和缔约方认为适合列入的其他信息。

1995年 柏林 COP1
1996年 日内瓦 COP2
1997年 京都 COP3
1998年 布宜诺斯艾利斯 COP4
“布宜诺斯艾利斯行动计划”
1999年 波恩 COP5
2000年 海牙 COP6
2001年 马拉喀什 COP7
“马拉喀什协议”
……
2007年 巴厘岛 COP13
“巴厘岛行动计划”
2008 波兹南 COP14

（一）初始阶段：建立与完善资金机制

1.1 建立资金机制
- ✓ 《公约》第11条建立资金机制。
- ✓ 《公约》第4条明确发达国家向发展中国家提供资金的义务、第12条规定发达国家在信息通报中提供资金相关信息。

1.2 确立经营实体和审评制度
- ✓ COP4：指定全球环境基金为资金机制经营实体。
- ✓ COP4：通过资金机制审评指南，规定了资金机制审评的目标、方法和标准。

1.3 扩大资金机制
- ✓ COP7：建立适应基金、最不发达国家基金、特别气候变化基金三个新经营实体，重点为发展中国家和适应行动提供资金。
- ✓ COP13：资金成为气候谈判四大支柱之一（“巴厘岛行动计划”）。

2009年 哥本哈根 COP15
《哥本哈根协议》
2010年 坎昆 COP16
“坎昆协议”
2011年 德班 COP17
2012年 多哈 COP18
2013年 华沙 COP19
2014年 利马 COP20

（二）加速阶段：聚焦长期气候资金

2.1 设立发达国家集体目标
- ✓ COP15：提出资金调动集体目标，即发达国家到2020年前每年为发展中国家调动1 000亿美元；2010—2012年调动300亿美元作为“快速启动资金”。

2.2 建立新的资金机制经营实体
- ✓ COP16：设立绿色气候基金作为另一经营实体。

2.3 开启长期气候资金谈判
- ✓ COP19：提出《公约》下“长期气候资金”议题，聚焦调动更大规模的气候资金，包括每年1 000亿美元。
- ✓ 召开年度会期研讨会、两年期高级别部长对话。

2.4 进一步完善资金机制
- ✓ 管理机制：建立“资金问题常设委员会”（SCF）。
- ✓ 通报机制
  - COP17：发达国家提交两年期报告（BR），在其中通报出资信息。
  - COP19：发达国家提交两年期材料，通报增加气候融资的战略和方针。

2015年 巴黎 COP21
《巴黎协定》
2016年 马拉喀什 COP22
2017年 波恩 COP23
2018年 卡托维兹 COP24
“卡托维兹一揽子计划”
2019年 马德里 COP25
2021年 格拉斯哥 COP26
“格拉斯哥气候协议”

（三）深化阶段：后巴黎时代进展缓慢

3.1 通过《巴黎协定》及其资金机制
- ✓ 《公约》资金机制服务《巴黎协定》。
- ✓ 《巴黎协定》下的通报机制
  - 发达国家提交两年期透明度报告（BTR），在其中通报出资信息。
  - 发达国家提交“两年期资金预报”，通报可预测的出资水平信息。

3.2 聚焦2020年前资金目标落实情况
- ✓ COP21：请发达国家制定交付1 000亿美元目标的路线图。
- ✓ COP26：发达国家并未完成1000美元承诺，敦促其尽快落实承诺。

3.3 启动2020年后长期气候资金目标谈判
- ✓ COP21：决定将1 000亿目标延续到2025年，并设立2025年后下限为1 000亿的新目标。
- ✓ CMA1：启动“气候资金新的集体量化目标”谈判，并设立工作方案，计划到2024年结束。
- ✓ COP26：提出适应资金新目标，即敦促发达国家到2025年提供的适应资金比2019年水平翻一倍。

图 4-25 《公约》下气候资金谈判历史回顾

1．初始阶段（1992—2008 年）

这一阶段在《公约》下建立并完善了资金机制，明确了发达国家为发展中国家提供资金的义务，要求发达国家进行出资信息通报，并指定全球环境基金作为资金机制的临时经营实体。在《公约》基础上，1998 年正式指定全球环境基金为资金机制经营实体，《公约》缔约方大会向全球环境基金提供指导意见，全球环境基金定期向缔约方大会提交工作报告；同年，通过了资金机制的审评指南，规定了资金机制审评的目标、方法和标准。2001 年 COP7 进一步取得进展，新建了适应基金、气候变化特别基金和最不发达国家基金 3 个资金机制经营实体，拓展了《公约》框架内的资金渠道。特别是气候变化特别基金和最不发达国家基金，因全球环境基金及其他多/双边渠道的资金不足，主要为最不发达国家和小岛屿发展中国家的适应行动提供资金。这一阶段资金机制初现雏形，主要成果是建立了一系列资金机制经营实体，落实了发达国家的多边出资渠道。

2．加速阶段（2009—2014 年）

这一阶段各方确立了资金调动的量化目标，围绕量化目标的落实，气候资金谈判出现新议题和新机制，谈判局势趋于复杂。在 2009 年召开的 COP 15 上，发达国家在发展中国家的强烈要求下，承诺了两个资金调动量化目标：一是 2010—2012 年，通过国际机构提供金额接近 300 亿美元的新的和额外的资金（又称“快速启动资金”）；二是在 2020 年之前，每年为解决发展中国家的需要而共同调动 1 000 亿美元（以下简称“1 000 亿美元目标”），其中包括不同的资金类型，既含有公共资金，也有私营资本，既可以通过双边渠道，也可以通过多边渠道提供。围绕以上两个目标的落实，缔约方不仅在 2009 年决定设立绿色气候基金，以作为《公约》资金机制新的经营实体，还陆续设立了一系列机制和议程，加强了《公约》下的气候资金治理。一是启动了“长期气候资金”的谈判。2011 年召开的 COP17 决定于 2012 年开展一个关于长期资金问题（long-term finance）的工作方案，以期在长期资金问题上取得进展，争取在 2012 年以后调动更多的气候变化资金。2013 年，COP19 在工作方案结束后，决定继续审议长期气候资金问题。此后的缔约方大会均形成了以“长期气候资金”为主题的单独决定。二是 2010 年决定设立资金问题的专门机构——资金问题常设委员会[①]。该委员会负责协助履行《公约》资金机制方面的职能，包括改进气候资金的一致性和协调性，实现资金机制的合理化，调集资金并向发展中国家缔约方提供支持的衡量、报告和核实（MRV）。三是完善资金信息通报机制。要求附件二发达国家和组织缔约方在编制两年期报告（Biennial Report，BR）时，通报关于向非附件一缔约方提供

① 2010 年决定设立常设委员会（Standing Committee），2012 年正式更名为“资金问题常设委员会”（Standing Committee on Finance，SCF）。

资金支助的信息，同时决定非附件一缔约方在编制两年期更新报告（Biennial Updated Report，BUR）时，通报其获得的资金支助[①]。针对长期气候资金问题，2013 年召开的 COP19 决定，发达国家应通报 2014—2020 年如何落实“1 000 亿美元目标”、扩大资金规模的战略和方针，并且每两年更新一次。四是建立长期气候资金的对话机制。2013 年召开的 COP19 决定，2020 年前每年举办会期研讨会（in-session workshop），每两年组织高级别部长级对话（HLMD），以加强各方对长期气候资金问题的讨论。这一阶段，《公约》气候资金问题的治理机制不断完善，由于发达国家提出了资金量化目标，围绕长期气候资金的谈判更加聚焦于目标的落实。但无论是 300 亿美元的“快速启动资金”，还是“1 000 亿美元目标”，资金的定义、范围、来源、出资责任分配、进展追踪方法均未在缔约方大会层面达成明确共识。

3. 深化阶段（2015 年至今）

这一阶段，《巴黎协定》的通过开启了气候资金治理的新篇章。随着长期温升目标的提出，减缓与适应的资金需求不断增长，气候资金议题的重要性也不断上升。但在“后巴黎时代”，谈判进展缓慢。一是明确了《巴黎协定》的资金治理安排，《巴黎协定》的资金机制承接了《公约》资金机制及其经营实体，并且要求发达国家每两年通报向发展中国家提供公共资金及通过公共干预措施调动资金的信息，加强了气候资金的信息通报；会期内研讨会、高级别部长级对话的机制也在 CMA 决定下得以延续。二是继续聚焦 2020 年前资金目标的落实，2015 年召开的 COP21 决定由发达国家制定交付 1 000 亿美元的路线图。然而，发达国家到 2020 年仍未完成其 1 000 亿美元的出资承诺。三是启动了 2020 年后长期气候资金目标谈判，2015 年召开的 COP21 决定，发达国家将其现有的集体筹资目标持续到 2025 年，并在 2025 年前设定一个新的集体量化目标，每年最低 1 000 亿美元。2021 年召开的 CMA3 明确将在未来三届 CMA 会议上展开新目标谈判，并在 2024 年设立新的集体量化目标，为此还决定在 CMA 下设一个特设工作组。就发展中国家尤为关心的适应资金问题，CMA3 敦促发达国家到 2025 年提供的适应资金水平应相较于 2019 年翻一倍。这一阶段以《巴黎协定》的通过为起点，气候资金的谈判同时在《公约》和《巴黎协定》下开展。围绕着“1 000 亿美元目标”的落实，发展中国家与发达国家在资金规模、用途、融资工具等问题上的分歧越发明显。发达国家承认并未如期兑现“1 000 亿美元目标”且该目标预计至 2023 年才能如期兑现的表态，引起了发展中国家的强烈不满。

---

① 编写 BR 和 BUR 是《公约》缔约方履行透明度义务的要求。

（二）机制结构

图 4-26 展示了《公约》和《巴黎协定》框架下的气候资金治理机制。这一机制基于共同的目标和一系列共识，通过出资机制、信息通报机制和协助机制进行气候资金的治理。

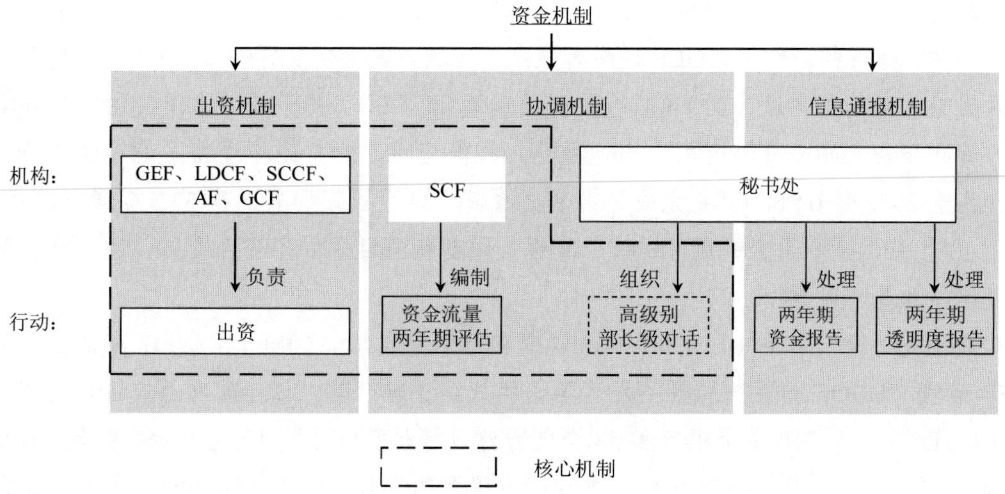

图 4-26　《公约》和《巴黎协定》下气候资金治理机制

资金机制服务的目标是敦促发达国家向发展中国家提供减缓与适应气候变化和履行《公约》义务的资金，这一义务由《公约》第 4 条明确提出，并在《巴黎协定》第 9 条中重申。基于这一目标，各方对气候资金已经形成的共识包括发达国家带头、鼓励其他缔约方自愿提供资金；需要大幅增加气候资金规模；需要考虑发展中国家缔约方，特别是易受气候变化不利影响的和受到严重的能力限制的缔约方；需要实现适应与减缓资金之间的平衡，大幅增加适应资金；需要为适应提供公共资源和基于赠款的资源；需要发达国家加强气候资金信息的透明度和一致性。

基于这些共识，目前《公约》下的气候资金治理机制主要分为三部分。

一是出资机制，包括《公约》资金机制经营实体和《公约》外渠道。经营实体是气候资金在《公约》框架下流动的渠道，资金的主要来源是发达国家缔约方。目前，《公约》经营实体包括全球环境基金、适应基金和绿色气候基金，其中全球环境基金还管理着两只基金：最不发达国家基金和气候变化特别基金。《公约》外渠道流动的公共资金包括政府提供的双边资金和通过多边渠道（如多边开发银行）流动的资金。

专栏 4-22 《公约》资金机制经营实体

全球环境基金（GEF）：成立于 1991 年。《公约》成立之初，由 GEF 作为《公约》资金机制的临时运营实体。1998 年召开的 COP4 决定将 GEF 正式作为《公约》资金机制的经营实体。除气候公约外，GEF 还同时服务于《联合国生物多样性公约》《关于持久性有机污染物的斯德哥尔摩公约》《联合国防治荒漠化公约》《关于汞的水俣公约》等环境公约，旨在解决生物多样性丧失、土地退化、气候变化、化学品和废物污染等全球环境问题。截至 2022 年 6 月，GEF 完成了第 8 次增资，29 个国家向其认捐 53.3 亿美元。目前，GEF 已为 130 多个国家的近 1 000 个减缓气候变化项目提供了资金支持，项目产生的温室气体减排量达到 84 亿 t [86]。

最不发达国家基金（LDCF）和气候变化特别基金（SCCF）：在 2001 年成立，均由 GEF 管理。LDCF 旨在支持最不发达国家的气候适应行动，包括国家适应计划的实施。目前，LDCF 已向 310 多个项目和 53 个能力建设活动提供了约 17 亿美元的赠款，有超过 5 000 万人因此受益[87]。SCCF 旨在支持所有脆弱的发展中国家开展的适应行动。目前，SCCF 已经对 87 个项目投资了 3.55 亿美元，有超过 700 万人受益[88]。

适应基金（AF）：成立于 2001 年，最初旨在资助《京都议定书》下发展中国家缔约方适应气候变化的项目。尽管 2001 年缔约方大会决定成立 AF，但 2010 年才批准了首个项目，宣布正式运行。AF 的资金来源是《京都议定书》下 CDM 的 2%收益分成，也接受自愿捐助。自 2010 年以来，AF 向 123 个项目提供了超过 8.5 亿美元的资金支持[89]。未来，AF 的资金来源将转变为《巴黎协定》下 SDM 的收益分成。

绿色气候基金（GCF）：于 2009 年提议建立，并于 2010 年在 COP16 上批准成立。GCF 旨在支持《公约》和《巴黎协定》的实施，特别是帮助《巴黎协定》缔约方落实其 NDC，其用于减缓和适应项目的资金各占 50%。GCF 是目前《公约》资金机制规模最大的经营实体之一，在 2014 年的初始资金调动（initial resource mobilization）中确认筹集了 83 亿美元的资金[90]。GCF 已完成第一轮增资，截至 2022 年 8 月 19 日，34 个捐资方承诺增资 100 亿美元[91]。目前，GCF 已经批准了 100 亿美元资金用于支持在 127 个发展中国家开展的 190 个适应和减缓项目[92]。

专栏 4-23　气候资金的来源和流动渠道

在资金来源方面，2009 年之前的谈判更加关注的是 GEF、LDCF、SCCF 和 AF 等经营实体，这些资金属于《公约》框架内的多边公共资金。2009 年《哥本哈根协议》提出的 1 000 亿美元资金将来自各种不同来源，其中既有公共来源，也有私人来源，既有双边来源，也有多边来源，包括替代型的资金来源。鉴于《公约》下多边气候基金的资源有限，若想调动数千亿美元乃至数万亿美元数量级的气候资金，就必须扩大资金来源。下表显示了气候资金的各种来源和流动渠道。

气候资金的来源和流动渠道

<table>
<tr><th colspan="4">分类</th><th>含义</th></tr>
<tr><td rowspan="4">公共</td><td colspan="3">双边</td><td>发达国家通过官方发展援助、发展金融机构等渠道为发展中国家提供的资金</td></tr>
<tr><td rowspan="3">多边</td><td colspan="2">《公约》框架内</td><td>GEF、GCF、LDCF、SCCF、AF 等资金机制经营实体提供的资金</td></tr>
<tr><td rowspan="2">《公约》框架外</td><td>多边开发银行</td><td>世界银行、亚洲开发银行（ADB）等多边开发银行的资金</td></tr>
<tr><td>其他多边基金</td><td>气候投资基金（Climate Investment Fund）、全球基础设施基金（Global Infrastructure Facility）等多边性质的基金</td></tr>
<tr><td colspan="4">私人</td><td>机构投资者、金融机构、散户等私人来源的资金</td></tr>
</table>

二是资金信息通报机制，其旨在通过各缔约方“自下而上”提供资金信息，评估资金流动情况。在“1000 亿美元目标”提出之后，资金信息通报成为《公约》下核查发达国家资金承诺落实程度的关键机制。 方面，建立了 BR/BUR 透明度机制。发达国家需要通过 BR 通报出资信息，并且提供关于扩大资金规模的战略和方针；发展中国家需要通过 BUR 通报接收资金、需求缺口等信息。另一方面，形成了增加资金规模的战略和方针。2013 年召开的 COP19 明确要求发达国家缔约方就其更新的 2014—2020 年增加气候资金的战略和方针编写 BR，并须列入有关路径数量和质量内容的任何现有信息[①]。此后，发达国家应每两年更新一次上述战略和方针（此后发达国家应提交针对 2016—2020 年、2018—2020 年更新的战略和方针）。以上机制在《巴黎协定》通过后成为 2020 年后资金信息通报机制的基础。根据《巴黎协定》第 9 条第 5 款及 CMA1 相关决定，发达国家提供的信息种类包括公共资金水平、指示性定量定性信息（包括预计的水平、渠道和工具）、政策和优先领域、支助目的和类型等 15 类信息。

① 关于该 BR 的详细内容，请参考第 3/CP.19 号决定《长期气候融资》。

专栏 4-24　缔约方在 BR、BUR 中及根据《巴黎协定》第 9.5 条需提供的资金信息

2010 年召开的 COP16 决定，加强《公约》附件一所列缔约方国家信息通报中关于和向发展中国家缔约方提供资金、技术和能力建设支助的报告。这一决定在 2011 年召开的 COP17 上得到延续，大会决定发达国家缔约方应考虑到各自的国情编制第一份 BR，于 2014 年 1 月 1 日之前向秘书处提交，并在一份全面的国家信息通报到期日之后每两年（2016 年、2020 年）提交第二份和以后的 BR。在 BR 中，附件二缔约方需要以通用报告的格式提供关于向非附件一缔约方提供资金支助的如下信息：

- 尽可能说明如何设法确保所提供的资源被有效地用于处理非附件一缔约方在气候变化适应和缓解方面的需要。
- 说明已经提供、承诺和/或允诺提供哪些资助，以协助非附件一缔约方缓解温室气体排放和适应气候变化的不利影响及应对措施的任何经济和社会影响，并酌情在缓解和适应方面开展能力建设和技术转让；应说明通过哪些划拨渠道提供了多少年度捐助，酌情包括《公约》框架内基金[①]，其他多边气候变化基金，多边金融机构（包括区域开发银行），联合国专门机构，通过双边、区域和其他渠道提供的捐助。
- 以文字和表格形式提供以上所指过去两个日历年或财政年度的概要信息，说明每年为协助非附件一缔约方而提供的资助，包括资金额、支助类型（用于减缓和适应）、资金来源、金融工具、部门、一项关于根据《公约》第 4 条第 3 款提供的新的和额外的资金的说明，缔约方应澄清如何确定这些资源是新的和额外的资源。
- 尽可能报告经由双边气候融资调动的提供给非附件一缔约方开展减缓和适应活动的资金流量，并应报告旨在促进扩大私营部门对发展中国家缔约方减缓和适应活动的投资的政策和措施。
- 具体说明用于提供援助的工具类型，诸如赠款和优惠贷款。

2011 年召开的 COP17 还决定，非附件一缔约方应按照其能力和为报告提供的支助水平，于 2014 年 12 月以前提交第一次 BUR；最不发达国家缔约方和小岛屿发展中国家可自行酌定提交 BUR。根据 BUR 指南，非附件一缔约方在资金、技术和能力建设需要得到的支助方面须提供以下更新信息：

- 说明限制因素和差距及相关的资金、技术和能力建设需要。

① 指全球环境基金、最不发达国家基金、气候变化特别基金、适应基金、绿色气候基金和补充活动信托基金。

- 说明在与气候变化有关的活动方面，包括在编制当前 BUR 方面，从下列方面得到的资金、技术转让、能力建设和技术支助：GEF、《公约》附件二缔约方和其他发达国家缔约方、GCF 和多边机构。

2018 年召开的 CMA1 明确了缔约方根据《巴黎协定》第 9 条第 5 款提供的信息种类。发达国家缔约方应根据对其适用的《巴黎协定》第 9 条第 1 款和第 3 款的规定，每两年通报一次与上述条款相关的指示性定量定质信息，包括预计将向发展中国家缔约方提供的公共资金水平（如果有），并鼓励其他提供资源的缔约方也自愿每两年通报一次此类信息，包括：

- （如果有）为使预计将向发展中国家提供的公共资金水平更加清楚明确而提供的更详细的信息；
- （如果有）关于方案的指示性定量定质信息，包括预计的水平、渠道和工具；
- 政策和优先领域，包括区域和地理、接收国、受益方、目标群体、部门和对性别平等的影响；
- 支助目的和类型：减缓、适应、跨领域活动、技术转让和能力建设；
- 通报气候资金提供方在评价项目建议书时考虑的因素，以帮助发展中国家了解项目的情况；
- 将提供的新的额外资源及缔约方如何确定此类资源作为新的额外资源的说明；
- 提供与事前信息有关的国情和局限；
- 为预测气候资金水平使用的相关方法学和假设；
- 过去遇到的挑战和障碍、学到的经验教训及为克服上述种种所采取的措施；
- 缔约方如何力争实现适应与减缓之间的平衡，同时考虑到国家驱动战略及发展中国家缔约方的需要和优先事项，尤其是那些特别易受气候变化不利影响和能力方面面临严重制约的发展中国家缔约方，如最不发达国家和小岛屿发展中国家，同时也应考虑为适应提供公共资源和基于赠款的资源的需要；
- 作为全球利用广泛的不同来源筹集气候资金工作的一部分，筹集额外气候资金的行动和计划方面的信息，包括使用的公共干预措施与筹集的私人资金之间的关系；
- 资金支持如何有效响应发展中国家缔约方的需要和优先事项，并支持国家驱动战略；
- 提供和募集的支持如何有的放矢地帮助发展中国家努力实现《巴黎协定》的长期目标，包括协助它们努力使资金流与迈向低温室气体排放和气候适应型发展道路相吻合；
- 将气候变化考虑因素（包括抗御力）纳入发展支助工作；
- 向发展中国家缔约方提供的支持如何增强其能力。

三是协调机制，由《公约》秘书处和资金问题常设委员会两个主要机构开展工作，它们根据缔约方大会对其的授权，各自开展活动以促进资金机制的落实。《公约》秘书处通过组织高级别对话，促进各缔约方就气候资金展开讨论，以期调动更大规模的气候资金。秘书处组织的对话机制包括会期研讨会和组织高级别部长级对话。会期研讨会是在2013年召开的COP19上决定开展的活动，旨在就增加气候资金的战略和方针、加强扶持环境开展合作，并支持相关准备活动的开展，以及就2014—2020年有关支持发展中国家的需要开展对话。缔约方大会还要求秘书处至2020年每年都举办年度会期内研讨会。高级别部长级对话最初由2012年召开的COP18决定举行，以讨论发达国家缔约方为2012年以后调动更多的气候变化资金所做的努力。随后2013年召开的COP19决定将举办高级别部长级对话的机制常态化，即从2014年起至2020年止召集关于气候资金问题两年期高级别部长级对话。资金问题常设委员会则在缔约方授权下开展了一系列协助工作，包括关于气候资金的技术工作。2011年召开的COP17授权资金问题常设委员会开展各项活动，如组织一个从事气候变化资金的机构和实体之间通报情况并不断交换信息的论坛、向缔约方大会提供对《公约》资金机制经营实体的指导意见草案、编制概述气候资金流量的两年期评估。缔约方大会还要求资金问题常设委员会开展与改善气候资金报告方法、气候资金定义相关的技术工作。

《巴黎协定》资金议题下，发达国家需要采取的四个方面的行动：调动资金（第3款）、事前报告（第5款）、参与盘点（第6款）和事后通报（第7款）。事前报告具体指资金支持的双年通报，发达国家应定质定量地报告将要调动的资金水平，其中重点包括预计将向发展中国家缔约方提供的公共资金水平。事后报告即《巴黎协定》第13条第6款“支助透明度框架”所述部分，发达国家应报告上一个时期内已经提供和调动的资金水平（详见后文）。第4款是针对第3款“调动资金”提出的要求：减缓和适应平衡、考虑发展中国家需要和优先事项、超过先前努力。第8款和第9款明确了《巴黎协定》的资金机制，即原先《公约》下的资金机制继续服务于《巴黎协定》第9条，且各经营实体应精简审批程序，并提供强化准备活动支持以确保有效性。

图4-27展示了《巴黎协定》第9条的内容与结构。总体来看，虽然《巴黎协定》开启了全球气候治理的新篇章，但气候资金谈判也逐渐进入“深水区”。尽管缔约方一致同意将设立2025年后发达国家的新资金调动集体目标，然而《巴黎协定》后资金谈判机制的成果产出并不多，出资机制、信息通报机制、协调机制均延续了《公约》下的安排。

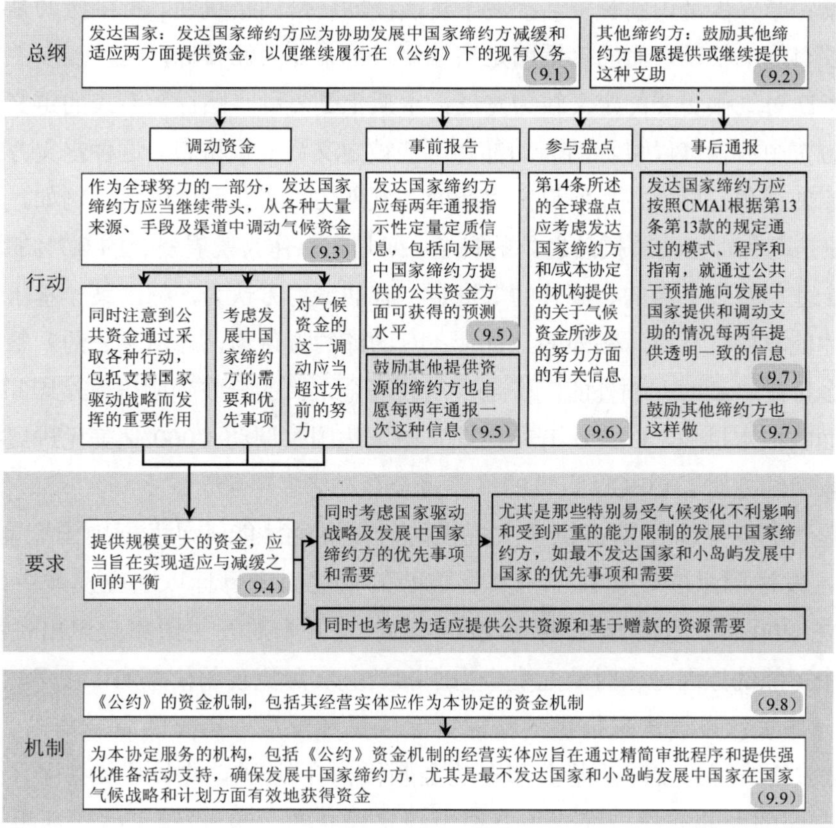

图 4-27 《巴黎协定》第 9 条内容与结构

（三）气候资金谈判的焦点问题

气候资金谈判的主线始终是如何敦促发达国家履行其出资义务的问题。围绕这一主线，气候资金谈判需要回答气候资金“是什么”“出多少钱”“谁出钱”“怎么用”“实际有多少钱”等关键问题。

首先是气候资金“是什么”，即气候资金的定义问题。资金问题常设委员会给出的气候资金定义是“旨在减少温室气体排放，增加温室气体的汇，并降低人类和生态系统面对气候变化负面影响的脆弱性，维持和增强其韧性的资金”[93]。这一核心定义与减缓和适应活动的定义保持一致，但是对实际投融资活动的指导意义不强。在谈判中，缔约方并未就气候资金的定义达成统一意见。经济合作与发展组织（OECD）发展援助委员会（DAC）采取两步法定义气候资金[94]。第一步是运用“里约标签”（Rio markers）识别发展融资活动是否属于减缓或适应活动，OECD 对减缓和适应活动的定义不仅包括传统的减排或适应活动，还延伸至一些能力建设、政策制定支持、研究，甚至支持发展中国家履行《公约》

义务的活动；第二步是识别融资活动属于直接援助还是间接援助，直接援助是指将气候目标作为首要目标的活动，而间接援助是指首要目标并非气候目标，但可能产生气候效益的活动。OECD 对气候资金的定义较为宽泛，本质上是一种“贴标签”式的定义方式，只要是在发展融资中涉及气候目标的活动都有可能被定义为气候资金。这种定义方式完全代表了发达国家的视角。此外，如何界定“新的、额外的”资金争议较大。例如，有的缔约方认为，必须是现有官方发展援助之外的资金，或是超出作为发展资金的 0.7%的国民总收入之外的资金才能算作“新的、额外的”资金；有的缔约方认为，超出某一基年气候资金水平的资金才能算作“新的、额外的”资金；有的缔约方认为，自从《公约》签署生效以来提供的资金都是“新的、额外的”资金。气候资金定义的分歧使明确发达国家出资责任、追踪进展面临根本挑战，OECD 开始定期发布发达国家调动 1 000 亿美元进展报告之后，发展中国家缔约方对于 OECD 报告的气候资金存在诸多质疑[95]。

其次是“出多少钱”，即提供多大规模的气候资金才能满足发展中国家需求的问题。理论上讲，发达国家应该设立一个具有雄心的量化出资目标以回应发展中国家的资金需求。但在 2009 年之前，《公约》及缔约方决定并未对发达国家应该出资的数量做出要求，一个可能的原因是当时缺乏资金需求和资金实际流动的信息加以参考。从 2005 年起，各方开始关注发达国家提供的实际资金流量和发展中国家的资金需求。2005 年，《公约》秘书处编写的《国际基金和多边金融机构在处理发展中国家履行〈公约〉承诺投资需求方面的经验》报告综合了发展中国家提交的 124 份国家信息通报，定性识别了发展中国家适应和减缓气候变化的投资需求：在适应方面发展中国家最关注水资源、农业、健康、森林和生态系统管理、海岸管理和海洋资源等领域，在减缓方面发展中国家最关注能源和交通、农业、土地利用变化和废物管理等领域。此外这份报告提供了 1994—2003 年的资金流评估数据，结果显示，1994 年以来发展中国家减缓核心活动和相关部门的投资达 1 300 亿美元（以 2002 年美元计）[96]。这份报告并没有提供发展中国家投资需求的定量评估结果，但报告认为各国提交的国家信息通报反映出巨大的投资需求。《公约》秘书处在 2007 年发布的《应对气候变化的投资和资金流量》报告中，估计到 2030 年非附件一缔约方额外的适应资金需求将达到 280 亿～670 亿美元/年（数量级为数百亿美元/年），为使 2030 年的排放水平回落至当时水平，额外减缓资金需求将达到 920 亿～966 亿美元[97]。

这些早期的评估结果至少表明两点，一是发展中国家的资金需求巨大，二是现有的气候资金和需求之间的缺口巨大。据此可以推测，以上评估结果和其他研究对气候资金需求的评估为资金议题谈判提供了参考，并且可能推动了 2009 年发达国家提出 300 亿美元和 1 000 亿美元的量化目标。在 2009 年之后，发展中国家敦促发达国家尽快落实其提出的资金量化目标，缔约方大会也形成一系列决定，为促进 1 000 亿美元目标的实现建立了绿色气候基金、信息通报机制、对话机制等，并且开启了长期气候资金的谈判议题。随着对气候资金需求评估的深入，缔约方显然意识到每年 1 000 亿美元对解决发展中国家的需求和优先事项而言实属杯水车薪。2015 年召开的 COP21 首次对 2020 年后的资金机制做出安排，包括决定要将现有的筹资目标延续到 2025 年，并且要提出 2025 年后下限为 1 000 亿美元的新目标。

专栏 4-25　全球气候资金的需求

减缓气候变化需要对能源供给侧和工业、交通、建筑等能源需求侧，以及自然生态系统等领域进行大规模投资，适应气候变化也需要大量投资以增强生态系统和人类系统的气候韧性。已有一些研究对减缓和应对气候变化的资金需求进行了评估，但由于这些研究测算资金需求的方法学、边界存在不同，因此测算结果也存在差异。

在减缓资金需求方面，McCollum 等的评估结果显示，在全球温升控制在 2℃和 1.5℃以内的情景下，2016—2050 年全球能源供给侧和需求侧的年度投资需求分别在 2.13 万亿 ~ 4.09 万亿美元（中值为 3.02 万亿美元）和 2.37 万亿 ~ 4.68 万亿美元（中值为 3.38 万亿美元）[98]。这仅是能源系统的投资需求。若考虑基础设施投资，则该需求将进一步增长。在 2℃情景下，全球经济和气候委员会的评估结果显示，全球 2015—2030 年低排放基础设施投资需求为 93 万亿美元（年均 6.2 万亿美元），其中发展中国家的投资需求占 2/3[99]。OECD 的评估结果更高，全球 2015—2030 年的投资需求将达到 104 万亿美元（年均 6.9 万亿美元）[100]。

适应比减缓更难评估成本和资金需求。目前没有全球适应成本的评估结果，其中一个原因是目前没有一致的全球适应量化目标[101]。UNEP 2016 年的评估结果显示，全球温升幅度在 2 ~ 4℃的情景下，发展中国家适应气候变化的成本在 2030 年前将达到每年 1 400 亿 ~ 3 000 亿美元，到 2050 年可能上升至 2 800 亿 ~ 5 000 亿美元[102]。目前对适应资金需求的评估是基于《公约》缔约方在 NDC 和 NAP 中通报的信息。截至 2021 年 7 月，58 个发展中国家提交的 NDC 和 NAP 中包含了适应资金需求的信息，2020—2030 年的资金需求指示性评估结果约为每年 700 亿美元。若将这一估算结果外推到所有发展中国家，适应资金需求将在 2030 年前达到每年 2 500 亿美元[103]。需要注意的是，这些国家自主通报的适应资金需求并非基于统一方法进行的测算，因此难以进行加总或比较[101]。

再次是气候资金“谁出钱”“怎么用”，这是涉及出资方、资金来源、融资工具和资金用途的问题。在出资方上，发达国家一直试图通过拓展气候资金的定义，将出资责任延伸至所有缔约方。例如，《巴黎协定》第 2.1（c）条的资金流目标阐述的是全球金融格局面向低排放和气候韧性目标的转型，实质上确立的是气候行动在投融资方面的主流化目标，但发达国家通过将其阐释为气候资金的目标之一，从而将广大发展中国家也纳入出资义务范围内。在资金来源上，发达国家不断弱化公共资金的作用，特别是忽视了公共部门在适应融资中的重要作用，放大了私营部门资金的重要性。尽管这从根本上解决了气候资金缺口，调动了大规模私营部门的资金，但是在《公约》框架下发达国家却利用私营部门转移了注意力，逃避了出资责任。在融资工具上，细究发达国家自主报告的已调动的资金不难发现，发达国家将赠款、贷款、股权融资各类气候融资工具与调动的私人资金均纳入了统计范围，而回顾《公约》对发达国家出资义务和资金机制的规定，发达国家为发展中国家提供的资金应为赠款性质的。在资金用途上，《公约》和《巴黎协定》都强调资金应在减缓和适应活动之间保持平衡，众多最不发达国家和小岛屿国家的适应需求也远超减缓需求，然而当前绝大部分资金流向了减缓活动。

专栏 4-26　发展中国家的适应资金需求与谈判进展

气候资金被用于减缓、适应或具有减缓和适应双重效益的行动，其中适应资金对于发展中国家，尤其是最不发达国家和小岛屿国家极为重要。它们目前已经遭遇气候变化导致的负面影响，且由于其脆弱性较高，遭受的人员伤亡和财产损失更大。目前，对发展中国家适应成本及适应资金需求的估计结果普遍比先前的研究更高，且缺口巨大。从26个发展中国家的NDC和NAP来看，发展中国家超过3/4的适应资金需求来自农业（占26%）、基础设施（占22.6%）、水资源管理（占15.2%）和灾害管理（占12.5%）四个部门[16]。因此，大幅增加适应资金的规模和比例对应对近期气候变化导致的风险至关重要。

在提出“1 000亿美元目标”之前，气候资金谈判已经开始关注适应资金的问题。2001年成立的三个新资金机制经营实体都将资助发展中国家，特别是最不发达国家和小岛屿国家等脆弱国家开展适应行动和项目作为经营的重点。GEF在2003年发布了《全球环境基金关于适应措施的拟议方针》，阐明了GEF促进适应项目资助的工作方法[104]。然而，资金在减缓和适应之间分配不平衡的问题仍然存在。2006年召开的COP12对资金机制的审评中指出，适应气候变化及其不利影响对所有国家都是高度优先的事项，而发展中国家，特别是最不发达国家和小岛屿发展中国家是特别脆弱的国家，但GEF将最大部分的气候变化资金分配给了长期减缓项目，因此建议GEF未来适当优先注意适应活动。然而，适应资金占比过低不只是多边气候基金运作的问题，也是全球气候资金格局面临的问题，且多年来并未得到解决。从气候政策倡议组织（Climate Policy Initiative，CPI）提供的2020年气候资金流向领域来看，减缓和适应资金的比例仍然极度失衡，且目前几乎所有的适应资金都来自公共资金[105]。

从 2009 年后的缔约方大会的决定来看，缔约方针对适应资金达成了三个共识：一是资金应当在减缓和适应之间平衡分配。例如，2012 年召开的 COP18 决定，请 GCF 在适应活动和缓解活动之间平衡分配资金；2013 年召开的 COP19 决定，发达国家提交的关于增加气候资金规模的战略和方针中要说明如何在适应和减缓之间确保平衡，尤其是考虑特别易受气候变化不利影响的发展中国家的需要。《巴黎协定》第 9.4 条明确规定，提供规模更大的资金应当旨在实现适应与减缓之间的平衡。二是应该大幅提高适应资金规模。COP21 还决定要大幅提高适应资金水平。2021 年召开的 COP26 高度重视适应资金，对适应资金提供不足的事实表示关切，敦促发达国家尽快和显著扩大其提供的气候适应资金规模。三是应该从所有渠道通过一切资金工具来调动适应资金。2012 年召开的 COP18 呼吁发达国家缔约方为适应活动输送较多比例的公共资金，《巴黎协定》第 9.4 条规定应考虑为适应提供公共资源和基于赠款的资源的需要。2021 年召开的 COP26 呼吁多边开发银行和其他金融机构及私营部门加强资金动员，以加强资金规模，特别是用于适应行动的资金规模，鼓励缔约方继续探索从各个渠道动员适应资金的创新方案和工具。

专栏 4-27　气候融资工具与资金获取

尽管发达国家作出了包括 1 000 亿美元在内的资金承诺，但资金调动和交付的工具存在很大区别。资金调动的工具主要包括赠款、贷款、投资、保险等。大多数发达国家在通报提供资金支持的信息中都会包含所有资金工具提供的资金面值，这意味着同等数额的赠款和非赠款形式资金都被计算为“调动的资金”。然而，对于发展中国家而言，它们更想获得的是不需偿还的赠款，而不是其他需要偿还的资金。特别是对于一些适应活动而言，资金投入是为了抵御风险和损失，因而难以获得投资回报，更加需要以赠款为主的资金支持。

目前的气候资金谈判已经在强调基于赠款和高优惠性贷款为发展中国家提供资金的重要性。在发达国家的两年期报告中，需要指明资金是否属于赠款或优惠性贷款；从 2017 年起，缔约方大会的决定中开始强调适应资金的重要性和为适应活动提供公共资金及赠款型资源的必要性。2021 年召开的 COP26 敦促资金机制运营实体、多边开发银行和其他金融机构继续扩大气候行动的投资，呼吁继续加强气候资金的规模和效力，包括赠款和其他高优惠性质的资金。

然而，发达国家和发展中国家对于气候资金应该采用何种资金工具进行资金调动仍存争议。发展中国家因其能力所限，始终强调发达国家必须通过援助性质的赠款来供资，因此至少对于发达国家在2009年承诺的1 000亿美元，发展中国家期望主要通过GCF的公共赠款来提供[106]。发达国家则试图引入更多的融资工具，虽然这有助于扩大气候资金的规模，但也淡化了其在《公约》和《巴黎协定》下的出资义务。

与融资工具紧密相关的是资金获取问题。两个方面因素制约了发展中国家吸引和获取资金。一是受能力所限融资成本过高。发展中国家强调发达国家需要保证基于赠款形式的资金规模，一个重要原因是获得赠款相比于获得非赠款的资金融资成本较低，特别是《公约》框架下的多边气候基金都会考虑发展中国家，尤其是最不发达国家和小岛屿国家等脆弱国家的需要及优先事项来进行资源分配。若是通过债务、股权等形式融资，一些发展中国家由于政治形势和宏观市场环境不稳定、经济金融政策法规不完善等，实际融资成本很高，难以获得传统金融机构的融资。有研究指出，这会使发展中国家低碳转型的总成本被低估，低碳技术的部署速度也大大放缓，进而导致发展中国家受气候变化的影响更多，国内经济和就业遭受更大损失，市场环境更差，获得的融资支持进一步减少，从而落入“气候投资陷阱”[107]。二是融资项目审批成本过高。1996年，缔约方大会决定就指出，发展中国家难以从GEF获得必要的资金援助，主要是因为GEF在审批、拨款、行政等方面的政策和费用负担过高。GCF在决策机制、项目质量等方面也存在诸多问题[108]。这均不利于发展中国家获取资金。

在此背景下，如何帮助缔约方吸引和获取资金成为气候资金谈判的重点议题之一。在降低发展中国家融资成本方面，从2012年起，加强扶持环境和政策框架（enabling environment and policy framework）成为缔约方关注的重点之一。此后的会期研讨会和高级别部长级对话都曾将加强扶持环境和政策框架作为研讨主题。2021年召开的COP26敦促各缔约方继续加强本国的扶持环境和政策框架，强调有效和连贯的气候融资格局对于最大限度地获得气候资金以满足发展中国家缔约方的需求和优先事项的重要性。在提高项目效率方面，缔约方会对《公约》下的多边气候基金就加快项目审批、提高工作效率作出指导，2021年召开的COP26鼓励出资方考虑国家的脆弱性，并简化资金获得的方式。

最后是气候资金“实际有多少钱”，即发达国家的出资进展问题。发达国家并未按时按量完成其1 000亿美元承诺，根据OECD最新的评估结果（图4-28），2013—2020年，发达国家为发展中国家调动的气候资金从524亿美元上升至833亿美元。在资金来源方面，双边公共资金从2013年的225亿美元上升至2018年的320亿美元，但在2019年回落至287亿美元；多边渠道调动的公共资金则从155亿美元大幅上涨至369亿美元，其中多边开发银行贡献显著；调动的私营部门资金并无显著增加[109]。发达国家逃避出资义务的事实甚至影响了发展中国家与发达国家在整体气候谈判上的政治互信，COP26 使用了“深表遗憾”的语言表达发展中国家对发达国家在资金问题上失信的强烈不满。发达国家还表示，预计到 2023 年才能完全实现这一目标[110]。

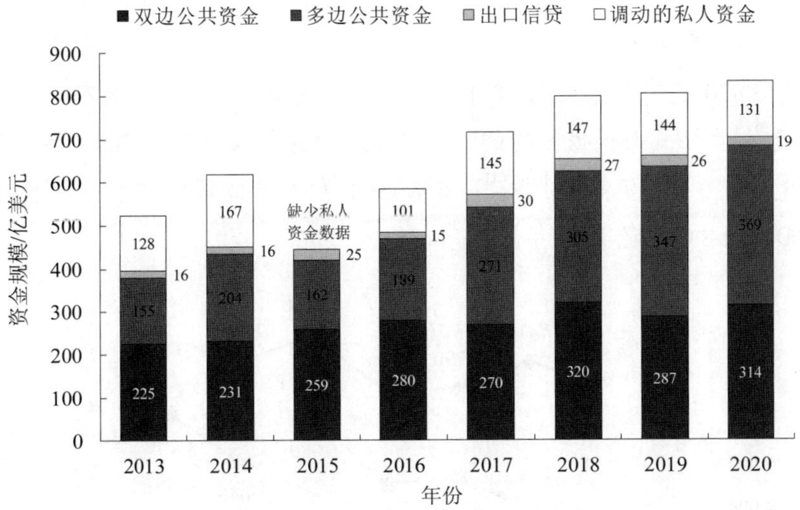

图 4-28　OECD 报告的发达国家为发展中国家调动的气候资金规模（2013—2020 年）

仅看规模，发达国家距离 1 000 亿美元的目标差距尚且不大。然而正如前文所述，考虑 1 000 亿美元的资金定义、资金来源、融资工具的模糊性，发达国家报告的资金数据经不起推敲。发达国家以较为宽泛的气候资金定义将各种来源、各种手段调动的资金全盘归入其提供的气候资金范围内，使资金数据严重膨胀。乐施会（Oxfam）的报告[111]指出，在 OECD 的统计口径下，大多数贷款继续按其全部面值计算，而不是考虑还款、利息和其他因素后给予发展中国家的金额（赠款等值金额）。此外，OECD 还将许多可能与气候相关的发展资金也纳入统计。若剔除这些因素，专门用于气候变化的公共资金远低于 OECD 报告的数据，估计 2015—2016 年平均每年仅为 150 亿～195 亿美元，2017—2018 年平均每年仅为 190 亿～225 亿美元。此外，发达国家提供的非赠款资金也在增长，而赠款几乎没有发生变化。可见，发达国家为发展中国家提供的资金“注水”严重。

将视角转向《公约》外，为实现《巴黎协定》的长期目标，全球气候资金也面临巨大缺口。

专栏 4-28 全球气候资金的流量与缺口

SCF 和 CPI 长期以来致力于追踪全球气候资金流动情况，但其评估结果存在一定差异。下图展示了 SCF 和 CPI 评估的全球气候资金流。根据 SCF 的评估结果，全球气候资金从 2013 年的 6 870 亿美元增长到 2018 年的 7 460 亿美元，其中 2017 年达到历史最高值 8 039 亿美元[93,112,113]。而根据 CPI 的评估结果，全球气候资金从 2013 年的 3 390 亿美元增长到 2020 年的 6 400 亿美元[105,114]。结合 SCF 和 CPI 的评估结果，当前全球气候资金规模在 6 000 亿～8 000 亿美元/年。

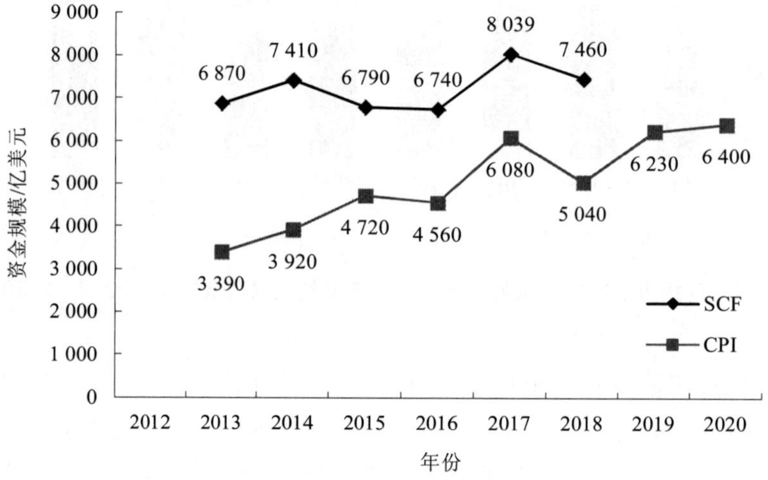

2013—2020 年全球气候资金流评估结果（SCF 和 CPI）

从结构上看，以 CPI 评估的 2019 年、2020 年平均资金为例进行分析，气候资金在来源、融资工具、用途和地区分布上呈现公私资金平衡、赠款和适应资金比例极低、地区分布不均的特征，见下图。公共资金占 51%，私营资金占 49%，公私资金比例基本平衡；债务融资占 60.8%，股权融资占 32.6%，赠款性质的资金仅占 5.7%；用于减缓的资金占 90.3%，适应资金仅占 7.3%；流向东亚和太平洋地区、西欧、美国和加拿大的资金占 75%，而流向世界其他地区的资金仅占 25%。

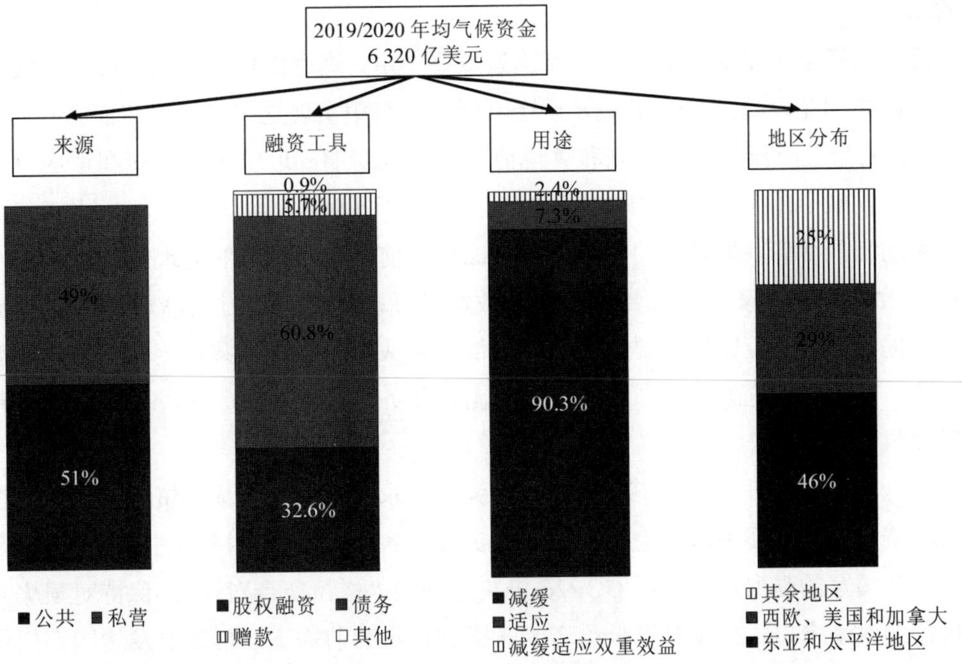

2020 年全球气候资金的来源、融资工具、用途和地区分布（CPI 数据）

无论是 SCF 还是 CPI 的评估结果，全球气候资金在近年来呈现出增长趋势，却远低于实现《巴黎协定》目标所需规模。据 IPCC 第六次评估报告（AR6）估计，全球的气候资金需求高达数万亿美元，全球的减缓资金总体需要增加至当前水平的 3～6 倍，其中减缓资金缺口在发展中国家显著高于发达国家，发展中国家的减缓资金需增长至当前水平的 4～8 倍，发达国家则为 2～5 倍[6]。

（四）挑战与展望

气候危机越发严峻，IPCC 第六次评估报告第一工作组报告指出，人类活动已经毋庸置疑地致使气候以数千年未有的速度变暖，模拟结果显示全球即将错失实现 1.5℃和 2℃温控目标的机会窗口[115]，凸显了应对气候变化的紧迫性及实现《巴黎协定》2℃/1.5℃温升目标前景的严峻性。各国加强气候雄心固然重要，但落实行动更为关键，特别是大幅增加发达国家向发展中国家提供减缓和适应活动的资金支持。在此背景下，气候资金治理格局面临诸多挑战。

1. 落实资金承诺，扩大资金规模

首要挑战就是敦促发达国家落实已有的资金承诺，调动大规模的、额外的、可预测的资金，保证减缓和适应资金的平衡，保证赠款和优惠性资金的规模与比例，以满足发展中

国家的需要。

然而落实资金承诺面临着发达国家出资意愿不足、逃避出资责任的挑战。若仅关注发达国家未能如期兑现的 1 000 亿美元承诺，近期仍有望实现这一目标。然而 2025 年后以 1 000 亿美元为下限新目标的设立和兑现前景十分不明朗。近年来，减缓和适应资金需求日益高涨的发展中国家势必强烈要求设立一个远高于 1 000 亿美元的目标，也必将面临与发达国家的激烈博弈。即使新目标如期在 2025 年前设立，承诺的兑现仍是挑战。发展中国家势必敦促发达国家不仅需要如期达到数量目标，更需要通过提高赠款和优惠资金比例、大幅提升适应资金比例、要求出资者降低融资成本、强调公共资金作用等方式高质量地兑现这一目标，发达国家也必将继续混淆出资义务，推卸出资责任，以 OECD 现有定义和口径提供并统计资金。

除资金量化目标外，发展中国家近年来强烈要求建立损失和损害资金机制，要求专门设立新的资金池为发展中国家遭受的气候损失和损害提供融资支持。这一提议遭到欧盟、美国等发达国家的强烈反对，但 COP26 仍决定开展“格拉斯哥对话”，保持对损失和损害资金机制的对话窗口。在现有资金承诺尚未得到落实的前提下，再要求发达国家提供额外资金支持损失和损害，其可行性可想而知。

2. 加强气候资金测量、报告和核证体系

《巴黎协定》第 9.5 条要求发达国家缔约方每两年对相关指示性定量定质信息进行通报，第 9.7 条要求发达国家在强化透明度框架（ETF）下通报资金信息，连同《公约》下的透明度机制，共同构成了气候资金的测量、报告和核证（MRV）体系，以评估气候资金承诺的履行情况。

目前，完善气候资金的 MRV 体系仍有诸多技术问题尚待解决。首先，需要解决气候资金测量的技术问题，明确气候资金的定义与范围，以提高气候资金数据的信度和一致性。其次，需要继续改善气候资金的报告体系。在《公约》框架下，附件二缔约方在国家信息通报和两年期报告中通过通用表格格式（CTF）进行资金信息通报，然而非附件一缔约方并非通过通用表格格式提交两年期更新报告，此外报告并非每年提交，报告数据存在滞后性。因此两年期报告和两年期更新报告的数据缺乏可比性。此外，需要继续建立气候资金的核证体系。目前，对资金支助的审评重点是报告而非对气候资金承诺实施情况的核证。这是由于几乎所有的可得数据都是资金承诺数额，而非实际交付数额，因此还难以开展对资金落实及其有效性的评估[95]。

3. 妥善应对我国资金谈判压力

中国作为全球最大的发展中国家和最大的温室气体排放国，在气候谈判中面临的压力

日益增加。尽管中国一直坚守发展中国家定位，团结其他发展中国家在谈判中争取权益，但发达国家和一些发展中国家却对我国不断施压。在资金问题上，中国从各个资金机制经营实体获取资金的难度增加，而要求我国对经营实体注资的呼声也一直存在。

中国一直以负责任的态度支持发展中国家的气候行动。近年来，中国在主导成立的气候变化南南合作基金、CDM 基金等基金下支持发展中国家气候行动，落实《"一带一路"绿色投资原则》，以绿色金融支持"一带一路"沿线国家可持续发展和气候行动。2021 年，习近平总书记承诺我国将大力支持发展中国家能源绿色低碳发展，不再新建境外煤电项目。未来，我国应当继续坚持发展中国家定位，在《公约》和《巴黎协定》下敦促发达国家落实出资责任。在此基础上，中国应继续开展与其他发展中国家的气候变化南南合作项目，并考虑在《公约》下为资金机制经营实体增资，以彰显我国负责任大国形象。

六、技术开发与转让

（一）历史演进

自 1995 年以来，，《公约》缔约方大会就技术开发与转让议题几乎都有决定形成。回顾《公约》谈判进程，该议题的演变可归纳为三个主要阶段：初始阶段（1995—2000 年）、发展阶段（2001—2009 年）、深化阶段（2010 年至今）[116-118]。1995 年的"柏林授权"开启了技术开发与转让议题的谈判。2001 年，"马拉喀什协议"设立的技术转让专家组（Expert Group on Technology Transfer，EGTT）和技术转让框架（Technology Transfer Framework）标志着该议题具有了初步的成果，平台和执行机构的设立开启了更具体的内容谈判。2010 年"坎昆协议"更新了之前的谈判机制和执行机构，设立了技术执行委员会（Technology Executive Committee，TEC）和气候技术中心与网络（Climate Technology Centre and Network，CTCN），由此谈判进入更深入的阶段。每个阶段内部也有不同的节点，下文将在图 4-29 所示的框架下介绍技术开发与转让议题的发展概况。

1．初始阶段

1995—2000 年是技术开发与转让议题谈判的初始阶段。在这个阶段，缔约方指定了负责推进技术开发与转让工作的机构，但是还没有设立专门的技术开发与转让机构，也没有建立完整的技术开发与转让工作规则和行动框架。该阶段以 1998 年"布宜诺斯艾利斯行动计划"的出台又分为两个过程。

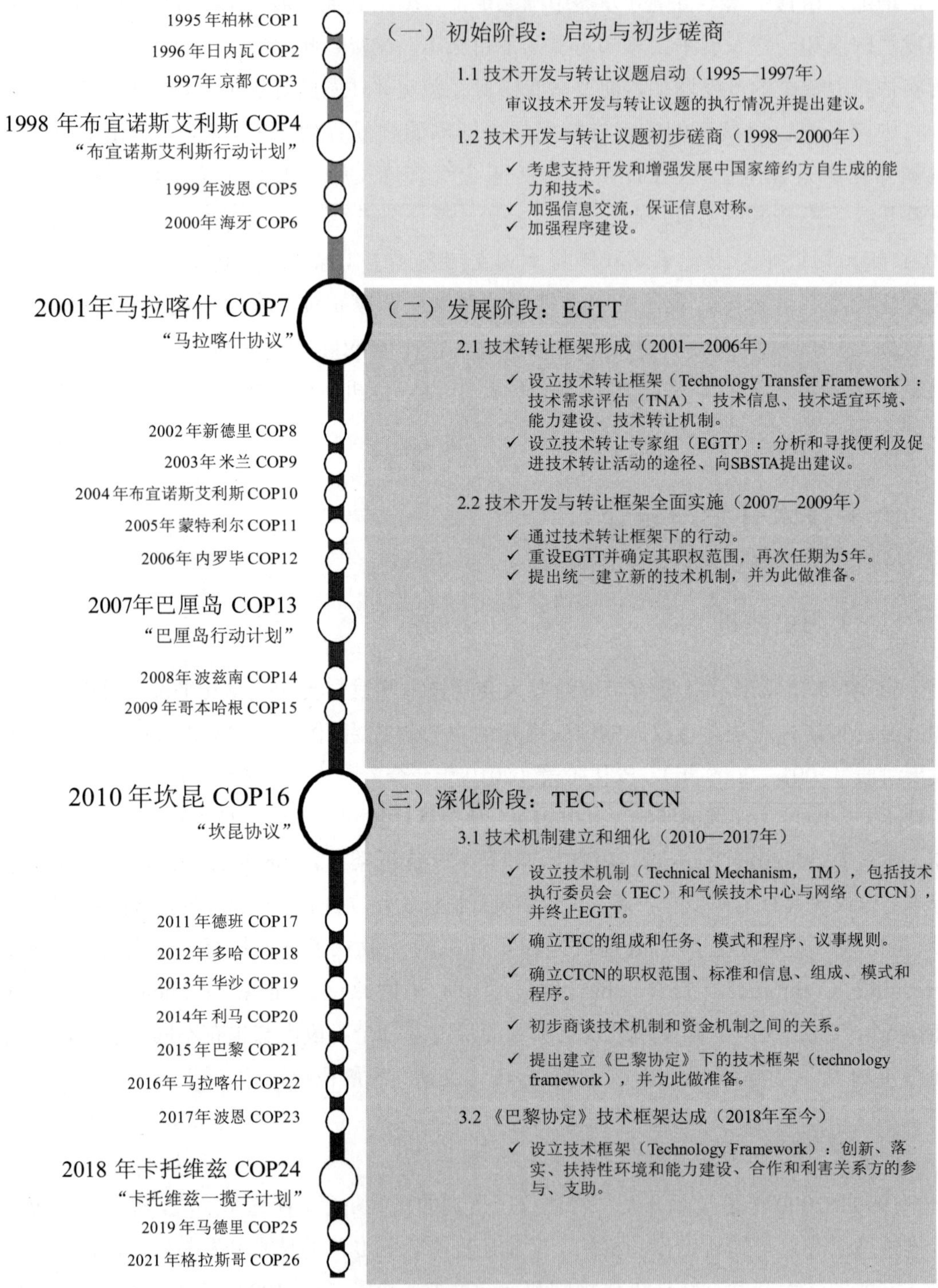

图 4-29 《公约》技术开发与转让议题发展概览

1995—1997 年是技术开发与转让议题启动的过程。COP1 通过的“柏林授权”重申了《21 世纪议程》中第 34 章的内容，并进一步要求《公约》秘书处督促发达国家尽快兑现气候有益技术转让承诺，决定将《公约》第 4.1（c）条款和第 4.5 条款下的执行情况作为独立议题在每届缔约方大会上进行审议。此后的 COP2 和 COP3，均就技术开发与转让议题形成了相关决议，其内容主要为审议技术开发与转让议题的执行情况并提出建议和决定。

1998—2000 年是技术开发与转让议题初步磋商的过程。COP4 通过的“布宜诺斯艾利斯行动计划”全面启动了旨在达成技术开发与转让框架的准备和磋商工作。会议就转让和获取气候有益技术的切实步骤、支持和提高发展中国家缔约方的内在能力和技术水平、促进气候有益技术转让的能力建设等内容进行了磋商，并在大会决定中列明了上述内容涉及的具体事项和问题，以供后续谈判参考和继续关注。这些务实的磋商为此后技术转让框架的建立奠定了基础。

2．发展阶段

2001—2009 年是技术开发与转让议题谈判的发展阶段，相关内容都在 EGTT 的工作下展开，谈判的重点转移为加强落实该框架下的技术转让行动，并取得了较快发展。该阶段以 2007 年“巴厘岛行动计划”的通过又分为两个过程。

2001—2006 年是技术转让框架形成的过程。COP7 通过的“马拉喀什协议”就技术开发与转让议题取得了新突破，主要体现在 3 个方面：①在行动上，建立了一个技术转让框架以开展 5 个方面的活动，即技术需求评估（TNA）、技术信息、技术适宜环境、能力建设、技术转让机制；②在机构上，成立了 EGTT，作为《公约》附属科学和技术咨询机构（SBSTA）下属的咨询性机构，其任务主要包括分析和寻找促进技术转让活动的途径及向 SBSTA 提出建议，EGTT 的期限为五年，其进展在 COP12 上接受缔约方大会的审查；③在资金上，决定在全球环境基金下设立气候变化特别基金，为执行技术转让框架提供资金支持。

2007—2009 年是技术转让框架全面实施的过程。2007 年的“巴厘岛行动计划”启动了一个加强《公约》和《京都议定书》全面实施的谈判进程。一方面，“巴厘岛行动计划”肯定了技术转让框架的结构、定义和宗旨，并在此框架下制定了行动计划和工作方案，开启了 EGTT 第二个五年任期，为该行动计划和工作方案提供了指导；另一方面，该过程也孕育了新的技术机制，“以加速能支持适应和减缓行动的技术开发与转让”，为下一个深化阶段的工作做了准备。

3．深化阶段

2010 年至今是技术开发与转让议题谈判的深化阶段，相关内容都在 TEC 和 CTCN 的工作下展开。在这一阶段，技术机制在组织体系和工作规则上进一步更新与发展。EGTT

被级别更高、职能更专的机构所取代，技术机制的工作规则也进一步细化。2018 年“卡托维兹一揽子计划”中新技术框架的建立又可将这一阶段分为前后两个过程。

2010—2017 年是技术机制建立和细化的过程。2010 年通过的“坎昆协议”决定“设立一个接受缔约方大会指导并对其负责的技术机制”，该机制由 TEC 和 CTCN 组成，并在之后的德班、多哈、华沙、利马气候大会上确定了两者的职权范围、组成和任务、模式和程序等技术细节，且在原则性上商定了该技术机制与资金机制之间的关系。同时，在这个过程中 TEC 和 CTCN 也执行了其技术转让职责，并在每年的缔约方大会上提交报告供大会审议。

2018 年至今是《巴黎协定》下技术框架形成的过程。2015 年通过的《巴黎协定》要求“建立一个技术框架，为技术机制在促进和便利技术开发与转让的强化行动方面的工作提供总体指导”。2018 年卡托维兹大会上通过的“一揽子”方案中就包括了这一技术框架，补充了 2001 年“马拉喀什协议”中的技术转让框架。新的技术框架也包含五个重要的主题领域：创新、落实、扶持型环境和能力建设、合作和利害关系方参与、支持。不过该框架回避了该机制的部分重要问题，比如 CTCN 和 TEC 的关系、技术机制和资金机制的关系等，因此未来谈判会在技术开发与转让行动和机制细化两个方面同时展开。

表 4-25 展示了《公约》下技术开发与转让议题的重要决定及其成果和意义。

表 4-25 《公约》技术开发与转让议题的重要决定

决定	与技术开发与转让相关的主要成果
1/CP.1	决定在每年的缔约方大会上审评《公约》4.1（c）和 4.5 条款的实施情况
4/CP.4	建立一个协商进程以促进技术转让框架
4/CP.7	建立技术转让框架
3/CP.13，4/CP.13	加强技术转让框架，细化行动方案建议
2/CP.14	关于技术转让的波兹南战略方案
2/CP.15	提出建立技术机制
1/CP.16	建立技术机制
1/CP.21	提出建立《巴黎协定》下的技术框架
15/CMA.1	建立《巴黎协定》下的技术框架

（二）机制结构

“坎昆协议”建立的技术机制（TM）由 TEC 和 CTCN 两个机构组成（图 4-30）。TEC 是技术机制中的政策制定机构，由 20 位通过缔约方大会确定的专家组成，采用协商一致的原则进行决策，具有提供技术需求信息及政策问题分析、提供政策和优先项目建议、提出解决技术开发与转让障碍的行动建议、推动拟定技术路线图或行动计划等方面的职能。

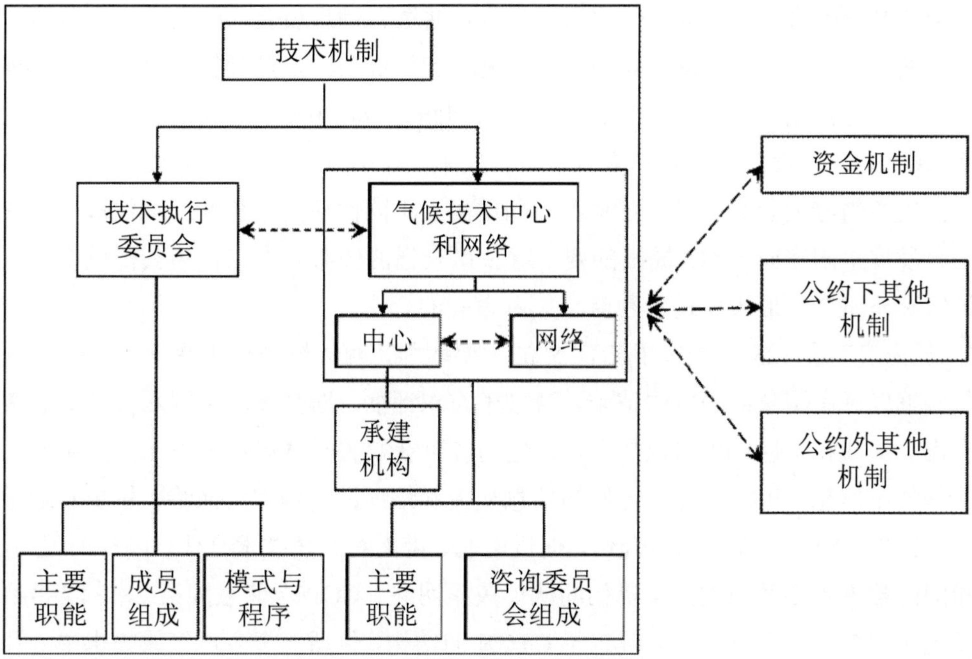

图 4-30　技术机制的结构及其内部关系

“坎昆协议”第 121 条规定了 TEC 的 7 项主要职能，可以分为以下 3 类：①分析与综合（1 项），主要有提供技术需求概况及与减缓和适应技术开发与转让相关的政策和技术问题分析，是 TEC 其他职能的基础；②政策建议（2 项），主要有为加速减缓和适应行动而采取的推动技术开发与转让的行动、相关政策和优先项目的指南、解决障碍的行动等提供建议；③便利和促进合作（4 项），主要有推动政府、私营部门、非营利组织和学术界及研究界在减缓和适应技术的开发与转让方面在国际、区域和国家层面开展合作。从这 3 类职能来看，TEC 并非一个名副其实的执行机构，而是一个具有引导性质的咨询机构。

与职能相对应，TEC 的主要运行模式也有分析和综合、政策建议、便利和促进 3 类。除此以外，第 4/CP.17 号决议还对 TEC 的 3 个联系模式，即与其他体制安排的联系、利害关系方的参与及信息和知识分享做了初步的原则性规定。关于具体的工作机制，TEC 由缔约方会议选出的 20 名专家成员组成，从中选出 1 名主席和 1 名副主席。每年 TEC 将至少举行 2 次会议，就上述工作内容进行审查和协商并作出会议决定，决定将根据协商一致规则做出。TEC 的会议也将邀请专家顾问和观察员组织出席，并根据需要设立专家组和工作组。

CTCN 负责执行和实施机制的具体行动，由咨询委员会（Advisory Board，AB）、气候技术中心（CTC）和若干气候技术网络（networks）组成，其运作将受到工作模式和议事规则（依 2013 年的谈判确定）的约束，同时将通过咨询委员会向缔约国会议负责并受缔约方大会的指导。AB 主要负责提供指导意见、支持行动、审批预算和财务报告、评估和监督行动在既定范围内开展等；CTC 居于中心组织地位，主要负责总体协调、发展气候技术网络（CTN），并管理、接受和应对来自发展中国家的要求。CTC 通过 AB 向缔约国会议负责并受缔约方大会的指导。网络由不同层面、不同性质的机构和行动组成，其成员将承担来自发展中国家向 CTC 提出的要求寻找最合适的中心和专家，为其提供服务，同时通过论坛和研讨会等形式促进各利益相关者之间的合作。

“坎昆协议”第 123 段规定了 CTCN 的主要职能，可以分为以下 3 类：①技术支持，主要是根据发展中国家缔约方的请求，就技术需求评估、增强发展中国家技术能力等方面提供咨询、培训和支持；②知识共享，使使用者可获取关于气候技术方案的技术研讨会信息和一些实用信息，也提供量身定制的信息交流和培训；③合作与网络，主要有通过与私营部门、公共机构和研究机构的合作，促进南北、南南和三角技术合作，以及加强与国家、区域和国际技术中心及相关国家机构的伙伴关系网络。COP17 通过的第 2/CP.17 号决议进一步规定了 CTCN 的职权范围，确定了 CTCN 的结构，包括一个全球气候技术中心和一个由有能力响应发展中国家缔约方在技术开发与转让方面所提请求的相关机构组成的网络。其中，组成网络的机构形式多样，可以是政府间组织、国际组织、非政府组织、学术研究机构、金融机构、私营部门等。为确保技术机制的运行，第 2/CP.17 号决议确定了用以评估和筛选 CTC 承建机构的标准。经过评估和筛选，最终在 COP18 上决定由 UNEP 牵头、13 家机构组成的联盟作为 CTC 的承建机构。

为了确保能快速应对发展中国家的多样化需求，并保持较低的管理成本，CTCN 组织结构设计的原则是尽可能调动已有的技术资源，最大限度地发挥其业务的效能和效率（图 4-31）。按照 UNEP 的设想，CTC 将由核心中心和技术资源池组成，并接受 AB 的指导。核心中心由 UNEP 和联合国工业发展组织（UNIDO）共同管理，负责协调、网络开发、与国家指定实体（NDE）的联络等。其余 11 家参与机构将共同组成技术资源池，支持核心中心应对发展中国家的需求，并提供与网络的联系，成为连接中心与网络之间的桥梁。核心中心分为 5 个职能部门，分别是资金管理部、减缓部、适应部、能力建设与知识部、网络与通信部。其中，减缓部和适应部为两大技术管理部门，负责通过 NDE 对发展中国家的需求作出快速反应。在资金充裕的情况下，减缓部和适应部将下设非洲、西亚、亚太和拉美 4 个地区办公室，以便更好地满足来自这些地区的技术需求。核心中心将根据减缓和适应领域的专业知识、地区和国家的代表性、在发展中国家技术开发与转让各阶段的相关经验、提供能力建设的能力等标准筛选网络的组成机构。中心和网络之间没有固定的从属关系，将基于具体的工作需求采用较为松散的方式开展合作。

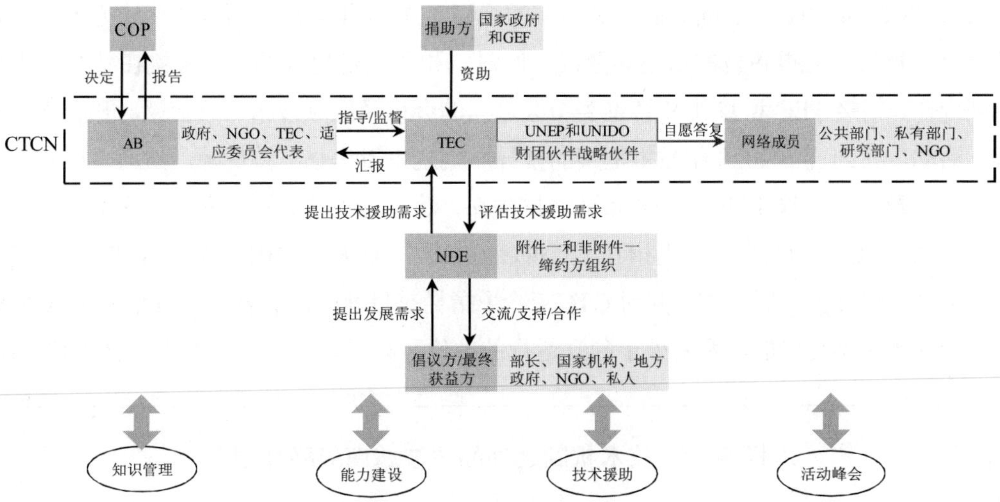

图 4-31　CTCN 的组织结构①

技术机制下 TEC 和 CTCN 共同努力加强气候技术行动，进而形成了“《公约》管理部门-TEC 政策部门-CTCN 实施部门”的协同结构。表 4-26 列出了技术机制在历次谈判上取得的进展。在技术机制内部，TEC 和 CTCN 这两大组成部分之间的关系是一个核心问题。TEC 从职能和定位上更偏重宏观的工作，因此更能“自上而下”地反映发展中国家缔约方的技术转让需求。而 CTCN 则更侧重于以“自下而上”的方式开展具体的工作。因此，在技术机制内部，TEC 的职能越能落到实处，技术机制就越能通过“自上而下”的途径反映发展中国家的需求；反之，技术机制就越接近于“自下而上”开展的项目集合。

表 4-26　COP 技术机制的谈判进展

	技术执行委员会（TEC）	气候技术中心与网络（CTCN）
COP16	职能（1/CP.16） 组成和任务（1/CP.16 附录四）	职能（1/CP.16）
COP17	模式（4/CP.17 附件一） 议事规则（4/CP.17 附件二）	职权范围（2/CP.17 附件七） 标准和信息（2/CP.17 附件八）
COP18		东道国（14/CP.18 附件一） CTC 和 AB 组成（14/CP.18 附件二）
COP19		模式和程序（25/CP.19 附件一） AB 议事规则（25/CP.19 附件二）
COP23		审查（14/CP.23）
COP21、COP22、COP24	技术机制与资金机制之间的关系	

① FCCC/CP/2017/3。

加强 TEC 和 CTCN 之间的协作是各方的共识。2013 年以后，两者在缔约方大会上发布了联合年度报告，汇报各自的活动和业绩。同时，相关决定也鼓励两个机构在整个技术周期内加强合作、衔接 TEC 和 CTCN 咨询委员会之间的会议及区域技术专家会议、开展联合宣传和外联活动、共同置于 2018 年技术框架的指导原则之下以增强一致性等。然而，已有的谈判成果并未触及 TEC 和 CTCN 之间实质的协同关系，这也是不同集团之间差异巨大的议题。发达国家主张 TEC 和 CTCN 应当相互平行并相互独立。而发展中国家则认为 TEC 应当在比 CTCN 更好的层级上开展工作，并对 CTCN 给予指导。目前的进展表明，TEC 对 CTCN 的管理和指导几乎是不可能的，两者处于独立运行的地位，只是在部分事宜上进行合作和协调。

专栏 4-29　技术机制之外的“波兹南战略计划”

2007 年，巴厘岛气候大会（COP13）通过了关于环境友好技术的决定，“请 GEF 作为《公约》之下资金机制的一个经营实体……拟定一项旨在逐步提升技术转让投资水平的战略方案，帮助发展中国家解决对无害环境技术的需要”，这一表述是关于“波兹南战略计划”的最初决定。2008 年 4 月，GEF 委员会的第 33 次会议审议了秘书处关于这一决定的提案，并同意就技术转让资金支持的现状和选择拟一份报告。同时，GEF 秘书处准备了一份进展报告，并交给 SBI 第 28 届会议审议通过。基于 GEF 缔约方的要求，秘书处在阿克拉联合国气候变化会谈上召开了非正式磋商，邀请各相关缔约方和金融机构就该战略方案进行交流。鉴于各缔约方对 4/CP.17 所提到战略计划的理解不同，同时为了力争在 GEF-4 注资期内启动该计划，GEF 在 2008 年提供了“全球环境基金战略计划”，列举了加强向发展中国家技术转让的选项目录以便加速该计划的实施。该计划在 COP14 上被命名为“波兹南战略计划”（Poznan Strategic Program，PSP）。

该方案有 3 个窗口：①技术需求评估；②开展与技术需求评估相关的优先技术项目试点工作；③传播 GEF 的经验及经成功证明的无害环境技术。2010 年，GEF 提交了“波兹南战略计划”的执行方案，该方案包括 5 个要素：①对 CTCN 的支持；②开展优先技术项目试点工作以促进创新与投资；③技术需求评估；④技术转让公私伙伴关系；⑤GEF 作为一个促进支持机构推动技术转让。这 5 个要素是 2008 年初始方案 3 个窗口的延伸和扩大。缔约方大会与 GEF 通过谅解备忘录进行沟通，同时缔约方大会的决定对 GEF“波兹南战略计划”的执行提供了指导。GEF 组织“波兹南战略计划”5 个要素的活动，且 3 个窗口的活动分别与区域协调中心或国际组织进行合作，其合作机制结构如下图所示。

“波兹南战略计划”在欧洲、美洲、非洲、亚太 4 个试点区域设立了项目级别的气候技术转让和融资中心，4 个试点区域中心的执行模式、范围和主题重点各不相同，其设置情况如下表所示。除试点区域中心外，“波兹南战略计划”还支持试点项目单项。

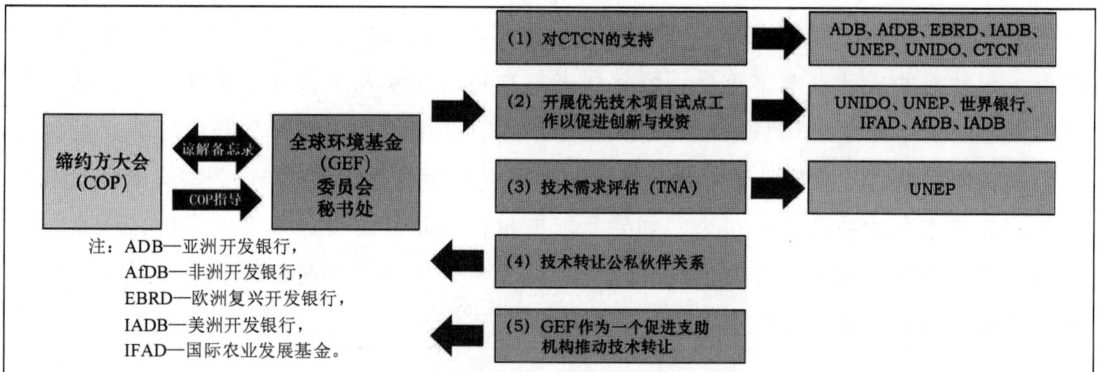

《波兹南战略计划》的执行决策结构

GEF 资助下“波兹南战略计划”的项目级区域中心

项目名称	范围	负责机构	重点任务
技术援助方案	全球	UNIDO	通过 CTCN 促进加速和扩大部署气候变化减缓技术
亚太气候技术网络和融资中心（CTNFC）	亚太	ADB/UNEP	气候技术融资、无害环境技术部署投资、低碳技术市场、区域网络便利化、气候技术中心、技术转让和相关能力开发政策
非洲气候技术融资中心和网络（ACTFCN）	非洲	AfDB	减缓技术：能源部门 适应技术：水资源部门
气候变化融资和技术转让中心（FINTECC）	欧洲和中亚	EBRD	解决现有市场障碍，启动在初期转型国家的气候技术投资市场
拉丁美洲和加勒比气候技术转让机制和网络	拉丁美洲和加勒比地区	IADB	减缓技术：林业、运输、可再生能源和节能部门 适应技术：农业部门

“波兹南战略计划”试点区域中心项目提供了区域中心运转方面的经验和教训，具体包括项目源起模式、技术援助模式、融资等方面。在项目源起模式上，现已认定共有 4 种模式：①源于没有资本赠款支持的区域开发银行投资渠道（ADB）；②源于有资本赠款支持、着眼于降低技术采用成本的投资管道（EBRD）；③源于公、私营部门实体（AfDB）；④源于预先选定、具有专门知识、充当项目执行伙伴的区域和国家机构（IADB）。其中，第一种源起模式预期影响最小，原因是贷款已经锁定，项目界定过严，无法做任何较大改动。在项目援助模式上，目前 CTCN 提供技术援助服务的具体机会极少，这体现了技术机制与“波兹南战略计划”之间的协同性非常不足。在融资上，除 EBRD 气候融资技术转让中心可以直接提供高达 25%的融资外，其他中心都无具体融资部门而依赖于 GEF 的注资。对此有 3 种可能的解决方法：区域中心设立基金为中小型项目提供融资渠道、区域开发银行可以把部分项目纳入自己的投资管道、区域开发银行提供获取气候资金的便利渠道。

“波兹南战略计划”试点项目提供了国家级别项目申请的经验，主要包括政府参与、资金渠道、扶持型环境等方面的经验。从政府参与来看，有力的政府自主权是成功执行的关键，应当成为演示项目的先决条件之一。广东省政府在绿色货运项目上发挥的协调作用为项目的顺利开展作出了至关重要的贡献，而缺乏政府自主权的项目效力低得多。同时，与政府的对话也非常重要，缅甸和老挝项目的失败从反面证实了这一点。从资金渠道来看，资本赠款在项目申请和落实上的作用往往被低估。扶持型环境，即支持性的政策和法规框架，是实现私营部门投资——因而也包括提升投资——的关键。从项目规模来看，总体表现为项目目标过大，如要争取支持性的政策框架、建立供应链，还有一些目标则虽然与技术转让和开发或提升投资相关，但是实际上只是在新场景下试用了某些气候友好技术，出现了目标与实际不匹配的现象[119]。

（三）《巴黎协定》后技术开发与转让的焦点议题

《巴黎协定》第 10 条构建了技术开发与转让议题的全部内容。第 1 款和第 2 款提出了该议题下的共识和目标：充分落实技术开发与转让的长期远景，包括减缓和适应两个方面的技术合作，以改善对气候变化的复原力和减少温室气体排放。第 3 款和第 4 款介绍了《巴黎协定》下技术开发与转让的工作机制：《巴黎协定》新建的技术框架及《公约》下的技术机制。第 5 款和第 6 款则介绍了在这一工作机制下的具体工作内容。第 5 款体现的是发达国家立场，即技术创新和获得。发达国家以技术创新作为技术开发与转让议题的抓手，认为技术创新是该议题的主要内容，避免了技术转让带来的资金需求和知识产权问题。发展中国家通过协作参与技术创新来便利对技术的获得（特别是在技术开发早期阶段的获得），从而促进气候友好技术在发展中国家的部署和扩散。第 6 款体现的是发展中国家的立场，即技术开发与转让。发展中国家以技术转让为技术开发与转让议题的抓手，以此作为促进气候友好技术部署和扩散的主要方式。第 5 款和第 6 款的并行是各方妥协的产物，但是两者都同意应为发展中国家提供包括资金在内的支持以执行本条。除此以外，第 6 款还要求全球盘点为发展中国家缔约方的技术开发和转让提供支持方面的现有信息。图 4-32 展示了《巴黎协定》第 10 条“技术开发与转让”内容与结构。

回顾近年来的谈判过程不难看出，技术开发与转让议题的谈判主要围绕两大问题和五个关系进行。未来该议题的谈判将基本延续这一主线。两大问题包括知识产权和资金，五个关系包括 TEC 与 CTCN 的关系、CTCN 内中心和网络的关系、技术机制与资金机制的关系、技术机制与《公约》下其他机制的关系、技术机制与《公约》外其他机制的关系。根据 COP17 第 4/CP.17 号决定的要求，TEC 提出了与《公约》内外相关体制安排联系模式的建议。2012 年至今的几次 TEC 会议均就技术机制如何与《公约》内外其他机制联系进行了讨论，各方关注的焦点在于是否应当打破现有的仅是参与会议讨论的非正式模式，寻求更具实质性和建设性的长效对话合作机制[120-122]。

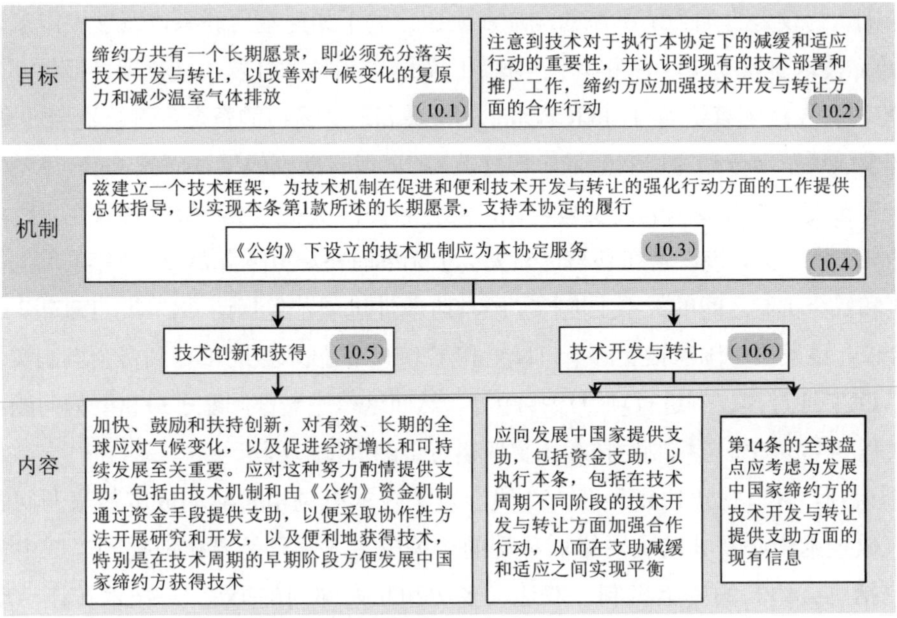

图 4-32 《巴黎协定》第 10 条的内容与结构

1. 技术机制内部的关系

TEC 与 CTCN 的关系及 CTC 与其网络成员的关系涉及技术机制内部的组织结构和职能分工，会直接影响技术机制的工作效果和效率。而技术机制与资金机制的关系，以及与《公约》内外其他相关机制的关系，则涉及技术机制在《公约》机制体系中的地位和作用，包括在平衡、有效落实《公约》原则和相关规定及落实减缓和适应行动方面的作用。目前，对于机制内部关系的决定停留在加强协调和沟通上，如共同发布联合报告、衔接两者之间的会议、开展联合宣传和外联等，但是在机制实际运行上并无进展。

2. 技术机制与资金机制的关系

资金机制与技术机制的联系最为关键。由于发达国家和发展中国家分歧严重，目前谈判在技术机制与资金机制的联系议题上进展甚微。发达国家认为，技术机制和资金机制应有严格区分，技术机制通过缔约方大会向资金机制提供建议。发展中国家认为，应在资金机制下为技术机制设立单独的窗口，资金来源以公共部门为基础，以私人部门为辅。2014 年 8 月召开的 TEC 第 9 次会议上，TEC 根据第 18 届缔约方大会有关决议要求，完成了关于建立技术机制和资金机制联系的报告。2014 年 11—12 月召开的利马气候大会上，各方就建立两机制的联系这一缔约方大会议题进行了磋商，核心问题是建立两机制联系的目的及如何建立联系。关于建立联系的目的，发展中国家认为是为加强资金机制对技术开发与转让项目的资金支持，发达国家则认为仅是为加强两机制的沟通和协调。关于如何建立联系，发展中国家表示应在GCF下建立技术窗口或在现有窗口下开辟专门渠道，为技术开发与转让项目提供充足、可预期的资金支持；发达国家认为目前GCF建立的减缓和适应窗口的资金各占总资金规模的一半，如果再开窗口须重新分配窗口资金量，将打破GCF现有谈判成果，而且GCF下的减缓和适应窗口一定会支持相关技术的开发与转让，没有必要再重复建设。最终各方在上述两个问题上均未达成一致意见，该议题在利马气候大会上无果而终。2016年和2018年的缔约方大会在技术机制和资金机制之间的关系上取得了一些阶段性进展，包括请GCF与TEC和CTCN举行年度会议、请发展中国家提交源于TNA和CTCN的技术援助项目到资金机制实体、邀请CTCN和GCF通过建议书进行项目级接触等。然而这些进展都回避了最重要的问题：技术机制在多大程度上参与资金机制对技术项目所需资金的审批过程。

回顾谈判，仅“德班决定”第139段涉及了技术机制相关活动成本的来源问题，但只提到“气候技术中心及其动员网络服务”的相关成本，且只是笼统地提到“应由多种渠道筹集，包括《公约》的资金机制、双边、多边和私人部门的渠道”。技术转让活动的成本如何得到有效的支持，仍是目前技术机制没有解决的问题。即使是局限在CTCN的运行成本上，《公约》的资金机制如何发挥作用、资金规模及资金安排的决策过程等也还不清楚。

3. 技术机制与《公约》下其他机制的关系

除资金机制外，技术机制与适应委员会在支持国家适应计划上的关系也没有得到澄清。目前许多发展中国家的适应行动还主要关注发展计划、政策、方案等主流适应行动，适应技术合作在很大程度上还只是在独立发挥作用。因此，具体到适应领域，仍旧需要进一步澄清技术机制能在补充和支持国家适应计划和其他相关的适应工作上能发挥什么作用。除此之外，TEC利用其职能——“促进和便利政府、私营部门、非营利组织和学术界及研究界在缓解和适应技术的开发和转让方面的合作”，如何使《公约》外部相关机构及安排能助力技术机制的有效运行也仍然是今后谈判面临的问题。

4. 技术机制和透明度框架下审批机制的关系

《巴黎协定》第13条要求发达国家应向发展中国家提供技术转让支持情况的信息，发展中国家则应当（在2018年通过的实施细则中改为了“应”）提供需要和接受技术转让支持情况的信息，并且18/CMA.1对此提供了模式、程序和指南。《巴黎协定》第14条第11款所要求的对各国提交信息的技术专家审评并未与技术机制进行对接，而技术机制掌握各国技术需求和提供技术的信息。然而，目前技术机制中没有提到对各国报告信息的审评职能，透明度框架的模式、程序和指南“技术专家评审”部分也没有提到对技术机制的需要，两者之间缺少制度上的关联。对发达国家技术转让行动的评审是促进其履行责任和增强不同行动间可比性的重要过程，因此技术机制与透明度评审机制之间的关联需要得到加强。

专栏 4-30　技术转让中的知识产权问题[123]

知识产权问题是技术开发与转让议题无法回避的挑战。早期缔约方大会的决定都曾出现关于知识产权问题的积极表态。例如，2001 年召开的马拉喀什气候大会就敦促缔约方，特别是发达国家缔约方为促进气候有益技术的转让而改善扶持型环境，包括“保护知识产权和促进获取公共资助技术”，以便于通过商业和公共领域扩散技术。2007 年的“巴厘岛行动计划”鼓励缔约方避免制定限制技术转让的贸易和知识产权政策，同时避免出现缺乏技术转让的贸易和知识产权政策的现象。

然而，当技术转让落到实践层面时，知识产权问题就变得棘手和困难。自 2011 年起，知识产权问题一直是技术机制下设的 TEC 和 CTCN 工作会议争论的焦点问题一。

2012年召开的多哈气候大会进一步强调了TEC在其工作中要探索包括知识产权问题在内的促进技术转让的适宜环境和障碍问题。尽管如此，在 2013 年召开的华沙气候大会上，TEC 与 CTCN 的联合报告因与知识产权有关的问题存在巨大分歧而未能获得缔约方大会的通过。2015 年，知识产权问题再次在巴黎气候大会上引起关注，印度和其他发展中国家强调需排除由知识产权引起的技术转让障碍。《巴黎协定》最后一版草案文本还曾载有，“按照《公约》第 4.5 条款，发达国家缔约方应提供财政资源来解决由政策和知识产权造成的障碍并促进技术的获取和部署，包括利用资金机制和/或在绿色气候基金下建立一个专门针对气候有益技术转让的资金窗口，以满足获取气候有益技术知识产权的全部费用，技术诀窍和这些技术将免费提供给发展中国家缔约方，以便提高他们应对气候变化的能力。”但最终的《巴黎协定》并没有出现任何知识产权的字眼。时至今日，知识产权问题始终未成为气候谈判的正式议题。

七、能力建设

（一）概念内涵

能力建设是与资金和技术并列的发展中国家十分关心的议题之一。应对气候变化需要各国采取综合措施，但是在《公约》诞生之初，发展中国家并不具备足够的机构、人力和财力履行《公约》下的义务，进而实现《公约》的长期目标。具体而言，发展中国家开展应对气候变化行动面临五方面的行动需求：①确定、规划与实施适应和减缓行动；②技术开发、扩散和部署；③获得资金支持；④加强教育、培训和公众意识；⑤信息交流。然而许多发展中国家面临着诸多能力方面的挑战：一是体制机制和跨部门协调上存在缺陷，这使它们难以将气候问题纳入国家战略规划和财政预算制定的主流；二是科研和技术能力不足，在温室气体排放核算与统计、研究和系统观测、数据收集、风险建模和脆弱性评估等方面缺乏专业人员和分析工具；三是地方政府和社区适应气候风险的能力较低；四是在《公约》和《巴黎协定》下履约面临越来越多的要求，如制定、更新和实施 NDC、履行强化透明度框架下的信息通报义务等。因此，发达国家为发展中国家提供资金、技术和能力建设方面的支持，成为发展中国家采取行动的先决条件之一。

在《公约》相关决定中，能力建设包括三个层次的行动：个人、机构和系统层面。个人层面的能力建设涉及改变个人态度和行为模式、促进个人接受教育和培训以提升对气候变化的认知程度、促进个人参与气候行动及信息交流等方面。机构层面的能力建设包括加强机构应对气候变化的能力、加强机构间和部门间的合作等方面。系统层面的能力建设则指加强顶层设计、通过适当的政策加强扶持环境的建设等方面。图 4-33 展示了《公约》下能力建设的层次和目标[123]，可以看出能力建设是应对气候变化进程中的伴生问题，它可能与减缓、适应、资金、技术、透明度等议题息息相关。若发展中国家的能力无法得到提升，它们就无法参与《公约》的谈判和履约，甚至难以采取有效行动应对气候变化。

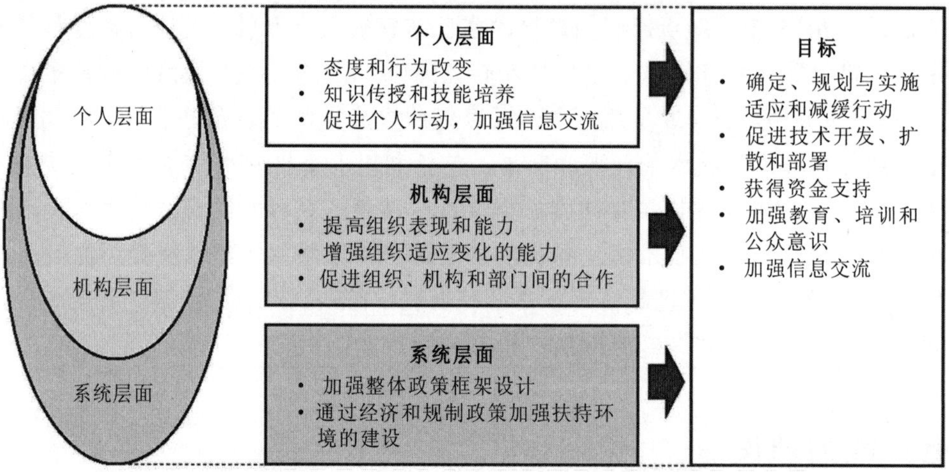

图 4-33 能力建设活动的层次和目标

（二）历史演进

尽管能力建设在应对气候变化行动中具有重要意义，但是其在最初的《公约》谈判中并不是单独的议题，一些原则在《公约》中有所体现。《公约》第 3 条“原则”中的共同但有区别的责任和各自能力、充分考虑发展中国家的具体需要和特殊情况、可持续发展等重要原则均与能力建设相关；第 4 条“承诺”指出，发展中国家履行承诺取决于发达国家的资金和技术转让承诺的落实情况，发达国家缔约方应支持发展中国家缔约方自身能力的加强和技术的开发，且有能力这样做的其他缔约方和组织也可为技术转让提供便利。

COP1 到 COP4 均有一些决定涉及能力建设，内容涉及资金机制（第 11/CP.1 号决定、第 11/CP.2 号决定）、信息通报（第 10/CP.2 号决定）、技术开发与转让（第 9/CP.3 号决定）、《京都议定书》机制（第 7/CP.4 号决定）、研究和系统观测（第 14/CP.4 号决定）等。图 4-34 展示了能力建设议题谈判的历史。

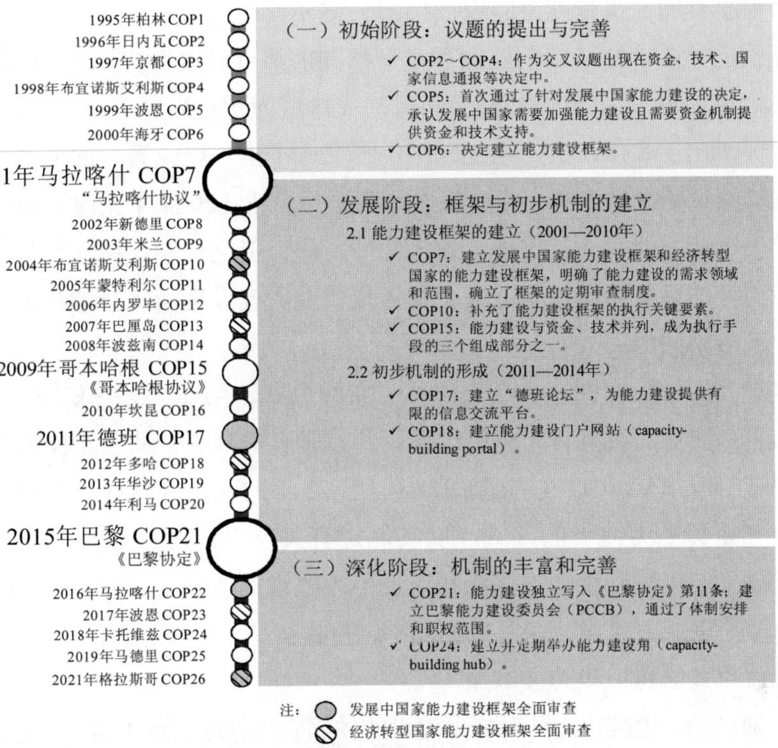

图 4-34 能力建设议题的发展历程

1999 年召开的 COP5 第一次出现了以能力建设为主题、分别针对发展中国家和经济转型国家（EIT）的两份决定，这两份决定首次在《公约》下对能力建设的行动原则、支持机制、评估和各方行动等内容进行了概述，其中第 10/CP.5 号决定［发展中国家（非附件一缔约方）的能力建设］后的附件列出了发展中国家缔约方的能力建设需求，包括机构能力建设、CDM 下的能力建设、技术转让、国家信息通报等 9 个方面的能力建设需求。然而这份需求清单是初步的，两份决定也要求各非附件一缔约方和经济转型国家在 2000 年 3 月 1 日之前查明能力建设方面的具体需求和优先事项，并由秘书处进行汇编。决定还授权秘书处在附属履行机构（SBI）会议上进行协商，并拟定能力建设框架草案内容。作为对此授权的回应，2000 年召开的 COP6 上，缔约方决定建立一个框架，为非附件二缔约方提供与执行《公约》和有效参与《京都议定书》相关的能力建设活动的指导。

2001年召开的COP7正式通过了发展中国家（非附件一缔约方）和经济转型国家的能力建设框架。这两份能力建设框架是迄今为止开展能力建设活动最核心的参考文件。能力建设框架对发展中国家和经济转型国家开展能力建设活动的宗旨、指导原则和方针、目标和范围、执行、资金支持和进展监测与审评等问题做了详细规定，并确定了框架内缔约方、秘书处、SBI、资金机制经营实体等相关方的角色和职能。COP10在能力建设框架的基础上进一步增加了有助于执行能力建设框架的关键要素。

能力建设框架要求SBI定期监测和审评框架的执行进展情况，此后的缔约方大会在有关能力建设的决定中，关于审评的结果和时间安排成为重点内容之一。2003年召开的COP9对第一次审评作出了安排，决定在COP10上（2004年）完成第一次全面审评发展中国家能力建设框架执行情况的工作，此后每五年再进行一次；2004年完成了对经济转型国家能力建设框架执行情况的第一次审评工作。此外，作为资金机制的经营实体之一，全球环境基金也在缔约方的要求下向缔约方大会报告提供能力建设框架支持的进展情况，并详细制定其能力建设活动的国别战略。

能力建设在COP16和COP17上出现了新的进展。在“坎昆协议”中，缔约方产生了一个新的共识：能力建设具有跨部门性质，并且是有关减缓、适应、技术开发与转让及获取资金的固有组成部分。COP16还要求《公约》之下的长期合作行动特设工作组考虑进一步加强监测和审评能力建设的方式，以及制定有关能力建设体制安排的模式。基于此，COP17作出决定，为进一步加强监测和审评能力建设的成效，应组织一个深入讨论能力建设的论坛，即德班能力建设论坛（The Durban Forum on Capacity-Building，DBF），并邀请缔约方和非缔约方的利害相关方参加。

COP21通过的《巴黎协定》对能力建设的体制安排也进一步明确。一方面，缔约方大会决定建立巴黎能力建设委员会（PCCB），进一步加强能力建设工作。PCCB的职权范围、成员、选举和任职规则及工作范围在COP22上被进一步明确，其工作的优先领域在COP25上达成共识。另一方面，《巴黎协定》首次将能力建设作为单独条款写入其中，然而其体制安排并不明确，因此《巴黎协定》的第11.5条要求CMA1就能力建设的初始体制安排通过一项决定。但这一决定直至2019年CMA2才得以通过，缔约方决定PCCB应根据其任务规定和职权范围同时为《巴黎协定》服务。至此，《巴黎协定》下的能力建设形成初始体制安排。

能力建设也是《京都议定书》的重要议题之一，但《京都议定书》的能力建设活动仍以《公约》下的相关决定为准，其原文中也未专门列入能力建设的条款。CMP1决定COP7中的两份能力建设框架适用于《京都议定书》的执行，以此指导发展中国家和经济转型国家的能力建设活动。《京都议定书》下的能力建设活动的重点领域之一是CDM，具体而言即帮助发展中国家，特别是非洲、最不发达和小岛屿国家参与CDM。除此之外，《京都议定书》下的能力建设框架执行情况审评等机制安排都与《公约》缔约方大会下的相关决定保持一致。

（三）机制结构

表 4-27 列出了发展中国家和经济转型国家能力建设框架的内容，从中可见两个框架的异同之处。两类国家能力建设框架的宗旨、原则和方针、目标、执行、资金支持、时间范围和秘书处职责大体相同，但在活动范围方面存在一些差异。发展中国家的能力建设框架强调全方位的体制能力建设，特别注重最不发达国家和小岛屿国家的特殊需要；经济转型国家的能力建设重点放在温室气体排放量的预测、估算和报告上。

表 4-27 发展中国家和经济转型国家能力建设框架对比

<table>
<tr><th>框架内容</th><th>发展中国家（2/CP.7）</th><th>经济转型国家（3/CP.7）</th></tr>
<tr><td>宗旨</td><td colspan="2">帮助发展中国家和经济转型国家有效执行《公约》，参与《京都议定书》进程，提出相关能力建设行动规定范围和确定基础</td></tr>
<tr><td rowspan="2">指导原则和方针</td><td colspan="2">• 按国别进行，国家驱动；
• 反映国家战略和计划；
• 连续、渐进和互动；
• 以国家的优先事项为依据，顾及具体国情；
• 有效、高效率、整体和有计划地开展；
• 发挥与其他环境协定的协同作用；
• 在实践中学习；
• 建立在现有进程和内在能力的基础上；
• 鼓励多边和双边机构与国家进行协商，加强各方对话</td></tr>
<tr><td>• 照顾最不发达国家和小岛屿国家的特殊情况</td><td>• 主要由经济转型缔约方自身及与其他缔约方和组织合作来具体实施</td></tr>
<tr><td>目标</td><td colspan="2">帮助发展中国家和经济转型国家建立能力，以便通过执行《公约》规定和有效参与《京都议定书》进程实现《公约》的目标</td></tr>
<tr><td rowspan="2">范围</td><td colspan="2">• 国家信息通报和国家气候变化方案；
• 温室气体清单；
• 影响、脆弱性和适应评估；
• 政策和措施的评估；
• 研究和系统观测；
• 环境友好技术的开发与转让；
• CDM；
• 教育、培训和宣传</td></tr>
<tr><td>• 体制上的能力建设，包括酌情加强或建立国家气候变化秘书处或国家协调中心；
• 增强和/或创造扶持型的环境；
• 温室气体排放数据库管理及数据和排放因子收集系统；
• 提高决策能力，包括为参与国际谈判提供援助；
• 因执行《公约》第 4 条第 8 款和第 9 款而产生的需要；
• 信息与联网，包括建立数据库</td><td>• 温室气体排放量预测；
• 估算温室气体排放的国家体系；
• 与目标、时间表和国家登记簿有关的核算方式；
• 报告义务</td></tr>
</table>

<table>
<tr><th>框架内容</th><th>发展中国家（2/CP.7）</th><th>经济转型国家（3/CP.7）</th></tr>
<tr><td>执行</td><td colspan="2">• 附件二缔约方应参与改进能力建设工作的协调和有效性，提供资金、技术和其他资源，协助非附件二缔约方开展能力建设活动；
• 发展中国家和经济转型国家缔约方都应继续提出和确定能力建设的具体需要，改善活动协调和可持续性，推动广泛利益相关方参与，加强国家间合作，并促进信息收集、传播和分享</td></tr>
<tr><td rowspan="2">资金支持</td><td colspan="2">由资金机制经营实体（GEF）在适当情况下通过多边和双边机构及私营部门提供支持</td></tr>
<tr><td>• 资金机制的经营实体应详细制定其能力建设活动的国别战略；
• GEF 及多边、双边和私营部门机构开展的活动所取得的成果应加以审议</td><td>—</td></tr>
<tr><td>时间范围</td><td colspan="2">立即、尽快实施</td></tr>
<tr><td>进展审评</td><td>• SBI 定期监测和审评框架的执行进展情况；
• GEF 应报告为本框架的执行提供支持的进展情况</td><td>通过各附属机构监测本能力建设框架的执行有效性</td></tr>
<tr><td>秘书处职责</td><td colspan="2">• 与各机构合作推动框架的执行；
• 收集、处理、汇编和散发缔约方大会或其附属机构审评能力建设框架执行进展情况所需的信息</td></tr>
</table>

在《公约》和《京都议定书》下，能力建设活动以 COP7 通过的两份能力建设框架为指导，参与方包括缔约方（对象为发展中国家和经济转型国家，附件二缔约方提供支持和协调活动）、资金支持方（包括资金机制经营实体、多边和双边机构以及私营部门）和《公约》下的机构（秘书处和 SBI 等）。能力建设的机制产出包括三方面：一是建立了对能力建设框架的进展审评工作，由 SBI 牵头、缔约方和非缔约方（GEF、联合国机构等）提交信息、秘书处汇编信息并编写综合报告，并最终在缔约方大会上结束审评，截至 COP27 发展中国家的能力建设框架已进行了 4 次审评（2004 年、2011 年、2016 年、2021 年），经济转型国家的能力建设框架已进行了 5 次审评（2004 年、2007 年、2012 年、2017 年、2021 年）；二是授权 GEF 建立“透明度能力建设倡议”（Capacity-building Initiative for Transparency，CBIT），为发展中国家及时满足《巴黎协定》第 13 条规定的强化透明度要求提供支持；三是决定建立 PCCB，目的是处理发展中国家缔约方在实施能力建设方面现有的和新出现的差距和需要，以及进一步加强能力建设工作，包括加强《公约》下能力建设活动的一致性和协调。此外还有一系列活动产出，一是 2011 年召开的 COP17 决定每年举办德班能力建设论坛，旨在监测和审查《公约》下能力建设的进展，并且侧重于分享经验、良好实践和做法；二是从 2018 年起由 PCCB 举办能力建设角（capacity-building hub），这是一个旨在邀请各利益相关方分享和交流能力建设经验的系列活动，主题涵盖 NDC 实施、城市和社区行动、气候资金、气候传播、性别议题、土著居民、公正转型等；三是 2012 年建立了能力建设门户网站（capacity-building portal），这是一个交互式网站，旨在收集、汇

编和分发国家驱动的能力建设行动信息，以及展示非缔约方的能力建设行动信息。

在《巴黎协定》下，能力建设活动以第 11 条为基础开展。在一系列原则的指导下，能力建设活动应该在所有缔约方的合作下开展，同时发达国家应加强对发展中国家的支持。能力建设的活动范围包括开展适应和减缓行动，促进技术的开发、推广和部署，获得气候资金，加强教育、培训、公共意识和信息通报。作为强化透明度机制的组成部分，各方需就能力建设的行动或措施及进展情况进行信息通报。在体制安排上，CMA2 决定要求《公约》下的 PCCB 也服务于《巴黎协定》，并且就其工作向 COP 和 CMA 做年度报告（图 4-35）。

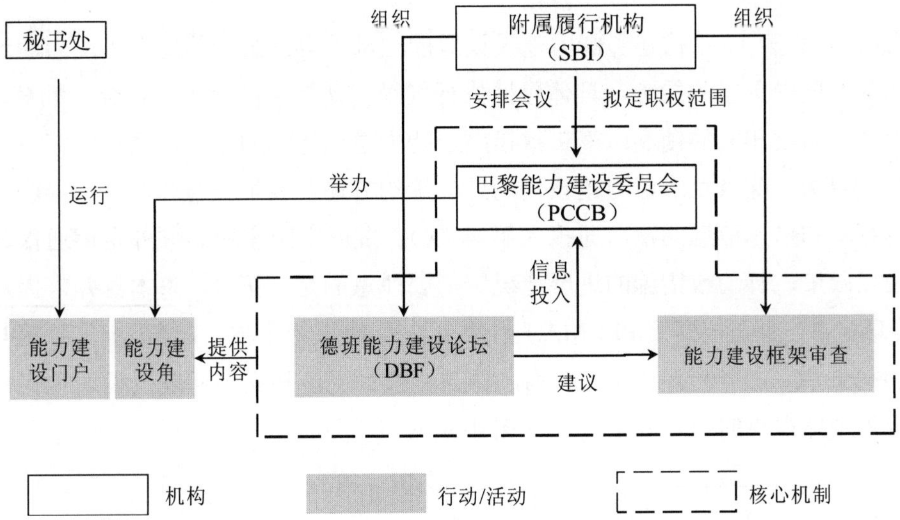

图 4-35 能力建设的体制机制安排

PCCB 是目前能力建设相关机制的核心机构，其组织架构和工作模式如下：

- 成员构成：共 12 名，其中联合国 5 个区域集团各 2 名、最不发达国家 1 名、小岛屿发展中国家 1 名。
- 工作模式：以 2016—2020 年工作计划、2017—2019 年滚动工作计划为指导，每年确定一个重点领域或主题开展工作，SBI 每年安排 PCCB 会期间的年度会议，PCCB 就其工作编写年度技术进展报告，并向 COP 和 CMA 报告。
- 工作内容：PCCB 开展的活动包括促进现有机构间、各层面能力建设活动的协调和合作，查明能力建设的差距和需要并提出建议，促进开发和推广能力建设的工具和方法学等工作。
- 工作信息投入：包括能力建设框架实施情况的审查结果、秘书处编写的综合报告、《公约》下设机构的汇编和综合报告、关于德班能力建设论坛及能力建设门户网站的报告、强化透明度框架报告信息及其他材料。

2019 年召开的 CMA2 对《巴黎协定》下能力建设的初始体制安排做出决定，PCCB 按决定要求也应服务于《巴黎协定》。该决定将 PCCB 延长了 5 年，并且规定了 PCCB 的优先活动领域：①加强《公约》下能力建设的一致性和协调，侧重于避免重复工作、与《公约》内外开展能力建设相关活动的机构开展协作等；②明确能力缺口和需要，并就如何弥合这些缺口和需要提出建议；③与《公约》内外各机构一同推动知识和信息共享，调动利害相关方参与。

（四）《巴黎协定》后能力建设的焦点议题

《巴黎协定》第 11 条构建了能力建设议题的全部内容。第 1 款提出了能力建设议题的总纲：加强发展中国家的能力，具体包括执行气候行动与提供技术、资金、教育、培训、公共意识和透明度相关的便利。第 2 款指出了能力建设行动的 3 个性质：国家驱动、经验指导和有效叠加。除自身的能力建设活动外，缔约方还需要加强合作（第 3 款），并进行能力建设行动和措施信息的事后通报（第 4 款），发展中国家应当额外定期通报落实能力建设计划、政策、行动或措施的进展情况。需要注意的是，第 11 条本身并未提及能力建设参与全球盘点，但是根据第 19/CMA.1 号决定，第 11 条第 3 款（合作支持）还是与第 9 条第 4 款和第 6 款、第 10 条第 6 款并列，作为“执行手段和支持问题及调动和提供支持的情况”成为全球盘点的投入要素之一（图 4-36）。

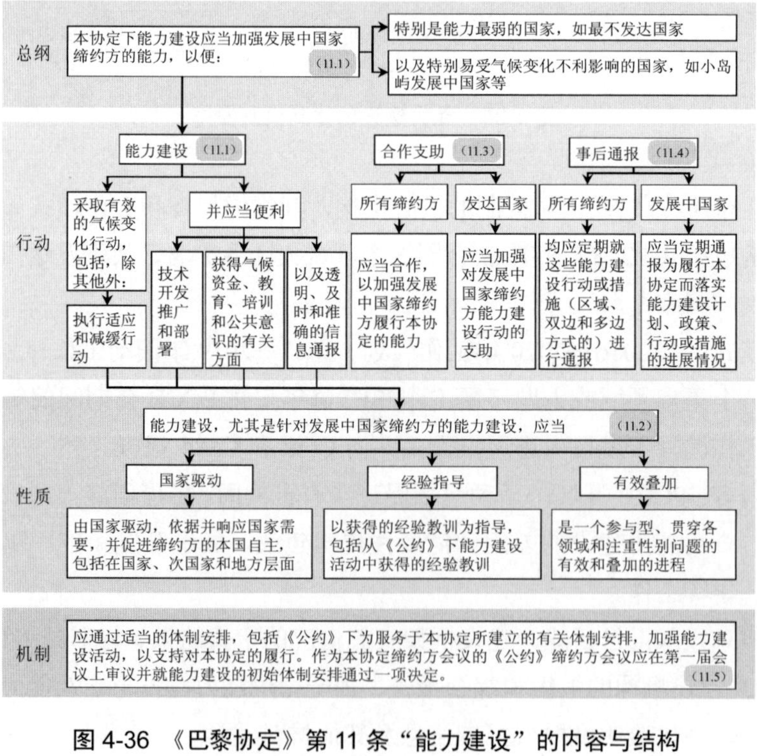

图 4-36 《巴黎协定》第 11 条“能力建设”的内容与结构

毫无疑问，能力建设是发展中国家有效参与全球气候治理行动的必要条件。尽管自《公约》签署以来，全球气候治理格局不断演进，发展中国家和经济转型国家参与《公约》和《巴黎协定》履约及各自开展应对气候变化行动的能力有了显著提升，但在越发紧迫的气候危机和不断涌现的新议题下，发展中国家的社会经济发展水平及开展气候行动的体制机制与扶持环境尚与发达国家存在较大差距，因此能力建设的需求依旧存在且差距明显。

能力建设谈判面临的最大困境是，其在《公约》谈判中的定位不清、产出单薄。其原因是多方面的：一是因为能力建设活动的交叉和跨部门性质。事实上，发达国家和发展中国家在能力建设议题下的根本分歧在于其独立性[124]。能力建设常与资金和技术转让一同被提及，并且是减缓、适应、增强透明度等行动的固有组成部分。从这个意义来说，所有帮助发展中国家和经济转型国家加强开展应对气候变化行动能力的活动都属于能力建设的范畴。这一点在《公约》谈判决定和机构安排中可见一斑，诸多议题均会写入能力建设相关条款，诸多《公约》下的机构和体制安排也都承担着协助能力建设活动的职责。二是发展中国家对此议题的投入和重视相比于资金、技术议题而言不足且理解模糊[124]。各方对于能力建设的定义、范围和参与方并没有清晰的一致意见，如一些国内的研究者将发达国家的对外援助、提供气候资金等并未明确用于能力建设的活动也作为其中的一部分[125,126]，但是缔约方对能力建设活动的理解集中于提高体制能力（例如制定良好政策，改善融资环境以吸引气候资金的能力）和技术能力（如编写国家温室气体清单所需的研究和统计能力）的活动[127]。此外，发展中国家的谈判力量投入不足，因此难以形成有效的具体方案建议[124]。

因此，《公约》和《京都议定书》中都没有关于能力建设的具体条款，使其没有一个机制作为依托以开展活动。长期以来，《公约》下的能力建设活动一直以 COP7 出台的两份能力建设框架为基础开展，在此之上陆续有一些新的产出，但没有形成体系。能力建设定位不清、机制单薄的状况在 2015 年召开的 COP21 后有所改善。《巴黎协定》第 11 条写入了能力建设的内容，缔约方大会也决定建立 PCCB 和 CBIT，其中 PCCB 成为《巴黎协定》下能力建设体制安排的实体机构。

尽管如此，与 NDC、全球盘点等有明确内容、产出和工作安排的机制相比，能力建设的模式和机制依旧不清晰。从职权范围和活动领域来看，PCCB 的性质是一个协调机构，在有限的授权内其工作主要是围绕协调《公约》内外已有的能力建设工作、识别能力建设需求和合作机会、信息交流等方面，定位类似于能力建设的“秘书处”。这其实对应了《公约》框架内能力建设活动面临的一大难点：开展能力建设活动的实体大多是各缔约方本身和《公约》外的机构，因此无论是德班能力建设论坛还是 PCCB，它们只能起到协调工作和加强信息交流的功能，而非直接对能力建设活动提供支持。

纵使能力建设体制机制尚不健全，谈判进展也较为缓慢，PCCB、CBIT 的出现在一定程度上也回应了发展中国家的利益诉求。在未来，已有的机制可能在以下方面发挥作用：一是加强信息交流，通过汇编、综合和分发与能力建设相关的信息，发展中国家可以互相了解与学习能力建设“自助”和“他助”活动的良好经验和实践；二是通过加强与其他议题的协调以提升能力建设议题的显示度，在与能力建设关联度较高的透明度、资金、技术、NDC 等议题上加强联动，使《公约》和《巴黎协定》的实施产生协同效益；三是继续呼吁各方加大资金、技术等方面的支持，特别呼吁《公约》主渠道下的全球环境基金、绿色气候基金等资金实体提供更多资源，以支持发展中国家的能力建设活动。

八、透明度

（一）概念内涵

20 世纪 80 年代以来，透明度逐渐衍生成为国际制度中的一项重要原则。WTO、世界银行、UNEP 和世界卫生组织（WHO）等国际组织不断强化透明度条款的作用，并逐渐将其制度化，从而使透明度在国际治理中越发重要，在环境治理中的重要性也日益彰显。

国际政治的主流观点将透明度定义为一种获取信息的开放性，其问题的本体是信息披露。它包括两个维度：各行为主体向国际组织的信息披露和国际组织向公众的信息披露。前者是为了促进治理的有效性，以透明度促进治理（transparency for governance），后者是为了体现治理的合法性，是治理体现的透明度（transparency of governance）。气候谈判中的透明度议题仅限于前者。

透明度原本是西方国家国内民主政治的概念。公众通过投票权参与国内政治，而有效的政治参与需要公众以充分、无偏的信息获取为支撑。因此，政府和市场的透明度，以及其具体的保障措施（如新闻自由、政府机构的信息公开、听证会或非政府组织参与等）就成为国内善治的重要组成部分。自由主义全球治理观将这一模式代入国际组织中，并以此要求各国家主体披露特定的信息，以审评和评估其义务的完成情况，并促进国际组织的治理效果[128]。然而，这一机制在发展中国家受到一定程度的怀疑。一方面，传统现实主义国际关系理论认为国家追求的目标是权力，透明度所导致的信息对称会削弱自身的信息优势，进而失去权力优势；另一方面，透明度与国家的信息主权存在着内禀的矛盾，赋予透明度以义务必然导致对国家信息主权的侵犯。更重要的是，透明度的另一面往往是问责制，而国际组织是否具有高于国家的权威对其进行软性或硬性的问责尚处于争议之中。《巴黎协定》中的透明度议题正是这一矛盾的典型体现。了解了全球治理中透明度的大背景，读者将更易理解后文中的关键内容：为什么强化透明度框架下既要“统一的模式”又要内置一个“灵活机制”，为什么特意强调了透明度框架的促进性、非侵入性、非惩罚性，为什么透明度与“共区”原则密切相关。

气候谈判中的透明度包括四个过程：测量、报告、审评和评估。测量（measurement）是指通过国家核算体系获取准确、系统、细分的温室气体排放量和清除量数据。报告（reporting）是指对国家温室气体清单和应对气候变化的行动进行汇总，并按一定的格式进行整理和公开，以方便监督行动和协调治理。报告的内容很广泛，一般而言包括五个方面：温室气体数据、减缓行动和政策、适应行动和政策、提供的支持、已收到的和未来需要的支持。审评（review）是指判断缔约方报告的形式/方法是否符合缔约方大会一致通过的模式、程序和指南，技术分析（technical analysis）可以看作一种类似于审评的形式。评估（assessment）则是就缔约方所报告的内容进行讨论。其中，审议（consideration）也是评估的一种表达形式。在深入了解透明度议题的发展历史和机制结构之前，表 4-28 列举了几个关键的机构和机制术语，以方便读者开展后续阅读。

表 4-28　透明度议题相关术语中英对照

类别	缩写	全称	翻译
	ETF	Enhanced Transparency Framework	强化透明度框架
	MPG	Modalities，Procedures and Guidelines	通用模式、程序和指南
要求	MRV	Measurable，Reportable and Verifiable	可衡量、可报告、可核实（三可）
	TACCC	Transparent，Accurate，Complete，Consistent and Comparable	透明、准确、完整、一致、可比
报告制度	NC	National Communication	国家信息通报
	NIR	National Inventory Report	国家清单报告
	NID	National Inventory Document	国家清单文件
	CRF	Common Reporting Format	通用报告格式
	CTF	Common Tabular Format	通用表格格式
	SEF	Standard Electronic Format	标准电子格式
	CRT	Common Reporting Table	通用报告表格
	BR	Biennial Report	两年期报告
	BUR	Biennial Update Report	两年期更新报告
	BTR	Biennial Transparency Report	两年期透明度报告
审评和评估制度	IAR	International Assessment and Review	国际评估和审评
	TR	Technical Review	技术审评
	MA	Multilateral Assessment	多边评估
	ICA	International Consultations And Analysis	国际磋商和分析
	TA	Technical Analysis	技术分析
	FSV	Facilitative Sharing of Views	促进性信息分享
	TER	Technical Expert Review	技术专家审评
	FMCP	Facilitative，Multilateral Consideration of Progress	关于进展情况的促进性多边审议

类别	缩写	全称	翻译
审评和评估报告	ASR	Annual Status Report	年度状况报告
	ARR	Annual Inventory Review Reports	年度清单审评报告
	TASR	Technical Analysis Summary Report	技术分析综合报告
	IDR	In-Depth Review	深入审评报告
	TRR	Technical Review Report	技术审评报告
	FSVR	Facilitative Sharing of Views Record	促进性信息分享记录
	TERR	Technical Expert Review Report	技术专家审评报告
	IRR	Initial Review Report	初始审评
	CAR	Compliance and Accounting Report	汇编和综合报告
	TPR	True-up Period Review Report	调整期审评报告
	TUPAR	True-up Period Assessment Report	调整期评估报告
机构	CGE	Consultative Group of Experts on National Communications from non-Annex I Parties	非附件一缔约方国家信息通报专家咨询小组
	ERT	Expert Review Team	专家审评组
	TTE	Team of Technical Experts	技术专家小组
	TERT	Technical Expert Review Team	技术专家审评组

（二）历史演进

《公约》体系下的透明度规则经历了严格二分时期（1992—2009 年）、对称二分时期（2010—2014 年）和共同强化时期（2015 年以后）[129]。需要注意的是，从谈判的顶层设计到具体的实施是需要时间的，而这个划分仅仅是顶层设计层面的。三个时期的演化体现了气候治理中发达国家和发展中国家透明度要求不断统一的过程。图 4-37 左侧梳理了透明度议题谈判的历史进程，右侧梳理了各国透明度义务的演变。

严格二分时期，对发达国家缔约方和发展中国家缔约方的透明度要求有着明显的区别。《公约》第 12 条明确规定了各缔约方需承担履约信息报告的义务，第 4 条第 2 款规定附件一缔约方提交的信息需接受审评。虽然所有缔约方都需提交温室气体清单和国家信息通报（NC），但其后由缔约方大会决定制定的指南对附件一缔约方和非附件一缔约方的报告内容、范围、频率和审评形式作出了不同的要求。其中，附件一缔约方需每年提交独立的温室气体清单，每四年一次提交缔约方信息通报，这些都需要接受专家审评组审评；而非附件一缔约方仅需每四年提交包括温室气体清单信息在内的 NC，且不需要接受审评。这些透明度方面的要求是《公约》之下的，因此一直延续了下来。《京都议定书》对附件一缔约方提出了关于第 7 条第 1 款和第 2 款下补充信息的额外报告要求：附件一缔约方要分别在提交温室气体清单和 NC 时附上，一直持续到《京都议定书》第二承诺期结束。2007 年通过的“巴厘岛行动计划”开启了一个新的进程，在该进程下要求发达国家缔约方和发展中国家缔约方的减缓行动都须满足可衡量、可报告、可核实（MRV）的“三可”原则。这一安排为透明度对称二分结构奠定了基础。

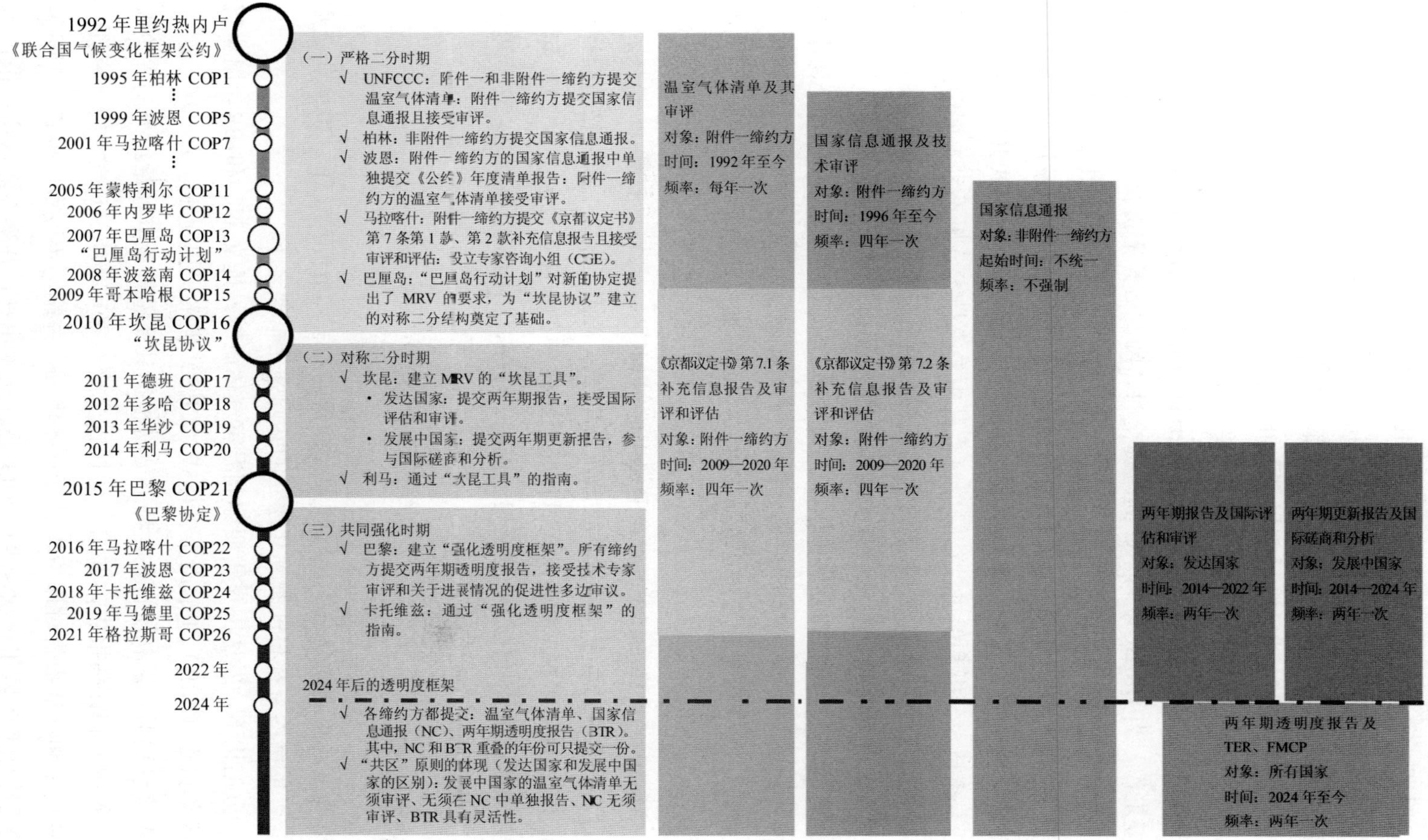

图 4-37　透明度议题的谈判历史及信息提交时间线

对称二分时期，发达国家和发展中国家承担的透明度要求呈现出内容相近、形式对称的特点。2010 年“坎昆协议”分别规定发达国家和发展中国家提交包含全经济范围量化减排指标的适合本国的减缓承诺或行动，且两者都需要满足“三可”要求。对应地，“坎昆协议”要求发达国家在 2014 年 1 月前提交两年期报告（BR），并接受国际评估和审评（International Assessment and Review，IAR），要求发展中国家 2014 年 12 月前提交两年期更新报告（BUR），并参与国际磋商和分析（International Consultations and Analysis，ICA）。为了避免重复工作，当 BR/BUR 和 NC 同时提交时，缔约方只需提交一份报告即可。在对称二分结构下，“共区”原则体现在两处：在报告内容上，发达国家应报告量化全经济范围减排指标和相关进展，以及对未来排放情景的预测；在审评方式上，发达国家接受的 IAR 包括专家审评和多边评估，其中专家审评以到访审评或集中审评的形式开展，发展中国家的 ICA 包括专家技术分析和促进性信息分享，其中专家技术分析不到发展中国家国内开展。2013 年的华沙气候大会和 2014 年的利马气候大会后分别完成了 BUR 和 ICA 及 BR 和 IAR 的模式、程序和指南，对称二分的实施阶段从 2014 年正式开始。

共同强化时期，发达国家和发展中国家原先对称二分的两个框架并入一个通用的大框架，二者之间的规则区别进一步模糊。2015 年，《巴黎协定》建立了“关于行动和支持的强化透明度框架”，发达国家和发展中国家均提交了两年期透明度报告（BTR），且均接受技术专家审评（Technical Expert Review，TER）和关于进展情况的促进性多边审议（Facilitative，Multilateral Consideration of Progress，FMCP）。在这一框架下，“共区”原则体现在内置的灵活机制上，为需要灵活性的发展中国家缔约方提供了灵活性。同样地，为了避免重复工作，BTR 和 NC 也可以同时提交。2018 年的卡托维兹大会和 2021 年的格拉斯哥气候大会分别通过了强化透明度框架的模式、程序、指南和指导意见。这一透明度框架于 2024 年开始运行。

（三）机制结构

目前，透明度的实施尚处在坎昆气候大会构建的对称二分结构之下。2024 年之后，所有《巴黎协定》的缔约方都将过渡到其建立的共同强化框架之下。

在对称二分结构下，发达国家需要编制温室气体清单、提交 NC 和 BR。温室气体清单包括国家清单报告（NIR）和通用报告格式（CRF）表格，提交频率为一年一次。温室气体清单将先接受秘书处的初次评估，秘书处将根据其完整性及其他缔约方的评论编写年度状况报告（ASR）和评估报告，并将评估报告交给专家审评组（ERT）用于审评。ERT 根据温室气体清单和评估报告对该清单进行技术审评，并编写年度审评报告（ARR）作为产出。NC 的提交频率为四年一次，也由 ERT 进行技术审评，并编写深入审评报告（IDR）作为产出。“坎昆协议”要求发达国家在此基础上进一步提交 BR，这些内容将进行国际审评和评估，包括技术审评（TR）和多边评估（MA）两个步骤。在技术审评阶段，ERT 将审评 BR 与温室气体清单和 NC 之间的一致性，以及与全经济范围量化减排指标相关的减排量和清除量，并向缔约方提出问题和建议，最终产出一份技术审评报告（TRR）。在多边评估阶段，其他缔约方可以在评估开始前将问题提交给秘书处整理并分发给被评估缔约方进行书面回答，也可以在评估时进行口头提问。多边评估的产出有秘书处编写的包括深入审评报告的记录、SBI 的概要报告及缔约方提交的问题和所作答复等文件。

除此以外，作为《京都议定书》缔约方的发达国家还有额外的报告任务，主要有《京都议定书》第 7.1 条补充信息报告、《京都议定书》第 7.2 条补充信息报告、初次报告和调整期报告。《京都议定书》第 7.1 条补充信息报告额外补充了各个国家的京都减排单位（如 AAU、CER 等）等信息，其中包括一份标准电子格式（SEF）表格，与温室气体清单一同提交。《京都议定书》第 7.2 条补充信息报告则额外补充了国家体系、国家登记册等缔约方执行《京都议定书》的相关措施，与 NC 一同提交。“初次报告”指的是第 13/CMP.1 号决定附件第 6 段所要求的报告，以便缔约方计算其承诺期内的排放配额量。调整期（true-up period）指履行《京都议定书》第一承诺期承诺的宽限期到期后 45 天，缔约方需要提交相应的调整期报告并接受 ERT 的审评和评估，以完成从第一承诺期到第二承诺期的过渡。《京都议定书》下的透明度义务只有发达国家需要履行。

发展中国家需要提交 NC 和 BUR①。发展中国家提交的 NC 不接受审评，也没有强制的时间限制，其提交频率取决于发展中国家获得的援助程度及自身意愿和能力。发展中国家由于不单独提交温室气体清单（NIR 和 CRF），因此需要在 NC 中编写简化版的温室气体清单表格；相比之下，发达国家的 NC 只需要包括温室气体排放和趋势的概要信息即可。“坎昆协议”要求发展中国家在此基础上进一步提交 BUR，这些内容将进行国际磋商和分析，包括技术分析（TA）和促进性信息分享（FSV）两个步骤。在技术分析阶段，技术专家小组（TTE）首先与缔约方磋商，针对 BUR 撰写技术分析综合报告（TASR），并将 TASR 草稿发送给缔约方供其审阅和提出意见，之后再最终定稿。在促进性信息分享阶段，所涉缔约方对自己的 BUR 作一次简短陈述，并在缔约方之间进行口头问答，最终产生一份促进性信息分享记录（FSVR）。与发达国家相比，促进性信息分享是一种促进性的交流过程而非严格的评估过程，发展中国家也不需要在促进性信息分享开始之前进行一轮书面的问答，这是体现促进性信息分享与多边评估区别的重要一点。除此以外，发达国家在报告 BR 时需要同时提交一份更严格的通用表格格式（CTF），而发展中国家则没有这项要求。

表 4-29 汇总了截至目前透明度的部分报告内容和审评要求，表 4-30 汇总了测量、报告、审评、评估的机制及相关条款。

① BR/BUR 与 NC 同时提交的年份可以只提交一份文件。

表 4-29 透明度报告、审评和评估要求[130]

所属框架	名称	责任方	频率	审评			评估		
				机制	主体	产出	机制	主体	产出
《公约》	（国家温室气体排放清单）通用报告格式（CRF）	附件一缔约方	一年一次	技术审评	ERT	ARR	初次评估	秘书处	ASR 评估报告
	国家清单报告（NIR）								
	国家信息通报（NC）	附件一缔约方	四年一次	技术审评	ERT	IDR	—	—	—
		非附件一缔约方	不强制	无	—	—	—	—	—
	两年期报告（BR）	发达国家	两年一次	IAR-TR	ERT	TRR IDR	IAR-MA	其他缔约方	秘书处记录 SBI 概要报告
	两年期更新报告（BUR）	发展中国家	两年一次	ICA-TA	TTE	TASR	ICA-FSV	其他缔约方	FSVR
《巴黎协定》	两年期透明度报告（BTR）	所有国家	两年一次	TER	TERT	TERR	FMCP	其他缔约方	FMCPR
《京都议定书》	初次报告	附件一缔约方	一次	初始审评	ERT	IRR	—	—	—
	《京都议定书》第 7.1 条补充信息报告		一年一次	技术审评		ARR	—	—	—
	《京都议定书》第 7.2 条补充信息报告		四年一次	技术审评		IDR CAR*	—	—	—
	调整期报告		一次	调整期审评		TPR	调整期评估	ERT	TUPAR

*CAR 由秘书处撰写。

表 4-30　测量、报告、审评、评估的机制及相关条款[131]

类型	机制	依据条款	
		发达国家	发展中国家
测量	温室气体清单编制	IPCC 1996，2000，2006，2013	IPCC 1996，2000
报告	温室气体清单，其中包括：		
	通用报告格式（CRF）	3/CP.5，18/CP.8，14/CP.11，24/CP.19	无要求
	国家清单报告（NIR）	3/CP.5，18/CP.8，13/CP.9，24/CP.19	无要求
	《京都议定书》第 7.1 条补充信息报告，其中包括：	15/CMP.1，3/CMP.11	无要求
	标准电子格式（SEF）	14/CMP.1，3/CMP.11	无要求
	国家信息通报（NC），其中包括：	A/AC.237/55，9/CP.2，4/CP.5，6/CP.25	10/CP.2，17/CP.8
	《京都议定书》第 7.2 条补充信息报告	15/CMP.1，3/CMP.11	无要求
	坎昆工具：两年期报告（BR），其中包括：	1/CP.16，2/CP.17	无要求
	通用表格格式（CTF）	19/CP.18，9/CP.21	
	坎昆工具：两年期更新报告（BUR）	无要求	1/CP.16，2/CP.17
	两年期透明度报告（BTR），其中包括：	18/CMA.1	18/CMA.1
	国家清单报告（NIR），其中包括：	5/CMA.3	5/CMA.3
	国家清单文件（NID）*		
	通用报告表格（CRT）**		
	跟踪 NDC 进展的通用表格格式（CTF）	5/CMA.3	5/CMA.3
	提供和调动、所需和所获支持的通用表格格式（CTF）	5/CMA.3	5/CMA.3
	第 13/CMP.1 号决定附件第 6 段初次报告	13/CMP.1	无要求
	调整期报告	13/CMP.1、3/CMP.10	无要求

类型	机制	依据条款	
		发达国家	发展中国家
审评	温室气体清单技术审评	6/CP.5，19/CP.8，13/CP.20	无要求
	国家信息通报技术审评	2/CP.1，23/CP.19，13/CP.20	无要求
	两年期透明度报告技术专家审评	18/CMA.1，5/CMA.3	18/CMA.1，5/CMA.3
	坎昆工具：国际评估和审评（IAR）之技术审评	2/CP.17，13/CP.20	无要求
	坎昆工具：国际磋商和分析（ICA）之技术分析	无要求	2/CP.17
	京都补充信息技术审评	22/CMP.1	无要求
评估	温室气体清单初次评估	6/CP.5，19/CP.8，13/CP.20	
	坎昆工具：国际评估和审评（IAR）之多边评估	2/CP.17	无要求
	坎昆工具：国际磋商和分析（ICA）之促进性信息分享	无要求	2/CP.17
	促进性多边审议（FMCP）	18/CMA.1	18/CMA.1

注：下划线是指该决定通过的指南等文件目前正在被使用。

* BTR 下 NIR 的 NID 即《公约》“温室气体清单”下的 NIR。

** BTR 下 NIR 的 CRT 即《公约》“温室气体清单”下的 CRF。

发展中国家编写 NC 和 BUR 的过程获得专家咨询小组（CGE）的支持。CGE 是《公约》下的一个常设机构，是为了解决发展中国家在编制 NC 时面临能力不足的问题而设立的（图 4-38）。2013 年华沙气候大会更新了 CGE 的职权范围，可分为提供技术援助、提供咨询和能力建设三部分，具体内容列于表 4-31 中。

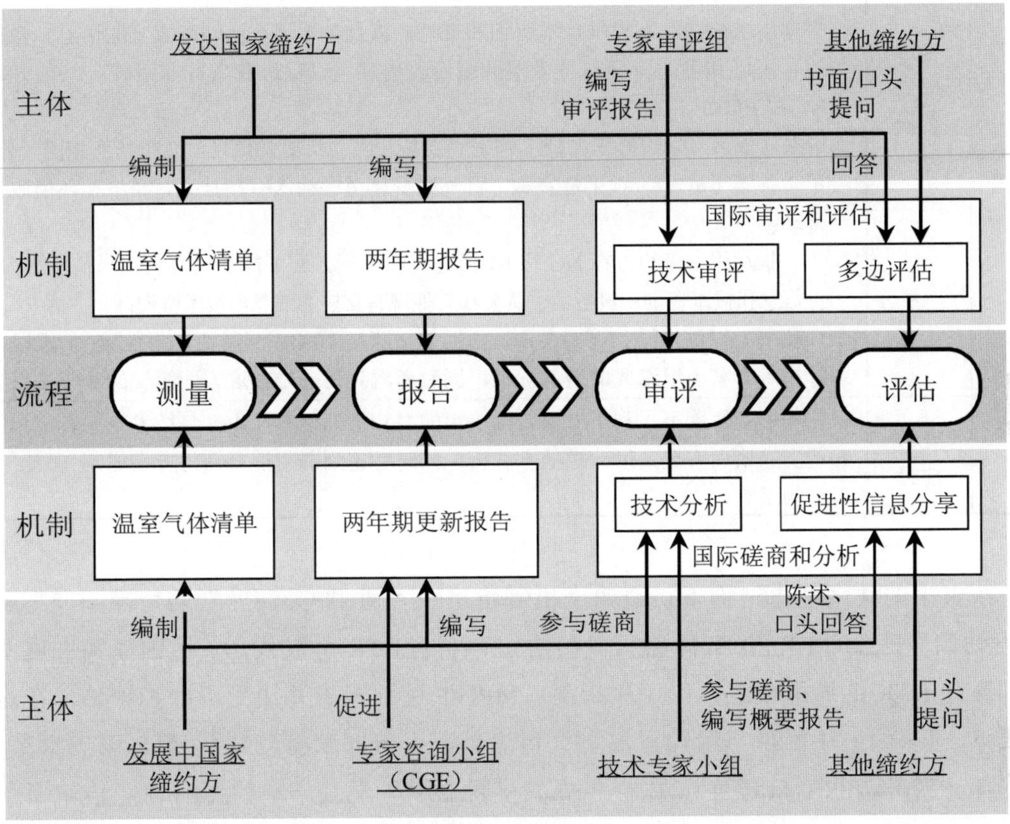

注：发达国家编制的温室气体清单需独立提交，而发展中国家的温室气体清单是作为 BUR 中的一部分提交的。技术分析和促进性信息分享不是审评和评估过程，只是起到了部分效果。

图 4-38 目前对称二分结构下“坎昆工具”的透明度机制及其运行逻辑

表 4-31 CGE 的目的和职权范围

		内容
目的		改进非附件一缔约方 NC 的进程和编制，为此向此类缔约方提供技术咨询和支持
职权范围	提供技术援助	• 就影响非附件一缔约方 NC 和 BUR 的进程及编制的问题与限制，确认并提供技术援助； • 向非附件一缔约方提供技术援助和支持，促进其 NC 和 BUR 的进程和编制

		内容
职权范围	提供咨询	• 向非附件一缔约方提供技术咨询，促进 NC 和 BUR 编制进程的发展和长期持续，包括制定适当的体制安排，建立和保持国家技术队伍，以持续编制 NC 和 BUR，包括温室气体清单； • 酌情提出建议，显示非附件一缔约方编制 NC 和 BUR 指南的未来修订应考虑的因素，同时考虑到非附件一缔约方在编制 NC 和 BUR 时遇到的困难； • 根据请求向缔约方提供技术咨询和支持，以及关于现有活动和方案的信息，包括双边、区域和多边资金与技术援助来源的信息，以促进和支持非附件一缔约方编制 NC 和 BUR； • 根据请求，向缔约方提供技术咨询和支持，协助其提供信息，说明如何按照《公约》第 4 条第 1 款（f）项采取步骤，将气候变化考虑纳入有关社会、经济和环境政策与行动； • 基于非附件一缔约方在 NC 和 BUR 进程和编制方面可能的经验教训与最佳做法，提供信息和技术咨询，包括关于资金和其他现有支持的信息与技术咨询； • 向秘书处提供指导和定期咨询，协助其按照第 20/CP.19 号决定附件第 3～5 段，执行技术专家小组组成的遴选标准，同时考虑到秘书处在这方面提交的半年期报告
	能力建设	• 在秘书处协助下，利用专家咨询小组的最新培训材料，为提名技术专家制定和组织适当的培训方案，以改进技术分析，同时考虑到非附件一缔约方在编制 BUR 时遇到的困难

在未来的共同强化结构下，透明度机制将呈现“通用+灵活度”的特点。一方面，“坎昆协议”要求的 BR 和 BUR 被《巴黎协定》下的 BTR 所取代，发达国家和发展中国家都遵守 BTR 的通用模式、程序和指南（MPG）进行报告并接受审评和评估。在这一模式下，《公约》下附件一缔约方温室气体清单的报告要求将合并至 BTR 第一章节中，非附件一缔约方也需要遵守；另一方面，发展中国家享有一定的灵活性，体现了与发达国家的区别。同时，《公约》下的温室气体清单和 NC 制度继续保留：发达国家还将四年一次提交 NC 且接受审评，发展中国家不定期提交 NC 且不接受审评；发达国家也需每年提交一次温室气体清单（一年独立提交，接受技术审评；一年与 BTR 一并提交，接受技术专家审评）。BTR 和 NC 如果提交时间重合则可作为单一报告提交，其审评按照 BTR 的过程进行，并考虑 NC 审评的相关意见。发展中国家编制报告的过程也受到 CGE 的帮助。

1. 报告

BTR 的内容如下：①温室气体人为源排放量和汇清除量国家清单报告（简称“国家清单报告”），这部分包括一份国家清单文件（NIR）和一份通用报告表格（CRT），而这就是原先《公约》下附件一缔约方提交的温室气体清单中的 NIR 和 CRF；②跟踪在履行和实现

《巴黎协定》第4条下的NDC方面取得的进展所需的信息（简称“NDC进展追踪”），其中包括一份通用表格格式；③与《巴黎协定》第7条下气候变化影响和适应有关的信息（简称“气候适应”）；④与《巴黎协定》第9～11条下提供和调动资金、技术开发与转让及能力建设支持有关的信息（简称“提供支持信息”），其中包括一份通用表格格式；⑤与在《巴黎协定》第9～11条下需要和接收的资金、技术开发与转让及能力建设支持有关的信息（简称“收到支持信息”），其中包括一份通用表格格式。

2．审评

技术专家审评组（TERT）对提交的报告进行审评。审评以促进性、非侵入性、非惩罚性和尊重国家主权的方式进行，并避免对缔约方造成不当负担。TERT在审评过程中不得作出政治判断，不得审评缔约方提出NDC及其追踪指标的充分性和适当性，不得审评缔约方国内行动和提供支持的充分性，不得审评发展中国家使用MPG提供的灵活性的适当性。在此基础上，审评主要包括以下内容：①审评BTR第一、第二、第四部分[①]是否符合MPG，同时考虑到灵活性；②审议缔约方履行和实现NDC的情况；③审议缔约方提供的支持（如相关）；④确定该缔约方在履行《巴黎协定》第13条方面有待改进的领域；⑤对于依能力需要协助的发展中国家缔约方，协助它们确定能力建设需要。

秘书处与提交了BTR的缔约方商定审评时间（技术专家审评周）。在技术专家审评周开始前，秘书处组建TERT，以对提交材料进行初步分析并向缔约方要求提供补充信息。在技术专家审评周结束后，TERT应向有关缔约方初步通报待改进的领域，包括初步“建议”（针对“应”规定）和/或“鼓励”（针对非“应”规定），并撰写一份技术专家审评报告（TERR）草稿，通过秘书处交给缔约方征求意见。在考虑缔约方反馈的意见后，TERT编写最终版本的TERR，以此作为TER的产出[②]。

3．审议

关于进展情况的促进性多边审议（FMCP）以缔约方提交的BTR中的信息和TERT的审评报告等文件作为投入。FMCP分为书面问答和工作组会议两部分。书面问答是缔约方之间互相提交书面问题并尽最大努力酌情进行答复的过程，秘书处会在书面问答环节结束后将问题与答复进行汇编和综合，并发布在网站平台上。工作组会议在SBI会议期间进行，缔约方在会上首先进行陈述，并就投入信息进行讨论。缔约方可以在工作组会议结束后对书面问答环节提出的书面问题进行补充回复。FMCP结束后，秘书处整理

① 即《巴黎协定》第13条第7款和第9款下的信息。

② 以上是国内审评、集中审评和书面材料审评的程序。简化审评的程序更加简单。

各方提出的书面问题和答复、缔约方的陈述文本、工作组会议记录、FMCP 程序概述和其他补充信息，编写一份关于缔约方进展情况的促进性多边审议记录，以此作为 FMCP 的产出（图 4-39）。

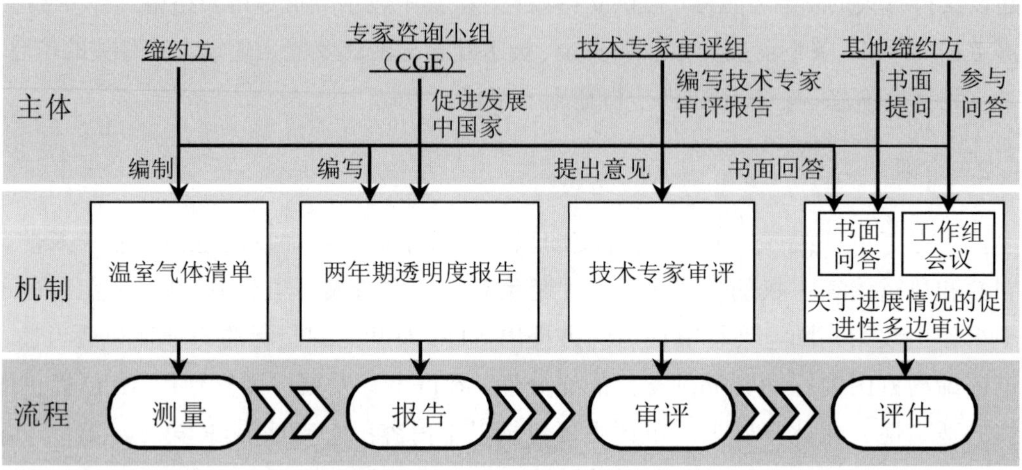

图 4-39　未来共同强化结构下《巴黎协定》的透明度机制及其运行逻辑

（四）《巴黎协定》下的透明度议题

《巴黎协定》的第 13 条构建了透明度议题的主要内容，其核心为设立一个“关于行动和支持的强化透明度框架”。行动的透明度包括减缓行动和适应行动两部分，分别要求明确缔约方履行《巴黎协定》第 4 条和第 7 条下的进展情况；支持的透明度要明确各缔约方提供的、收到的、需要的各类支持，包括资金（第 9 条）、技术开发与转让（第 10 条）和能力建设（第 11 条）方面。透明度框架所收集的以上信息最终都会投入全球盘点（第 14 条）之中，依次促进气候目标的更新和行动的加强。透明度框架的内容包括提交信息（即报告）和审评信息（即专家审评和多边审议）两个方面，具体内容在第 7 款至第 12 款中具体列明。

除了第 13 条建立的强化透明度框架，其他议题下的信息披露构成了广义的透明度议题，包括第 4 条下的 NDC“事前”信息和核算规则的报告、第 7 条下的适应信息通报、第 9 条下的拟提供资金支持双年通报，以及第 11 条下的强化能力建设信息报告。

透明度框架需要满足若干要求。第一，透明度框架要为发展中国家提供一定灵活性，因此在该框架内建立了“灵活机制”。灵活机制允许能力不足的发展中国家在履行透明度要求时，自行选择不提供某类信息，而采取替代做法或作出说明或将来进行弥补。不过灵活机制也并非绝对的灵活。2018 年召开的卡托维兹气候大会通过的模式、程序和指南明确了哪些章节的哪些部分可以通过何种方式采取灵活机制。从表 4-32 中可以看出，只有温室气体清单报告、NDC 进展报告、技术专家审评和关于进展情况的促进性多边审议可以使用灵活机制，可使用的条目为 18 处。第二，透明度框架是促进性、非侵入性、非惩罚性的，尊重国家主权，且避免造成不当负担。这一要求在原则上回应了发展中国家对于信息披露的关切。非侵入性说明该框架对国家信息的要求不高于国家的信息主权，透明度条款不能侵犯国家的信息安全；非惩罚性说明该框架应避免与问责制相连，即使缔约方未完成，也不能因此导致任何问责和惩罚（事实上，发达国家同样有这样的需求，不接受因透明度而侵害国家主权、带来惩罚）。第三，透明度框架应依托和加强《公约》下的既有安排，即前文所提到的种种，此处不再赘述。明确了强化透明度框架的目的、内容、要求，并且在得到相应支持的前提下，第 13 款要求缔约方大会制定具体的模式、程序和指南以指导 2024 年之后的透明度履约。以上便构成了《巴黎协定》第 13 条的全部内容，其结构如图 4-40 所示。

表 4-32　强化透明度框架灵活机制的范围和内容清单

涉及灵活机制的透明度框架内容	灵活机制
一、温室气体人为源排放量和汇清除量国家清单报告	
A. 定义	无
B. 国情和体制安排	无
C. 方法	
1. 方法、参数和数据	
2. 关键类别分析	• 可灵活地使用不低于 85%的限值来确定关键类别，而不是《IPCC 国家温室气体清单指南》中规定的 95%的限值
3. 时间序列的一致性与重新计算	无
4. 不确定性评估	• 可灵活地利用《IPCC 国家温室气体清单指南》，在无法获得量化输入数据来定量估计不确定性的情况下，至少对关键类别提供不确定性的定性讨论
5. 完整性评估	• 如其可能的排放量水平低于国家温室气体排放总量（不包括 LULUCF）的 0.1%，或 100 万 t CO_2eq（以二者之中较低者为准），则可灵活地认为排放量微不足道
6. 质量保证/质量控制	• 可根据《IPCC 国家温室气体清单指南》拟订一份清单质量保证/质量控制计划，包括负责执行质量保证/质量控制的清单机构的信息； • 可按照其质量保证/质量控制计划和《IPCC 国家温室气体清单指南》实施一般性清单质量控制程序，并提供有关信息

涉及灵活机制的透明度框架内容	灵活机制
D. 衡量指标	无
E. 报告指南	• 提供的相关灵活性
1. 关于方法和跨领域内容的信息	无
2. 部门和气体	• 可灵活地报告至少三种气体（CO_2、CH_4和N_2O）
3. 时间序列	• 可灵活地报告至少涵盖《巴黎协定》第4条规定的NDC参考年/参考期的数据，外加至少从2020年起的连贯一致的年度时间序列； • 可灵活地将最近报告年份定为提交国家清单报告的前三年
二、跟踪在履行和实现《巴黎协定》第4条下的NDC方面取得的进展所需的信息	
A. 国情和体制安排	无
B. 说明缔约方在《巴黎协定》第4条下的NDC，包括更新	无
C. 跟踪在履行和实现《巴黎协定》第4条下的NDC方面取得的进展所需的信息	无
D. 与履行和实现《巴黎协定》第4条下的NDC有关的减缓政策和措施、行动和计划，包括从适应行动和经济多样化计划中获得减缓协同效益的政策和措施、行动和计划	• 鼓励报告这一信息（可不报告）
E. 温室气体排放量和清除量概况	无
F. 温室气体排放量和清除量预测（如适用）	• 鼓励报告这一信息（可不报告）； • 可灵活地将其预测至少延至其在《巴黎协定》第4条下的NDC的终点； • 可使用不太详尽的方法或覆盖面进行报告
G. 其他信息	无
三、技术专家审评	
A. 技术专家评审格式	• 可灵活地选择进行集中审评而不是国内审评
B. 程序	• 可在提出要求后三周内提供所要求的信息； • 应通报与有关缔约方协商确定的任何能力建设需求； • 可在收到技术专家审评报告草稿后三个月内提出意见
四、关于进展情况的促进性多边审议	
A. 格式和步骤	• 可灵活地在工作组会议前两周提交书面答复

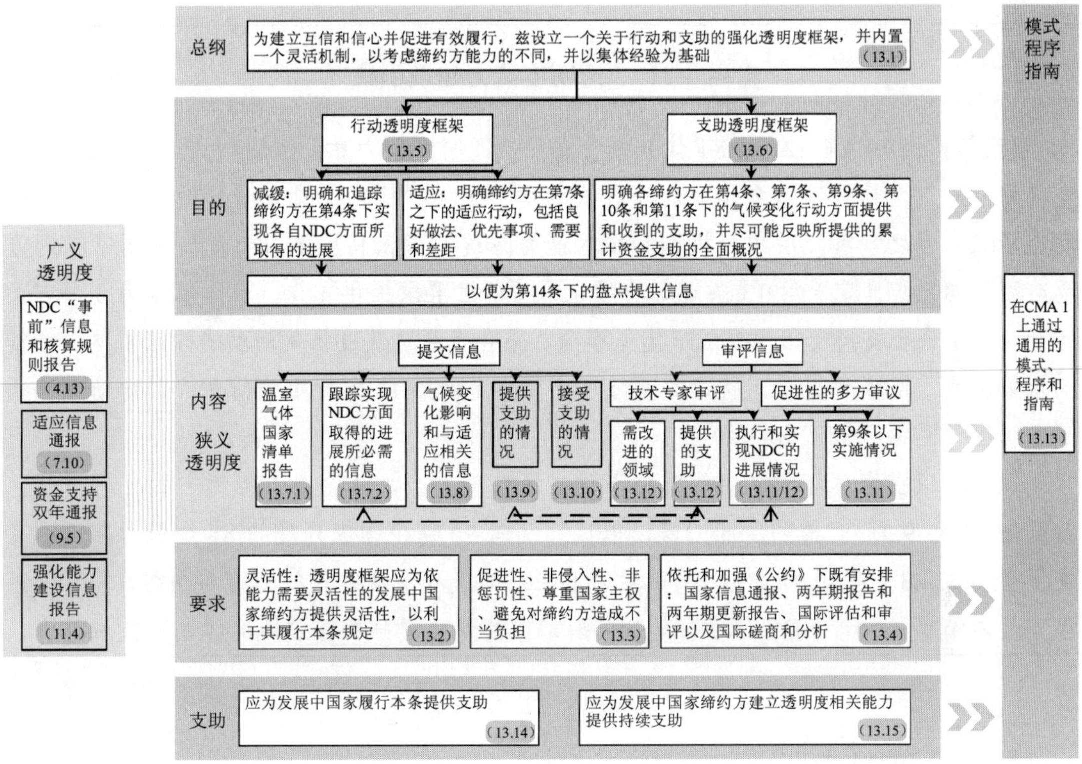

图 4-40 《巴黎协定》第 13 条透明度议题的内容与结构

总体来说，强化透明度框架统一了清单的“度量衡”，可极大便利各国排放量的加总和比较；科学性、可比性和透明度要求均比“坎昆工具”有较大提高；避免了不同年份采用不同指南和不同报告相互重叠的冗余劳动，提高了透明度的效率；保障了灵活机制使用的充分自主和不受审评，提高了发展中国家自主参与的主观能动性。然而，现有透明度框架还面临着两个重要挑战。第一，数据和信息时效性不足。鉴于统计工作和清单编制的客观规律，发达国家提交的报告中最新的清单数据只能提供到 2 年前，即 2024 年提交的报告中最新的数据只能是 2022 年的清单数据，而按现行规则许多发展中国家只能提交 4 年前的数据。过时的数据不利于全球盘点的开展，也不利于各国及时改进行动。第二，强化透明度框架未能匹配“强化”的履约支持。在为发展中国家提供支持方面，缔约方大会决定仅从要求全球环境基金优化申请流程、延长发展中国家咨询专家组授权等方面回应了发展中国家部分诉求，并未安排任何额外、长期、专属的资金支持。唯一强化的支持是 2015 年在全球环境基金下建立的“透明度能力建设倡议”，但无论是资金规模还是可持续性方面，该倡议都尚无法为发展中国家履约提供充分支持[129,132]。

专栏 4-31 “透明度能力建设倡议”

《巴黎协定》(1/CP.21 第 84 款)中设立了“透明度能力建设倡议”，作为加强透明度支持的方式。全球环境基金作为这一倡议的运行主体，作出安排支持其设立和实施，以便在 2020 年之前和之后建设机制和技术能力。这一倡议将应要求为发展中国家缔约方及时满足《巴黎协定》第 13 条规定的强化的透明度要求提供支持，具体包括为 3 个方面的行动提供资金支持：①根据国家优先事项，强化负责透明度相关活动的国家机构；②提供相关工具、培训和援助，以满足履行《巴黎协定》第 13 条规定的需求；③协助逐步提高透明度。

这一倡议在全球环境基金的支持下设立了信托基金，资金来自缔约方的自愿捐款。截至 2021 年 9 月，“透明度能力建设倡议”已向在 79 个国家开展的 81 个能力建设项目提供了超过 1.3 亿美元的资助，项目活动旨在对减缓和适应行动的追踪与报告，编写国家温室气体清单，设计 NDC，增强发展中国家在情景建模分析等领域的体制和技术能力。

九、全球盘点

(一)概念内涵

全球盘点(Global Stocktake，GST)是《巴黎协定》建立的新机制。《巴黎协定》第 14 条从主体、目的、原则、范围和时间方面对全球盘点机制进行了概述：①参与主体是作为《巴黎协定》缔约方会议的《公约》缔约方会议(CMA)；②目的是定期盘点《巴黎协定》的履行情况，以评估实现该协定宗旨和长期目标的集体进展情况；③原则包括以全面和促进性的方式开展，顾及公平和利用现有的最佳科学；④范围包括减缓、适应及执行手段和支持问题；⑤第一次进行全球盘点的时间为 2023 年，此后每五年进行一次[①]。

从《巴黎协定》第 14 条可以看出，为了评估该协定的履行情况，开展全球盘点的信息需求较大。因此，《巴黎协定》在 NDC(第 4.9 条)、适应(第 7.14 条)、资金(第 9.6 条)、技术开发与转让(第 10.6 条)及透明度(第 13.5 条)的部分以类似的方式指出，应该为全球盘点提供相应信息。

① 实际上，根据第 19/CMA.1 号决定和现有进程，全球盘点已在 2021 年启动信息收集和准备，2023 年 CMA5 将结束第一次全球盘点。

（二）历史演进

全球盘点是德班平台特设工作组（ADP）的工作成果。2011 年召开的 COP17 上，第 1/CP.17 号决定建立了 ADP。2014 年召开的 COP20 上，ADP 草拟了一份谈判文本应当包含的要素，载于第 1/CP.20 号决定的附件中，并根据第 1/CP.20 号决定的要求在 2015 年 2 月日内瓦召开的第二届会议第八期会议中发布了一份谈判案文[133]。此份案文是《巴黎协定》谈判的基础文本。案文中尚未出现“全球盘点”一词，但是已包含体现全球盘点理念的要素：J 部分“与承诺/贡献/其他有关执行和力度有关的时间范围和进程”下的“执行情况战略审评/总体力度评估/加强力度机制”（第 185～193 段）部分包含了未来全球盘点机制的谈判要点，如主体、原则、时间等。2015 年召开的 COP21 成功通过了《巴黎协定》，全球盘点机制得以建立。

然而《巴黎协定》第 14 条仅对全球盘点机制进行了概要性陈述，全球盘点如何开展并不清晰。根据《巴黎协定》特设工作组对全球盘点投入来源和模式的建议，2018 年的第 19/CMA.1 号决定对全球盘点的细则进行了阐述。该决定对全球盘点的模式（包括总体要素、信息收集和准备、技术评估和对产出的审议）及投入的来源进行了阐述。至此，缔约方明确了全球盘点机制的实施细则。

全球盘点的宗旨是对全球气候行动的各方面进展进行盘点和评估。尽管全球盘点是《巴黎协定》的新机制，但《巴黎协定》之前已存在类似的理念和活动。《公约》的第 10.2 条规定，附属履行机构（SBI）应该参照有关气候变化的最新科学评估，对各缔约方所采取步骤的总体合计影响作出评估，因此可以认为这是“全球盘点”这一理念的起源。在实践中，《公约》下的集体审评活动可被视为全球盘点的前身。2010 年第 1/CP.16 号决定中，缔约方决定结合《公约》最终目标及实现该目标的总体进展，定期审评长期全球目标的充分性。第一次周期性审评（First Periodic Review，FPR）已于 2013—2015 年开展。尽管 FPR 的审评侧重于温升目标及当前行动实现目标的充分性（即侧重于减缓）[134]，但其机制设计为全球盘点提供了重要参考。例如，审评要求遵循公平原则，考虑最佳可用科学，并且对总体效果进行评估；审评阶段包括信息收集和汇编，通过安排研讨会进行技术评估、技术研究，并编写综合报告；信息投入包括缔约方和非缔约方提交的各种材料①。全球盘点在很大程度上借鉴了周期性审评活动的机制设计。

与全球盘点理念类似的活动还包括“塔拉诺阿对话”（Talanoa Dialogue）②，这是 COP21 决定在 2018 年召开的缔约方之间的促进性对话，以盘点缔约方在争取实现《巴黎协定》第 4 条第 1 款所述长期目标方面的进展情况，并按照《巴黎协定》第 4 条第 8 款为拟定

① 关于审评的范围和模式参见第 1/CP.17 号决定。

② 因 2017 年 COP23 主席国为斐济，各方同意将“塔拉诺阿”传统引入《公约》进程，这项传统的宗旨是分享经历、建立共鸣、产生信任，故将该促进性对话命名为“塔拉诺阿对话”。

NDC 提供信息。“塔拉诺阿对话”的成果可为第一次全球盘点提供参考。

（三）机制结构

图 4-41 展示了全球盘点机制。第 19/CMA.1 号决定从目标、指导原则、模式和投入详述了全球盘点机制的实施细则。

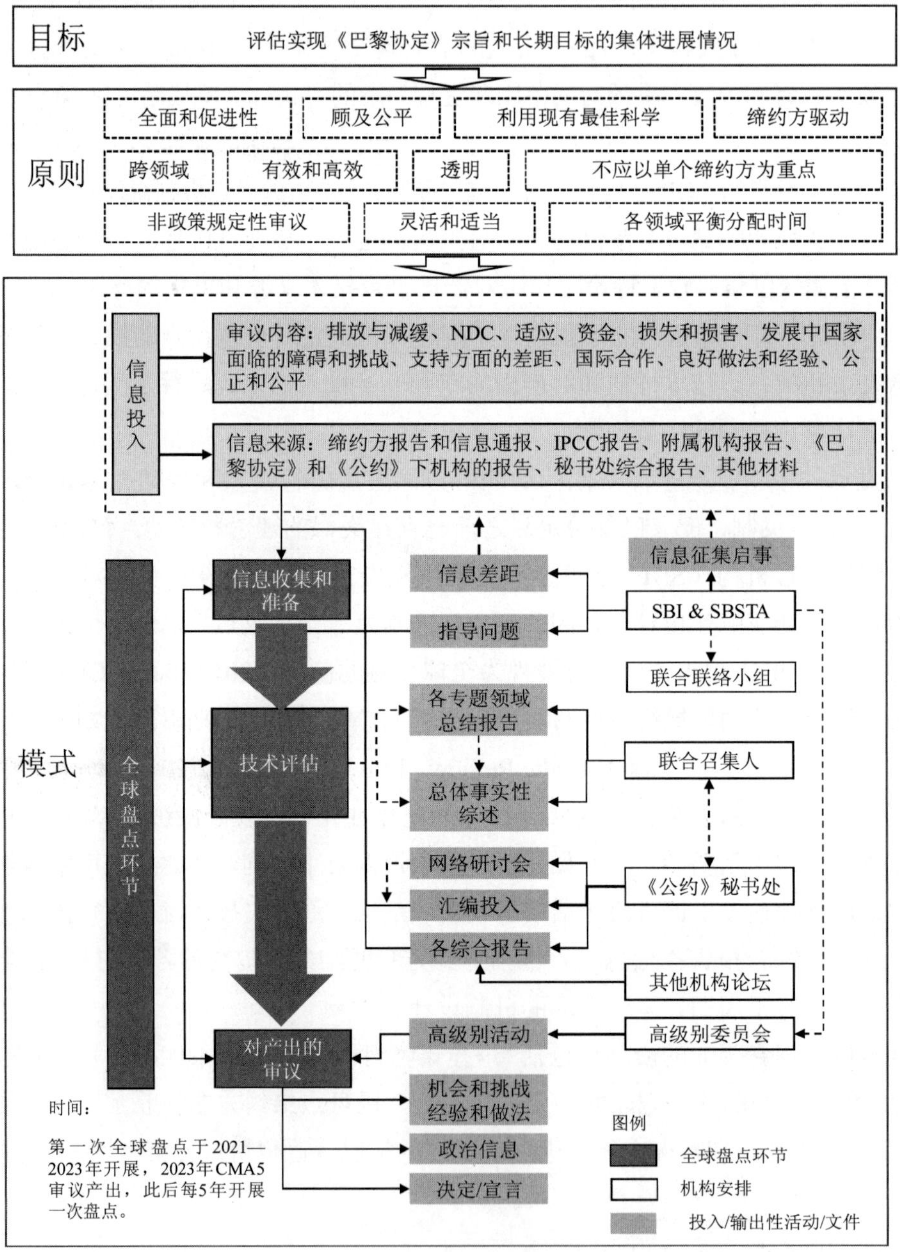

图 4-41　全球盘点机制概览

在目标上，全球盘点旨在评估实现《巴黎协定》宗旨和长期目标的全球集体进展情况，即定期回顾和盘点《巴黎协定》的实施进展情况。

在指导原则上，全球盘点应以全面和促进性的方式开展，并顾及公平和利用现有的最佳科学实践；作为一项缔约方驱动的活动，其产出不应以单个缔约方为重点，应纳入对集体进展的非政策规定性审议；应以跨领域、有效和高效、透明、灵活和适当的方式开展，并确保在各领域之间平衡分配时间。

在盘点内容上，根据《巴黎协定》第 14 条，全球盘点需要包括减缓、适应及执行手段和支持问题等要素。第 19/CMA.1 号决定注意到可酌情考虑处理应对措施的社会和经济后果及影响，以及防止、尽量减少和处理与气候变化不利影响相关的损失和损害。

CMA 进一步细化了以上指示性要素，列举了全球盘点的投入（inputs）清单。在投入的内容上，全球盘点要做如下考虑：①温室气体源排放量和汇清除量状况及缔约方所作的减缓努力；②缔约方 NDC 的总体效果及其在落实 NDC 方面的总体进展；③适应努力、支持、经验和优先事项的状况；④资金状况、执行手段、支持问题及调集和提供支持的情况；⑤在合作和促进的基础上，加强与避免、尽量减少和处理与气候变化不利影响相关的损失和损害等问题的理解、行动和支持；⑥发展中国家面临的障碍和挑战，包括资金、技术和能力建设方面的差距；⑦在促进减缓和适应方面的国际合作及根据《巴黎协定》第 13 条第 5 款增加支持方面的良好做法、经验和潜在机会；⑧缔约方在 NDC 中提出的公正方面的考虑因素，包括公平。

以上投入的内容包括以下来源：①缔约方的报告和信息通报，特别是根据《巴黎协定》和《公约》提交的报告和信息通报；②IPCC 的最新报告；③附属机构（SB）提交的报告；④来自《巴黎协定》和/或《公约》之下或为它们服务的相关组成机构和论坛及其他机构的报告；⑤《公约》秘书处在技术对话联合召集人的指导下，为技术评估编写的综合报告；⑥联合国机构和其他国际组织的相关报告；⑦缔约方自愿提交的材料，包括为全球盘点之下的公平考虑因素提供信息的投入；⑧区域集团和机构的相关报告；⑨非缔约方利害关系方和《公约》观察员组织提交的材料。

可见，全球盘点需要盘点的领域和信息来源十分复杂。在领域上，根据全面和跨领域的原则，《巴黎协定》各方面的实施情况都须进行盘点，包括排放状况、减缓、适应与损失和损害问题、资金、发展中国家面临障碍及支持方面存在的差距、国际合作等内容。在来源上，除缔约方驱动的信息通报进程外，包括《公约》秘书处、附属机构、IPCC、国际机构等非缔约方行为体提交的材料都可能被作为全球盘点的投入。值得注意的是，CMA 认为以上信息内容和来源是非详尽的，因此邀请附属科学和技术咨询机构（SBSTA）在信息收集和准备之前，酌情对清单进行补充。SBSTA 在 2021 年 COP26 期间的届会上回应了这一请求，虽然指出与第 19/CMA.1 号决定要求一致的信息可作为全球盘点信息的投入，但并未明确指出被认可的新信息的内容和来源[135]。

如何对内容和来源都较为复杂的投入开展适当的盘点？CMA 制定了全球盘点的基本模式，遵循“收集信息—评估信息—得出结论”的简明逻辑将盘点环节分为三步。

首先是信息收集和准备（Information Collection and Preparation，ICP）。这一环节侧重于收集、汇编和综合信息，为技术评估做准备。在技术评估审议投入的至少三个月前，各方需要提交信息投入。为此，SBSTA 和 SBI 主席在 2021 年的 9 月和 2022 年的 2 月发布了两次征集启事，呼吁各方尽快提交信息投入[136]。信息收集的准备环节可一直持续到审议产出的六个月前。在这一阶段，附属机构和《公约》秘书处需要开展工作，为下一阶段的技术评估奠定基础：SBSTA 和 SBI 需要为 ICP 编写指导问题（也为技术评估和审议产出编写指导问题），并且查明潜在的信息差距，在必要和可行的情况下提出额外投入的请求；《公约》秘书处需要促进缔约方提供信息投入，并组织一次网络研讨会澄清用于汇总投入的方法和假设，此外还要汇编最新的信息投入，并在技术对话联合召集人（Co-facilitators）的指导下，为技术评估编写 4 份有关投入信息的综合报告；其他《巴黎协定》和《公约》的相关组成机构、论坛及其他体制安排也被邀请编写各自专业领域的综合报告，以供技术评估审议。

其次是技术评估（Technical Assessment，TA）。这一环节需要对 ICP 获取的信息投入进行评估和审议。由于待评估的专题领域过多，CMA 决定应以平衡、整体和全面的方式进行讨论，并在各专题领域之间平衡分配时间。技术评估将通过技术对话（Technical Dialogue，TD）的形式来开展，并由缔约方提名两名联合召集人（一名来自发达国家，一名来自发展中国家）来主持技术对话的工作。在这一环节，多个机构和官员需开展活动，以支持技术评估的顺利进行：除 SBSTA 和 SBI 需要为技术评估编写指导问题外，技术对话的联合召集人则需要在技术评估后联合召集人将归纳技术对话的产出，针对每个专题领域编写总结报告，同时考虑到公平原则和现有最佳科学，并以跨领域方式编写这些报告的总体事实性综述。这一环节内，IPCC 的科学认知被高度重视，CMA 决定应通过 SBSTA-IPCC 的特别活动，就 IPCC 的研究结果进行科学和技术信息交流，并继续利用 SBSTA-IPCC 联合工作组，加强二者关于全球盘点的沟通和协调。

最后是对产出的审议（Consideration of Outputs，CO）。这一环节将通过高级别活动介绍技术评估的结论，并由缔约方讨论和审议其影响。高级别活动将由一个高级别委员会主持，委员会成员包括 CMA 主席及 SBSTA 和 SBI 主席。这一环节将查明促进行动和支持在各专题领域取得集体进展方面的机会和挑战、可能采取的措施、良好做法，以及国际合作和相关良好做法，并且总结主要的政策信息。这些产出将在一项供 CMA 审议和通过的决定和/或宣言中被提及。

由于全球盘点是新的治理机制，且信息投入复杂，各环节中参与的机构和开展的活动众多，加之盘点结果对于全球明确《巴黎协定》实施进展和加强行动力度有重要参考价值，如何灵活且适当地安排各项活动的时间事关全球盘点能否顺利完成。基于第 19/CMA.1 号决定，附属机构又陆续发布了两份非正式文件，阐明全球盘点各项活动的时间安排、前期工作进展及对一些潜在问题的讨论[137,138]。

图 4-42 和表 4-33 展示了第一次全球盘点各项活动的时间[139]。第一次全球盘点始于 2021 年，结束于 2023 年的 CMA5。此后全球盘点每 5 年进行一次，各项活动按照该图所示时间线开展。其中，第一阶段的 ICP 与第二阶段的 TA 在 2022 年 6 月至 2023 年 6 月的时间段内是重叠的，这样的时间安排能使附属机构设立的联合联络小组（JCG）在技术评估过程中识别信息投入存在的差距，并在必要和可行时提出新的信息投入需求，以提升技术评估的全面性。

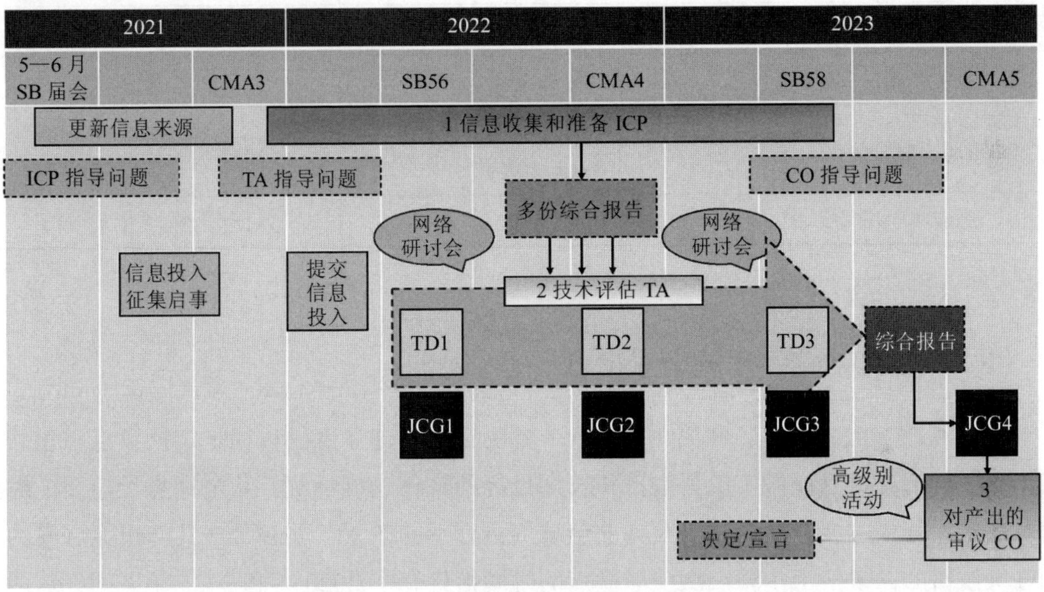

图 4-42　全球盘点时间线概览（改编自《公约》官网）

表 4-33　全球盘点主要活动具体时间概览

活动	执行方	时间
预备活动		—
更新信息来源	SBSTA	2021 年 5 月—2021 年 11 月
信息投入征集启事	SBSTA 和 SBI 主席	2021 年 9 月—2022 年 2 月
信息收集和准备（ICP）		2021 年 11 月—2023 年 6 月
发布 ICP 指导问题	SBSTA 和 SBI 主席	2021 年 5—6 月届会
提交第一轮信息投入	各利益相关方	2022 年第一季度，截至 2 月 28 日

活动	执行方	时间
编写综合报告	《公约》秘书处、《巴黎协定》与《公约》相关组成机构、论坛及其他体制安排	ICP 期间，TD 前至少三个月
技术评估（TA）		2022 年 6 月—2023 年 6 月
发布 TA 指导问题	SBSTA 和 SBI 主席	2021 年 11 月
举办网络研讨会	《公约》秘书处、鼓励提交信息投入的相关方举办	提交投入后，技术对话前
组织技术对话	联合召集人主持，《公约》秘书处协助	SB56/SB57/SB58（2022 年 6 月/2022 年 11 月/2023 年 6 月）
编写各专题领域总结报告、总体事实性综述	联合召集人	TD3/SB58（2023 年 6 月）后
对产出的审议（CO）		2023 年 11 月
发布 CO 指导问题	SBSTA 和 SBI 主席	2023 年 6 月
组织高级别活动	高级别委员会（SBSTA、SBI 和 CMA 主席）	CMA5（2023 年 11 月）
形成决定/宣言	缔约方	CMA5（2023 年 11 月）

（四）《巴黎协定》下的全球盘点议题

再次回顾《巴黎协定》和第 19/CMA.1 号决定，全球盘点的目标是定期盘点《巴黎协定》的履行情况，以评估实现其宗旨和长期目标的集体进展情况。从全球盘点需要汇编的信息来看，其最主要的功能是描绘当前全球气候行动的图景，并且希望其产出促进缔约方加强气候雄心。事实上，第一次全球盘点的时间恰好介于 2020 年和 2025 年之间，这两年缔约方需要提交和更新NDC，那么各方可以合理期待全球盘点的结果能促使缔约方在2025年提交更新 NDC 时加强雄心。相应地，缔约方 NDC 的实施情况也是全球盘点的信息来源之一。由于全球盘点的时间间隔也为 5 年，恰好与 NDC 形成相互促进、相互增强的“棘轮”机制[140]。

作为全球气候治理中的新机制，全球盘点的机制设计和有效性应该受到缔约方与研究者的关注。下文试图简要回应以下有关全球盘点机制有效性的问题：全球盘点机制设计中存在什么疑问和挑战？它可能产生怎样的积极影响和意义？未来应该如何展望全球盘点机制的发展前景？

1. 疑问与挑战

第一次全球盘点在 2021 年已启动 ICP，TA 和 CO 将在 2023 年前陆续开展。尽管无法预知其盘点结果和影响如何，但该机制存在一些疑问和挑战，需要在全球盘点开展的过程中加以考虑和解决。

一连串相互关联但关乎全球盘点机制意义的问题是，全球盘点是否有重复工作之嫌？对于审查全球行动进展的边际贡献是否显著？工作效率如何？目前各个渠道下各方通报和评估全球行动进展的活动已经较多。缔约方需要履行一系列义务，《公约》下，缔约方需要提交国家信息通报、两年期报告或两年期更新报告，并且需要经过国际评估和审评或国际磋商与分析，此外已有针对全球长期目标的周期性审评机制；《巴黎协定》下，缔约方需要在强化透明度框架下提交温室气体排放清单、NDC、适应行动、资金、技术转让和能力建设等各方面的行动信息，并且需要接受技术专家审评。非缔约方的努力则更加广泛。例如，IPCC 的一系列科学评估报告被长期视作最佳可用科学的组成部分；《公约》秘书处在 2021 年发布 NDC 综合报告，汇编和分析了截至 2021 年 7 月 30 日 191 个缔约方提交的 NDC 的行动力度[141]；《公约》资金机制下的资金问题常设委员会每两年发布气候资金流量评估与概览报告；来自 UNEP、国际能源署（IEA）等国际组织和机构也不时发布与全球气候行动进展相关的评估和报告。类似的例子不胜枚举，那么全球盘点对各方提交信息投入进行集成和再输出的过程必须回答的问题是，它是否能显著增进全球对于当前行动进展的认知？在什么方面对增进全球认知作出了边际贡献？如果其边际贡献较低，那么耗时两年、动员各方力量来开展的全球盘点效率可能较为低下。

此外，全球盘点的重要原则能否在各个环节被遵循？首先是缔约方驱动，这要求全球盘点的活动必须在缔约方的授权以内开展。其次是包容、开放和透明，这要求全球盘点过程必须尽可能动员更多的缔约方和非缔约方参与，确保程序的非排他性和透明度，做好科学家、政策制定者和公众之间的衔接。最后是公平和公正，这要求在全球盘点的各项环节必须公平和公正地对待每一缔约方的意见，平衡各方的观点与意见，有效动员发展中国家参与，防止对盘点结果的政治审议失衡。

此外，考虑到全球盘点的信息投入，有几方面的挑战需要在全球盘点进一步解决。第一是信息冗余。前文已概述第一次技术对话前的信息投入组成情况，其中缔约方、《公约》下体制机制和非缔约方都提交了相关信息，以缔约方提交的信息为例，缔约方提交了大量并非最新的国家信息通报、两年期报告和两年期更新报告。这些信息在第一次全球盘点中是否均要被考虑？第二是信息时滞性。全球盘点的信息时效性越强，其结论对缔约方和其他行为体的政策含义就越强，然而在实践中，信息时效性难以得到保证。在 2023 年第一轮全球盘点结束时，缔约方提交的信息中时效性最强的是发达国家根据现有透明度规则提交的 2021 年及之前的温室气体排放清单，两年期报告和发展中国家的两年期更新报告包含的至多是 2020 年的信息。这导致 2023 年的全球盘点只能基于 2020 年以前的行动来开展，其对 2025 年缔约方更新 NDC 的参考价值并不高[142]。附属机构也承认，由于全球盘点和其他评估活动的周期不完全对应，最终很可能只盘点能获取的最新信息[137]。第三是信息的汇编和整合。诸多问题需要进一步明确：所有的信息都会被整合，还是仅整合同一信息的最新版本？缔约方的信息投入权重是否高于非缔约方的信息投入？IPCC 的报告是否比其他非缔约方的信息投入权重更高？如何开发适当的方法学，以确保不同来源、质量参差的信息能以透明、可比和一致的方式进行整合？

在技术对话和产出审议环节，最大的挑战来自如何解决产出和政策在主体层级的错配问题，这进而引发如何适当解读全球盘点结果的挑战。全球盘点的结果呈现的是全球集体进展，但更新 NDC、加强行动力度的决策主体是国家一级的缔约方。假若全球盘点的结果显示全球作为整体距离实现《公约》和《巴黎协定》的目标存在差距，那么这一全球层面的差距能为缔约方提供怎样的启示？不当的解读可能导致对全球盘点产出的审议成为“点名羞辱”的环节[143]，这对于敦促缔约方加强行动力度的效果并不清楚[134]，但会破坏不应以单个缔约方为重点、对集体进展开展的非政策规定性审议的原则。

2. 积极影响和意义

尽管全球盘点机制存在一些需要解决的问题和挑战，但其作为《巴黎协定》的重要机制之一，各方仍然期待其发挥积极作用，促进 NDC—全球盘点雄心机制的不断增强。在诸多方面，全球盘点有机会产生不可替代的积极影响。

首先，全球盘点有可能形塑各方的价值观和态度，从而强化《巴黎协定》的实施。一份研究通过对《公约》秘书处官员和各国谈判代表的访谈指出，在针对长期全球目标的第一次周期性审评中，许多参与者认为周期性审评创造了“科学—政策”对话的平台，使科学家和政策制定者之间能抛弃政治立场进行科学讨论，并且最终形塑和改变了参与者对气候行动的态度。例如，有发展中国家的谈判代表开始认为发展中国家也需要重视减排，支持将 1.5℃温升目标写入《巴黎协定》的谈判代表增加了[134]。全球盘点有机会深化各方对适应、损失和损害、资金、技术开发与转让等认知尚不清晰的领域的认知，并通过全球盘点的高级别活动将其带入政策制定者的视野中心，广泛凝聚共识，促进《巴黎协定》的落实。

其次，在技术层面，全球盘点的平台可以促进行动进展评估方法学的完善。可以确定的是，不同专题领域的评估方法进展存在较大差异，如全球对减缓领域的认知进步较为迅速，各国对当前排放现状与长期目标之间的差距已形成了定量且相对清晰的认知。但是对于适应、损失和损害、资金、技术、能力建设等领域的评估，无论是方法的完善性还是结果的充分性都有待加强。以适应为例，围绕适应行动在长期内的结果和影响、气候灾害的衡量、适应行动的归因等问题开展评估仍然面临方法学挑战[144]。在此背景下，全球盘点有可能成为一个讨论和完善相关领域评估方法学的平台，任何在方法学开发上的进展不仅能促进全球盘点的进程，也能对全球盘点之外的活动产生正向的外溢效应。

此外，全球盘点可以促进优良做法和实践经验的传播。全球盘点的模式要求在产出的审议阶段归纳加强行动和支持的机会与挑战、经验教训及良好做法。如果全球盘点能以促进性的方式开展，邀请缔约方和非缔约方分享其优良的行动和实践经验，将有助于缔约方开展集体学习，以建设性态度吸纳这些优秀案例中可借鉴的部分，并改善自身的行动。

3. 前景与展望

我们应该如何评价全球盘点机制？它的前景如何？尽管目前的机制设计上存在一些缺陷，但也有机会产生积极影响和外溢效应。更重要的一点是，全球盘点是一个开放、动态、持续的过程。无论是盘点的模式还是信息投入，全球盘点机制都存在继续完善的机会。

总体而言，全球盘点的成功取决于诸多因素。在原则方面，缔约方驱动、公开、公平、包容、透明、促进性等重要原则必须落实，为全球盘点的开展奠定法理基础；同时，将精力专注于技术工作而非政治辩论能够促进全球盘点的有效实施[134]。在组织方面，需要以灵活和适当的方式开展全球盘点，高效协调各方力量和资源，充分调动和鼓励讨论与辩论。在技术方面，需要继续开发和完善信息汇编及部分领域进展评估的方法学，以切实解决全球盘点中可能出现的技术问题。尽管第一次全球盘点仍在进行中，但我们可以用积极的态度期待这一机制能够在实践中渐进地进步，并最终助力气候雄心与行动的变革。

十、履行和遵约

（一）概念内涵

遵约（compliance）是国际治理中一种常见的履行监督机制，其最初的目的是对缔约国履行条约的行为进行监督和控制，对不履行国提供履约的帮助或者施加不履约的惩罚，从而使其回到履行状态。国际治理的实践结果表明，即使国际条约是互惠的产物，但是如果没有有效的履行监督机制，缔约方也会出现因“搭便车”而违约的现象。当然，由于国际法从执行角度而言是一种“弱法”，国际条约履行监督机制并不能从根本上解决遵约问题，然而遵约机制能够为多边条约的履行提供额外的监督和保障，同时增加缔约方违约的成本，对于促进缔约方切实履行条约义务具有积极和正面意义[145]。

与诉讼、仲裁等第三方争端解决机制不同，履行监督机制的主要任务是促进当事国履行国际义务，而非惩罚当事国或解决条约争端；即使遵约机制中设计了惩罚性条款，其目的也并非惩罚本身，而是通过惩罚条款的存在避免不遵约情况（non-compliance）。在目前已有的履行监督机制中，较为常见的有人权条约的定期审议机制、军控条约核查监督机制和环境条约的遵约机制。其中，环境条约的遵约机制又以《蒙特利尔议定书》和《京都议定书》最为典型。

遵约机制一般由启动、决策和处理措施三个要素构成。遵约机制的启动指的是主体有权就一国的不遵约问题向遵约机构提出“指控”。从各环境条约的实践来看，一般有当事缔约国自我启动、其他缔约国启动和条约秘书处启动等几种方式。决策机制即遵约机构以何种方式通过有关遵约问题的最终决定，通常有全体成员协商一致通过（以下简称“协商一致”）和表决通过（以下简称“表决制”）两种方式。欧美等发达国家和地区一般倾向于“表决制”，以提升遵约机制的决策效率。而发展中国家履约能力不足，是不遵约问题的潜在当事国，一般倾向于“协商一致”，以提升在决策问题上的话语权。遵约机构确认缔约国存在不遵约行为后，可对当事国采取一定措施以促使其尽快恢复履约。这些措施一般根据当事国不遵约的具体情节而定，包括不遵约的原因、类型、程度、频率、后果及该国的履约能力等。大部分处理不遵约的措施是鼓励性和促进性的，但也有一些措施具有一定的惩罚性。实践中，遵约机构采取的促进遵约的措施一般包括三种：促进性、警示性和惩罚性。促进性措施主要包括向当事国就履约问题提供咨询意见和建议、协助当事国制定促进履约的行动计划或应当事国请求或主动向其提供一定支持。警示性措施主要包括遵约机构向不遵约的当事国发出警告、对外发布公开声明、通过秘书处发布公告或以其他方式将当事国的不遵约状况公之于众。惩罚性措施主要包括暂停或终止不遵约当事国在条约框架下的权利或进行一定形式的制裁。这些要素在气候治理中也同样适用[146]。

（二）历史演进与机制结构

由于只有具有法律约束力的条约才有遵约机制，因此遵约机制的发展历史和全球气候治理的历史是重叠的，可以分为准备阶段（1992—1996 年）、《京都议定书》阶段（1997—2014 年）和《巴黎协定》阶段（2015 年至今）。

《京都议定书》和《巴黎协定》都设立了遵约机制：《京都议定书》设立了遵约委员会（Compliance Committee），《巴黎协定》设立了履行和遵约委员会（Paris Agreement Implementation and Compliance Committee，PAICC）。《京都议定书》遵约委员会为《巴黎协定》下的遵约机制构建提供了重要参考（表 4-34）。

表 4-34 《京都议定书》和《巴黎协定》遵约机制职能范围和措施

<table>
<tr><th>实体</th><th>任务</th><th>范围</th><th>采取措施</th></tr>
<tr><td rowspan="10">《京都议定书》遵约委员会</td><td rowspan="5">向缔约方提供执行《京都议定书》的咨询和便利，并负责促进缔约方遵守其根据《京都议定书》作出的承诺</td><td>a. 关于《京都议定书》第 3 条第 14 款的问题，包括审议附件一所列缔约方如何大力设法履行《京都议定书》第 3 条第 14 款的信息时发现的履行问题</td><td rowspan="5">1. 就《京都议定书》的履行事宜向个别缔约方提供咨询意见和促进提供协助；
2. 促进向任何有关缔约方提供资金和技术援助，包括由来自《公约》和《京都议定书》所确定者以外的来源为发展中国家提供技术转让和能力建设；
3. 促进资金和技术援助，包括技术转让和能力建设，同时考虑到《公约》第 4 条第 3 款、第 4 款和第 5 款；
4. 拟定对有关缔约方的建议，同时考虑到《公约》第 4 条第 7 款</td></tr>
<tr><td>b. 关于附件一所列缔约方提供有关利用《京都议定书》第 6 条、第 12 条和第 17 条补充本国行动的信息，同时考虑到根据《京都议定书》第 3 条第 2 款提出的任何报告</td></tr>
<tr><td>c. 根据《京都议定书》第 3 条第 1 款作出的有关承诺期开始之前和该承诺期内的承诺</td></tr>
<tr><td>d. 根据《京都议定书》第 5 条第 1 款和第 2 款作出的第一个承诺期开始之前的承诺</td></tr>
<tr><td>e. 根据《京都议定书》第 7 条第 1 款和第 4 款作出的第一个承诺期开始之前的承诺</td></tr>
<tr><td rowspan="5">对不遵约情况实施取消资质、减少配额等强制性措施</td><td>a. 《京都议定书》第 3 条第 1 款规定的该缔约方限制或减少排放的量化承诺</td><td>1. 从该缔约方第二个承诺期的配量中扣减等于其超量排放吨数 1.3 倍的吨数；
2. 要求缔约方拟订遵约计划；
3. 终止缔约方参与排放贸易的资格，直到恢复资格</td></tr>
<tr><td>b. 《京都议定书》第 5 条第 1 款和第 2 款和第 7 条第 1 款和第 4 款规定的估算法和报告方面的要求</td><td>1. 宣布不遵约；
2. 要求缔约方拟定遵约计划</td></tr>
<tr><td>c. 《京都议定书》第 6 条、第 12 条和第 17 条所规定的资格要求</td><td>终止缔约方参与灵活履约机制的资格，直至资格恢复</td></tr>
<tr><td>d. 在按照《京都议定书》第 8 条设立的专家审评组与所涉缔约方发生分歧的情况下，根据《京都议定书》第 5 条第 2 款对清单进行调整</td><td>—</td></tr>
<tr><td>e. 在按照《京都议定书》第 8 条设立的专家审评组与所涉缔约方就交易有效性或该方未采取纠正行动的问题发生分歧时，对汇编和核算配量的核算数据库进行纠正</td><td>—</td></tr>
<tr><td rowspan="4">《巴黎协定》履行和遵约委员会</td><td rowspan="4">向缔约方提供执行《巴黎协定》的咨询和便利</td><td>a. 据《巴黎协定》第 4 条第 12 款所述公共登记册中的最新通报状态，缔约方未通报或未持续通报《巴黎协定》第 4 条规定的 NDC</td><td rowspan="4">1. 与有关缔约方进行对话，旨在确定挑战、提出建议和分享信息，包括与获得资金、技术和能力建设支持有关的挑战、建议和信息；
2. 发布与上文所述的履行和遵约事项有关的事实性结论；
3. 协助有关缔约方与《巴黎协定》下设或服务于《巴黎协定》的适当资金、技术和能力建设机构或安排进行接触，以便查明潜在的挑战和解决办法；
4. 就上文所述的挑战和解决办法向有关缔约方提出建议，经有关缔约方同意后酌情向有关机构或安排通报这些建议；
5. 建议制订一项行动计划，并应请求协助有关缔约方制订该计划</td></tr>
<tr><td>b. 缔约方未提交《巴黎协定》第 13 条第 7 款和第 9 款或第 9 条第 7 款规定的强制性报告或信息通报</td></tr>
<tr><td>c. 据秘书处提供的信息，缔约方未参与有关进展情况的促进性多边审议</td></tr>
<tr><td>d. 缔约方未提交《巴黎协定》第 9 条第 5 款规定的强制性信息通报</td></tr>
</table>

1.《京都议定书》遵约机制

《京都议定书》遵约委员会的最高决策机构是委员会全体会议，下设促进事务组（Facilitative Branch）和强制执行事务组（Enforcement Branch），两个事务组的主席和副主席担任全体会议的主席团成员。促进事务组为缔约方的遵约提供正向支持，其职能是向缔约方提供执行《议定书》的咨询和便利，并负责促进缔约方遵守其根据《京都议定书》作出的承诺。促进事务组履行职能的领域如下：①附件一缔约方无法实施减少发展中国家不利影响的举措；②无法满足参与灵活履约机制的资质；③附件一缔约方无法实现减缓目标；④无法提交国家温室气体清单；⑤无法提交国家信息通报。促进事务组对缔约方以上行为采取的措施有提供咨询意见、促进资金技术援助和拟定建议三种。强制执行事务组则为缔约方的不遵约情况设定反向惩罚，其职能是对不遵约情况实施取消资质、减少配额等强制性措施。强制执行事务组履行职能的领域仅针对附件一缔约方，包括如下内容：①未实现减缓目标；②未提交国家温室气体清单和国家信息通报；③未满足灵活履约机制的资质；④国家温室气体排放清单的调整；⑤灵活履约机制配量的调整。强制执行事务组对前三种不遵约情况采取不同的惩罚措施组合，大体包括在配量中扣减超额的排放、取消灵活履约机制的参与资格和要求拟订遵约计划三种。

图 4-43 展示了遵约委员会处理不遵约情况的流程，可以分为遵约机制的启动、决策、反馈和上诉四个流程。启动遵约程序有三种形式：第一种是由任何一方对其本身提出的不遵约情况问题；第二种是任何一方对另一方提出的不遵约情况问题；第三种是专家审评组的报告所提出的缔约方不遵约情况问题。无论是何种形式，主席团收到启动信息后，首先根据内容类别将其分配给相应的事务组进行处理。促进事务组的决策流程较为简单，首先对不遵约信息进行初步分析，交给相关缔约方得到反馈后形成最终决定，并将决定中的建议发给缔约方。如果缔约方提交的是关于自身的书面意见，那么初步分析过程也可省略，促进事务组将直接形成最终决定。强制执行事务组的决策流程更加复杂。对于指控类申请，首先，事务组将进行初步分析并将结果发给相关缔约方作为通知；其次，事务组将根据原始的指控材料和缔约方的反馈信息进行初步调查，并将初步调查和决定草案发给相关缔约方，同时收集缔约方可能的辩护意见；最后，事务组将评估缔约方的辩护意见，并给出最终的决定，再根据决定采取相应的惩罚性措施。对于恢复类申请，强制执行事务组还为特殊情况设置了快速程序通道。如果缔约方被终止了参与灵活履约机制的资格或者被调整了配量，可以直接请求或者通过专家审评组请求事务组恢复其资格并直接做出决定。除此以外，强制执行事务组还设有上诉流程。如果缔约方对于事务组的最终决定表示不服，可以向作为《京都议定书》缔约方会议的《公约》缔约方大会（CMP）提出上诉，并在 CMP 中由各缔约方进行投票，如果赞成票数超过 3/4，则这一决定将被交回事务组进行重新受理。

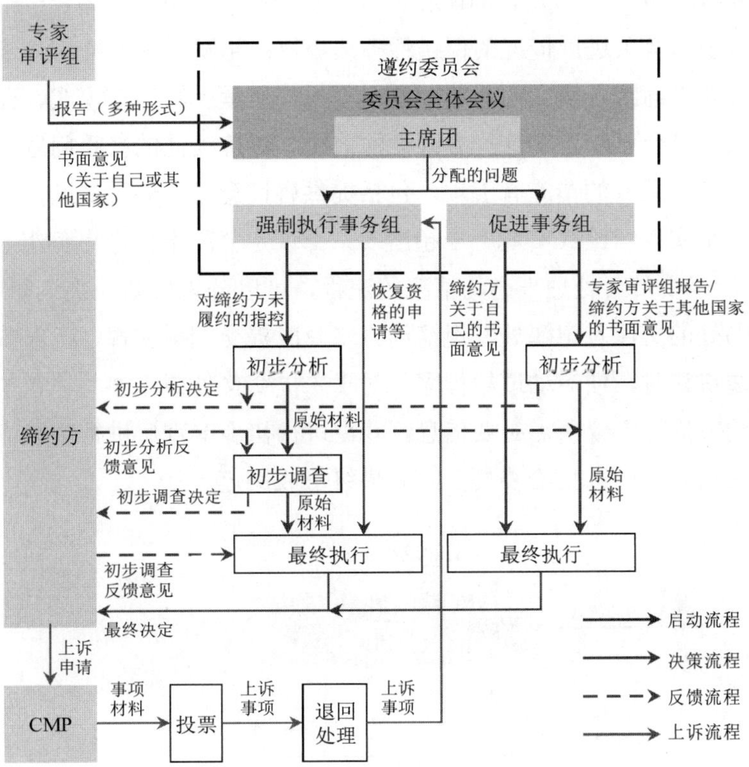

图 4-43 《京都议定书》遵约委员会的机制结构和运行逻辑

这一处理流程尤其体现了《京都议定书》遵约机制的三个特点。第一，兼具促进性和惩罚性。促进事务组的三个措施可以在事前帮助缔约方避免不遵约情况的发生，而强制执行事务组的三个措施构成了事后对缔约方在《京都议定书》下权利的剥夺，两个机制一前一后、一促一惩，既提供了遵约的动力，又减小了不遵约的阻力。第二，高效性。由于惩罚机制会剥夺当事缔约方的利益，因此遵约委员会放弃了“一致同意”原则，以保证惩罚确实可行。例如，强制执行事务组的决定在委员会中只要获得 3/4 的同意即可通过（虽然原则上还是要尽最大努力获得一致同意），缔约方在CMP中对决定提出上诉也只要获得3/4的同意即可成功。除此以外，强制执行事务组为恢复类申请设置了快速通道，以加快最终决定的进程。第三，对抗性。这一特点体现在一个缔约方可以向委员会对另一个缔约方“告状”，从而形成互相监督遵约的局面。总体来说，《京都议定书》下遵约机制的设计是平衡、高效的。

2.《巴黎协定》遵约机制

《巴黎协定》下设立了履行和遵约委员会（以下简称“委员会”），类似于《京都议定书》下促进事务组的功能，其职能范围如下：①未按时提交 NDC；②未按时提交两年期透明度报告；③未参与有关进展情况的促进性多边审议；④发达国家缔约方未提交两年期资金预报。同时，如果缔约方提交的两年期透明度报告质量欠缺，与模式、程序和指南存在重大矛盾，那么委员会可以在经缔约方同意的前提下对持续性的严重问题进行审议。委员会对这些不遵约情况采取的措施有五项，包括提供咨询意见、促进援助、提出建议、拟订行动计划、发布事实性结论（实质上未超出《京都议定书》下促进事务组的范畴）[147]。

图 4-44 展示了委员会处理不遵约情况的流程，可以分为启动、决策和反馈三个流程。当委员会在秘书处的文件登记簿处发现缔约方未及时提交相应文件，或未参加有关进展情况的促进性多边审议时，便启动遵约程序。对于未提交文件或未参与审议的不遵约情况，委员会通知缔约方提交审议所需必要信息，并在进行初步审查后进行审议；审议结果草案交给缔约方，缔约方提供意见给委员会，并最终形成决定。

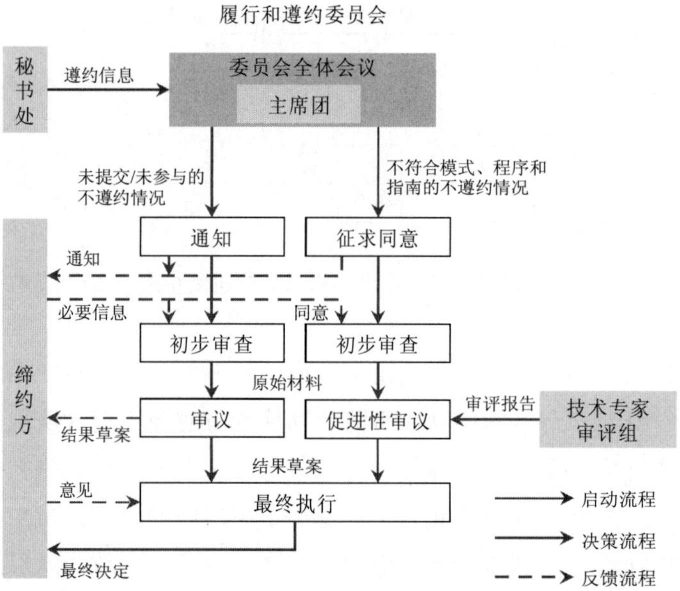

图 4-44 《巴黎协定》履行和遵约委员会的机制结构和运行逻辑

从职能范围上看，《巴黎协定》遵约机制对原有机制进行了大幅简化。首先，委员会不承担类似于《京都议定书》强制执行事务组的所有职能，只对缔约方未能遵约提供促进性的建议和咨询。其次，委员会只受理形式义务，并不受理实质义务。如果缔约方在规定时间框架内未完成自身设定的 NDC 目标（排放目标、减缓行动、支持承诺等），委员会并不会启动其职能。因此，缔约方履行自己提出的目标将不受任何国际法律的约束，而不履约也不会受到任何惩罚、问责，甚至不会得到促进性的意见[147]。这一改变从国际法的角度是可以理解的。《巴黎协定》

中各缔约方的减缓义务是在各自提交的文件中间接提出的，而非如《京都议定书》一样在条约的附件中提出，因此《巴黎协定》的法律约束力并不覆盖这些承诺。然而，这一改变确实将大大削弱《巴黎协定》对缔约方履约的约束力，在实践上对有效性提出了更大的挑战。

从流程上看，《巴黎协定》遵约机制很好地体现了其透明、非对抗、非惩罚性的要求。委员会不设强制执行事务组，因此也就无法对缔约方参与市场机制的资格等进行强制执行[148]。委员会取消了缔约方之间互相“告状”的机制设计，因此所有流程也就不存在对抗性（虽然在取消了惩罚机制的情况下本身就不存在对抗的必要了）。

（三）《巴黎协定》下的履行与遵约议题

《巴黎协定》第 15 条构建了遵约议题的主要内容（《巴黎协定》中其名称为促进履行和遵约，本书统一称为遵约）。第 1 款提出建立遵约机制的总纲，第 2 款分别介绍了该机制的内容和要求。遵约机制的执行机构是委员会，并且该委员会主要由专家构成。该委员会以促进性的方式运作（因此不具有惩罚性），且应重视国家能力和情况。委员会在行使职能时应遵守透明、非对抗和非惩罚性的原则。在这一原则下，缔约方大会（CMA1）通过了委员会的模式和程序。2018 年召开的卡托维兹气候大会通过了该模式和程序，2021 年召开的格拉斯哥气候大会通过了程序规则，该机制已建立完善。图 4-45 展示了《巴黎协定》第 15 条“促进履行和遵约”的内容与结构。

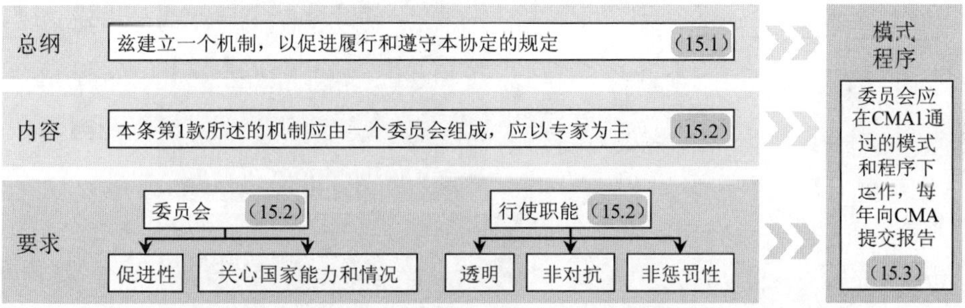

图 4-45　《巴黎协定》第 15 条“促进履行和遵约”的内容与结构

十一、其他议题

除以上议题外，还有一些议题不在《巴黎协定》之中，或者并不是核心议题，但是在每次缔约方大会上都会有相应的议程，大会也会通过相关的决定。这些议题包括性别、地方社区和土著人民、气候赋权行动、海洋等。各议题的发展历史和关键节点如图 4-46 所示。

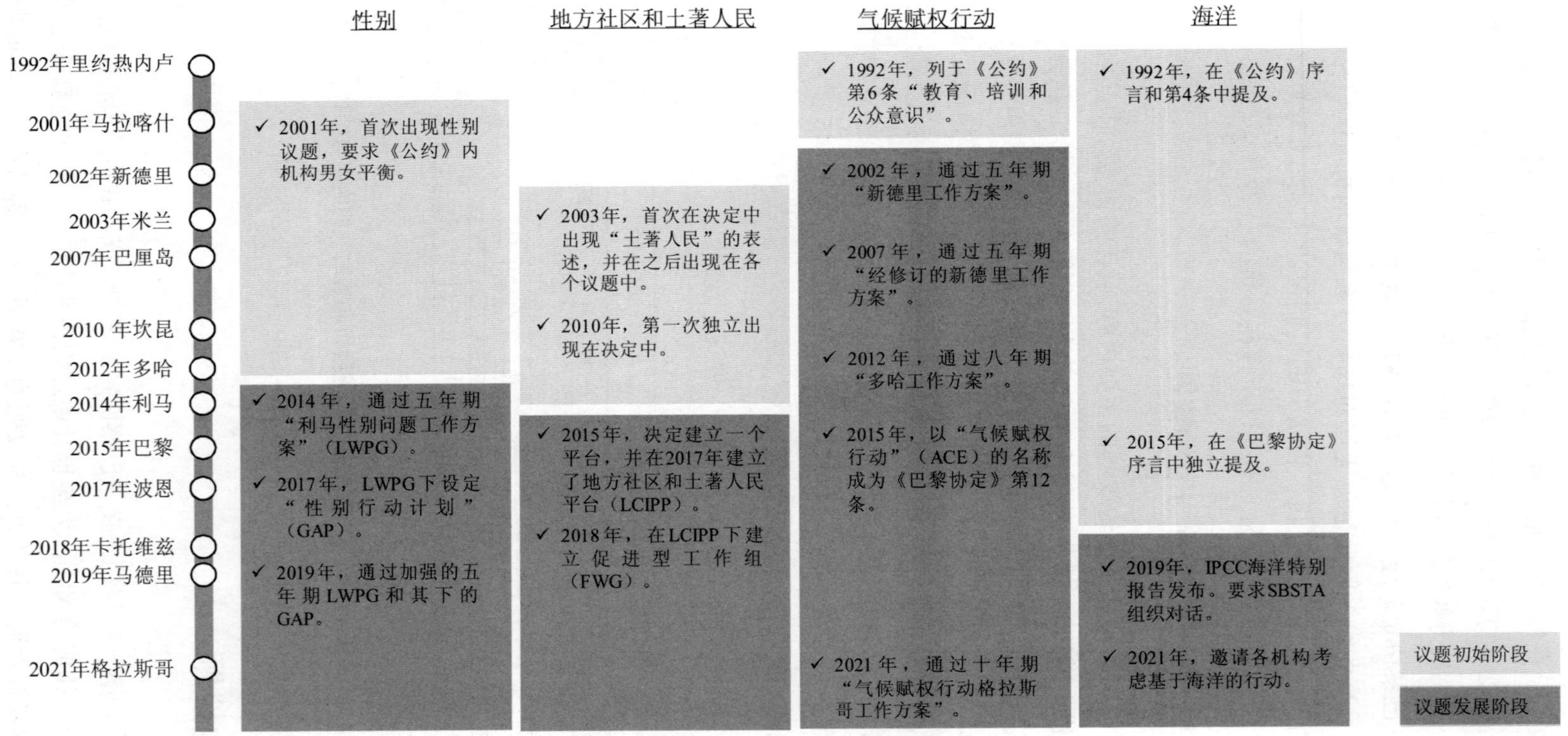

图 4-46　其他议题发展历史与重要节点

（一）性别

性别议题的目标主要有两个：促进《公约》内各机构的男女平衡（gender balance）和促进性别平等的（gender-responsive）气候政策实施。性别单独成为气候谈判的一个议题有两大方面的原因：其一，从国际治理大环境来说，性别平等是可持续发展目标中的第五条，是国际社会公认的价值认同，可以与各个国际议题交叉，同时也为议题本身增加了更多受众的关注；其二，从气候变化的领域来说，女性客观上因为不公平的社会经济地位而更易受气候变化的影响，女性参与气候治理也能够更好地推动气候政策的制定、实施和协同。

性别议题第一次出现在 2001 年马拉喀什气候大会上，其第 36/CP.7 号决定要求《公约》和《京都议定书》的机构组成需要满足性别平衡。2014 年，利马气候大会通过了五年期[①]的“利马性别问题工作方案”（Lima Working Program on Gender，LWPG）。2017 年，波恩气候大会在 LWPG 下建立了“性别行动计划”（Gender Action Plan，GAP），并划定了性别议题的五个优先领域。2020 年，智利-马德里大会审议了 LWPG 的第一个五年期行动报告，并且设立了加强的 LWPG 和 GAP，以作为未来性别行动的内容。加强的性别行动方案的 5 个优先领域如下：

- 能力建设、知识管理和交流：进一步将性别因素系统地纳入气候政策和行动，将理解和专门知识应用于 LWPG 和 GAP 所要求的行动，并促进关于为加强性别平等的（gender-responsive）气候行动及其对提高妇女领导才能、实现性别平等和确保有效气候行动的影响而开展的活动宣传、知识共享和交流。
- 性别均衡、参与和妇女领导：实现和维持妇女充分、平等、有意义地参与《公约》进程。
- 一致性：进一步将性别因素纳入《公约》组成机构、秘书处和联合国其他实体及利害关系方在一致执行与性别有关的任务和活动方面的工作范围。
- 性别平等实施和执行手段：在实施《公约》和《巴黎协定》中确保尊重、促进和考虑性别平等及妇女赋权。
- 监测和报告：改进对执行与报告 LWPG 和 GAP 下与性别有关的任务的追踪。

（二）地方社区和土著人民

地方社区和土著人民的表述最开始分散在其他议题中间。2015 年《巴黎协定》建立了地方社区和土著人民平台（The Local Communities and Indigenous Peoples Platform，LCIPP），将涉及地方社区和土著人民的问题横向整合在一起，从而成为独立议题。

① 实际上是两年期的工作方案，但在 2016 年又延长了三年。

地方社区和土著人民的表述第一次出现在 2003 年的米兰气候大会上，其第 11/CP.9 号决定“全球气候观测”中提出“确认土著知识具有补充区域和国家气候监测系统的价值”，第 19/CP.9 号决定“第一个承诺期 CDM 之下的造林和再造林项目活动的模式和程序”中要求“将当地社区、土著人民、土地占用、当地就业、粮食生产、文化和宗教场所、获取柴草及其他森林产品的途径等方面的信息纳入社会经济影响的考量中”。2007 年联合国大会通过《联合国土著人民权利宣言》，2009 年联合国人权理事会草拟了题为“人权与气候变化”的第 10/4 号决议（未通过），地方社区和土著人民权利在谈判中的地位获得显著提高。这一变化直接反映在 2010 年的“坎昆协议”中，地方社区和土著人民首次独立地出现在大会决定中。

从纵向来看，地方社区和土著人民分别出现在适应、CDM（造林和再造林项目）、REDD+、气候赋权行动、技术开发与转让、能力建设等议题中，成为其他议题需要考虑的事项之一。从横向来看，地方社区和土著人民从三个方面被考虑到：①知识，地方社区和土著人民在历史中积累了大量经验，可以帮助因地制宜地开展气候行动；②行动影响，制定气候政策、开展气候行动时需要考虑到对地方社区和土著人民的影响，进而保障其权利；③参与，由于地方社区和土著人民易受气候变化的影响且更加脆弱，因此需要加强他们在气候进程中的参与度。这三个横向的维度也构成了 LCIPP 的三个工作内容。

随着地方社区和土著人民话题在各个议题下不断涌现，有必要根据该话题的共性对其进行跨议题的横向整合。于是，2015 年《巴黎协定》“认识到需要加强地方社区和土著人与处理和应对气候变化相关的知识、技术、做法和努力，并设立一个平台，用于以全面和综合方式交流与分享有关减缓和适应的经验及最佳做法”。LCIPP 在 2017 年斐济—波恩会议上建立，并且根据该内容的横向划分方式确立了以下三个工作内容：

- 知识方面：推动交流经验和最佳做法，以应用、加强、保护和保存传统知识、土著人民的知识、地方知识体系及地方社区和土著人民处理和应对气候变化的技术、实践与努力，同时应考虑到要获得此类知识、创新和实践，所有者事先做出的自由和知情的同意。
- 气候变化政策和行动方面：推动以尊重并促进地方社区和土著人民的权利及利益的方式，在设计并实施国际和国内行动、方案和政策时融合不同的知识体系、实践及创新；同时，推动土著人民和地方社区开展更大、更有力度的气候行动，从而推动实现相关缔约方的 NDC。
- 参与能力方面：培养地方社区和土著人民的参与能力，使之能够参与《公约》进程；同时，建设缔约方和其他相关利害关系方参与的平台，并让地方社区和土著人民参与进来，包括参与实施《巴黎协定》和其他气候变化相关进程。

2018 年召开的卡托维兹气候大会设立了地方社区和土著人民平台促进工作组（LCIPP-FWG），以进一步推动 LCIPP 投入运作并促进其职能的履行。

（三）气候赋权行动

气候赋权行动（Action for Climate Empowerment，ACE）是指通过教育（education）、培训（training）、公众意识（public awareness）、公众参与（public participation）、公众获取信息（public access to information）及在这些问题上的国际合作（international cooperation），增强社会所有成员参与气候行动的能力，而以上 6 个方式也构成了 ACE 的 6 个要素。该议题来源于《公约》第 6 条“教育、培训和公众意识”，延续到《巴黎协定》第 12 条“缔约方应酌情合作采取措施，加强气候变化教育、培训、公共意识、公众参与和公众获取信息，同时认识到这些步骤对于加强本协定下的行动的重要性”，并被正式命名为气候赋权行动。

ACE 主要由若干个连续的行动方案及工作方案推动，包括五年期的“关于《公约》第 6 条新德里工作方案”（2002—2007 年）、五年期的“经修订的关于《公约》第 6 条的新德里工作方案”（2007—2012 年）、八年期的“关于《公约》第 6 条的多哈工作方案”（2012—2020 年）和最近 10 年期的“气候赋权行动格拉斯哥工作方案”（2021—2031 年）。从多哈气候大会开始，工作方案每年都会在会期内组织一次 ACE 对话，邀请缔约方和其他非官方机构代表交流相关工作进展。10 年期的“气候赋权行动格拉斯哥工作方案”的主要领域如下：

- 政策一致性：在国际层面，加强《公约》下各工作机构中 ACE 议题的协同及与主席、秘书处的协调；在国内层面，将 ACE 纳入各国国家气候行动中，增强对国内 ACE 联络点的支持以促进其行动。
- 协调行动：在国际层面，建立长期、战略性、可操作、多层次、多方利益相关者的代际伙伴关系，将不同的专业知识、资源和知识汇集在一起，以加速 ACE 的实施；在国内层面，开展对国家 ACE 行动需求的评估和国内机构协调。
- 工具与支持：在国际层面，加强获取工具和支持的机会以提高建设能力，提高缔约方、国家 ACE 联络点和非缔约方利害关系方对 ACE 的认识；在国内层面，识别最高效的 ACE 行动并开发融资工具；在国家间层面，建立跨国合作伙伴关系，加强有关 ACE 行动实施需求、有效性、与其他议题关联性的讨论。此外，还应加强青年的参与，包括青年在国家代表团中的参与。
- 监测、评价和报告：在国际层面，根据缔约方的具体优先事项、需要和国情，加强对所有六个要素在各级执行情况的监测、评估和报告；在国内层面，与大众和利益相关方分享 ACE 的各种成果。

（四）海洋

海洋是易受气候变化影响的非常敏感的生态系统，但是由于其涉及的人类活动相对较少，因此并未受到关注。海洋吸收了温室效应所导致的约 90%的热量增量，吸收了约 25%的碳排放，而这对海洋和海洋生物及沿海社区的生活造成了巨大的风险。《公约》在序言中提到了“意识到陆地和海洋生态系统中温室气体汇和库的作用和重要性”，并在第 4 条承诺中要求所有缔约方应“促进可持续地管理，并酌情维护和加强《蒙特利尔议定书》未予管制的所有温室气体的汇和库，包括生物质、森林和海洋及其他陆地、沿海和海洋生态系统”。《巴黎协定》的序言中提到了“注意到必须确保包括海洋在内的所有生态系统的完整性并保护被有些文化认作地球母亲的生物多样性”。

然而，海洋一直以来并不在气候谈判的议程中。直到 2019 年“智利—马德里行动时刻”（1/CP.25）中强调“确保海洋和沿海生态系统完整性的重要性”，并邀请 SBSTA 举行了一次关于海洋与气候变化的对话，以审议如何在这方面加强减缓和适应行动。2021 年“格拉斯哥气候协议”（1/CP.26）再一次强调海洋生态系统的重要性，并进一步邀请 SBSTA 和其他议题的工作机构考虑将“基于海洋的行动”（ocean-based actions）纳入各自的工作计划中。

未来海洋议题的发展可能呈现以下趋势。在内容上，海洋议题可能将围绕认识气候变化对海洋系统的影响与基于海洋的减缓和适应行动两个方面展开。前者主要需要加强海洋科学的研究，为海洋议题提供更多支持性的科学证据；后者将涉及海洋碳库的合理利用、海洋生态和生物多样性保护、沿海气候灾害预警防护等方面。在机制上，一方面，海洋议题将呈现出与减缓、适应、损失和损害、地方社区和土著人民、生物多样性等《公约》内外议题交叉的特点，因此可能会在其他议题中呈现开放性的“多点开花”的局面；另一方面，海洋议题的机制本身可能在现有的“海洋对话”基础上进一步丰富，不排除设立工作方案、峰会甚至专门工作组以对各领域的海洋工作进行横向整合的可能。

参考文献

[1] IPCC. Climate Change 2007：Synthesis Report. Contribution of Working Groups I，II and III to the Fourth Assessment Report of the Intergovernmental Panel on Climate Change [R]. Geneva：IPCC，2007.

[2] UNFCCC. 第 2/CP.15 号决定：哥本哈根协议[R]. 波恩：UNFCCC，2009.

[3] UNFCCC. 第 1/CP.16 号决定：坎昆协议：《公约》之下的长期合作问题特设工作组的工作结果[R]. 波恩：UNFCCC，2010.

[4] UNFCCC. 第 1/CP.21 号决定：通过《巴黎协定》[R]. 波恩：UNFCCC，2015.

[5] UNFCCC. 第 1/CP.26 号决定：格拉斯哥气候协议[R]. 波恩：UNFCCC，2021.

[6] IPCC. Climate Change 2022：Mitigation of Climate Change. Contribution of Working Group III to the Sixth Assessment Report of the Intergovernmental Panel on Climate Change[R]. Cambridge：IPCC，2021.

[7] IPCC. Global Warming of 1.5℃. An IPCC Special Report on the Impacts of Global Warming of 1.5℃ above Pre-industrial Levels and Related Global Greenhouse Gas Emission Pathways，in the Context of Strengthening the Global Response to the Threat of Climate Change，Sustainable Development，and Efforts to Eradicate Poverty[R]. Cambridge：IPCC，2018.

[8] 崔学勤，王克，傅莎，等. 2℃和 1.5℃目标下全球碳预算及排放路径[J]. 中国环境科学，2017，37（11）：4353-4362.

[9] UNFCCC. United Nations Framework Convention on Climate Change[R]. Bonn：UNFCCC，1992.

[10] BARNETT J，DESSAI S. Articles 4.8 and 4.9 of the UNFCCC：adverse effects and the impacts of response measures[J]. Climate Policy，2002，2（2-3）：231-239.

[11] GAO Y，GAO X，ZHANG X. The 2℃ Global Temperature Target and the Evolution of the Long-Term Goal of Addressing Climate Change—From the United Nations Framework Convention on Climate Change to the Paris Agreement[J]. Engineering，2017，3（2）：272-278.

[12] UNFCCC. 第 1/CP.3 号决定：通过《联合国气候变化框架公约》京都议定书[R]. 波恩：UNFCCC，1997.

[13] UNFCCC. 第 1/CMP.8 号决定：根据《京都议定书》第三条第 9 款修正该议定书（“多哈修正案”）[R]. 波恩：UNFCCC，2012.

[14] CARPER T. Failures of Kyoto will Repeat with the Paris Climate Agreement[EB/OL]. [2022-10-10]. https：//www.epw.senate.gov/public/index.cfm/2016/4/failures-of-kyoto-will-repeat-with-the-paris-climate-agreement.

[15] UNFCCC. 第 1/CP.13 号决定：巴厘岛行动计划[R]. 波恩：UNFCCC，2007.

[16] UNFCCC. 第 1/CP.17 号决定：设立德班加强行动平台问题特设工作组[R]. 波恩：UNFCCC，2011.

[17] GUARDIAN. Draft Copenhagen climate change agreement - the 'Danish text'[EB/OL]. [2022-10-10]. https：//www.theguardian.com/environment/2009/dec/08/copenhagen-climate-change.

[18] DOELLE M. The Legacy of the Climate Talks in Copenhagen：Hopenhagen or Brokenhagen？[J]. Carbon & Climate Law Review：CCLR，2010，4（1）：86-100.

[19] 高翔.《巴黎协定》与国际减缓气候变化合作模式的变迁[J]. 气候变化研究进展，2016，12（2）：83-91.

[20] 樊星，高翔. NDC 更新进展、特征及其对全球气候治理的影响[J]. 气候变化研究进展，2022，18（2）：230-239.

[21] 戴君虎，王焕炯，刘亚辰，等. 人均历史累积碳排放 3 种算法及结果对比分析[J]. 第四纪研究，2014，34（4）：823-829.

[22] UNFCCC. Nationally Determined Contribution Synthesis Report：Message to Parties and Observers[R]. Bonn：UNFCCC，2021.

[23] 高翔，樊星.《巴黎协定》NDC 信息、核算规则及评估[J]. 中国人口•资源与环境，2020，30（5）：10-16.

[24] 陈艺丹，蔡闻佳，王灿. 国家自主决定贡献的特征研究[J]. 气候变化研究进展，2018，14（3）：295-302.

[25] UN-REDD. ABOUT REDD+[EB/OL]. [2022-10-10]. https：//www.un-redd.org/about/about-redd.

[26] IPCC. Agriculture，Forestry and Other Land Use[M]//EGGLESTON S，BUENDIA L，MIWA K，et al. 2006 IPCC Guidelines for National Greenhouse Gas Inventories. Hayama：Institute for Global Environmental Strategies，2006.

[27] 雪明. 中国 REDD+项目管理体系的构建[D]. 北京：北京林业大学，2014.

[28] 陈熹，刘滨，周剑. 国际气候变化法中 REDD 机制的发展——兼对《巴黎协定》第 5 条解析[J]. 北京林业大学学报（社会科学版），2017，16（1）：31-36.

[29] 陈志斌，林立身. 全球碳市场建设历程回顾与展望[J]. 环境与可持续发展，2021，46（3）：37-44.

[30] 党庶枫.《巴黎协定》国际碳交易机制研究[D]. 重庆：重庆大学，2018.

[31] 曾文革，党庶枫.《巴黎协定》NDC 下的新市场机制探析[J]. 中国人口•资源与环境，2017，27（9）：112-119.

[32] SCHNEIDER L，La HOZ THEUER S. Environmental integrity of international carbon market mechanisms under the Paris Agreement[J]. Climate Policy，2019，19（3）：386-400.

[33] MICHAELOWA A，HERMWILLE L，OBERGASSEL W，et al. Additionality revisited：guarding the integrity of market mechanisms under the Paris Agreement[J]. Climate policy，2019，19（10）：1211-1224.

[34] UNFCCC. 第 4/CMA.3 号决定：《巴黎协定》第六条第八款所述非市场方法框架下的工作方案[R]. 波恩：UNFCCC，2021.

[35] 高帅，李梦宇，段茂盛，等.《巴黎协定》下的国际碳市场机制：基本形式和前景展望[J]. 气候变化研究进展，2019，15（3）：222-231.

[36] 王际杰.《巴黎协定》下国际碳排放权交易机制建设进展与挑战及对我国的启示[J]. 环境保护，2021，49（13）：58-62.

[37] 陶玉洁，李梦宇，段茂盛.《巴黎协定》下市场机制建设中的风险与对策[J]. 气候变化研究进展，2020，16（1）：117-125.

[38] UNFCCC. Glossary：CDM terms v11.0（CDM-EB07-A04-GLOS）[R]. Bonn：UNFCCC，2009.

[39] MICHAELOWA A，ESPELAGE A，HOCH S，et al. Operationalizing the Share of Proceeds for Article 6[R]. Amsterdam：Climate Focus，2019.

[40] UNFCCC. 第 2/CMA.3 号决定：关于《巴黎协定》第六条第二款所述合作方法的指南[R]. 波恩：UNFCCC，2021.

[41] ICAO. Adopted Resolution A39-1：Consolidated statement of continuing ICAO policies and practices related to environmental protection - General provisions，noise and local air quality[R]. Montreal：ICAO，2016.

[42] ICAO. ICAO Environmental Report 2019 Chapter Six：Climate Change Mitigation：CORSIA[R]. Montreal：ICAO，2020.

[43] 张爽，赵颖磊，张琨琨，等. 国际海运船舶温室气体减排审议进程[J]. 中国船检，2020（7）：74-79.

[44] SIEMONS A，SCHNEIDER L. Averaging or multi-year accounting？Environmental integrity implications for using international carbon markets in the context of single-year targets[J]. Climate policy，2022，22（2）：208-221.

[45] MÜLLER B，MICHAELOWA A. How to operationalize accounting under Article 6 market mechanisms of the Paris Agreement[J]. Climate policy，2019，19（7）：812-819.

[46] SCHNEIDER L，La HOZ THEUER S，HOWARD A，et al. Outside in？ Using international carbon markets for mitigation not covered by nationally determined contributions（NDCs） under the Paris Agreement[J]. Climate policy，2020，20（1）：18-29.

[47] UNFCCC. Informal note by the co-facilitators：Guidance on cooperative approaches referred to in Article 6，paragraph 2，of the Paris Agreement and in decision 2/CMA.3[R]. UNFCCC：2022.

[48] UNFCCC. 第 3/CMA.3 号决定：根据《巴黎协定》第六条第四款所建立机制的规则、模式和程序[R]. 波恩：UNFCCC，2021.

[49] SCHNEIDER L，WARNECKE C，DAY T，et al. Operationalising an'overall mitigation in global emissions' under Article 6 of the Paris Agreement[R]. Cologne：NewClimate Institute，2018.

[50] UNFCCC. Informal note by the co-facilitators：Rules，modalities and procedures for the mechanism established by Article 6，paragraph 4，of the Paris Agreement and referred to in decision 3/CMA.3[R]. 波恩：UNFCCC，2022.

[51] 陈敏鹏. 《联合国气候变化框架公约》适应谈判历程回顾与展望[J]. 气候变化研究进展，2020，16（1）：105-116.

[52] 陈敏鹏，张宇丞，刘硕，等.《巴黎协定》特设工作组适应信息通报谈判的最新进展和展望[J]. 气候变化研究进展，2018，14（2）：191-200.

[53] 刘硕，李玉娥，秦晓波，等.《巴黎协定》实施细则适应议题焦点解析及后续中国应对措施[J]. 气候变化研究进展，2019，15（4）：436-444.

[54] 姜晓群，周泽宇，林哲艳，等. “后巴黎”时代气候适应国际合作进展与展望[J]. 气候变化研究进展，2021，17（4）：484-495.

[55] IPCC. Climate Change 2022：Impacts，Adaptation，and Vulnerability. Contribution of Working Group II to the Sixth Assessment Report of the Intergovernmental Panel on Climate Change[R]. Cambridge：IPCC，2022.

[56] 左佳鹭，陈敏鹏. 全球适应目标的谈判进展和展望[J]. 气候变化研究进展，2021，17（5）：621-627.

[57] BOYD E，JAMES R A，JONES R G，et al. A typology of loss and damage perspectives[J]. Nature Climate Change，2017，7（10）：723-729.

[58] UNFCCC. Executive Committee of the Warsaw International Mechanism for loss and damage. Best Practices，Challenges and Lessons Learned from Existing Financial Instruments at All Levels that Address the Risk of Loss and Damage Associated with the Adverse Effects of Climate Change[R].2016.

[59] SBI. A literature review on the topics in the context of thematic area 2 of the work programme on loss and damage：a range of approaches to address loss and damage associated with the adverse effects of climate change[R]. Bonn：UNFCCC，2012.

[60] UNHCR. Human mobility in the context of loss and damage from climate change：Needs，gaps，and roles of the Convention in addressing loss and damage[R].2012.

[61] UNEP. Loss and Damage：The Role of Ecosystem Services[R]. Nairobi：UNEP，2016.

[62] UNFCCC. Decision 1/CP.16：The Cancun Agreements：Outcome of the work of the Ad Hoc Working Group on Long-term Cooperative Action under the Convention[R].2011.

[63] PUIG D. Loss and damage in the global stocktake[J]. Climate Policy，2022，22（2）：175-183.

[64] LEES E. Responsibility and liability for climate loss and damage after Paris[J]. Climate Policy，2017，17（1）：59-70.

[65] 叶敏，袁旭阳. “第三代人权”理论特质浅析[J]. 中山大学学报（社会科学版），1999（4）：78-83.

[66] TOUSSAINT P，MARTÍNEZ BLANCO A. A human rights-based approach to loss and damage under the climate change regime[J]. Climate Policy，2020，20（6）：743-757.

[67] BROBERG M. Parametric loss and damage insurance schemes as a means to enhance climate change resilience in developing countries[J]. Climate Policy，2020，20（6）：693-703.

[68] 程玉. 论气候变化损失与损害的国际法规则[J]. 太平洋学报，2016，24（11）：12-22.

[69] 张晨阳. 气候变化所致小岛屿国家损失和损害的界定[D]. 北京：中国政法大学，2017.

[70] 林灿铃. 气候变化所致损失损害补偿责任[J]. 中国政法大学学报，2016（6）：74-83.

[71] AOSIS. Statement on behalf of the Alliance of Small Island States（AOSIS） at the Joint Plenary of COP，CMP，CMA，SBSTA and SBI[R].2021.

[72] JEWORREK T. Record hurricane season and major wildfires - The natural disaster figures for 2020[EB/OL]. [2022-07-28]. https：//www.munichre.com/en/company/media-relations/media-information-and- corporate-news/media-information/2021/2020-natural-disasters-balance.html.

[73] KEMPA L，ZAMARIOLI L，PAUW W P，et al. Financing measures to avert，minimise and address loss and damage：options for the Green Climate Fund[R].2021.

[74] UNDRR. International Cooperation in Disaster Risk Reduction：Target F[R]. Geneva：UN Office for Disaster Risk Reduction，2021.

[75] SHAWOO Z. Designing a fair and feasible loss and damage finance mechanism[R]. Stockholm：Stockholm Environment Institute，2021.

[76] GEWIRTZMAN J，NATSON S，RICHARDS J，et al. Financing loss and damage：reviewing options under the Warsaw International Mechanism[J]. Climate Policy，2018，18（8）：1076-1086.

[77] LAI M，ROBINSON S，SALAS E，et al. Climate justice for small island developing states：identifying appropriate international financing mechanisms for loss and damage[J]. Climate Policy，2022，22（9-10）：1-12.

[78] 孙若水，陈敏鹏，孙雪妍，等. 气候变化损失损害谈判：现状与新焦点[J]. 环境保护，2022，50（20）：67-73.

[79] SHARMA-KHUSHAL S，SCHALATEK L，SINGH H，et al. The Loss and Damage Finance Facility：Why and How[R]. Bonn：CAN International，2022.

[80] UNFCCC. Slow onset events（Technical paper）[R].2012.

[81] UNFCCC. Non-economic losses in the context of the work programme on loss and damage（Technical paper）[R].2013.

[82] UNFCCC. Decision 2/CMA.2：Warsaw International Mechanism for Loss and Damage associated with Climate Change Impacts and its 2019 review[R].2019.

[83] 滕飞，王天鹏，郭江汶. 碳中和目标与气候风险：气候变化经济损失评估（2021）[R]. 北京：清华大学能源环境经济研究所，2021.

[84] 中国气象发展报告编委会. 中国气象发展报告 2021[R]. 北京：中国气象局，2021.

[85] 余耀军. 气候损害的概念研究[J]. 现代法学，2022，44（3）：166-178.

[86] GEF. Climate Change | GEF[EB/OL]. [2022-10-10]. https：//www.thegef.org/what-we-do/topics/climate-change.

[87] GEF. Least Developed Countries Fund - LDCF[EB/OL]. [2022-10-10]. https://www.thegef.org/what-we-do/topics/least-developed-countries-fund-ldcf.

[88] GEF. Special Climate Change Fund - SCCF[EB/OL]. [2022-10-10]. https://www.thegef.org/what-we-do/topics/special-climate-change-fund-sccf.

[89] AF. Governance-Adaptation Fund[EB/OL]. [2022-10-10]. https://www.adaptation-fund.org/about/ governance/.

[90] GCF. Initial Resource Mobilisation | Green Climate Fund[EB/OL]. [2022-10-10]. https://www. greenclimate.fund/about/resource-mobilisation/irm.

[91] GCF. GCF-1 | Green Climate Fund[EB/OL]. [2022-10-10]. https://www.greenclimate.fund/about/resource-mobilisation/gcf-1.

[92] UNFCCC. 第 6/CP.26 号决定：绿色气候基金提交缔约方会议的报告和对绿色气候基金的指导，13744[R]. 波恩：UNFCCC，2021.

[93] SCF. Fourth（2020）Biennial Assessment and Overview of Climate Finance Flows Technical Report，

13743[R]. Bonn：UNFCCC，2021.
[94] OECD. Handbook on the OECD-DAC Climate markers，13741[R].2011.
[95] 谢璨阳，郭凯迪，王灿. 全球气候投融资进展及对中国实现碳中和目标的启示[J]. 环境保护，2022，50（15）：25-31.
[96] SBI. Experience of international funds and multilateral financial institutions relevant to the investment needs of developing countries in meeting their commitments under the Convention，13745[R]. Bonn：UNFCCC，2005.
[97] UNFCCC. Investment and Financial Flows to Address Climate Change，13746[R]. Bonn：UNFCCC，2007.
[98] MCCOLLUM D L，ZHOU W，BERTRAM C，et al. Energy investment needs for fulfilling the Paris Agreement and achieving the Sustainable Development Goals[J]. Nature Energy，2018，3（7）：589-599.
[99] GCEC. New Climate Economy Technical Note：Infrastructure investment needs of a low-carbon scenario.，13748[R].Global-Commission-on-the-Economy-and-Climate，2014.
[100] OECD. Investing in Climate，Investing in Growth.，13749[R].2017.
[101] UNEP. Adaptation Gap Report 2021：The gathering storm - Adapting to climate change in a post-pandemic world，13750[R]. Nairobi：UNEP，2021.
[102] UNEP. The Adaptation Finance Gap Report 2016，13751[R]. Nairobi：UNEP，2016.
[103] CHAPAGAIN D，BAARSCH F，SCHAEFFER M，et al. Climate change adaptation costs in developing countries：insights from existing estimates[J]. Climate and Development，2020，12（10）：934-942.
[104] GEF. A Proposed GEF Approach to Adaptation to Climate Change[EB/OL].（2003-01-01）[2022-10-10]. https：//www.thegef.org/what-we-do/topics/special-climate-change-fund-sccf.
[105] CPI. Global Landscape of Climate Finance 2021，13754[R].2021.
[106] ROBERTS J T，WEIKMANS R，ROBINSON S，et al. Rebooting a failed promise of climate finance[J]. Nature Climate Change，2021，11（3）：180-182.
[107] AMELI N，DESSENS O，WINNING M，et al. Higher cost of finance exacerbates a climate investment trap in developing economies[J]. Nature Communications，2021，12（1）：4046.
[108] 陈兰，王文涛，朱留财，等. 绿色气候基金在全球气候治理体系中的作用和展望[J]. 气候变化研究进展，2019，15（3）：326-334.
[109] OECD. Aggregate Trends of Climate Finance Provided and Mobilised by Developed Countries in 2013-2020，13758[R]. Paris：OECD，2022.
[110] OECD. Forward-looking Scenarios of Climate Finance Provided and Mobilised by Developed Countries in 2021-2025，13759[R]. Paris：OECD，2021.
[111] KOWALZIG T C J，ZAGEMA B. Climate Finance Shadow Report 2020[Z]. Paris：Oxfam，2020.
[112] SCF. 2018 Biennial Assessment and Overview of Climate Finance Flows，13762[R]. Bonn：SCF，2019.

[113] SCF. 2016 Biennial Assessment and Overview of Climate Finance Flows，13761[R]. Bonn：SCF，2017.

[114] CPI. Global Landscape of Climate Finance 2019，13763[R].2019.

[115] IPCC. Climate Change 2021：The Physical Science Basis. Contribution of Working Group I to the Sixth Assessment Report of the Intergovernmental Panel on Climate Change[R]. Cambridge：IPCC，2021.

[116] 王灿，蒋佳妮. 气候公约下技术开发与转让谈判进展评述[J]. 气候变化研究进展，2013，9（6）：449-452.

[117] 曹炜. 论UNFCCC框架下的技术机制：历史沿革、现状和发展方向[J]. 中国政法大学学报，2016（2）：5-14.

[118] 蒋佳妮，赵元佑，王灿. 气候技术国际合作模式：现状及未来方向[J]. 阅江学刊，2018，10（1）：46-57.

[119] UNFCCC. Updated evaluation of the Poznan strategic programme on technology transfer[R]. Bonn：UNFCCC，2019.

[120] 季华. 《巴黎协定》实施机制与2020年后全球气候治理[J]. 江汉学术，2020，39（2）：46-53.

[121] 马文. 后巴黎时代环境友好技术转让研究[J]. 中国海洋大学学报（社会科学版），2017（4）：107-114.

[122] 马忠法，赵建福. 论《巴黎协定》技术转让规定的实施[J]. 复旦国际关系评论，2021（2）：62-87.

[123] 蒋佳妮，王灿. 全球气候谈判中的知识产权问题——进展、趋势及中国应对[J]. 国际展望，2016，8（2）：21-39.

[124] 张永香，黄磊，袁佳双. 联合国气候变化框架公约下发展中国家的能力建设谈判回顾[J]. 气候变化研究进展，2017，13（3）：292-298.

[125] 冯帅. 欧美气候变化能力建设行动进展对我国的影响及其对策[J]. 中国软科学，2017（7）：10-19.

[126] 冯帅. 应对气候变化能力建设行动的国际进展与中国策略——以前《巴黎协定》时期为中心[J]. 中国科技论坛，2017（5）：174-179.

[127] KONRAD S，van DEURSEN M，GUPTA A. Capacity building for climate transparency：neutral 'means of implementation' or generating political effects？[J]. Climate Policy，2022，22（5）：557-575.

[128] 董亮. 透明度原则的制度化及其影响：以全球气候治理为例[J]. 外交评论（外交学院学报），2018，35（4）：106-131.

[129] 王田，董亮，高翔. 《巴黎协定》强化透明度体系的建立与实施展望[J]. 气候变化研究进展，2019，15（6）：684-692.

[130] WEIKMANS R，ASSELT H V，ROBERTS J T. Transparency requirements under the Paris Agreement and their（un）likely impact on strengthening the ambition of nationally determined contributions（NDCs）[J]. Climate Policy，2020，20（4）：511-526.

[131] WANG T，GAO X. Reflection and operationalization of the common but differentiated responsibilities and respective capabilities principle in the transparency framework under the international climate change

regime[J]. Advances in Climate Change Research，2018，9（4）：253-263.

[132] 王田，高翔，马翠梅. “卡托维兹”透明度谈判成果解读及我国履约机制探讨[J]. 环境保护，2020，48（5）：32-37.

[133] UNFCCC. Ad Hoc Working Group on the Durban Platform for Enhanced Action：Negotiating text（FCCC/ADP/2015/1），13766[R]. UNFCCC：2015.

[134] MILKOREIT M，HAAPALA K. The global stocktake：design lessons for a new review and ambition mechanism in the international climate regime[J]. International Environmental Agreements-Politics Law and Economics，2019，19（1）：89-106.

[135] SBSTA. Report of the Subsidiary Body for Scientific and Technological Advice on its fifty-second to fifty-fifth session，held in Glasgow from 31 October to 6 November 2021，13768[R]. 波恩：SBSTA，2021.

[136] UNFCCC. Message From the Chairs of The Subsidiary Body for Scientific and Technological Advice and The Subsidiary Body for Implementation – The First Global Stocktake，13769[R].2022.

[137] UNFCCC. Preparing for the First Global Stocktake – Revised Non-Paper by the Chairs of the SBSTA And SBI[Z]. 2021.

[138] UNFCCC. Preparing for the First Global Stocktake – Non-Paper by the Chairs of the SBSTA And SBI[Z]. 2021.

[139] UNFCCC. Chronology of events and inputs to the Global Stocktake[Z]. 2021.

[140] MÜLLER B，NGWADLA X. The Paris ambition mechanism – Review and communication cycles[R]. Oxford Climate Policy，2016.

[141] UNFCCC. Nationally determined contributions under the Paris Agreement. Synthesis report by the secretariat[Z]. 2021.

[142] 高翔. 气候变化《巴黎协定》的逻辑及其不足[J]. 复旦国际关系评论，2021（2）：42-61.

[143] HERMWILLE L，SIEMONS A，FORSTER H，et al. Catalyzing mitigation ambition under the Paris Agreement：elements for an effective Global Stocktake[J]. Climate Policy，2019，19（8）：988-1001.

[144] CRAFT B，FISHER S. Measuring the adaptation goal in the global stocktake of the Paris Agreement[J]. Climate Policy，2018，18（9）：1203-1209.

[145] 宋冬. 论《巴黎协定》遵约机制的构建[D]. 北京：外交学院，2018.

[146] 王慧. 《巴黎协定》遵约机制研究[D]. 贵阳：贵州大学，2020.

[147] 杨博文. 《巴黎协定》减排承诺下不遵约情事程序研究[J]. 北京理工大学学报（社会科学版），2020，22（2）：134-141.

[148] 梁晓菲. 论《巴黎协定》遵约机制：透明度框架与全球盘点[J]. 西安交通大学学报（社会科学版），2018，38（2）：109-116.

第五章

缔约方分类和谈判集团

《公约》及其下的《京都议定书》和《巴黎协定》保障了极大的参与度，确保了气候治理的公正和公平。然而，过多的国家数量会导致议事效率的低下，从而挫伤各方参与治理的热情。为了避免这一问题，立场相似的国家会形成谈判集团，在大会上以集团作为单位发言，同时也可以为自身立场争取更多国家的支持。在《公约》和《京都议定书》签署时期，气候谈判的阵营可以概括地划分为附件一缔约方和非附件一缔约方（大致相当于发达国家和发展中国家）。两方在“共区”原则下各自承担着明确的减排和提供支持的责任。然而，随着世界经济和排放格局的变化，中国、印度等发展中国家崛起，相应地，温室气体排放量也大幅上升，发达国家不满原先的二分结构。同时，气候议题的增多也割裂了原先阵营中的立场，并分化出了各种以利益聚集的小集团。哥本哈根气候大会之后，新的集团如雨后春笋般涌现了出来，冲破了原先发达国家/发展中国家的二分结构。这些集团有的以地缘相近而组成（如非洲集团、阿拉伯集团、拉美独立国家联盟），有的以相似的发展水平而组成（如基础四国、伞形集团、最不发达国家等），有的以相似的地理环境特征而组成（如气候敏感性集团、小岛屿国家联盟、雨林国家联盟等），也有的以谈判立场类似而组成（如环境完整性集团、立场相近的发展中国家）。谈判格局的碎片化极大地增加了谈判立场分析需要把握的维度和难度[1]。本章对各个主要谈判集团的组成、历史、核心关切、立场及形成原因进行了简要概述，以帮助读者把握各方在气候议题中的主要矛盾，从而了解谈判的格局及其演变。表 5-1 梳理了各谈判集团的名称。

表 5-1　气候谈判缔约方和主要集团

简称	全称	中文名称
—	Annex Ⅰ	附件一缔约方
—	Annex Ⅱ	附件二缔约方
—	Annex B	附件 B 缔约方
—	Non-Annex I	非附件一缔约方

简称	全称	中文名称
AOSIS	Alliance of Small Island States	小岛屿国家联盟
ABU	Argentina，Brazil and Uruguay	阿根廷-巴西-乌拉圭联盟
AGN	African Group of Negotiators	非洲集团
—	Arab Group	阿拉伯集团
AILAC	Asociación Independiente de Latinoamérica y el Caribe	拉美独立国家联盟（埃拉克集团）
ALBA	Bolivarian Alliance for the People of Our America	美洲玻利瓦尔联盟
BASIC	Brazil，South Africa，India，China	基础四国
CfRN	Coalition for Rainforest Nations	雨林国家联盟
CVF	Climate Vulnerable Forum	气候脆弱性论坛
EIG	Environmental Integrity Group	环境完整性集团
EU	European Union	欧盟
G77+China	Group of 77 and China	七十七国集团和中国
LDC	Least-Developed Country	最不发达国家
LMDC	Like-minded Developing Countries	立场相近发展中国家
OECD	Organization for Economic Co-operation and Development	经济合作与发展组织
OPEC	Organization of the Petroleum Exporting Countries	石油输出国组织
SIDS	Small Island Developing States	小岛屿发展中国家
UG	Umbrella Group	伞形集团

1. 缔约方类别

《公约》行文中出现了多种对缔约方类别的表述，其中有些类别直接涉及缔约方承担义务的区别，有些类别则主要表征缔约方的社会经济属性，尤其是考虑到为其履行《公约》下的义务作出特别安排。前者主要包括附件一缔约方、附件二缔约方、附件 B 缔约方、非附件一缔约方、发达国家/发展中国家缔约方、其他缔约方等；后者主要包括经济转型国家、小岛屿国家、最不发达国家、气候脆弱国家等。

附件一缔约方：《公约》附件一所列的发达国家缔约方和其他缔约方，包括欧盟（《公约》通过时为“欧共体”）、美国、俄罗斯、土耳其等。《公约》规定这些缔约方有义务带头采取减缓行动、报告温室气体排放和清除信息及国内减缓政策和措施。其中，“发达国家缔约方”指欧盟、美国等 20 世纪 90 年代初期的 OECD 成员国，“其他缔约方”指俄罗斯等经济转型国家。《京都议定书》沿用了《公约》这种缔约方分类的表述。

附件二缔约方：《公约》附件二所列发达国家和组织缔约方，是附件一缔约方的子集。《公约》规定这些缔约方有义务为发展中国家缔约方履约提供资金和技术支持。其中，“发达国家缔约方”的范围与附件一所指相同，“组织缔约方”指作为《公约》缔约方的欧盟（时称“欧洲共同体”）。《京都议定书》沿用了《公约》这种缔约方分类的表述。

附件 B 缔约方：在《京都议定书》附件 B 规定的特定履约承诺期承担量化减排或限排义务的《公约》附件一缔约方。在《〈京都议定书〉多哈修正案》后，也有个别附件 B 缔约方没有承担量化减排或限排义务。

非附件一缔约方：《公约》缔约方中未列入附件一的缔约方基本属于发展中国家。随着 OECD 成员国扩容，也有部分非附件一缔约方加入了 OECD，但是并未列入《公约》附件一。

发达国家/发展中国家缔约方：除《公约》及其《京都议定书》中的用法外，《巴黎协定》不再沿用附件一、附件二、非附件一缔约方的分类，而是直接使用发达国家缔约方和发展中国家缔约方的表述，但是并未定义哪些属于发达国家缔约方，哪些属于发展中国家缔约方。

经济转型国家：即苏联解体后向市场经济转型的国家，包括俄罗斯和其他中欧、东欧的苏联成员国。这一概念现在已很少使用。

小岛屿发展中国家：由 38 个联合国成员国和 20 个联合国区域委员会的联合国非成员/准成员组成的独立集团。其成员国分布在加勒比海、太平洋及大西洋、印度洋和中国南海区域，都面临小岛屿地理特征所带来的特殊社会、经济和环境脆弱性，从而成为气候治理中最积极和激进的集团。

最不发达国家：国际社会中最贫穷和最脆弱的成员国，包含世界 13%的人口，但只占据 1.3%的 GDP 和 1%的贸易额及外国直接投资。

气候脆弱国家：《公约》前言和第 4 条第 8 款提及的一些国家，尤其是发展中国家，它们有着脆弱的生态系统，特别容易遭受气候变化的不利影响，包括地势低洼国家和其他小岛屿国家，拥有低洼沿海地区、干旱和半干旱地区或易受水灾、旱灾和沙漠化影响地区的国家，以及具有脆弱的山区生态系统的发展中国家等。尽管《公约》并未定义哪些国家属于气候脆弱国家，但这一术语常被小岛屿国家、最不发达国家、非洲国家、拉美国家等用于适应、损失和损害的议题谈判。

2. 小岛屿国家联盟与小岛屿发展中国家

小岛屿国家联盟（AOSIS）和小岛屿发展中国家（SIDS）成员基本重合[①]，其成员都

① 巴林属于 SIDS 但不属于 AOSIS，库克群岛和纽埃岛属于 AOSIS 但不属于 SIDS。需要特别注意的是，新加坡是“特殊的发展中国家”，也在这两个集团中。

是小岛屿国家，面积、人口、经济规模和排放水平在全世界占比不足1%。在《公约》等条约文件中以 SIDS 的名义出现，但在气候谈判中以 AOSIS 的名义发言，本书统一用 AOSIS 指代。AOSIS 成立于 1990 年，是促成《公约》谈判的主要力量之一。不同于其他国家集团是在政治或经济利益的聚集下形成的，AOSIS 是在其安全利益的驱动下形成的。小岛屿国家形成联盟的主要原因是它们所遭受的气候变化风险与它们单个国家的实力不成比例，因此只有通过集体发声才能够获得国际社会的关注。基于这一国情，AOSIS 在气候谈判中具有非常高的道义优势和激进的立场[2]，成为推动气候治理向环保原教旨主义前进的主要力量。通过协调内部立场一致、加强与发展中国家集团的伙伴关系、建立与多行为主体（科学研究机构、法律机构、媒体等非政府组织）的合作，AOSIS 团结了广泛的应对气候变化的积极力量，从而在谈判中产生了更大影响力[3,4]。一直以来，AOSIS 对于严格的温控和减排目标、获得资金、技术援助以提高气候变化的适应能力，以及建立具有法律约束力的应对气候变化的长期机制都非常积极。在《京都议定书》谈判期间，他们是第一个提出草案的国家集团，呼吁到 2005 年将 CO_2 排放量在 1990 年的水平上减少 20%[5]。在《巴黎协定》谈判期间，AOSIS 坚持三个立场“红线”：要求承认小岛屿国家作为特别易受影响的特殊情况和需求，要求达成一项具有法律约束力的文件，要求损失和损害议题被承认[6]。在此期间，他们对于推动形成一项有法律约束力的文件，并将 1.5℃目标纳入其中起到了重要作用。

AOSIS 往往会与欧盟进行合作，并对中国、印度等发展中大国形成压力，从而导致发展中国家集团内部的分化。由于气候变化对于 AOSIS 来说是迫在眉睫的生存问题，而其自身对气候变化的贡献微乎其微，因此虽然他们认同“共区”原则，却更加关注切实的减缓和适应行动。除此以外，AOSIS 也是推动损失和损害议题最为积极的集团。早在 1990 年他们就试图将对气候灾害的赔偿纳入《公约》中，然而这一努力并未成功。当然，AOSIS 内部也存在一定的立场分化，特别是在林业、LULUCF、环境完整性上，各国的立场并不完全相同[7]。

3. 阿根廷-巴西-乌拉圭联盟

阿根廷-巴西-乌拉圭联盟（ABU）成立于 2018 年，是一个非常年轻的集团。三个成员国在地理上相互毗邻，具有紧密的经济、社会和文化联结，森林和农业资源丰富，都属于新兴发展中国家，对于发展权十分重视，坚持维护《公约》“共区”原则。该联盟主要有以下立场：

第一，强调适应议题与减缓并重的地位。拉丁美洲是气候脆弱性区域，超过 4/5 的城市人口暴露于气候风险敏感区域中。同时，ABU 三国的重要经济部门（粮食生产、旅游业和可再生能源）也易受气候变化的影响。因此，ABU 对适应议题格外重视，主要立场包括将适应内容纳入 NDC 指南范围中，积极推动全球适应目标，支持适应基金继续服务《巴黎协定》，要求加快基金过渡过程并反对发达国家对出资义务的改变等。ABU 也强调资金机制整体的重要性，要求绿色气候基金继续注资，发达国家提升长期气候融资目标的力度。

第二，支持使用 GTP 代替 GWP 报告温室气体清单。由于 ABU 三国的温室气体排放结构中 CH_4 的比例较高，因此用 GTP 代替 GWP 报告温室气体清单将减少各自排放量占全球总量的份额。1990—2005 年，巴西的 GWP 累计量比 GTP 累计量高 529.8 万 Gg CO_2eq，相当于累计排放量减少 42%[8]。因此，ABU 努力推动采用 GTP 核算的温室气体排放清单。

除此以外，ABU 还积极响应农业议题，赞赏科罗尼亚农业联合工作开展的土地评估工作，认为《巴黎协定》第 6 条的市场机制应该兼顾环境完整性和促进可持续发展。

4. 非洲集团

非洲集团（AGN）于 1995 年在德国柏林举行的 COP1 上成立。该集团是《公约》非洲国家缔约方的联盟，在国际气候变化谈判中代表非洲国家的利益统一发声。非洲国家的集体立场由三个机构产生：非洲国家元首和政府首脑委员会（CAHOSCC）和非洲环境与自然资源部长级会议（AMCEN）提供谈判底线、谈判方针等关键信息，AGN 在此基础上准备和起草文本与共同立场。该集团目前由 53 个成员国组成，主席由五个非洲次区域（北部、东部、中部、西部和南部）的代表轮流担任，每两年更换一次。

非洲国家普遍面临气候变化带来的荒漠化、水资源缺乏、生态系统和基础设施脆弱性加剧、粮食生产受到威胁、贫困加剧等问题，在谈判中格外关注适应及损失和损害议题，并要求各国提高行动力度。非洲国家也是 G77+中国的成员。

自成立以来，AGN 在气候变化谈判中发挥了重要作用。2011 年，在南非担任 COP17 主席的会议上，AGN 协调各方立场，启动了关于德班平台特设工作组的谈判进程，并最终为《巴黎协定》的通过奠定了基础。在巴黎气候大会前夕，AGN 成功地将其大部分关键提案纳入《巴黎协定》案文，包括 NDC 的适应部分、全球适应目标、适应技术审查进程、技术框架，以及如何在实质性义务中保留差异化结构。虽然最终《巴黎协定》并未完全按照 AGN 的提案撰写，但 AGN 在谈判过程中对《巴黎协定》平衡考虑减缓和适应、行动和支持起到了重要贡献[9]。在气候谈判之外，AGN 发起了“非洲可再生能源倡议”（Africa Renewable Energy Initiative，AREI）和非洲适应倡议（Africa Adaptation Initiative，AAI），推动非洲各国采取符合当地实际需求与能力的减缓和适应行动，尤其是地区层面的跨国合作，以及联合开展对外国际合作。

5. 阿拉伯集团

阿拉伯集团（Arab Group）由来自阿拉伯国家联盟的 22 个成员国组成。阿拉伯集团国家通过共同的文化、阿拉伯语和宗教信仰联系在一起，并经常在沙特阿拉伯的协调下统一集团立场。这些国家曾经都是较为贫困的发展中国家，随着全球工业化、石油经济的兴起，阿拉伯国家依托其丰富的石油和天然气资源实现了经济发展和人民生活改善。阿拉伯集团强调应对气候变化的措施，尤其是全球采取减排措施会对其以化石能源为主的经济产生负面影响。阿拉伯集团中的很多国家也属于立场相近发展中国家（LMDC）集团，因为这两个集团在要求维护发展中国家合理的能源消费和排放权方面存在很大的相似性。阿拉伯集团的立场主要包括以下几点：强调应对气候变化的不利影响，要求发达国家集体提供大量资金支持；要求为各国采取应对气候变化措施，尤其是减排措施导致的对其他国家的经济社会发展影响进行讨论；认为适应应该获得更多关注；要求尽量避免量化温升、减排目标，在《巴黎协定》后主张将气温上升限制在 2℃而弱化 1.5℃的目标。

6. 美洲玻利瓦尔联盟

美洲玻利瓦尔联盟（ALBA）在 2009 年正式步入气候谈判的国际舞台，其核心成员包括六个拉美国家：玻利维亚、古巴、多米尼克、厄瓜多尔、尼加拉瓜和委内瑞拉。玻利瓦尔主义是该联盟所秉持的最重要的意识形态，它在地缘上表现出地区主义，主张拉美地区的民族自决和爱国主义，反对霸权主义和帝国主义的干涉；在经济上表现出亲社会主义的左翼特点，反对资本主义和欧美发达国家主导的新自由主义，同时强调经济独立自主；在政治上支持草根民主，强调民众的政治参与。这些意识形态特征与亲美欧的拉美独立国家联盟国家正好相反[10]。在这些纲领的主导下，该联盟在气候谈判中的立场旗帜鲜明，成为不可忽视的一股力量。

第一，强调气候正义与公平。2009 年前后，ALBA 成员国执政的都是左翼或亲左翼政府，如古巴国务委员会主席卡斯特罗、委内瑞拉总统查韦斯、玻利维亚总统莫拉莱斯等，他们在气候变化领域特别关注气候公平、正义的问题，以及对于发达国家历史责任和历史“排放债务”的追索。在此背景下，该联盟坚定拥护“共区”原则和各自能力原则，捍卫发展中国家的权利。在这一点上，其立场相近的发展中国家集团形成了天然的联盟。然而，过于强调历史责任的政治立场在当今的气候治理格局下也缺少足够的灵活性，从而体现出消极的一面[11]。在历史责任的视角下，ALBA 认为发展中国家自愿承担额外义务是不公平的“责任转移”，因此曾对《巴黎协定》下的 NDC 机制持反对意见。

第二，反对市场机制。ALBA 成员国反对新自由主义，并且将气候变化引起的环境问题视为资本主义的弊病及其带来的剥削的另一种表现，因此反对一切将环境转化为可交易的商品的举措[12]。因此，《巴黎协定》第 6 条删除了所有“市场机制”的文字表述，代之以不体现市场内涵的“合作方法”（第 6.2 款，cooperative approaches）和 SDM（第 6.4 款，sustainable development mechanism），并且加入了含义尚不明确的非市场方法框架（第 6.8

款，non-market approaches）。ALBA 提出了一种基于公民社会的替代性解决方案，这一方案的核心是“地球母亲”（Mother Earth）的概念。2010 年 4 月，玻利维亚主办了气候变化和地球母亲权利世界人民大会，吸引了 30 000 多名与会者。会议通过了《地球母亲权利世界宣言》，明确提出气候变化是资本主义及其“竞争、进步和无限增长的逻辑”的结果[13]。这一概念尚未落实到具体的国际合作机制层面，其后续影响还有待实践的检验。

第三，关注土著人民权利、公民参与和青年。ALBA 自身的地区主义底色让其对于土著人民权利和公民参与议题产生了天然的好感。玻利维亚前总统莫拉莱斯是该国第一位原住民身份领导人，这一点也树立了该联盟更加积极的气候公平的形象。同时，引入尊重地区性文化等新兴议题也可以支持该联盟提出的替代性解决方案，因此 ALBA 愿意积极参与这些新兴议题。

第四，捍卫程序正义和规范。ALBA 对于程序正义的捍卫有意识形态的因素，也有其在一些议题上处于绝对少数地位的原因。2009 年的哥本哈根气候大会，在委内瑞拉等集团四名成员的带头反对下，《哥本哈根协议》未能通过，因为 ALBA 认为“该协议是由一小群‘关键’参与者私下达成的交易”，与公平、包容性和透明度的理念相违背[14]。2010 年的坎昆气候大会，玻利维亚是唯一反对“坎昆协议”的国家（不是作为集团代表）。大会主席最后不顾玻利维亚代表的反对强行通过了该协议，也为《公约》下协商一致的决策带来了程序正义的危机。2015 年，尼加拉瓜虽然在最后关头没有反对《巴黎协定》的通过，然而却对该协定表达了强烈不满并且拒绝签署，直到 2017 年 10 月才跳过签署直接批准了协定。

从更宏观的视角来看，ALBA 是美洲玻利瓦尔联盟-人民贸易协定（ALBA-TCP）的一个子集，其气候政策是该区域贸易协定下的一个分支议题。ALBA-TCP 试图在美国主导的美洲自由贸易区（FTAA）下另起炉灶，通过经济结构调整、国有企业合作、实物支付易货等方式对抗美国主导的新自由主义模式。值得注意的是，有五个小岛屿国家是 ALBA-TCP 的成员但非 ALBA 的成员，包括安提瓜和巴布达、格林纳达、圣基茨和尼维斯、圣卢西亚、圣文森特和格林纳丁斯，这是因为其一方面愿意通过区域经济一体化扩大增量，并更容易获得委内瑞拉和尼加拉瓜的石油，另一方面又极易受气候变化的影响，因此采取实用主义政治方针，避免加入意识形态色彩浓厚而积极主张坚持“共区”原则、要求发达国家率先大幅减排的 ALBA。

7. 拉美独立国家联盟（埃拉克集团）

拉美独立国家联盟（AILAC）于 2012 年在多哈气候大会上启动。AILAC 成员国包括智利、哥伦比亚、哥斯达黎加、危地马拉、洪都拉斯、巴拿马、巴拉圭、秘鲁，都由拉美地区中间派和中右翼政党执政，采取新自由主义的经济和环境政策，其中智利、哥伦比亚、哥斯达黎加已经加入了 OECD。AILAC 希望在南北阵营中间起到提供建设性意见、搭建沟通桥梁的作用，然而其实际立场就是亲美亲欧，积极向发达国家立场靠拢，因此加剧了发展中国家阵营内部的分化。虽然 AILAC 国家都是 G77 的成员，但是它们与发展中国家只在加强资金支持力度、提高适应议题地位等方面立场相同，在透明度、出资义务等方面与其他发展中国家有很大分歧。具体来说，AILAC 的典型立场体现在以下几方面。

第一，对“共区”原则的退让。AILAC 名义上坚持“共区”原则，与 G77+中国一同反对发达国家试图抛弃《公约》、修正《公约》的企图。然而，AILAC 对于“共区”原则的解读过于宽松，在一定程度上解构了其捍卫发展中国家权利的内涵。传统的“共区”原则中的“有区别”体现在只有附件一缔约方有量化减排和透明度通报的义务，只有附件二缔约方有提供支持的义务，而发展中国家坚定拒绝承担任何加诸其上的义务，包括自愿提出的承诺。AILAC 则坚持所有国家都要为应对气候变化作出具有法律约束力的贡献，在这一前提下“共区”原则不应该阻止发展中国家自愿提出减排和提供支持的承诺，而是应该鼓励在公平的前提下所有缔约方都提出自己的目标，而发达国家在这一过程中“有区别地”起到引领作用[15]。2008 年，秘鲁承诺到 2021 年将原生林毁林降低到净零水平，这是发展中国家首次作出减缓行动的承诺。除此以外，智利、哥伦比亚、巴拿马和秘鲁主动向绿色气候基金提供资金，打破了原来只有发达国家提供资金的传统①。AILAC 的这一立场得到了发展中国家阵营中小岛屿国家联盟、部分最不发达国家和发达国家阵营中欧盟的支持，并获得了一定的国际声誉。然而，AILAC 的这一行为也动摇了发展中国家的统一立场，削弱了发展中国家合理要求发达国家履行自身资金承诺的政治力度。

第二，追随发达国家议程设置。面对发达国家在议程设置上“只提 1.5℃目标，不提 2℃目标”“只提气候目标科学性，不提气候行动的科学性”的趋势，AILAC 积极追随这一立场，背离了《巴黎协定》达成的气候目标共识，也助长了“只谈目标，不谈行动”的风气，从长远来看无益于全球气候治理的进程。

第三，积极推动适应和资金议题。AILAC 与发展中国家在这两个议题上的立场最为一致，都要求提高适应的地位，要求发达国家落实并提高资金支持力度。AILAC 在适应议题上的立场可以归纳为以下三点：设立全球适应目标、将各国适应目标纳入 NDC、为适应行动设定衡量指标。欧盟和小岛屿国家联盟反对将适应目标纳入 NDC，它们认为适应本质上是一个地方问题，而不是各国对国际社会的承诺。自 2014 年以来，AILAC 确定了其气候资金方面的优先事项，包括一个集体量化目标（该目标以从 2020 年起每年筹集 1 000 亿美元的现有承诺为“底线”）、一个定性的长期目标（该目标将导致所有投资逐渐转向低碳和气候适应型发展），同时发达国家有义务事先交流有关融资的量化信息，并最终促进更平衡的适应融资（接近为缓解提供的水平）[16]。

AILAC 的立场可以从两个方面理解。一方面，AILAC 国家温室气体排放在全球占比

① 在之前韩国和墨西哥也向绿色气候基金注资，但是两者立场与发达国家集团相近，不具有代表性。

较低，减排压力小，因此可以在减排、透明度等方面积极行动，以较低的减排压力赢得较高的国际声誉，从而实现国家利益的最大化；另一方面，AILAC 认为在可持续发展框架下，减排与发展并不矛盾，应该以自身的减排承诺打破僵局，换取发达国家的支持，以帮助自身走上可持续发展道路。因此，AILAC 与发达国家立场的靠近造成发展中国家陷入了分裂和被动的局面。另外，不可否认 AILAC 在一定程度上弥合了南北分歧，为《巴黎协定》达成一致贡献了建设性的力量[11]。然而在未来，AILAC 部分国家面临着气候目标与行动不匹配、经济陷入衰退期、化石能源依赖程度高等挑战，其参与气候治理的政治热情将面临很大考验，其立场将如何转变也还有待时间的检验[15]。

8. 基础四国

基础四国（BASIC）在 2009 年哥本哈根气候大会前夕组成，成员包括巴西、南非、印度、中国这四个新兴发展中国家。基础四国诞生于《公约》体系下气候治理从“自上而下”的“京都模式”转向“自下而上”的自主承诺模式、发展中国家内部利益分化且全球气候格局即将重塑的关键时期。基础四国在当时担负起了维系发展中国家团结、捍卫发展权利的重要作用，也为《巴黎协定》的达成起到了重要的建设性作用。

基础四国在气候谈判中的立场主要与人口、国情和发展阶段相关。1990 年以后，基础四国都经历了经济快速增长、排放快速增加的发展趋势，在全球发展和年度排放中占据了越来越不可忽视的位置（图 5-1）。1990 年，基础四国的 GDP 仅占世界总量的 8%，而 2020 年已达到 24%。伴随着经济的快速增长，基础四国的碳排放水平也快速上升。1990 年，基础四国能源领域的碳排放量为 31 亿 t，2019 年增长至 131 亿 t，占全世界当年排放量的比重从 15%快速增长至 39%。这 30 年间，全球碳排放量增长了 131 亿 t，而基础四国贡献了其中的 100 亿 t，即贡献了 76%的增量。很多情景分析表明，在未来一段时间内基础四国的排放水平也将继续保持在高位。客观地说，全球气候治理确实需要基础四国（特别是中国和印度）的参与，因为如果不看历史责任，仅从实现 2℃或 1.5℃目标的剩余碳排放空间来看，若基础四国的排放量继续维持快速增长，世界将难以完成《巴黎协定》目标。当然，科学研究也表明，全球气候变化是工业革命以来历史累积的温室气体排放造成的，全球气候治理不能割裂历史只看当下和未来，公平的治理机制也不能不考虑人口和国情，而只看排放总量。在这一背景下，一方面，基础四国坚持“共区”原则，反对为发展中国家“自上而下”设定排放约束，坚定捍卫发展空间，并站在维护发展中国家共同利益的角度要求发达国家履行资金、技术、能力建设的支持承诺，不断提高支持力度和透明度[17,18]；另一方面，基础四国也积极支持“自下而上”的治理模式，提出并更新各自的 NDC，加速国内低碳转型进程，开展适应行动，以承担与自身能力和国情相匹配的责任。

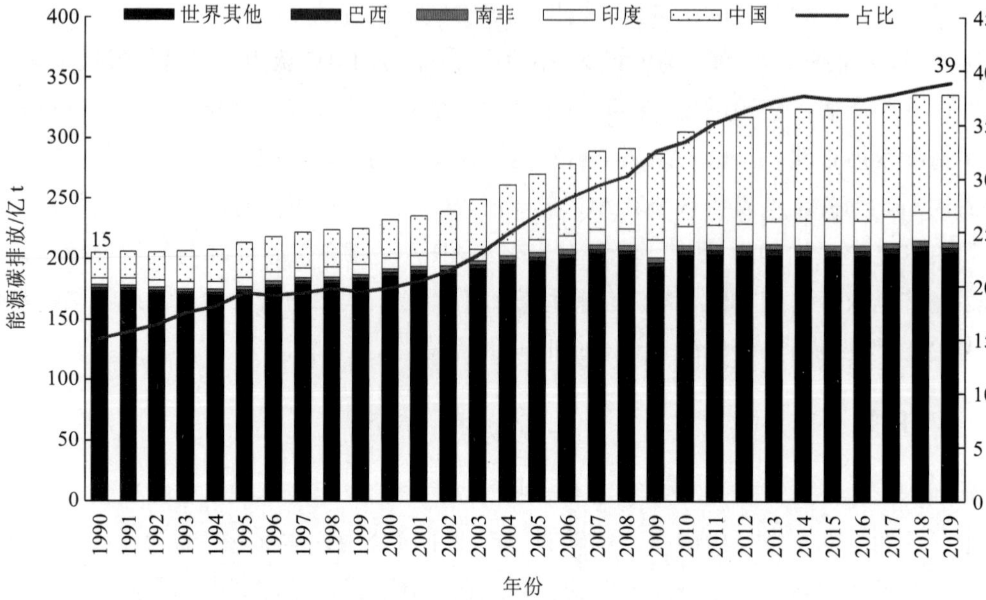

图 5-1　基础四国 1990—2019 年能源碳排放水平及世界占比

从另一个方面来看，相比经济增长水平，基础四国的碳排放水平明显低于基准情景，这说明基础四国正以一种相对高能效、低排放的模式进行增长。2000—2017 年，全球能源效率的提升贡献了–80%的碳排放增加，其中基础四国的能效提升贡献了–38%，与发达国家相当[19]。因此，基础四国能源强度效应在抑制全球碳排放增长方面发挥了重要的作用，而这是“共区”原则下发展中国家对全球减排贡献的体现。同时，南非和巴西提出 2050 年（前）实现碳中和，中国提出 2060 年前实现碳中和，印度在 COP26 期间提出 2070 年实现碳中和。基础四国从碳达峰到碳中和的时间窗口只有 30～40 年，远远小于发达国家平均 60～70 年的时间，这说明基础四国承担了更大的减排责任，同时也面临着更多的挑战。

然而，基础四国成员的各自国情和发展阶段逐渐转变，在未来也面临着立场分裂、共识减弱的风险。目前，印度的碳排放还处于快速增长阶段，中国则处于努力实现碳达峰的关键时期，且碳排放总量全球最大并显著高于其他三国。相比之下，巴西和南非当前总体上已进入碳排放峰值波动期，在各自提交的更新 NDC 中，巴西正式承诺与发达国家一样的 2030 年绝对减排目标，南非则进一步压低了 2030 年排放预期，两国或将在未来 10 年开启碳排放绝对下降新阶段。因此，尽管巴西和南非难以脱离所在的拉美、非洲发展中国家大格局，但由于排放量下降和总量相对较低，其谈判立场或许将更加灵活，以此避免牵扯入发达国家、小岛屿国家等引导的国际舆论对中国和印度高排放的批评之中[20]。

9．雨林国家联盟

雨林国家联盟（CfRN）在 2005 年由巴布亚新几内亚和哥斯达黎加发起，最开始有 9 个国家加入，后来逐渐发展壮大。CfRN 的成员国都是具备雨林自然资源的国家，在雨林保护上有充分的利益诉求，因此是 REDD+议题的重要推动力量[21]。CfRN 的目标是为林业保护提供资金激励，从而帮助热带森林国家合作协调森林管理与经济发展，为社区保护森林资源提供新的资金，支持社区驱动（community-driven）的可持续经济增长。2013 年华沙气候大会之前，CfRN 主要关注 REDD+议题 3 个方面：①标准，建立与雨林管理、生物多样性保护、可持续发展和气候变化相关的方法、标准及合规和报告程序；②监管，制定国内监管框架，维护成员制定的政策和标准，同时在国际监管框架内寻求适当的改革；③市场准入，促进市场调整，在国际市场上为碳排放交易和认证林产品带来更公平的市场准入。这些诉求在华沙 REDD+框架中都得到了满足。除此以外，CfRN 在《公约》框架外也非常活跃，为世界银行的森林碳伙伴基金（FCPF）和 UNEP 的“UN-REDD 方案”的建立做出了贡献。随着《巴黎协定》完成了第 5 条森林议题的谈判，CfRN 的活跃程度降低，目前主要关切是 REDD+项目参与第 6 条下的“合作方法”[22]。

10．环境完整性集团

环境完整性集团（EIG）成立于 2000 年，成员包括《公约》附件一缔约方的瑞士、列支敦士登和摩纳哥，以及非附件一缔约方的韩国、墨西哥和格鲁吉亚。该集团号称是为保护环境完整性而建立的，希望成为附件一和非附件一缔约方之间的桥梁，但实际上这是一种气候政治集团化、成熟化的产物。墨西哥和韩国分别于 1994 年和 1996 年加入 OECD，脱离七十七国集团；瑞士在离开非欧盟工业化国家（JUSSCANNZ）后发现自己置身于所有集团之外，无法参加任何闭门协调会议，失去了掌握谈判话语权的机会，于是与韩国、墨西哥这两个也徘徊于各集团之外的国家建立了新的集团。

EIG 由于横跨发达国家和发展中国家阵营，因此在谈判中自诩为两者的桥梁和沟通纽带。实际上，EIG 还是以持有发达国家立场为主，主要体现在以下几点。第一，基于现实理解“共区”原则。EIG 认为应该灵活地看待“共区”原则中的区别，并且应该反映现实排放水平，进而要求新兴发展中国家承担减排和资金责任。第二，对所谓科学问题的关注[23]。EIG 与欧盟一道片面强调各国气候目标的科学性，忽略了气候行动的科学性，从而对新兴发展中国家的气候目标施加压力。第三，市场机制核算方法严格确保环境完整性[24]。EIG 坚持《巴黎协定》第 6 条的方法学应避免任何形式的重复计算，因此在 COP 25 与巴西产生了巨大分歧。同样地，EIG 也反对将 CDM 下的碳信用结转到《巴黎协定》下，且要求对 CDM 项目过渡到 SDM 进行严格把关，防止 1.5℃目标因为市场机制的不稳健而被破坏（该集团对格拉斯哥气候大会关于第 6.4 条的模式、方法和程序颇有微词）。除市场机制外，EIG 也对透明度框架和 NDC 的共同框架等程序问题较为关注，力推程序尽可能严格、一致。

11. 欧盟

欧盟（EU）是气候谈判中重要的一股力量，也是全球气候治理中最具领导力的集团之一。欧盟对气候问题的领导力来源于其自身积极的气候行动。1986 年，欧洲议会通过了《欧洲气候变化政策决议》。2000 年，欧盟环境理事会出台了第一个《欧洲气候变化方案》，这一文件保障了《京都议定书》在欧盟内部的有效落实。2005 年，欧盟碳排放交易体系投入运行，该体系成为欧盟应对气候变化的主要政策工具，并且至今仍是最成功、最成熟的碳市场，为全球的碳市场机制建设提供了政策借鉴。2019 年 12 月，欧盟委员会发布《欧洲绿色协定》，确立了 2030 年减排 50%～55%、2050 年实现净零排放的目标。之后，欧盟委员会相继公布了《欧盟气候法案》和“Fit for 55”减排一揽子方案，分别为协定的气候目标提供了法律支撑和核心政策[25]。欧盟在气候问题上的积极立场来自多个方面，包括加强能源独立性的政治考量、实现可持续发展的经济考量、民众进步运动的文化考量等[26]。

欧盟自身积极的气候行动塑造了其国际气候治理中的公信力。2001 年，美国政府以《京都议定书》有损美国的国家利益为由宣布退出，严重威胁到《京都议定书》的实施前景。在此危急关头，欧盟主动承担减排义务，提议在 2010 年之前将三项温室气体排放量减少 15%并将减排义务分配给成员国。除此以外，欧盟还积极对犹豫的日本和俄罗斯开展游说，并灵活地将俄罗斯批准议定书与加入 WTO 挂钩，最终获得两者的关键支持。欧盟以身作则开展减排，同时在外交上积极作为，从而挽救了《京都议定书》，并因此获得了气候谈判的领导地位[27]。然而欧盟的领导力在 2009 年哥本哈根气候大会上跌入谷底。会议上，欧盟试图绕过大部分发展中国家强行通过“丹麦案文”的做法引起了国际社会的巨大不满，既失去了发展中国家的支持，也未能换来美国作出减缓承诺的妥协。《哥本哈根协议》最终由美国、中国、印度、巴西、南非推动，欧盟被孤立在气候变化谈判之外，从领导者降格为旁观者[28]。哥本哈根气候大会之后，欧盟调整其激进和强硬的谈判策略，转向与发展中国家进行务实合作，并积极发挥其在规则制定上的技术优势，在“自下而上”、多级并重的国际格局中重新定位其领导力[29]。

总体来看，欧盟在气候谈判中占据了规则制定者、议程领导者的地位。其自身的减排目标和力度让人信服，提供支持也较为积极[30]，与伞形集团形成了对比。同时，欧盟作为发达国家成员也敦促发展中大国提升减排力度和提供支持，并在这一点上得到了小岛屿国家联盟和最不发达国家的支持。然而，随着英国脱欧、乌克兰危机爆发、多国右翼民粹势力崛起，欧盟是否能够继续在政治上保持统一面临巨大的变数；新冠肺炎疫情与政治动荡导致的能源危机和增长压力也有可能削弱欧盟在气候问题上的积极性[31,32]。同时，欧盟在《公约》框架外推动的碳边境调节机制、生态设计和能源标签要求、可持续和循环纺织品等单边气候措施，体现了其将自身在气候议题上的技术优势打造为保护措施的态势，为发展中国家国内低碳转型和国际应对提出了紧迫的挑战。

12．G77+中国

七十七国集团（G77）成立于 1964 年，是在联合国贸易和发展会议（UNCTAD）的框架内成立的，并在整个联合国系统内的各个机构中发挥作用。它包括小岛屿发展中国家、石油输出国、最不发达国家、工业化国家和中等收入国家。G77+中国包括 133 个发展中国家和中国，加起来将占地球人口的 85%。中国不是 G77 的成员，但一贯支持其正义主张和合理要求，与其保持良好的合作关系[33]。1991 年，在联合国环境与发展大会筹备会上，中国同 G77 首次以 G77+中国的方式共同提出立场文件。这一合作模式逐渐扩展到经济、社会、联合国财政和预算等诸多领域。

G77+中国支持其成员在联合国内各种问题上的经济利益，并且在整体上捍卫发展中国家的整体利益，反对超级大国的控制，增强联合谈判能力以赢得更多的话语权。该集团认为发达国家对气候变化问题负有历史责任，应该承担更多的减排义务，要求发达国家为发展中国家提供资金和技术援助等[34]。随着气候治理的逐渐深入和复杂化，G77+中国的成员国在部分议题上出现了重大的立场分化[35-37]，对于这些议题，成员国一般通过独立的谈判集团或区域集团进行发声；如果 G77+中国整体没有达成共识，每个国家或国家集团可以自由采取不同的立场。

13．最不发达国家

最不发达国家（LDC）包括联合国界定为最不发达国家的 49 个国家，他们包括非洲集团、小岛屿国家联盟和其他成员。尽管该集团对温室气体排放贡献甚微，但它始终表示愿意确保所有缔约方为限制排放和执行气候变化决定作出雄心勃勃的贡献。他们在气候变化过程中越来越活跃，如在损失和损害及适应气候变化方面经常共同努力捍卫自己的特殊利益。自 2001 年以来，最不发达国家一直在《公约》谈判中采取协商行动。在《巴黎协定》的谈判过程中，最不发达国家坚决支持将温度限制在 1.5℃的途径，并支持有必要就具有约束力的条款达成一致[38]。《公约》承认最不发达国家的特殊情况（第 4.9 条、第 12.5 条），因此发达国家一直试图将最不发达国家从发展中国家中剥离出来，试图塑造“发达国家—发展中国家—最不发达国家”的三分结构，拉拢最不发达国家一同要求发展中国家承担更多责任[35]。

14．立场相近发展中国家

立场相近发展中国家（LMDC）于 2012 年 10 月举行了第一次正式会议，其核心立场是发达国家和发展中国家对减缓的贡献应该保持差异。LMDC 汇集了 G77 的几个关键成员，并且具有非常高的异质性，整体上包括四类：第一类是发展中大国，也是目前世界上最主要的排放国（中国和印度），它们要求发达国家切实承担起自身的减排责任；第二类是依赖石油的经济体，包括沙特阿拉伯、伊朗、阿尔及利亚和委内瑞拉（伊拉克、卡塔尔和科威特也经常参与 LMDC 提案的提交），特别是关注因减缓措施而导致的经济损失的不利影响；第三类是 ALBA 的成员，包括玻利维亚、古巴、多米尼加和委内瑞拉，这是因为 LMDC 与 ALBA 共同持有要求发达国家提升援助力度的立场；第四类是其他较贫穷和脆弱的发展中国家，包括萨尔瓦多、马里、斯里兰卡、苏丹等。两名 LMDC 成员已公开离开该组织。2014 年，菲律宾宣布将接受领导气候脆弱性论坛，支持更具雄心的气候行动。2015 年，阿根廷离开 LMDC，开始与巴西和乌拉圭协调立场，组建了新的阿根廷-巴西-乌拉圭联盟。

LMDC 的主要立场包括坚持发达国家和发展中国家的划分、坚持“共区”原则、反对抛弃《公约》、强调发达国家的历史责任、批评发达国家未履行其减缓和援助承诺[18,39,40]。

15. 石油输出国组织

由于石油输出国组织（OPEC）成员国的经济发展都与世界石油市场挂钩，经济结构也是以石油经济为主，因而其担心气候减排行动会导致全球石油需求大幅下降。同时，相关的气候减排义务分配也会导致石油开采成本的上升，进而影响其经济利益，因此 OPEC 在气候谈判进程中曾经强烈反对清洁能源和节能减排技术的发展，要求国际社会的气候减排行动在不影响石油销售的框架内进行。OPEC 力推应对措施的不利影响议题。这一议题在开始时试图对受减缓措施影响的国家建立赔偿制度，现在则只是关注如何避免低碳转型带来经济损失。

16. 伞形集团

伞形集团（Umbrella Group，UG）最开始是由美国、日本、加拿大、澳大利亚、新西兰、挪威、瑞士组成的非欧盟工业化国家（JUSSCANNZ）的联盟，之后逐渐与部分经济转型国家融合，形成了发达国家的松散联盟，由于其在地图上的分布呈现伞形，因此称为“伞形集团”。伞形集团在国际气候谈判的进程中，在经济、政治利益方面有很大的一致性。这些国家在气候谈判中秉持着较为消极的减排立场，这与其国内经济结构、能源结构、化石能源利益集团等因素密切相关。伞形集团内的国家大多是经济高度繁荣的国家，国内经济以能源出口或者高能耗工业为支撑，因此执行严格的减排政策会不可避免地影响其能源行业的竞争力，从而影响整体经济的运行[41]。

伞形集团谈判立场的消极性主要体现在以下几点。第一，减排目标和行动不积极。在《京都议定书》时期，伞形集团的主要大国——美国、加拿大、日本和澳大利亚都没能履行

《京都议定书》第一承诺期的减排目标，前三个国家还退出了该议定书的第二承诺期。在《巴黎协定》时期，伞形集团成员国大多以 2005 年为基准年，在此基础上减少 26%～30% 的排放量，减排力度与其发达国家的地位并不相称。同时，成员国提交 NDC 的格式不一、内容长短不同，除日本外的报告基本上都比较单薄笼统，仅有短短几页，难以体现对《巴黎协定》的重视与决心。第二，提供的支持逐渐消极。伞形集团在《京都议定书》时期还是较为积极地在对发展中国家进行技术和资金支持，虽然有通过援助逃避自身减排义务的考虑。在哥本哈根气候大会上美国支持向最贫穷与最脆弱国家提供资金与技术支持，并计划在 2012 年增加 100 亿美元的“快速启动资金”，还将与其他国家一起为发展中国家在 2020 年前每年募集 1 000 亿美元。然而这些资金承诺“口惠而实不至”，往往伴随着极高的透明度要求和一定的附加条件，最终也并未落实。第三，向发展中大国施加压力[42]。伞形集团与发展中国家阵营最大的争议在于，发达国家阵营认为发展中国家应该承担与自己相同的减排责任，发展中国家阵营则一直坚持“共区”原则，认为很多温室气体排放大国不应该要求还在发展中的地区承担不应该承担的责任。伞形集团在自身减排不力、支持提供不足的情况下，通过拉拢小岛屿国家联盟、最不发达国家指责中国、印度等发展中大国的排放行为以转移矛盾。伞形集团反对“共区”原则，认为《公约》应该与时俱进，且在确定减排的雄心程度时不应考虑历史排放水平，以此回避自身的排放责任。伞形集团还考虑对发展中国家按照发展水平、排放量或 GDP 水平进行重新划分，从而给中国、印度等发展中大国绑上发达国家的减排责任。

美国作为世界超级大国，全球气候治理立场随着执政党的轮换呈现明显的波动性变化。克林顿政府签署了《京都议定书》（但未批准），积极地推动全球气候治理的进程。小布什政府推行强硬的单边主义政策，在有关气候变化立场上明显倒退。小布什政府更倾向于依靠科学技术、国内投资在国际发展清洁能源技术来实现减排，而对于《京都议定书》中通过规定各缔约方的减排量进行气候治理的方式感到不满，拒绝核准《京都议定书》。奥巴马执政期间的气候外交政策更加积极，在此期间美国积极地履行减排承诺，重塑了美国在环境领域的国际领导地位。2017 年特朗普上台后宣布退出《巴黎协定》，美国气候政策发生颠覆性变化。2021 年 2 月 19 日，拜登政府宣布重返《巴黎协定》，美国此次重新加入的根本原因是为提升美国的气候领导力，增强话语权，然而其内部政策依旧是以保证传统化石能源集团利益为先，并未有本质上的政策转向。

图 5-2 梳理了各个谈判集团及其成员国的分布。

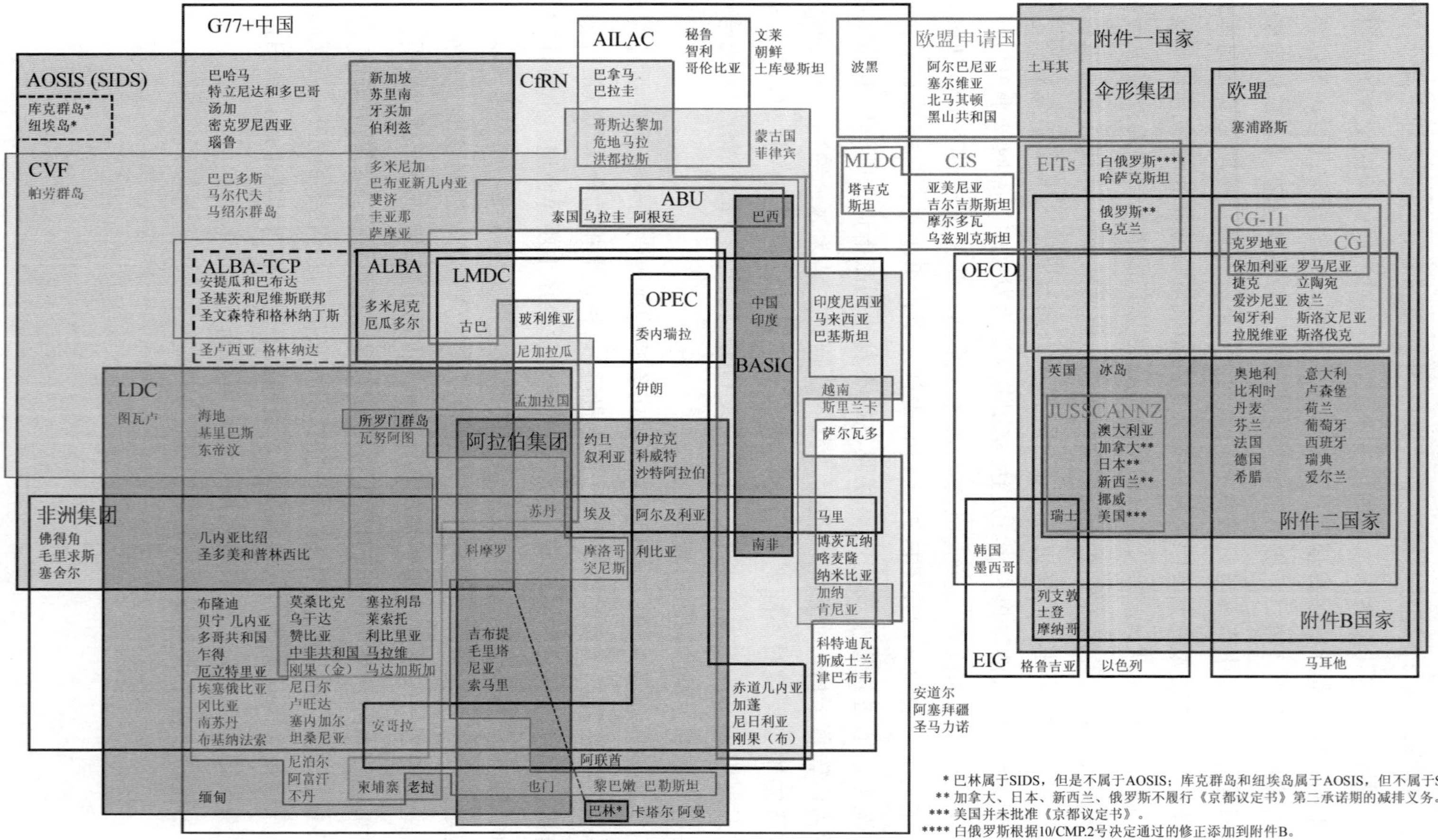

* 巴林属于SIDS，但是不属于AOSIS；库克群岛和纽埃岛属于AOSIS，但不属于SIDS。

** 加拿大、日本、新西兰、俄罗斯不履行《京都议定书》第二承诺期的减排义务。

*** 美国并未批准《京都议定书》。

**** 白俄罗斯根据10/CMP.2号决定通过的修正添加到附件B。

图 5-2　气候变化谈判集团成员分布（截至 2021 年 12 月）

专栏 5-1　历史中的谈判集团

中亚和高加索国家谈判联盟（CACAM）：包括东欧、中欧和中亚国家，有阿尔巴尼亚、亚美尼亚、格鲁吉亚、哈萨克斯坦、摩尔多瓦、乌兹别克斯坦和土库曼斯坦。这些国家虽然被排除在公约附件一之外，但并不认为自己是发展中国家，寻求被承认为非附件一经济转型国家的地位，除此以外并无其他共同立场。

中央集团（CG-11 和 CG）：CG-11 由中欧的 11 个附件一缔约方组成。2002 年 12 月，欧盟扩大谈判完成，只剩罗马尼亚、保加利亚、克罗地亚未加入欧盟，CG-11 解散，剩下的三个国家组成了 CG。2007 年，罗马尼亚、保加利亚加入欧盟；2013 年，克罗地亚最终加入欧盟，CG 正式解散。在《京都议定书》时期，CG 成员国普遍面临经济下滑带来的排放降低问题，因此在气候谈判中产生了共同利益：希望利用联合履约机制（JI）获取投资机会，并避免《京都议定书》对联合履约项目的申请做出严格限制。同时，成员国对于加入欧盟意愿强烈，因此在谈判时会与欧盟采取相同立场。

独联体国家（CIS）：苏联解体后各独立主权国家的协调组织。其成员国以主权平等为基础，在国际安全、裁军、军备监督和军队建设方面协调政策。

经济转型国家（EIT）：曾经指苏联解体后正在向市场经济过渡的附件一缔约方，主要包括东欧国家。经济转型国家在履行《公约》第 4 条第 2 款、第 6 款下的承诺时允许有一定程度的灵活性。

拉美国家动议集团（GRILA）：由除巴西、秘鲁和阿根廷外的拉丁美洲国家组成。该集团的建立是为了支持将林业项目（LULUCF）纳入 CDM 谈判，因为其成员均希望通过减少毁林活动而在 CDM 中受益。由于上述三个国家难以控制或不愿控制森林砍伐的规模，因此它们在 LULUCF 问题上的立场与该集团不同。随着《京都议定书》CDM 实施细则的确立，该集团逐渐退出谈判舞台，部分成员在 CfRN 内继续为森林保护谈判发声。

非欧盟工业化国家（JUSSCANNZ）：伞形集团的前身，冰岛、韩国和墨西哥也参加过该集团的会议。

内陆山地发展中国家（MLDC）：2010 年由亚美尼亚、吉尔吉斯斯坦和塔吉克斯坦组建，也曾经与阿富汗、尼泊尔采取共同立场。其成员国均为无出海口的高山内陆国家，面临交通运输成本高、粮食安全问题。主要诉求是扩大适应的覆盖范围，增加适应融资，推广基于生态系统的适应方案。2013 年之后该集团便鲜再集体发声。

参考文献

[1] Carola Klöck，Castro Paula. Coalitions in global climate change negotiations[M]. Paris：Sciences Po-LIEPP，2018.

[2] Ines Corneloup，Mol Arthur. Small island developing states and international climate change negotiations：the power of moral “leadership” [J]. International Environmental Agreements：Politics，Law and Economics，2014，14（3）：281-297.

[3] George Carter. Small islands states’ diplomatic strategic partnerships in climate negotiations[J]. New Zealand International Review，2020，45（4）：21-25.

[4] 张宁. 小岛屿国家联盟的气候谈判策略及其效果[D]. 济南：山东大学，2021.

[5] AOSIS. Briefing Paper on the AOSIS Protocol[R]. 1995.

[6] Timothée Ourbak，Magnan Alexandre-K. The Paris Agreement and climate change negotiations：Small Islands，big players[J]. Regional Environmental Change，2018，18（8）：2201-2207.

[7] Carola Betzold，Castro Paula，Weiler Florian. AOSIS in the UNFCCC negotiations：from unity to fragmentation？[J]. Climate policy，2012，12（5）：591-613.

[8] Wang Changke，Luo Xinzheng，Zhang Hua. Shares Differences of Greenhouse Gas Emissions Calculated with GTP and GWP for Major Countries[J]. Advances in Climate Change Research，2013，4（2）：127-132.

[9] Simon Chin-Yee，Nielsen Tobias-Dan，Blaxekjær Lau-Øfjord. One voice，one Africa：The African Group of Negotiators[R]. London：Routledge，2020.

[10] Joshua Watts，Depledge Joanna. Latin America in the climate change negotiations：Exploring the AILAC and ALBA coalitions[J]. WIREs Climate Change，2018，9（6）：1-14.

[11] Joshua Watts. AILAC and ALBA：Differing visions of Latin America in climate change negotiations[R]. London：Routledge，2020.

[12] ALBA-TCP. Special communique：Environment and climate change[R]. 2021.

[13] Universal Declaration of Rights of Mother Earth[R]. Cochabamba：World People's Conference on Climate Change and the Rights of Mother Earth，2010.

[14] ALBA. ALBA Declaration on Copenhagen Climate Summit[R]. 2009.

[15] 李江春，张鹏. 全球气候治理中的拉美独立协会：中国的对手还是伙伴？[J]. 拉丁美洲研究，2016，38（2）：52-66.

[16] Guy Edwards，Cavelier Adarve Isabel，Bustos María-Camila，et al. Small group，big impact：how AILAC helped shape the Paris Agreement[J]. Climate policy，2017，17（1）：71-85.

[17] Xinran Qi. The rise of BASIC in UN climate change negotiations[J]. South African Journal of International

Affairs，2011，18（3）：295-318.

[18] Lau-Øfjord Blaxekjær，Nielsen Tobias-Dan. Mapping the narrative positions of new political groups under the UNFCCC[J]. Climate policy，2015，15（6）：751-766.

[19] 王海林，刘滨，潘勋章. 基础四国参与全球气候治理：历史贡献、新挑战与对策[J]. 环境经济研究，2021，6（4）：126-136.

[20] 柴麟敏，高翔，徐华清. “基础四国”（BASIC）：从哥本哈根到巴黎的气候之路[M]. 北京：中国计划出版社，2016.

[21] Elana Rowe. Locating international REDD+ power relations：Debating forests and trees in international climate negotiations[J]. Geoforum，2015，66：64-74.

[22] CfRN. Submission of Views　by Papua New Guinea on behalf of the Coalition for Rainforest Nations on Article 6，paragraphs 2 and 4 of the Paris Agreement[R]. Bonn：UNFCCC，2021.

[23] Stefan Ruchti. Periodic Review，Paris Agreement：Warming Limits，and Net-Zero：The result of the EIG commitment to science[R]. Manitoba：International Institute for Sustainable Development，2022.

[24] Simon Fellermeyer. The Environmental Integrity Group's Role in International Carbon Market Negotiations[R]. Manitoba：International Institute for Sustainable Development，2022.

[25] Sebastian Oberthür，von Homeyer Ingmar. From emissions trading to the European Green Deal：the evolution of the climate policy mix and climate policy integration in the EU[J]. Journal of European Public Policy，2022，30（3）：1-21.

[26] 傅媚梦. 欧盟气候政策的认同构建及启示[D]. 济南：山东师范大学，2019.

[27] 陈新伟，赵怀普. 欧盟气候变化政策的演变[J]. 国际展望，2011（1）：61-74.

[28] Karin Bäckstrand，Elgström Ole. The EU’s role in climate change negotiations：from leader to ‘leadiator’[J]. Journal of European Public Policy，2013，20（10）：1369-1386.

[29] 王柏琪. 欧盟在国际气候谈判中的领导力演变研究[D]. 长春：吉林大学，2019.

[30] Sebastian Oberthür，Dupont Claire. The European Union’s international climate leadership：towards a grand climate strategy？[J]. Journal of European Public Policy，2021，28（7）：1095-1114.

[31] Robert-A Huber，Maltby Tomas，Szulecki Kacper，et al. Is populism a challenge to European energy and climate policy？ Empirical evidence across varieties of populism[J]. Journal of European Public Policy，2021，28（7）：998-1017.

[32] Matthew Lockwood. Right-wing populism and the climate change agenda：exploring the linkages[J]. Environmental Politics，2018，27（4）：712-732.

[33] 中华人民共和国外交部. 七十七国集团[EB/OL]. [2022-10-10]. http：//switzerlandemb.fmprc.gov.cn/wjb_673085/zzjg_673183/gjjjs_674249/gjzzyhygk_674253/qsqg_674549/gk_674551/.

[34] 裴彤. 气候谈判中国家集团立场分析[J]. 世界环境，2022（1）：88-89.

[35] 许晓军. 国际气候谈判中发展中国家集团关系的变化及其影响[D]. 济南：山东大学，2016.

[36] 世界主要国家气候溯立场演变历程及未来—目标分析[J]. 气候变化研究进展，2016，12（3）：202-216.

[37] 张磊. 国际气候政治集团化：功能、演化与前景[J]. 新视野，2010（2）：94-96.

[38] LDC. LDC Group statement at opening of COP 21[R]. 2015.

[39] Lau-Øfjord Blaxekjær，Lahn Bård，Nielsen Tobias-Dan，et al. The narrative position of the Like-Minded Developing Countries in global climate negotiations[R]. London：Routledge，2020.

[40] Paula Castro，Tosun Jale，Peters B-Guy. National interests and coalition positions on climate change：A text-based analysis[J]. International political science review，2021，42（1）：95-113.

[41] 陈晓. 后京都时代国际气候谈判中的伞形国家集团立场分析[D]. 北京：北京外国语大学，2017.

[42] 吴静，王诗琪，王铮. 世界主要国家气候谈判立场演变历程及未来减排目标分析[J]. 气候变化研究进展，2016，12（3）：202-216.

第六章

谈判术语

谈判过程中的用词用语对于谈判结果至关重要，是各国代表需要锱铢必较、寸土必争的直接战场。条约文本的每个字背后都蕴含着语言所承载的信息，因此即使两种表达意思相近也不能掉以轻心。条约的翻译也会增加语言的歧义，因为同一个英语会有多种中文翻译，而同一个中文也会对应多种不同的英语。表 6-1 和表 6-2 分别梳理了谈判文本中出现的高频词汇及其中文翻译，并按照其在句子中的成分和功能分成了状语、情态动词、针对行动的实义动词和针对事实的实义动词四类。

表 6-1 谈判用语翻译及分析（一）

谈判用语	中文翻译	解释
状语		
as appropriate if appropriate where appropriate	酌情	有条件的词语，允许国家自行决定行为是否适当
as necessary if necessary where necessary	在必要时	只有在必要或相关的时候才需要采取行动
where relevant	在相关时	只有在满足条件或相关时才需要采取行动
to the extent feasible to the extent practicable	凡切实可行	在采取行动的一方规定的限度内采取行动
with appreciation	赞赏地	表达积极的肯定和认可
with gratitude	感激地	表达高度的肯定和鼓励，且行动是重要的，往往也是非义务的
with concern	关切地	对某个事实表达不满
with grave concern with serious concern	严重关切地	对某个事实表达很高程度的不满
with deep regret	深表遗憾地	对某个事实表达很高程度的不满
any future elaboration	任何进一步阐释	这个问题还没有结束，今后可以重新考虑
in particular	尤其是	强调一个特别感兴趣的话题或缔约方
inter alia	除其他外	用来强调但不限制某些问题
mutatis mutandis	比照	按照既有规定执行，但对于时过境迁或不适用的表述进行相应调整
not with standing	尽管	用来回避先前商定的条款
subject to	根据、置于……之下	行动的先决条件
with a view to	以期	将来采取行动的意图

谈判用语	中文翻译	解释
情态动词及类似表述		
may	可能	表示行动是一种自愿选择，没有义务
encouraged to	自愿	与 may 相当，被动语态语气略弱
will	将	陈述未来有意愿实现的事实，不表示提出要求
must	必须	被要求行动，几乎总是具有约束力（但不绝对）
shall	应	被要求行动，具有约束力
shall endeavour	应尽力做到	被要求努力去行动，对“努力”有约束，而对“达成行动”没有约束
should	应当	没有法律约束力的要求，表示政治上正确的意向

表 6-2　谈判用语翻译及分析（二）

谈判用语	中文翻译	解释	例子
针对行动的实义动词			
decide	决定	有法律约束力的结论	决定通过附件所载《公约》下的《巴黎协定》（以下简称《协定》）（1/CP.21）
resolve	决心	无法律约束力的结论，表示采取坚定的意愿	决心采取努力将温升限制在 1.5℃（1/CMA.3）
be determined	决心	无法律约束力的结论，表示采取坚定的意愿，比 resolve 力度略低	决心为当代和后代保护气候系统（UNFCCC）
	决定		决定加强《公约》的执行和为将来《京都议定书》的生效做准备（1/CP.4）
seek	力求	尝试争取做某事或达成某个目标	力求确保以平衡的方式取得进展（1/CP.16）
undertake	承诺	同意并承诺将采取行动	承诺在制订和实施……时保持和发展现有的机制，包括在《京都议定书》下设立的机制；（1/CP.16）
call upon	吁请	让另一个实体采取行动	吁请所有缔约方确保在能力建设贡献中适当考虑……教育、培训和公众意识（1/CP.21）
call for	呼吁	要求实体采取行动	呼吁发达国家及时作出重大贡献，包括在准备和筹备方面的支持（4/CP.19）
urge	敦促、促请	建议并尽更大努力说服去做某事	敦促为《巴黎协定》服务的机构通过简化和高效率的申请和批准程序（1/CP.21）
remind	提醒	提及某项被确立的事实，特别是针对未履行义务的实体	提醒尚未根据第 4 条第 2 款和第 1/CP.21 号决定第 22 段通报 NDC 的缔约方进行通报（1/CMA.2）
urge and request	敦请	敦促并请	敦请全球环境基金做出安排，支持“透明度能力建设倡议”的设立和实施……以补充全球环境基金下的现有支持（1/CP.21）
encourage	鼓励	表示希望另一个实体采取行动	鼓励发达国家缔约方进一步加大努力提供资金，至少达到 2013—2015 年快速启动财务期的平均年度水平（1/CP.18）

谈判用语	中文翻译	解释	例子
recommend	建议	采取行动具有好处或有效用	建议气候技术中心和网络咨询委员会审议气候技术中心和网络工作方案时考虑以下活动（1/CP.18）
invite	邀请	不具有约束力地要求另一个实体做某事	邀请各缔约方提名成员在影响问题卡托维兹委员会任职（7/CMA.1）
	请		请选择按照第四条第七款及上文第 11 段使用国家自主贡献的缔约方，提供附件（f）段所要求的信息（9/CMA.1）
request	请	不具有约束力地要求另一个实体做某事，比 invite 力度大	请联合国秘书长担任《巴黎协定》的保存人，并自 2016 年 4 月 22 日至 2017 年 4 月 21 日将该协定在美利坚合众国纽约开放供签署（1/CP.21）
authorize	授权	赋予某一机构以特定的权力	授权执行秘书利用自愿捐款并尽可能利用核心预算下具备的资源，执行 COP21 作出但没有在被核可的预算下安排资金的决定（22/CP.21）
instruct	指示	正式且官方地告知某个组织采取某项行动	指示工作组在第一届会议上以一致和综合的方式制出工作方案（1/CP.13）
mandate	委托	给某机构以官方的指令以完成特定任务	委托缔约方大会下届会议的东道国开展包容和透明的磋商，以促进工作，争取该届会议取得成功（1/CP.16）
assign	分配	将工作或任务交给某个机构完成	分配现有机构承担今后出现的有效执行《巴黎协定》所需的任何与适应有关的工作（11/CMA.1）
针对事实的实义动词			
express concern	表示关切	强硬的外交语言表达不满	表示关切拖延支付摊款的趋势仍继续存在……鼓励尚未缴纳摊款的所有缔约方不再拖延，立即缴纳摊款（39/CP.7）
concerned	感到忧虑的是	对于某一事实感到担忧，且该事实因此需要被解决	感到忧虑的是，人类活动已大幅增加大气中温室气体的浓度……并可能对自然生态系统和人类产生不利影响（UNFCCC）
warn	警告	强调某个客观事实的严重性	发出以下警告：气候变化对人类社会、后代和这个星球构成紧迫而且可能无法逆转的威胁（1/CP.17）
take into account	考虑到	体认到某件事实的正确性，并将其纳入考虑范围	考虑到务必根据国家制定的发展优先事项，实现劳动力公正转型及创造体面工作和高质量就业岗位（1/CP.21）
consider	考虑到		考虑到任何这类框架都将在缔约方大会的领导和指导下制订（1/CP.18）
recognize	认识到、觉察到、确认	体认到某事的存在性及其正确性，但不采取进一步行动	认识到迫切需要发达国家缔约方以可预测的方式进一步提供资金、技术和能力建设支持，以增强发展中国家 2020 年前的行动（1/CP.21）
cognizant of	认识到		认识到关于《京都议定书》第 12 条界定的 CDM 的模式和程序的第 17/CP.7 号决定（3/CMP.1）

谈判用语	中文翻译	解释	例子
aware of	意识到	体认到某事的存在性及其正确性，但不采取进一步行动	意识到必须提供刺激手段，支持低排放发展战略（1/CP.16）
conscious of	意识到		意识到许多国家就气候变化所进行的有价值的分析工作（UNFCCC）
note/take notes of	注意到	仅仅体认到某事实的存在性，但不采取进一步行动	注意到 2009 年 12 月 18 日的《哥本哈根协议》（2/CP.15）
have learned	获悉	了解并承认客观事件的真实性	深为悲痛地获悉飓风米奇在……导致许多人死亡并造成巨大破坏（决议 1/CP.4）
bear in mind	铭记	对某一事实给予考虑	铭记，根据第 12 条，CDM 是为了协助非附件一缔约方实现可持续发展（3/CMP.1）
keep in mind	铭记	同 bear in mind.	铭记联合召集人编写的关于通过增强执行《公约》对付气候变化的长期合作行动问题对话的报告（6/CP.13）
mindful of	铭记	同 bear in mind.	铭记《公约》在第 2 条中提出的目标（1/CP.7）
emphasize	强调	给予某一问题以特殊的重要性	强调有力度的早期行动带来的持久效益，包括可大量减少未来减缓和适应工作的费用（1/CP.21）
underscore	强调	强调（emphasize）或展示某一问题的重要性或真实性	重申并强调，根据《巴黎协定》第 4 条第 5 款应向发展中国家缔约方提供支持（4/CMA.1）
underline	强调	强调（emphasize）或展示某一问题的重要性或真实性	强调通过 AWG-LCA 在 2011 年继续对话的重要性……使技术机制在 2012 年充分运作（1/CP.16）
	着重指出		着重指出《巴黎协定》第 9 条第 1 款和第 3 款的重要性（12/CMA.1）
stress	强调	给予某一问题以特殊的重要性	强调迫切需要加快履行《公约》及其《京都议定书》，以加强 2020 年之前的力度（1/CP.21）
acknowledge	承认、确认	接受某件事实	承认有必要通过加强可再生能源的利用，促进发展中国家，尤其是非洲国家普遍获得可持续的能源（1/CP.21）
confirm	确认	声明或展示某决定的正确性或真实性	确认 SCF 应为《巴黎协定》服务（3/CMA.1）
believe	相信	对某原则性事实的肯定	相信解决气候变化的多项挑战将对实现可持续发展作出贡献（1/CP.7）
agree/ agree upon	商定	所有人都支持一项决定	商定维护和促进区域和国际合作，以动员所有缔约方和非缔约方利害关系方……开展更有力度的气候行动（1/CP.21）
affirm	申明	坚定且公开表明支持	申明就本协定处理的事项在各级开展教育、培训、公众意识，公众参与和公众获得信息及合作的重要性（1/CP.21）

谈判用语	中文翻译	解释	例子
recall	忆及、回顾	引述先前的决定或行动	忆及在《公约》下通过的《巴黎协定》(3/CMA.1)
reiterate	重申	重复先前达成一致的内容，为了特别地强调之	重申……鼓励有意愿的发展中国家缔约方在考虑到国情的前提下制定低排放和有气候抵御能力的发展战略（1/CP.18）
reaffirm	重申	就已经作出的决定再次表达支持	重申《公约》关于应对措施的经济和社会影响的相关原则及规定（11/CP.21）
commend	称赞	正式地认可具有重要意义	称赞缔约方大会第二十五届会议主席在本届会议上召开高级别部长级活动（1/CP.25）
appreciate	赞赏	高度地肯定和认可	赞赏所有组织和专家对执行委员会、流离失所问题工作组和全面风险管理问题技术专家组工作的贡献（2/CMA.2）
express its appreciation to	表示赞赏	见表 6-1with appreciation	表示赞赏澳大利亚、比利时、德国、挪威、菲律宾和瑞士政府提供捐款，支持 SCF 的工作(5/CMA.2)
express its gratitude to	表示感谢	见表 6-1with gratitude	表示感谢澳大利亚、黎巴嫩、挪威政府及联合国西亚经济社会委员会、地中海联盟、伊斯兰开发银行提供资金、行政和实质支持，为 SCF 2019 年论坛的成功作出了贡献（5/CMA.2）
express its recognition	表示认可	见本表 recognize	认可观察员组织在分享知识、呼吁看到兑现《巴黎协定》目标的雄心勃勃的行动和为此与缔约方写作过程中扮演的重要角色，包括九个非政府组织（1/CMA.3）
welcome	欢迎	为某事提供无法律约束力的支持	欢迎缔约方根据第 1/CP.19 号决定第 2（b）段通报的预期 NDC（1/CP.21）
look forward to	期待	肯定待采取的行动的积极意义，并暗含建议	期待 WIM-EB 为 SCF 的工作提供投入，供其在编写经营实体指导意见草案要点时审议(5/CMA.2)
conclude	得出结论认为、总结认为	了解后决定相信	得出结论认为，审评国家信息通报和审议此项审评工作的结果证明是有用的（9/CP.16）

有几组意思相近但是法律意义相去甚远的用语需要格外注意。

1．shall 和 should

shall 被翻译为“应”，而 should 被翻译为“应当”，两者都是表达倾向性的情态动词。然而，前者所规定的行为具有约束力，相当于缔约方必须执行，如果不执行可能会引发特定的后果；后者仅表示政治上倾向的正确性，相当于鼓励缔约方采取的行动，但并不是必须执行的，因此两者的地位天差地别。《巴黎协定》第 13 条第 9 款中这一差别就体现得非常明显："发达国家缔约方应提供支持的其他缔约方应当就根据第 9 条、第 10 条和第 11 条向发展中国家缔约方提供资金、技术转让和能力建设支持的情况提供信息。"发达国家和其他提供支持的缔约方都需要提交提供支持的信息，然而前者的提交义务是被《巴黎协定》硬性约束的，而后者的提交则没有，"应"和"应当"的不对称性在这里体现了"共区"原则。在国际条约中，两个词之间还有一个中间程度的表达，即 shall endeavour（应尽力做到），它一方面具有"应"的约束力，另一方面约束的是努力而非具体的行动结果，因此从语言上讲只要缔约方采取了行动的尝试，不论尝试的程度高低和成功与否都算履行了该约束。例如，联合国《保护世界文化和自然遗产公约》第 5 条"为保证为保护、保存和展出本国领土内的文化和自然遗产采取积极有效的措施，本公约各缔约国应视本国具体情况尽力做到以下几点"。

2. decide 和 resolve

decide 被翻译为"决定"，而 resolve 被翻译为"决心"，两者都是表达行动的应然性。然而与上文类似，前者所规定的行为具有约束力，后者仅表示政治上的意愿，而且"决定"所规定的是具有操作性的具体行动，如通过一份协定、采取一项行动计划、赋予某机构以某职权等，而"决心"所规定的更多是抽象的目标，如"格拉斯哥气候协议"中"决心努力争取将温升限制在 1.5℃"。be determined 也有相似的含义，在气候条约中有时被译为"决定"，有时被译为"决心"，然而它与 resolve 一样也仅仅表示一种政治意愿。resolve 是一种主动用法，暗含缔约方主观能动的积极意愿，be determined 是一种被动用法，仅陈述缔约方接受这一行动时客观的心理状态，从这个角度上讲前者比后者的力度还要略高一点。

3. 建立、设立、订立与确立

establish 在条约中有时被译为"建立"，有时被译为"设立"，有时被译为"订立"或"确立"，四者都是表达创造一个之前不存在的事物，但是根据对象不同而有译法上的差别。"建立"的是较为抽象、综合的体系，如框架、机制、体制安排、伙伴关系，它们内部还有各个具体的机构；"设立"的是具体的机构和组织，如委员会、专家组、工作组、区域中心和网络、信息交换所、平台、倡议、基金、工作方案等，它们有确定的组成和职权范围；"订立"或"确立"的对象主要是程序，它更加抽象，仅仅表示执行某一职能的过程，而不是任何具体的机制和机构。需要注意的是，此处译为"程序"的 process 是针对某一个议题的过程，范围小、领域窄；而被译为"进程"的 process 是涉及各个议题的综合性过程，如"柏林授权"开启的《京都议定书》谈判进程、"巴厘岛行动计划"开启的《哥本哈根协议》谈判进程、德班平台开启的《巴黎协定》谈判进程等。此时它的谓语就不再是订立（establish），而是启动（launch）。具体内容可参考专栏 3-2。

4．invite 和 request

这两个词都被译为“请”，有时 invite 还会被译为“邀请”，request 有时被译为“要求”，两者都表示命令与被命令的关系，但都没有法律约束力。然而 invite 是邀请之义，被邀请方可以自由拒绝，不接受邀请；request 有要求之义，缔约方大会或附属机构作为要求方的意愿较为强烈，但尚未到作出“决定”的程度，被要求方可以不回应这一要求，但一般不应该拒绝。总的来说，invite 的力度比 request 要弱。同时，两者的使用对象也有些许差异。通过决定的主体是缔约方大会，它是《公约》的最高权力机构，下属的其他机构完全对其负责，因此当命令的对象是下属的其他机构（附属机构、特设工作组、委员会、基金等）时，使用 request 较多；各缔约方享有主权，并不对大会负责，因此当命令的对象是缔约方时，使用 invite 较多，除非缔约方大会希望表达强烈的意愿；其他国际组织或机构（如 WMO 等）并不对缔约方大会负责也不受其领导，因此当命令的对象是其他国际组织或机构时，几乎全部使用 invite。

5．考虑到、意识到、认识到、注意到

“认识到”可以被翻译为 recognize 或 cognizant of，“考虑到”可以被翻译为 consider 或 take into account，“意识到”可以被翻译为 aware of 或 conscious of，“注意到”可以被翻译为 note 或 take notes of。这四个词的对象一般是关于某个行动的事实，也都表达在知觉上对该事实的体认，但是在程度上存在差别：考虑到＞认识到≈意识到＞注意到。“注意到”仅仅表示对该事实存在性的体认，但除此以外并无其他；“认识到”“意识到”不仅体认到该事实的存在性，也暗含体认了该事实的正确性，但是并未将对正确性的体认进一步拓展到行动层面；“考虑到”则表示缔约方知道了该事实、承认了该事实，且将在后续的行动中将其纳入考虑范围，是这组词中力度最大的。一个事实如果只是被注意，那之后被搁置一旁也无所谓；但是它一旦被考虑到了，那后续的决定一定会有所反映和体现。除此以外，与上文一样，在相同的中文翻译下主动用法比被动和形容词的用法要再强一点（如 recognize 要略强于 cognizant of）。

6．encourage、call upon、urge

这三个词分别被译为“鼓励”“吁请”“敦促/促请”，经常用来介绍对采取行动的正面倾向性，而语气强度逐渐增加。这三个词的语气差别可以从反面进行理解：如果缔约方不采取行动则会怎样。对于被鼓励的行动，缔约方的不作为没有所谓；对于被吁请的行动，缔约方的不作为则是令人遗憾的；而对于被敦促的行动，缔约方的不作为将是难以接受的，

且仅仅能在法律层面上被接受，因为“敦促”一词已有“尽最大努力说服”的含义。

7．reiterate 和 reaffirm

这两个词都被翻译为“重申”，但是内涵却有很大差别，reaffirm 的力度要显著强于 reiterate。这两个词分别是给 iterate 和 affirm 加上了 re-的前缀，以表示“再次”之意，因此两者的区别也体现在其词根的区别上：iterate 是“迭代、重复说”；affirm 则是“申明”，有着前者没有的支持、确认之意。因此，reiterate 可以等同于 repeat，仅仅是再次陈述一个之前被陈述过的事实，而 reaffirm 有再次确认、支持的正面态度。

8．承认和确认

acknowledge 有时被译为“承认”，有时被译为“确认”，但是两种翻译都表示对采取行动的应然性事实的体认和接受，以此来表示缔约方对该行动的认可。confirm 被译为“确认”，主要是指对某件程序或科学上的实然事实的体认，并不明显体现出缔约方对具体行动的主观态度。

谈判代表需要具有极高的语言敏感度。在面对案文时，可以通过以下方法有意识地锻炼。第一，拆分复杂句。国际条约可能涉及大量的修饰、限制、使用条件、例外等情况，从而导致其条款内容冗长、句型复杂。例如下文案例 2，将复杂句拆分为基础的句子成分，明确主语、谓语、宾语分别是什么，定语、状语、补语分别限制或修饰哪个成分，从句是针对什么成分，进而可以将藏在句子中的立场识别出来。第二，反问用词原因。词语背后的玄机往往无法从其自身看出，而是要在多个词的比较中识别，因此可以反问“为什么用的是这个词，而不是那个词”帮助体会这个词所代表的力度和倾向。例如案例 3 中的“吁请（call upon）”，可以反问“为什么不用鼓励（encourage），也不用敦促（urge）”，进而把握这一款的力度大小，并进一步判断该力度是否符合自己国家的利益。

［案例 1］ 巴黎大会：shall 还是 should？

2015 年《巴黎协定》即将谈判达成时，美国代表发现第 4 条第 4 款的表述为“发达国家缔约方应继续带头，努力实现全经济范围绝对减排目标”，而之前的版本中使用的是“应当”。如上文所说，“应”具有约束力而“应当”没有。于是时任美国国务卿约翰 • 克里说，“应”这个词会给他们带来新的法律和资金要求，美国不能接受这一表述，因此这一版本的案文未能获得缔约方大会的通过。主席国法国表示这一改变是打印错误，并在几小时后修改为最终的“应当”版本，于是该协定的谈判才能最终完成。

［案例 2］　巴厘岛大会："三可"条件约束的是什么？

2007 年的巴厘岛大会就发展中国家的适合本国的减缓行动（NAMA）的 1b（二）款进行了激烈的交锋，在全体大会上依次出现了以下 4 种选项。

选项（1）：Measurable，reportable and verifiable nationally appropriate mitigation actions by developing country Parties in the context of sustainable development，supported by technology and enabled by financing and capacity-building（在技术、资金和能力建设支持下，发展中国家在可持续发展框架内执行可测量、可报告和可核实的适合本国的减缓行动）。

选项（2）：Nationally appropriate mitigation actions by developing country Parties in the context of sustainable development，supported and enabled by technology，financing and capacity-building，in a measurable，reportable and verifiable manner（以可测量、可报告和可核查的方式，在技术、资金和能力建设支持下，发展中国家在可持续发展框架内执行适合本国的减缓行动）。

选项（2.1）：Nationally appropriate mitigation actions by developing country Parties in the context of sustainable development，supported and enabled by technology，financing and capacity-building，all in a measurable，reportable and verifiable manner（在技术、资金和能力建设支持下，发展中国家在可持续发展框架内执行适合本国的减缓行动，这些支持和行动都是可测量、可报告和可核查的）。

选项（2.2）：Nationally appropriate mitigation actions by developing country Parties in the context of sustainable development，supported and enabled by measurable，reportable and verifiable technology，financing and capacity-building（在资金、技术和能力建设支持下，发展中国家在可持续发展框架内执行适合本国的减缓行动，支持必须是可测量、可汇报和可核查的）。

首先应明确以上四个选项都是短语，而非句子。以上四个版本最大的差别在于"三可"所限制的对象是什么。选项（1）和选项（2.2）中的"三可"是定语，分别修饰的是发展中国家的减缓行动和发达国家的支持，修饰关系明确；选项（2）和选项（2.1）中的"三可"是状语，需要明确它修饰的是句子中的哪个成分。选项（2）的语义模糊，它既可以被解读为仅限制技术、资金和能力建设支持（语法上的就近原则），也可以被解读为既限制支持，也限制减缓行动；选项（2.1）多了一个"all"就更加明确，它表明"三可"既限制支持也限制行动。

发展中国家自然愿意发达国家的支持更加透明，从而便利其跟踪和监督，因此支持选项（2）；发达国家则不希望自身支持被监督，而是希望发展中国家承担汇报自身减缓行动的透明度义务，因此支持选项（1）。最开始两个选项都保留在案文中。然而在全体会议开始前，中国和印度代表发现提交大会最终审议的文本只保留了选项（1），于是当机立断表达抗议并暂停了全会。在发展中国家的争取下，选项（2）重新回到文本。然而美国代表提出选项（2）的语义模糊性，要求澄清选项（2）究竟表达的是选项（2.1）的意思还是选项（2.2）的意思。最终，南非代表出面澄清，表示发展中国家的减缓行动自愿接受“三可”，而发达国家的支持应是满足“三可”条件的。这一表述是发展中国家的很大让步，美国代表接受了这一安排。最终的案文保留了选项（2）的表述，但是从联合国提供的中文译本可以看出“三可”条件既针对发展中国家的行动，也针对发达国家的支持：“发展中国家缔约方在可持续发展方面可衡量和可报告的适当国家缓解行动，它们应得到以可衡量、可报告和可核实的方式提供的技术、资金和能力建设的支持和扶持。”

［案例 3］ 格拉斯哥气候大会：phase-out 还是 phasing down？

“格拉斯哥气候协议”第 4 部分“减缓”第 36 段提到了煤电和化石燃料的政策，最终决定采用的表达如下：

“Calls upon Parties to accelerate the development，deployment and dissemination of technologies，and the adoption of policies，to transition towards low-emission energy systems，including by rapidly scaling up the deployment of clean power generation and energy efficiency measures，including accelerating efforts towards the phasedown of unabated coal power and phase-out of inefficient fossil fuel subsidies，while providing targeted support to the poorest and most vulnerable in line with national circumstances and recognizing the need for support towards a just transition（吁请各缔约方加速技术的开发、应用和扩散并采取政策，从而向低排放能源系统转型，方法包括快速扩大清洁能源发电和提高能效，这包括加快努力逐步减少未加装碳减排设施的煤电和淘汰低效的化石燃料补贴，同时根据国情并在认识到公正转型所需要的支持的情况下，为最贫困和最易受影响的国家提供需求导向的支持）。”（1/CMA.1）

然而这一段文字背后发生了激烈的政治较量，并险些使《巴黎协定》无法通过。众所周知，煤炭、煤电是欧美发达国家（地区）历史上最重要的能源来源，是工业革命的基础，也是中国、印度等发展中国家当前主要的能源来源。在可再生能源尚不能成为主力能源的当下，加速淘汰煤炭的背后是发展中国家能源供应安全、经济发展能否继续的问题。11 月 10 日公布的大会决定草案中写道：“Calls upon Parties to accelerate the phasing-out of coal and subsidies for fossil fuels（吁请各缔约方加速淘汰煤炭和化石燃料补贴）。”11 月 12 日公布的新一版草案中，该段文本的表述则变成：“Calls upon Parties ... accelerate the phasing-out of unabated coal power and subsidies for inefficient fossil fuels（吁请各缔约方……加速淘汰未加装碳减排设施的煤电和低效的化石燃料补贴）。”11 月 13 日的文本草案中，这一表述再一次发生了变化："Calls upon Parties … including accelerating efforts towards the phase-out of unabated coal power and inefficient fossil fuel subsidies（吁请各缔约方……包括加快努力淘汰未加装碳减排设施的煤电和低效的化石燃料补贴）。"这三次变化无疑逐步弱化了这一款的政治力度：第一次改动将淘汰的对象缩小至未加装碳减排设施的煤电和低效的化石能源补贴，意指如果加装了碳捕集与封存（CCS）设施，则相应的煤电仍被允许使用，这符合发达国家保留少量煤电以维护能源安全，以及推行 CCS 技术的利益；第二次改动将加速的对象从淘汰的直接行为本身（phasing-out）弱化为采取淘汰行为的努力（efforts towards phase-out）。小岛屿国家联盟等集团对此已经非常不满，因为这一款从一开始用的动词就是"吁请"，而非力度更高的"敦促"或"请"，这一基础上的弱化对全球煤电形成的减排压力将被进一步削弱。

然而完全淘汰煤电，尤其是在近期形成舆论压力，将给发展中国家的合理发展需求带来巨大约束。在 13 日晚的闭幕大会前，以中国、印度等为代表的一部分发展中国家再次提出了新的文本建议：将淘汰（phase-out）煤电变成了逐步减少（phase down）煤电，并提交至大会主席。这一改变当然招致小岛屿国家联盟、最不发达国家、环境完整性集团、欧盟等多个集团的激烈反对，但是为了维护国家利益，谈判人员必须顶住压力，最终获得了成功。大部分集团对这一改动表示失望但愿意接受。

［案例 4］ 联合国环境大会部长级宣言：welcome 还是 recall？

第五届联合国环境大会部长级宣言草案在第 11 条和第 12 条中分别提到了 2021 年 12 月举办的第 26 届《公约》缔约方大会（格拉斯哥气候大会）和 2021 年 10 月举办的第 15 届《生物多样性公约》缔约方大会第一部分（昆明生物多样性大会），其表述如下：

11. 我们欢迎第 26 届《公约》缔约方大会的成果，包括"格拉斯哥气候协议"获得通过，该协议强调缔约方亟须加大力度，通过加快行动和执行国内减缓措施来共同减少排放，并强调保护、养护和恢复自然和生态系统在实现气候变化适应和减缓效益，同时确保社会和环境保障方面的关键作用。"格拉斯哥气候协议"敦促发达国家缔约方加大支持力度，包括通过提供资金、技术转让和能力建设在减缓和适应方面协助发展中国家缔约方继续履行《公约》和《巴黎协定》规定的现有义务，并鼓励其他缔约方自愿提供或继续提供这种支持。"格拉斯哥气候协议"还确认了充足和可预测的适应资金的重要性，包括适应基金在提供专门的适应支持方面的价值。我们致力于确保将于 2022 年 11 月在埃及举行的第 27 届《公约》缔约方大会取得成功，以进一步加强应对气候变化的全球行动

12. 我们欢迎 2021 年以主办方提议的主题"生态文明：共建地球生命共同体"在中国昆明举行第 15 届《生物多样性公约》缔约方大会第一部分。我们呼吁制定志向宏大、具变革性的 2020 年后全球生物多样性框架，以供第 15 届缔约方大会第二部分通过，该框架

除其他外将包括一套明确而强有力的宏观目标和具体目标，将为其增加供资并加强报告和审查机制，作为实现可持续发展目标及《生物多样性公约》人与自然和谐相处的 2050 年愿景的关键工具。

第 12 条第一句原先的表述为“我们回顾了 2021 年 10 月 11 日至 15 日在中国昆明举行第 15 届《生物多样性公约》缔约方大会高级别会议上通过的《昆明宣言》”。这一表述存在的问题在于，“回顾”一词的使用与上文第 11 条的“欢迎”形成对比，暗含了昆明大会的地位不比格拉斯哥气候大会的判断。然而，这两次会议都是在联合国框架下进行的，两者都完成了各自的议程，达到了预期的效果，因此不应该在态度上有所区分和偏袒。最终的草案将这一表述纠正了过来，昆明大会与格拉斯哥气候大会在地位上得以平等。

缩写表

缩写	全称	翻译
AAI	Africa Adaptation Initiative	非洲适应倡议
AAU	Assigned Amount Unit	配额单位
ABU	Argentina，Brazil and Uruguay	阿根廷—巴西—乌拉圭联盟
AC	Adaptation Committee	适应委员会
ACE	Action for Climate Empowerment	气候赋权行动
ACTFCN	African Climate Technology and Finance Center and Network	非洲气候技术融资中心和网络
ADB	Asian Development Bank	亚洲开发银行
AF	Adaptation Fund	适应基金
AfDB	African Development Bank	非洲开发银行
AFOLU	Agriculture，Forestry and Other Land Use	农业、林业和其他土地利用
AGBM	Ad Hoc Group on the Berlin Mandate	“柏林授权”特设小组
AGN	African Group of Negotiators	非洲集团
AILAC	Asociación Independiente de Latinoamérica y el Caribe	拉美独立国家联盟（埃拉克集团）
ALBA	Bolivarian Alliance for the People of Our America	美洲玻利瓦尔联盟
ALBA-TCP	Bolivarian Alliance for the People of Our America-Peoples' Trade Treaty	美洲玻利瓦尔联盟-人民贸易协定
AMCEN	African Ministerial Conference on the Environment	非洲环境与自然资源部长级会议
AOSIS	Alliance of Small Island States	小岛屿国家联盟
APA	Ad Hoc Working Group on the Paris Agreement	《巴黎协定》特设工作组
AREI	Africa Renewable Energy Initiative	“非洲可再生能源倡议”
ARR	Annual Inventory Review Report	年度清单审评报告
ASEG	Action and Support Expert Group	行动和支持专家组
ASR	Annual Status Report	年度状况报告
AWG-DP	Ad Hoc Working Group on the Durban Platform for Enhanced Action	德班加强行动平台特设工作组
AWG-KP	Ad Hoc Working Group on Further Commitments for Annex I Parties under the Kyoto Protocol	《京都议定书》特设工作组
AWG-LCA	Ad Hoc Working Group on Long-term Cooperative Action under the Convention	《公约》长期合作行动特设工作组
BAP	Bali Action Plan	“巴厘岛行动计划”

缩写	全称	翻译
BAPA	Buenos Aires Plan of Action	“布宜诺斯艾利斯行动计划”
BASIC	Brazil，South Africa，India，China	基础四国
BAU	Business as Usual	“一切照旧”情景
BECCS	Bioenergy with Carbon Capture and Storage	生物质能—碳捕集和封存技术
BM	Berlin Mandate	“柏林授权”
BR	Biennial Report	两年期报告
BTR	Biennial Transparency Report	两年期透明度报告
BUR	Biennial Update Report	两年期更新报告
CACAM	Negotiating coalition of countries of Central Asia and the Caucasus，Albania，and the Republic of Moldova	中亚和高加索国家谈判联盟
CAF	Cancun Adaptation Framework	坎昆适应框架
CAHOSCC	Committee of African Heads of State and Government on Climate Change	非洲国家元首和政府首脑委员会
CBAM	Carbon Border Adjustment Mechanism	碳边境调节机制
CBDR	Common but Differentiated Responsibilities	“共同但有区别的责任”
CBIT	Capacity-building Initiative for Transparency	“透明度能力建设倡议”
CCS	Carbon Capture and Storage	碳捕集和封存
CDM	Clean Development Mechanism	清洁发展机制
CDM AP	Clean Development Mechanism Accreditation Panel	清洁发展机制认证专门小组
CDM EB	Clean Development Mechanism Executive Board	清洁发展机制执行委员会
CER	Certified Emission Reductions	核证减排量
CfRN	Coalition for Rainforest Nations	雨林国家联盟
CG	Central Group	中央集团
CG-11	Central Group 11	十一国中央集团
CGE	Consultative Group of Experts on National Communications from non-Annex I Parties	非附件一缔约方国家信息通报专家咨询小组
CH_4	Methane	甲烷
CIS	Commonwealth of Independent States	独联体国家
CMA	Conference of the Parties Serving as the Meeting of the Parties to the Paris Agreement	作为《巴黎协定》缔约方会议的《公约》缔约方大会
CMP	Conference of the Parties serving as the Meeting of the Parties to the Kyoto Protocol	作为《京都议定书》缔约方会议的《公约》缔约方大会
CO	Consideration of Outputs	（全球盘点）对产出的审议
COP	Conference of Parties	缔约方大会
CORSIA	Carbon Offsetting and Reduction Scheme for International Aviation	国际航空业碳抵消与削减机制
CPI	Climate Policy Initiative	气候政策倡议组织
CRT	Common Reporting Table	通用报告表格
CTC	Climate Technology Centre	气候技术中心

缩写	全称	翻译
CTCN	Climate Technology Centre and Network	气候技术中心与网络
CTF	Common Tabular Format	通用表格格式
CTN	Climate Technology Network	气候技术网络
CTNFC	Climate Technology Network and Finance Center	亚太气候技术网络和融资中心
CVF	Climate Vulnerable Forum	气候脆弱性论坛
DBF	Durban Forum on Capacity-building	德班能力建设论坛
DNA	Designated National Authority	国家指定主管部门
DOA	Designated Operationa Authority	指定经营权限
DOE	Designated Operational Entities	指定经营实体
DP	Durban Platform	德班加强行动平台
EBRD	European Bank for Reconstruction and Development	欧洲复兴开发银行
EEDI	Energy Efficiency Design Index	船舶能效设计指数
EGTT	Expert Group on Technology Transfer	技术转让专家组
EIG	Environmental Integrity Group	环境完整性集团
EIT	Economies in Transition	经济转型国家
ERU	Emission Reduction Unit	减排量单位
ETF	Enhanced Transparency Framework	强化透明度框架
ETS	Emission Trading System	排放交易机制
EU	European Union	欧盟
FINTECC	Finance and Technology Transfer Centre for Climate Change	气候变化融资和技术转让中心
FMCP	Facilitative Multilateral Consideration of Progress	关于进展情况的促进性多边审议
FREL	Forest Reference Emission Levels	森林排放参考水平
FRL	Forest Reference Levels	森林参考水平
FPR	First Periodic Review	（长期全球目标）第一次周期性审评
FSV	Facilitative Sharing of Views	促进性信息分享
FTAA	Free Trade Area of Americas	美洲自由贸易区
G20	Group of 20	二十国集团
G77	Group of 77	七十七国集团
G77+China	Group of 77 and China	七十七国集团和中国
GAP	Gender Action Plan	“性别行动方案”
GCF	Green Climate Fund	绿色气候基金
GDP	Gross Domestic Product	国内生产总值
GEF	Global Environment Facility	全球环境基金
GGA	Global Goal on Adaptation	全球适应目标
GHG	Greenhouse Gas	温室气体
GRILA	Grupo de Iniciativas Latinoamericano	拉美国家动议集团
GST	Global Stocktake	全球盘点

缩写	全称	翻译
GTP	Global Temperature Potential	全球温变潜势
GWP	Global Warming Potential	全球变暖潜势
HFCs	Hydrofluorocarbon	氢氟烃
HLMD	High Level Ministerial Dialogue on Climate Finance	气候资金问题两年期高级别部长级对话
IADB	Inter-American Development Bank	美洲开发银行
IAR	International Assessment and Review	国际评估和审评
ICA	International Consultations and Analysis	国际磋商和分析
ICAO	International Civil Aviation Organization	国际民用航空组织
ICP	Information Collection and Preparation	（全球盘点）信息收集和准备
IDR	In-depth review	深入审查
IEA	International Energy Agency	国际能源署
IFAD	International Fund for Agricultural Development	国际农业发展基金
IMO	International Maritime Organization	国际海事组织
INC/FCCC	Intergovernmental Negotiating Committee for a Framework Convention on Climate Change	《公约》政府间谈判委员会
INDC	Intended Nationally Determined Contribution	预期国家自主贡献
IPCC	Intergovernmental Panel on Climate Change	政府间气候变化专门委员会
ITL	International Transaction Log	国际交易日志
ITMO	Internationally Transferred Mitigation Outcome	可转让的减缓成果
JCG	Joint Contact Group	（全球盘点）附属机构设立的联合联络小组
JI	Joint Implementation	联合履约机制
JISC	Joint Implementation Supervisory Committee	联合履约监督委员会
JUSSCANNZ	Japan，United States，Switzerland，Canada，Australia，Norway and New Zealand	非欧盟工业化国家
KCI	Katowice Committee of Experts on the Impacts of the Implementation of Response Measures	影响问题卡托维兹委员会
lCER	Long-term Certified Emission Reductions	长期核证的减排量
LCIPP	Local Communities and Indigenous Peoples Platform	地方社区和土著人民平台
LCIPP-FWG	LCIPP Facilitative Working Group	地方社区和土著人民平台促进工作组
LDC	Least-Developed Country	最不发达国家
LDCF	Least Developed Countries Fund	最不发达国家基金
LEG	Least Developed Countries Expert Group	最不发达国家专家组
LMDC	Like-minded Developing Countries	立场相近发展中国家
LULUCF	Land Use，Land-Use Change and Forestry	土地利用、土地利用变化和林业
LWPG	Lima Work Programme on Gender	“利马性别问题工作方案”

缩写	全称	翻译
MA	Multilateral Assessment	多边评估
MLDC	Group of Mountain Landlocked Developing Countries	内陆山地发展中国家
MRV	Measurable，Reportable and Verifiable	可衡量、可汇报、可核实（三可）
MRV	Measurement，Reporting and Verification	衡量、报告和核实
NAMA	Nationally Appropriate Mitigation Actions	适合本国的减缓行动
NAP	National Adaptation Plan	国家适应计划
NAPA	National Adaptation Programmes of Action	国家适应行动方案
NAZCA	Non Actor State for Climate Action	非国家行为方气候行动
NC	National Communication	国家信息通报
NDC	Nationally Determined Contribution	国家自主贡献
NDE	National Designated Entities	国家指定实体
NEL	Non-Economic Losses	非经济损失
NF_3	Nitrogen trifluoride	三氟化氮
NGO	Non-governmental Organization	非政府组织
NID	National Inventory Document	国家清单文件
NIR	National Inventory Report	国家清单报告
NMA	Non-Market Approaches	非市场方法
NWP	Nairobi Work Programme	“内罗毕工作计划”
OECD	Organization for Economic Co-operation and Development	经济合作与发展组织
OPEC	Organization of Petroleum Exporting Countries	石油输出国组织
PAICC	Paris Agreement Implementation and Compliance Committee	《巴黎协定》履行和遵约委员会
PCCB	Paris Committee on Capacity-Building	巴黎能力建设委员会
PFCs	Perfluorocarbons	全氟碳化物
PSP	Poznan Strategic Program	《波兹南战略计划》
QELRO	Qualified Emission Limitation and Reduction Objectives	量化排放限制与减少目标
RC	Respective Capabilities	各自能力原则
REDD	Reducing emissions from deforestation and forest degradation	减少因毁林和森林退化而导致的温室气体排放
REDD+	Reducing emissions from deforestation and forest Degradation，plus the sustainable management of forests，and the conservation and enhancement of forest carbon stocks	减少发展中国家因毁林和森林退化而导致的排放量加上森林可持续管理及保护和加强森林碳储量
REDD++	Reducing emissions from deforestation and forest Degradation，plus the sustainable management of forests，the conservation and enhancement of forest carbon stocks，and alternative policy approaches，such as joint mitigation and adaptation approaches for the integral and sustainable management of forests	减少发展中国家因毁林和森林退化而导致的排放量加上森林可持续管理、保护和加强森林碳储量及执行和支持替代政策方法，如关于综合和可持续森林管理的联合减缓和适应方法
RMF	Forum on the impact of the implementation of response measures	实施应对措施的影响问题论坛
RMU	Removal Units	清除量单位

缩写	全称	翻译
SB	Supervisory Body	监督机构
SBI	Subsidiary Body for Implementation	《公约》附属履行机构
SBSTA	Subsidiary Body for Scientific and Technological Advice	《公约》附属科学和技术咨询机构
SCCF	Special Climate Change Fund	气候变化特别基金
SCF	Standing Committee on Finance	资金问题常设委员会
SDM	Sustainable Development Mechanism	可持续发展机制
SIDS	Small Island Developing States	小岛屿发展中国家
SNLD	Santiago Network（of Loss and Damage）	圣地亚哥网络
SOE	Slow Onset Event	缓发事件
TA	Technical Analysis	（透明度）技术分析
TA	Technical Assessment	（全球盘点）技术评估
tCER	temporary Certified Emission Reductions	临时核证的减排量
TD	Technical Dialogue	（全球盘点）技术对话
TEC	Technology Executive Committee	技术执行委员会
TEG	Technical Expert Group	特设技术专家组
TEG-CRM	Technical Expert Group on Comprehensive Risk Management	全面风险管理和转型方法问题技术专家组
TEP-A	Technical Examination Process on Adaptation	适应技术审查进程
TEP-M	Technical Examination Process on Mitigation	减缓技术审查进程
TER	Technical Expert Review	技术专家审评
TFD	Task Force on Displacement	流离失所问题工作组
TNA	Technology Needs Assessment	技术需求评估
TP	Technical Paper	技术文件
TRR	Technical Review Report	技术审评报告
UG	Umbrella Group	伞形集团
UNEP	United Nations Environment Programme	联合国环境规划署
UNIDO	United Nations Industrial Development Organization	联合国工业发展组织
VER	Voluntary Emission Reduction	自愿减排量
WHO	World Health Organization	世界卫生组织
WIM	Warsaw International Mechanism for Loss and Damage associated with Climate Change Impacts	气候变化影响相关损失和损害华沙国际机制
WIM-ExCom	Executive Committee of the Warsaw International Mechanism an Loss and Damage	华沙国际机制执行委员会
WMO	World Meteorological Organization	世界气象组织
WTO	World Trade Organization	世界贸易组织